COLUCHE

DU MÊME AUTEUR

Ce terrible Monsieur Pasqua, en collaboration avec Alain Rollat, éditions Olivier Orban, 1988.

L'Année des masques, en collaboration avec Alain Rollat, éditions Olivier Orban, 1989.

PHILIPPE BOGGIO

COLUCHE

FLAMMARION

ISBN 2-08-066347-X
Imprimé en France

à Charlotte

Oui, je sais, j'ai tendance à ouvrir ma gueule un peu trop fort, mais ça tient à ce que, jusqu'à vingt ans, j'ai cru que je m'appelais silence...

Coluche, 1986.

AVERTISSEMENT

Ce livre est le résultat d'un très grand nombre d'entretiens. Il eût été fastidieux et de peu d'intérêt pour le lecteur de noter à chaque fois qu'il s'agissait d'un « entretien avec l'auteur », suivi de sa date. Qu'il soit donc entendu que seuls les textes font l'objet de notes, ainsi que la première référence à un entretien. Les autres citations proviennent de ces conversations.

PREMIÈRE PARTIE

MONTROUGE

I

Un jour pluvieux de 1978, la municipalité de Berck propose en grande pompe à Coluche, qui se produit le soir même dans ses murs, de le sacrer citoyen d'honneur de la ville. C'est une idée du maire, presque une improvisation. Le conseil n'en a pas débattu en séance. On a prévu d'organiser une petite fête après le spectacle, un vin d'honneur dans la salle d'apparat, avec remise d'un diplôme. Puis d'aller ensemble dîner dans un bon restaurant.

Lorsque Coluche refuse d'une phrase crue, les élus n'en sont pas étonnés. Le comique, devenu vedette nationale depuis le fameux *Schmilblick*, deux ans plus tôt, traîne jusqu'à la mer du Nord une réputation de mauvais coucheur. Et puis Berck, Pas-de-Calais, se sait terriblement provinciale. Ils sont déçus, non surpris. Ils devinent que cette promptitude de l'artiste à repousser les attentions, et à se protéger de l'émotion par une grossièreté, n'est pas seule cause de l'échec subi par le maire.

Avec Coluche, Berck partage un lourd secret; la ville éprouve souvent les plus grandes peines à rendre hommage à ceux de ses fils qui ont réussi : la plupart ne sont berckois que de circonstance. Fils adoptifs malgré eux, toujours par le fait du malheur. Et Coluche est simplement le plus célèbre d'entre eux, dans cette bourgade déprimée qui n'a jamais eu d'autre réputation que d'être la station balnéaire de l'Assistance publique.

Coluche a bien connu cette ville à angles droits. Des hôpitaux et des maisons de repos sur la plage. Une longue rue perpendiculaire, d'hôpitaux encore et de cliniques, d'hospices et de maisons de repos, dons, au début de ce siècle, de belles et bonnes princesses à l'intention des plus malchanceux, ceux qui cumulaient le malheur d'être miséreux et malades. On avait découvert les vertus de l'iode, et il s'était trouvé assez de philanthropes, en France, en Amérique, pour réserver l'air vivifiant de Berck aux plus démunis.

A sept ans, Coluche passa plusieurs semaines dans une pension de famille, pendant que Monette, sa mère, récupérait douloureusement d'une greffe osseuse censée corriger une grave scoliose congénitale. Il l'avait accompagnée aux bains, elle couchée sur un lit à roues, lui suivant derrière, dans les couloirs rectilignes des établissements de brique rouge du front de mer.

Il l'avait attendue dans la petite chambre de la pension ou dans la ville, en compagnie de religieuses, de dames inconnues qui le plaignaient ou lui recommandaient d'être gentil avec sa maman. « Parce qu'elle a beaucoup mal, tu sais... » Il savait. Il avait toujours vu sa mère courbée, le dos douloureux, dans ces hôpitaux ou dans d'autres. A la maison, comme dans la salle de bains commune de la pension, il y avait ses médicaments. Il les avait toujours vus.

Il gardera de ce temps une peur définitive des décors de la maladie, et un refus violent de la mort. Plus tard, il s'abstiendra de rendre visite à ceux qui agonisent dans des chambres de soins intensifs. Il s'absentera des enterrements, même de ceux de ses intimes : Patrick Dewaere, Reiser. De ce rejet, il fera même l'une de ses insultes favorites : « Va-t'en mourir à l'hôpital ! » Juron sans humour, lâché pour faire mal, non pour plaisanter, et qui s'adressera souvent à des vieux, des handicapés, frères de ceux qui peuplaient les maisons de repos de la station balnéaire.

Cet été-là, au début des années cinquante, il avait plu sur Berck. Il avait donc aussi attendu le soleil, le droit d'aller se baigner. Il découvrait l'océan sous un jour à donner le cafard pour la vie. C'était ça la mer ? Ce brouillard ? Ces interdictions, ces messieurs en uniforme qui le rabrouaient ? Il s'était trop éloigné dans les vagues. La plage avait donné l'alerte, et un maître-nageur était venu récupérer le gamin honteux. Bien sûr, on avait raconté l'incident à sa mère.

Berck, en 1978, année de tournée pour Coluche, se souvient très bien du sauvetage, moins de la honte conservée par l'ancien enfant de femme « empêchée », comme on disait alors. La ville ignore les détails, mais devine l'essentiel. Par habitude. Parce qu'ici toutes les histoires se ressemblent. Monette et Coluche étaient rentrés en train sanitaire, pour la communion solennelle de Danièle, la sœur aînée. Elle couchée sur un brancard, lui suivant derrière.

En proposant de lui délivrer ce diplôme d'honneur, Berck avait inconsciemment voulu réparer, adoucir un mauvais souvenir. C'était une offre maladroite, forcément, qu'y pouvait-on ? On comptait ici plus d'enfants illustres qu'ailleurs, par la seule loi des grands nombres.

Coluche a rugi sous la proposition. Il réplique au maire : « T'es con ou quoi ? », puis il plante là l'élu et sa propre équipe, les préparatifs du spectacle qu'il tient pourtant à superviser lui-même. Il revient trois heures plus tard chercher Claude Martinez, l'un de ses impresarios, et sur la plage, devant les terrasses des établissements où des convalescents prennent le frais, il lui tient, marchant vite dans le sable, un discours de haine. Son compagnon n'ose l'interrompre. Le décor ne supporterait pas le réconfort.

Claude Martinez ne se rappelle plus très bien les paroles exactes de la confession. Ni les lieux évoqués. En gros, cela se rapportait à une enfance de pauvre dans une ville de prolétaires. Le milieu de ce siècle à Montrouge. Pour la légende, qu'il entretiendra souvent au long de ses interviews, Coluche est enfant de miséreux et gosse de Montrouge. La langue parlée qu'il a placée au rang de littérature ne pouvait venir d'ailleurs que de la zone. Sa façon de vivre, ses règlements de comptes avec l'existence, sa boulimie de nourriture, d'objets, de plaisirs ou de jeux ne pouvaient que renvoyer à un passé de contraintes et de manques.

La vérité est, comme souvent, plus compliquée. En fait, Coluche n'a sans doute pas été tout à fait un petit pauvre. En deçà et non au-delà du périphérique, en tout cas au début, à Montparnasse même, quartier qu'il fréquentera plus tard, avec le premier Café de la Gare. Il s'en est fallu de presque rien, d'un mariage, celui de sa mère, d'une mort, celle de son père. Michel Colucci aurait pu grandir dans une famille de petits commerçants, comme ses grands-parents maternels, ou d'artisans modestes du bâtiment, comme la tribu italienne des Colucci, du côté de son père. Si justement, le père, Honorio n'était pas mort subitement, en 1947, d'une poliomyélite foudroyante, consécutive, selon certains, à un début de noyade.

Le 31 octobre de cette année-là, le petit Michel rejoint le monde des familles d'ouvriers au chômage de la ceinture parisienne, celui des victimes économiques de la guerre qui vient de s'achever. Il devient, trois jours après son troisième anniversaire, fils de femme seule. De veuve civile, moins de deux ans après la fin de la guerre.

Il s'en est fallu de presque rien... juste d'un peu plus de chance. De moins de rêves, chez une jeune fille bien mise et bien faite, qui fut élue, un samedi soir d'avant débâcle, reine du bal du Petit Moulin, rue de la Gaîté, dans le XIVe arrondissement.

Simone Bouyer naît en 1920, dans une famille originaire des Charentes. Elle a deux frères, Robert et Guy. Son père, Marius, homme élégant et élancé, est coiffeur pour dames. Chez les autres, puis à son compte. A l'époque, la différence est mince. Les Bouyer habitent les

« beaux quartiers », au 118 du boulevard Montparnasse. Juste sous les toits, trois chambres de bonnes transformées en appartement. Marius a son échoppe au rez-de-chaussée et le dimanche, il emmène ses enfants se promener au jardin du Luxembourg. Il trouvera bientôt un salon en gérance, avenue du Roule, dans le XVIe arrondissement.

Marius appelle sa femme « ma poule », expression dont Coluche fera l'une de ses formules, un signe d'accueil et de reconnaissance. Quand une pièce est trop sombre, Marius a aussi cette phrase que Coluche détournera pour les besoins de l'un des spectacles du Café de la Gare : *Allume, j'étouffe! On voit pas la moitié d'not'misère.*

Ce n'est pas l'aisance, mais pas non plus l'indigence. Vacances en Charentes. Premiers voyages à la mer. Marius touche de bons pourboires. Boulevard Montparnasse, on est bien habillé, pour être considéré des voisins. La famille Bouyer économise, aspire à s'installer dans les étages du dessous, occupés par des commerçants. Un frère tailleur, l'autre employé. Simone fait des études, sérieuses pour l'avant-guerre : elle réussit un brevet supérieur de secrétariat.

Avant même qu'elle ait à chercher une place, l'une de ses tantes, chef des livraisons chez Baumann, le grand fleuriste du boulevard, parle de sa nièce à son patron. Simone a dix-sept ans en 1937. Tout le monde la surnomme Monette : elle entre chez Baumann, sous le prénom de Monique. Sur les soixante salariés du magasin, il y a déjà trop de Simone. On lui confie la publicité de la maison, la rédaction de formules de politesse sur les cartes épinglées aux bouquets, les messages de condoléances sur les couronnes.

Comme la jeune fille présente bien, qu'elle est toujours bien coiffée grâce aux soins attentifs de son père, elle devient peu à peu la préférée de la famille Baumann, « leur troisième fille », se souvient Mme Colucci. On lui confie le soin d'aller chercher à l'école les deux filles du patron. Celui-ci, en cachette de sa femme, donne quelques sous à Monique pour l'achat de chocolats. Après six mois de rédaction, elle apprend la composition des bouquets, l'harmonie des couleurs. Baumann la spécialise dans les grandes corbeilles, destinées aux familles riches, qu'elle livre elle-même, jusqu'à la rive droite, qu'elle arrange sur les buffets des beaux appartements.

Elle adopte les bonnes manières des autres, une culture féminine de la décoration d'un monde qui n'est pas le sien, mais qu'elle sert avec ferveur. Petits paquets, jolis nœuds. Jamais de jaune. Attention au rouge! Toujours un mot gentil, pour le plaisir des clientes. Presque un sentiment d'égalité, accru par le nivellement social de l'Occupation. Le samedi, Monique, redevenue Monette, s'habille de frais et obtient de ses parents la permission d'aller danser rue de la Gaîté. Le plus souvent au Petit Moulin, car un sirop-grenadine y est servi avec le droit d'entrée. Avec ses deux amies de sortie, elle croise des jeunes gens, des camarades de Robert, son frère aîné qui a fait aussi de la rue des cabarets et des salles de spectacle son lieu de loisirs.

Robert a surtout un ami, Henri Schmitt, jeune propriétaire du café *La Belle Polonaise*, qui fait face à Bobino. Petit vin blanc, billard, loterie. Souvent, les garçons hèlent les filles, tentent de les attirer pour un verre, entre deux danses. Parmi les bellâtres, Honorio Colucci, dit Nono, de quatre ans l'aîné de Monette, Français d'origine italienne qui vient là de Choisy-le-Roi, près de Paris, où il vit avec sa famille.

Les Colucci sont arrivés dans les années vingt de Casalviere, du côté de Naples. Ils étaient sept ou huit frères et cousins, on ne sait plus. Ils se sont installés dans les communautés italiennes de l'époque, à Champigny-sur-Marne, à Villejuif, Clamart, Pontault-Combault, tout autour de la capitale, dans ce qui n'était pas encore la banlieue, mais un marais de bourgs, d'usines et de campagnes. L'un des aïeux a poussé jusqu'à Detroit, aux États-Unis. On a perdu sa trace. Les autres ont fait ce que faisaient les immigrés dans ces années-là. Le maçon, ou le peintre.

César, père de Nono, est censé être sculpteur de pierres, mais la bonne Maria, son épouse, une petite femme ronde et vive, assure seule la subsistance de la famille, sur les marchés. De l'avis des femmes de la tribu, des Italiennes qui ont épousé l'exil des Colucci, César est plutôt « un bon à rien ». Paresseux et trop fatigué, à la sortie de son bar favori, pour regagner son chantier. Et, à en croire aujourd'hui Monette et plusieurs autres témoignages, Honorio aurait un peu tenu de son père.

Quand la jeune fille le rencontre, en tout cas, le jeune homme n'a pas d'occupation bien définie. Il « fréquente » Montparnasse, de la gare au carrefour Vavin. Ses parents habitent depuis peu l'arrière-cour d'un hôtel du boulevard. De samedi en samedi, Honorio trouve peu à peu la petite fleuriste à son goût, sollicite le parrainage de Robert. Qui le lui accorde. Honorio est bientôt présenté à la famille Bouyer, malgré – se souvient Monette – ses propres réticences. Marius, qui aime sa fille d'une tendresse jalouse, regarde cet Italien plutôt d'un mauvais œil. Lui-même est dans la coiffure, sa fille dans les fleurs. Et cela autorise à nourrir d'autres aspirations secrètes.

Mais la mère de Monette trouve belle allure à ce garçon qui se parfume à chacune de ses visites. Aucun engagement n'est contracté, ni d'une part ni de l'autre. Pourtant, lorsque Nono quitte Paris pour répondre à ses obligations militaires, les deux familles sentent bien qu'un mariage est possible, au retour. Monette, elle, reste indécise. Au Petit Moulin, elle a discuté avec d'autres garçons, mieux mis, mais ils ne sont pas amis de Robert, et la mère ne les connaît pas. Et puis Honorio, de sa lointaine affectation, l'Algérie, envoie sans cesse des preuves de ses « nobles » intentions. Des lettres, et un bracelet qu'on a longtemps cru d'or, et qui n'était que de plomb doré. Il demande à Rosina, sa sœur, de rendre visite aux Bouyer, de sympathiser avec Monette.

Démobilisé après la défaite des troupes françaises, Honorio rentre à Montparnasse. Il n'a pas oublié. Il insiste. La famille acquiesce, malgré les scrupules du père. Monette s'incline. On les marie le 21 octobre 1941. Les Charentes scellent alliance avec l'Italie, en plein marché noir. Les Bouyer sont emportés sous le nombre des cousins et des petits-neveux. On se congratule dans la langue de Dante. On boit du chianti. M. Baumann avait sans doute placé, lui aussi, d'autres espoirs en sa protégée. Monette avait longuement hésité à lui avouer qu'elle épousait un Italien. Il n'enverra qu'un modeste bouquet. Monette a vingt-deux ans.

La jeune femme travaillera deux ans encore chez le fleuriste du boulevard Montparnasse, après même la naissance de Danièle. Mais la place, plus que l'argent, manque dans le quartier pour trouver un logement au jeune couple. C'est une tante, la sœur de la mère, qui propose la solution. Elle habite un petit appartement dans un immeuble gris de la rue Émile-Boutroux, à Montrouge, juste derrière la porte d'Orléans et la porte de Vanves. Sur son palier, le logement voisin vient de se libérer : une pièce, une cuisine – et les WC à l'intérieur, selon les derniers proches de la famille Colucci et Monette elle-même. Dans les rares évocations de son enfance, Coluche sera toujours d'un avis contraire : les WC étaient à l'extérieur. En tout cas, comme le précise Mme Colucci, ils n'avaient « pas où danser [1] ».

Monette regrette Montparnasse. Cet appartement est provisoire – déjà son père s'est mis en quête, du côté du Luxembourg –, mais tout de même ! Elle déjeune fréquemment chez sa mère, pendant la pause de midi. Elle aime s'attarder dans la salle à manger familiale. La petite Danièle ne risque rien, elle est sous la garde de la tante. Après son travail, la jeune femme nettoie, repasse, maniaque de l'ordre et de la propreté, vertus qu'elle a vu enseigner chez les clientes du marchand de fleurs. Elle s'épuise vite, d'autant qu'elle souffre d'une scoliose grave, non décelée durant son enfance. Elle travaille debout la plupart du temps. Elle a déjà subi deux opérations, dans un hôpital du XIVe arrondissement. Elle doit s'aliter le dimanche, quand la douleur s'étend jusqu'aux jambes.

Honorio s'essaie bien un peu à la peinture, même à la sculpture sur marbre funéraire, dit-on, mais sans insister. Il préfère revendre des billets de train au noir. Il est souvent dans le café d'Henri Schmitt, où Monette le rejoint avant de rentrer à Montrouge. Le cafetier s'inquiète des finances du jeune ménage, pratiquement à la seule charge de la jeune femme, de ses parents et de la brave Maria. Alors, il propose à Monette une activité supplémentaire, après ses heures de fleuriste. Il y a dans son établissement de quoi installer une guérite, pour les billets de loterie. Elle s'y installe, à la nuit tombée, pendant que Nono achève une partie de billard, la surveillant du coin de l'œil. Car Honorio est un mari jaloux.

Michel, Gérard, Joseph Colucci naît quelques semaines après la libération de Paris, le 28 octobre 1944, vers 18 h 20, dans un hôpital du XIVᵉ arrondissement. Scorpion, ascendant Taureau. Il dira plus tard de son signe : « La queue en l'air, et la tête en avant... t'as qu'à voir [2]! » La famille se serre un peu plus dans le minuscule appartement. Maria fait davantage de marchés. Marius cède ses pourboires. Honorio cherche un emploi auprès des Colucci de Clamart. Monette doit renoncer au sien.

Ce n'est pas la misère, plutôt la gêne d'une fin de guerre, dans une famille où les enfants arrivent trop vite. L'avenir devrait sourire. Monette connaît l'art floral, qualité recherchée dans la capitale. Honorio se fixera peut-être. C'est encore l'insouciance. Vacances à la montagne avec les Schmitt. Encore quelques bals, en fin de semaine, quand les grands-mères ou les tantes ont le temps de s'occuper de Danièle et de Michel.

Comme toute la France, les Colucci attendent les bienfaits de la paix retrouvée. Les cousins se frottent les mains : les guerres sont bonnes, pour ceux du bâtiment. Ces Italiens-là ne seront jamais riches. Ils deviendront de petits entrepreneurs aisés, au temps de la reconstruction.

Survient le malheur qui privera Coluche d'avoir été au moins fils de Français moyens. Honorio meurt à trente et un ans. Il laisse plus d'embarras que de regrets, du côté des Bouyer. Sa disparition brutale provoque le recul de l'Italie dans la vie de Monette et celle de ses enfants. On invitera encore la veuve de Nono aux mariages et aux communions. Mais seule la douce Maria considérera ces trois oubliés, la mère, la fille et le fils, comme les siens. Elle sera une grand-mère pour Michel, passera en coup de vent entre deux marchés, offrira des cadeaux. Pour Coluche, même plus tard, elle restera « Mémé Maria ».

Souffrira-t-il de cette absence du père? Bien sûr, qui n'en souffrirait pas? Mais, à la différence de bon nombre d'enfants dans la même situation, Coluche n'aura jamais d'image paternelle à rechercher ou à rejeter. Honorio ne sera qu'un fantôme sans visage. Enfant, il interroge Monette :

– Il est mort, Papa?

– Mais non, il est décédé...

– Ah bon, il est pas mort.

Dans les premiers temps, on évitera de répondre à ses questions. Plus tard, on biaisera. Nono aurait été un bon père, c'est sûr, simplement il n'en a pas eu le temps. On lui inventera une personnalité flatteuse, une bonhomie venue du sud de l'Italie. Coluche se croira, à l'école, fils de Rital, « ce qui la foutait mal, après la guerre [3] », dira-t-il. Il rendra des coups à ceux des gosses qui le charrieront sur son nom. Il défendra les Colucci, sans rien savoir d'eux ou presque, et improvisera une saga immigrée riche en motifs d'orgueil. Il aimera une idée de père.

Il en parlera peu, même à ses proches. Sujet tabou. Plaie béante, on l'imagine, mais cautérisée à force de silences obstinés. Lorsqu'il lui faut répondre, il est prêt à mordre, plus vite encore qu'à l'ordinaire. « Profession du père? », lui demandera, un jour, un journaliste. Il répondra, du tac au tac : « Mort! »

A Jean-Claude Brialy, qui lui rappelle, sur l'antenne d'Europe 1, qu'il a « perdu » son père très jeune, il réplique : « Perdu ton père! Perdu ton père! On dirait que c'est moi qui l'ai égaré! Non, c'est lui qu'est mort... Nous, on aurait bien aimé le garder [4]. » Alors, faute de savoir, d'avoir conservé au moins une mémoire, il invente une version à variantes de cette prime enfance. Une version noire, plus noire encore que les épreuves réellement traversées : il se dit pupille de la nation, ce qui est faux. Orphelin dès sa naissance, ou à deux ans. Il se place dans le pire socialement, ce qui n'est pas tout à fait vrai. Il est surtout dans le pire, psychologiquement. « La misère, expliquera-t-il, c'est comme un grand vent qui vous déferle dans la gueule et qu'arrête pas de souffler dans la même direction... On apprend ça quand on est tout petit [5]. »

En 1947, Michel a trois ans. Il n'est plus qu'enfant de femmes, trimbalé d'une voisine à l'autre, élevé par une mère, une sœur, une tante et deux grand-mères. Il ne croise que des regards affligés. Il est « le pauvre petit Michel ». Autour de lui, on maudit le sort. Monette avait tant de rêves! Malgré les privations, la mère distille, dans le petit appartement, les idées et les façons de milieux sociaux inaccessibles. Elle s'épuise à donner le change, à faire bonne figure, à trouver mille différences entre eux et Montrouge. Les Schmitt les convient encore en vacances, mais comme on convie des cousins désargentés. Et donc redevables. Elle habillera longtemps son fils comme dans les beaux quartiers. Jusqu'au jour où il s'en plaint, parce que ses tenues vestimentaires tranchent avec celles des gosses de l'immeuble. « Tu m'habilles comme une fille. » Il ajoutera même, beaucoup plus tard, dans l'une de ses confidences les plus célèbres : « Ma mère nous habillait pareil ma sœur et moi. Elle voulait qu'on soit impeccables. Une spécialité de pauvres. Comme d'avoir de grandes idées [6]. »

Monette a retrouvé un emploi. Deux, plutôt. Elle travaille au café de *La Belle Polonaise*, dans sa guérite de billets de loterie, puis chez différents fleuristes. Le soir, elle est conditionneuse dans un laboratoire pharmaceutique de Montrouge. Elle dissimule ses difficultés financières et ses maux de dos derrière des fantasmes sur l'avenir. Elle triche sur leur situation, et c'est sans doute ce qui touche le plus profondément le jeune Michel. Cette contradiction entre Montrouge et les rêves maternels.

Alors, il tranche. Avant même l'âge de dix ans, il choisit Montrouge. Montparnasse est trop loin. Leur situation fausse. Il s'enfonce dans une ville, et une vie, de vrai pauvre au désespoir sec. Il brise chaque jour, à l'école communale de la rue de Bagneux, les tendres illusions de sa mère. Inconsciemment, il sent qu'il est impossible de se tenir ainsi entre deux classes, d'être de l'une et de vouloir se croire de l'autre. Il se laisse aller à l'influence dominante du décor, un bric-à-brac de petits pavillons d'anciens ouvriers et de cités de nouveaux prolétaires que Paris maintient à distance, un fourre-tout municipal, gris ou brun de brique, rouge de sensibilité politique.

Coluche s'efforce quand même, tout au long de ces années de fin d'enfance et de début d'adolescence, de rester « le gentil Mimi », à la maison, dans cet appartement ou dans un autre, à peine moins minuscule. Il est tendre, se sent culpabilisé par les souffrances physiques de sa mère. Malgré sa compréhension, il s'échappe, hostile à l'univers confiné qui l'environne. D'une certaine façon, il opte pour les Colucci, la banlieue, l'air libre, même chargé de fumées d'usines. Rupture existentielle d'un gamin qui va chercher ailleurs les comportements, les conformismes, les défauts et les qualités que l'on combat, pied à pied, chez lui. *Y a pas que les mères qui font les enfants,* chante Eddy Mitchell. *La zone...*

Monette s'étonne encore de la rapidité avec laquelle Michel a fait siennes les grossièretés des gamins de son école, alors qu'elle prônait, à table, un langage plus châtié. « Je lui répétais souvent : Michel, si je t'entends dire encore de pareilles choses, je te couds un uniforme et je t'envoie en pension ! Il me répondait, l'air triste : Oh non ! Pas la pension pour Mimi [7]. » Parfois, il introduit Montrouge dans le cocon familial, les samedis après-midi du traditionnel goûter de crêpes, ramenant deux ou trois copains qui ressemblent, au désespoir de Monette, à ce qu'ils sont. Très vite, à l'école de la rue de Bagneux, il adhère au clan des plus dissipés, qui sont aussi les fils des plus alcooliques, des plus humbles. Ceux qui, dès la communale, savent leurs chances nulles et tuent le temps de l'enseignement obligatoire avec ce qui leur reste d'insouciance. Ceux qui, selon certains témoins de sa jeunesse, lui donnent son vrai nom : Coluche, qui sonne comme coqueluche. « Un nom de maladie », dira-t-il.

Dix fois, Monette est convoquée par le directeur de l'établissement. L'enseignant, prêt à pousser cet orphelin, rien que pour le courage d'une mère, parce que la famille a bonne réputation. N'habite-t-elle pas rue Boutroux, puis rue de la République, à distance respectable des cités où s'entasse une population de laissés-pour-compte ? Dix fois, Michel est sermonné, sur le même thème. Sa mère a tellement de mérite ! Mais il a mis, justement, un mur entre lui et ce mérite-là. Il refuse les exceptions, en particulier celles, condescendantes, qu'on pense devoir aux veuves et à leur progéniture. Il se veut cancre avec les cancres. « Le directeur, on l'appelait Tarzan parce qu'il était bossu. C'est cruel, les enfants [8]. »

Il y a déjà sa nature. Son goût de la gouaille et de la réplique instantanée. Un jour l'instituteur, découragé, demande à sa classe pourquoi il s'obstine ainsi à perdre son temps avec de pareilles têtes vides. Michel se lève : « Parce que vous êtes payé pour ça. » C'est l'évidence, mais rares sont ceux qui la maîtrisent si jeunes. Ce bon sens décapant, frondeur, qui deviendra plus tard l'un des ressorts de son succès sur scène ou à la radio, Coluche l'expérimente chez les commerçants, face aux voisins, sur le dos des employés du métro ou du bus. Gamin en colère. Coupeur de cheveux en quatre. Râleur et raisonneur, qui se persuade très tôt que l'éducation est un piège, la culture un fardeau qui embrouille le jugement. Il n'a pas besoin d'apprendre : il sait mieux que le prof. D'ailleurs, le prof est suspect. Il enseigne un savoir de riches, en tout cas qui ne peut être utile qu'aux riches. Gaffe ! L'école est déjà une offre de servage. Une invention du camp d'en face. Coluche, en classe, est, d'instinct, un anar, un anti-tout. Un écorché.

C'est le souvenir qu'il laissera à l'école de la rue de Bagneux. Celui d'un élève qui fait rire les rangs du fond parce qu'il tient tête à l'instituteur. Il a déjà la psychologie du clown, l'art de renverser les rapports de force, à coups de blagues et de dérision. Il prend le rôle, solitaire, du méchant petit marrant. « Je foutais le bordel, c'était pas pour faire rire, c'était pour foutre le bordel, dira-t-il. J'ai toujours été plus subversif que comique[9]. »

Il est en guerre, sans comprendre vraiment encore contre quoi. Et se bat avec ce qu'il sait manier : les bêtises de môme, les blagues débiles, les jeux idiots, les pets et les rots. « L'école, j'aimais pas ça. Ça me faisait chier. J'aimais pas les professeurs. J'aimais pas l'autorité. J'ai jamais aimé les képis. C'est des cons pour la plupart, quand c'est pas pire. Y'a des fois, c'est des enculés (...) Moi, je trouve que ça va pas avec ce qui est écrit sur les frontons, tu sais, Liberté, Égalité, Fraternité[10]. »

Cette incompréhension, l'institution scolaire la lui rendra bien. Michel Colucci ratera, sans regret, son certificat d'études. « Mon instituteur m'avait prédit que j'échouerais en raison de mon orthographe fantaisiste. Le matin de l'examen, je n'ai fait qu'une faute dans la dictée. Fort de ce succès, je n'ai pas jugé bon de revenir l'après-midi[11]. » Même l'orthographe est pour lui indécente obligation, inutile surtout, dans le paysage qui fait son quotidien. « Quand on regardait l'horizon, on voyait que des cheminées d'usines audessus des toits[12]. » Des années plus tard, il souffrira de ne pas maîtriser les subtilités, les ruses de la grammaire. Il le masquera sous une écriture illisible, aura toujours besoin de la relecture d'un ami pour rédiger des lettres officielles. Il séchera, plusieurs heures, bardé de dictionnaires, pour écrire quelques lignes à François Mitterrand.

La dictée de ce certificat d'études demeure, on s'en doute, introuvable. La précieuse relique a disparu avant même d'avoir pu avoir la moindre valeur marchande. L'Éducation nationale ne possède rien de l'œuvre écrite à la faute près – la seule, sans doute, de toute la vie de Coluche. L'après-midi du certif, il accompagne deux autres recalés volontaires au cinéma. On y passe un film avec Marilyn. Il ne se rappelle plus lequel. « Je ne regardais que ses fesses et ses seins. » C'est lui qui le dit, lui qui raconte l'anecdote, comme à peu près toutes celles supposées composer les expériences de ces années.

Les documents manquent cruellement sur la jeunesse de Coluche. Comme sur toutes les enfances de milieux précaires où l'on n'écrit guère que pour éviter l'huissier. Aucune correspondance, quelques cartes postales. Aucun journal intime. Et puis qu'écrire ? Et à qui ?

Les Colucci, à Montrouge, ne risquent pas de se perdre de vue, ils sont tellement entassés.

Les témoins de cette époque sont rares. Dans les banlieues, les copains d'école se perdent vite de vue. Ils changent de cités, s'exilent ailleurs. Toute chronique vérifiée se révèle compliquée. La mouise brouille les cartes, efface le passé. Les situations s'éternisent, sans dates de référence. Les parents sont impécunieux, c'est tout, leurs enfants désœuvrés ou prédélinquants. Interminables, les années se ressemblent.

Il n'y a guère, comme points de repère, que les communions, la dernière balise scolaire du certif, ou la mort d'un parent. Pour Coluche, c'est fait. Bouclé très tôt. Les interpellations, les ennuis avec la police : Coluche y échappe de justesse, pour tout un tas de petits délits de gosse de la rue. Toujours en vertu de son statut de fils de veuve méritante. Sa trajectoire, à partir de 1958, se confond avec la sociologie générale de Montrouge. Les errances de grappes de jeunes, la fauche, les flics, les filles... Sa biographie est œuvre collective. Les récits qu'il en tirera seront parfois inventés ou empruntés à d'autres. Quelle importance ? Lui seul aura l'occasion, par la suite, de relater la saga des bandes de Montrouge, où l'on ne sait jamais vraiment qui est qui, ni qui fait quoi. Le détail, le rôle de chacun sont accessoires, interchangeables.

La bande, donc. Michel Colucci choisit celle de la « Solo » – Solo pour Solidarité, le nom de la « cité ». Mais à la différence de ses compagnons d'adolescence, il ira aussi de l'une à l'autre, celle improprement appelée la bande de Malakoff, celle du Stade Buffalo, toujours animé d'un curieux mouvement alternatif d'acteur et d'observateur à la fois. La Solidarité, cité de l'ennui et de l'impécuniosité, où, bien sûr, la solidarité est une vertu inconnue, c'est là qu'habitent quelques-uns des premiers copains de Coluche. Comme Alain Chevestrier, qu'on n'a toujours connu, même au commissariat, que sous le nom de « Bouboule », parce qu'il est déjà rond, de visage et de corps, que tout le monde l'est dans sa famille. De vrais pauvres ceux-là, qui fascineront Coluche. Des querelleurs qui ont parfois le vin méchant, mais une tribu qui se serre toujours pour faire une place au fils de Monette.

Longtemps, celui-ci racontera l'histoire, dont il fut le témoin, d'une soirée de brouille familiale, à table, pour savoir qui, de tous les frères et sœurs Chevestrier, paierait le jour venu la maison de retraite à la mère. Coluche les aimera longtemps; plus tard, il leur enverra des mandats. Il empruntera au père, pour son sketch *Gérard*, le dialogue déprimé entre un père alcoolique et son fils amateur de « hakik ». Bouboule suivra son ami dans son aventure parisienne, lui servira de cuisinier, de maçon, de livreur, d'homme à tout faire. Bouboule le débrouillard, qui savait comment dénicher du ciment ou de la nourriture sans débourser un sou, l'inventeur de mille combines qui permirent à Michel de monter ses théâtres, simplement de tenir, pendant les années de vache maigre, tout en bas du palmarès artistique parisien. Bouboule le kleptomane, qu'il fallut si souvent sauver des ennuis, Bouboule dont on a souvent dit, sans doute à juste titre, qu'il fut le vrai Coluche, en tout cas le modèle de son personnage, le gros jovial en salopette, picoleur et grognon, hâbleur et tendre, le double réel de celui qui allait bientôt faire une entrée si remarquée sur scène. Le petit frère et le miroir. Ainsi que, d'une certaine façon, la marque de la fidélité de Michel Colucci à Montrouge, une dernière trace, douloureuse et épaisse, comme si la mémoire, durant les années de gloire montante, risquait, un matin, de lui faire défaut. Comme si Coluche craignait d'oublier celui qu'il avait été et qu'il s'acharnait à rester.

Des copains, à la Solo, Michel s'en fait d'autres. Comme Gérard Griselle, dit « Bébé », qui deviendra représentant de commerce et dont les aventures professionnelles feront pleurer de rire les amis de Coluche. Bébé utilisera pour ses débuts dans le métier des multicartes tous les trésors de la débrouille qui resteront la seule gloire de la bande. Cherchant un jour une embauche, il arrive bon dernier devant le bureau du chef du personnel. Plusieurs candidats sont déjà assis sur des chaises, attendant l'entretien de l'autre côté de la porte. Sans se démonter, il passe la petite troupe en revue, s'installe à un bureau inoccupé dans un coin de la pièce, ouvre des dossiers, consulte des notes et lâche, vaguement ennuyé : « Désolé, les gars, la place est prise. » Il sait que la plupart des candidats sont déjà découragés, qu'ils le croiront parce que chacun redoute une telle réponse. Les autres se lèvent en grommelant et s'en vont. S'ouvre la porte du chef du personnel. Bébé entre et raconte la scène. Il est engagé, pour ce seul fait d'armes : il a amusé un chef du personnel.

A quatorze ans, ceux de la Solo sont tous des champions de l'échec scolaire. Ils prennent naturellement leur place dans la bande après leurs frères aînés. Ils se mettent à la bière. Ils empruntent le cyclomoteur de Loulou, le fils du commissaire de police. Ils entrent en force au cinéma, et il faut rallumer la lumière, interrompre la séance, recenser les fraudeurs pour que la recette y retrouve son compte. Le samedi soir, ils vont chercher querelle à d'autres bandes, autour des courses de stock-cars du stade-vélodrome Buffalo.

Michel a quinze ans. Il est souvent de ces mauvais coups, mais toujours légèrement en retrait. Des descentes à Malakoff ou à Bagneux, il est surtout le commentateur. Le metteur en scène. Il donne du ton, du style à l'épopée dérisoire – la touche gargantuesque. Il pète plus fort que les autres devant les filles. Il rote à volonté. Il a le don de l'insulte qui fait mouche, la réplique qui fait naître chez l'adversaire l'envie d'en découdre. Aiguillon provocateur. Ses copains, eux, ont les muscles pour contenir les réactions de l'humilié, victime de l'ironie de Michel.

Il n'aura jamais tout à fait, à en croire ses derniers amis de Montrouge, l'audace des larcins commis. « Le rigolo de la bande, c'était Bouboule, confiera-t-il lui-même, moi je suivais le mouvement. Jean-Paul était le chef de bande. Je n'étais pas meneur, ni prédestiné à la carrière [1]. » Plus tard, même au temps de la gloire venue, certains de ses proches ressentiront, chez lui, un soudain recul, presque de la peur, devant les altercations qu'il provoquera à la chaîne. Il aura plutôt le courage physique des soupe-au-lait.

Au temps de la zone, c'est donc surtout Bouboule qui possède d'apparentes dispositions pour les escroqueries à dix sous. En tout cas, de tous, c'est lui que le jeune Michel suit le plus volontiers dans ses aventures imprécises. Tout au long de sa vie, Coluche égrènera pour ses compagnons, le soir, les tours du frère qu'il s'était donné à Montrouge.

Par exemple, l'histoire de la voiture à vendre : une DS Citroën est garée le long d'un trottoir, l'affichette bien en évidence sur le pare-brise. Bouboule attend des heures entières en fin de journée, accoté à la voiture. Ce serait bien le diable s'il ne venait pas un acheteur : le propriétaire a certainement passé une petite annonce. Un gogo arrive, en effet et, simplement par sa verve, son art d'embobineur, l'adolescent parvient à se faire passer pour le vendeur. Un vendeur méfiant. Il n'a pas les clés sur lui et, avant d'aller les chercher, il souhaite une preuve du sérieux du candidat. Il exige une avance, oh! une très petite somme, juste pour la confiance. Tenez, un billet de cent francs! Plusieurs s'y laisseront prendre...

L'histoire, aussi, du coiffeur pour dames : Bouboule revêt la veste de l'emploi et traîne sur le trottoir, devant la boutique. Arrive une cliente. Il feint soudain la hâte et, l'air ennuyé, parvient à la convaincre que son patron et lui-même sont débordés, que d'autres dames attendent déjà. Impossible aujourd'hui, à moins que... Une petite avance, juste pour la confiance. Inutile qu'elle fasse le pied de grue. Il lui téléphonera, ou bien ira la prévenir quand il sera possible de la prendre. Une petite avance... Elles sont au moins deux à avoir pris le gamin pour un apprenti coiffeur.

L'histoire, encore, du garçon de café, lorsque Bouboule et Coluche, à deux sur un cyclomoteur, font le tour des brasseries des Champs-Élysées, habillés en serveurs. Ce coup-là exige du sang-froid et de la précision, l'art d'agir vite tout en surveillant les mouvements de la terrasse. Pardonnez-moi, M'sieurs-dames, mais j'ai fini mon service! Si vous voulez bien régler. Une addition, juste une, pour ne pas se faire repérer par les vrais garçons de café, et les deux gosses prennent la fuite.

Parfois, les escroqueries, fomentées à la Solo, sont plus douteuses. Bouboule et Coluche découvrent un jour une femme qui a l'habitude de s'exhiber nue à sa fenêtre : ils feront payer le tuyau. Ils ont l'habitude, aussi, de se faire offrir à boire dans les bistrots de la rue de la République. Il suffit, pour cela, d'entrer rapidement en conversation avec l'un des consommateurs. Leurs cibles aux comptoirs? Les hommes en béret basque. L'astuce consiste à donner l'impression d'entamer, devant sa victime, une conversation qui tourne à l'aigre à propos du couvre-chef. S'agit-il ou non d'un vrai béret basque? A ce jeu idiot, ils tombent bien sûr sur de braves types. Une fois, c'est un tailleur juif. Celui-ci paie à boire pour apaiser l'altercation et se met à parler de son métier. Tailleur? Justement, les deux amis doivent bientôt se rendre à un mariage, et ils ne savent pas quoi porter. Un brave homme, ce tailleur, vraiment : il propose de leur rendre service; des clients ne sont jamais venus récupérer leurs commandes, et des costumes payés lui sont restés sur les bras. Ils partent, à trois, vers la boutique. L'essayage est méticuleux, généreux. Le tailleur estime que cette veste ne tombe pas tout à fait bien. Cette autre, peut-être? Bouboule a trouvé en quelques gestes, à l'instinct, la liasse de billets de banque que l'artisan devait bien garder quelque part. Sous une pile de pièces de laine. Quelques épingles, pour la manche. L'argent est déjà dans la poche de la veste, que le tailleur se fait un plaisir d'offrir à d'aussi gentils jeunes gens.

« On était souvent fourrés chez les flics, admettra Coluche. Si t'as entre douze et quinze ans et que t'habites en banlieue, t'es classé délinquant d'office [14]. » Et délinquant, il reconnaîtra plus tard qu'il aurait très bien pu le devenir. La plupart des loulous de Montrouge s'en sont tenus aux crapuleries de gamins, aux vols dans les supermarchés. Bouboule et Coluche, qui éprouvaient manifestement du plaisir aux performances de leur duo, auraient très bien pu basculer dans des délits plus graves. De Paul Lederman à Romain Bouteille, les proches de Coluche connaissent ce vieil épisode, situé vraisemblablement autour de sa quinzième année. Tous le relatent sans le trouver vraiment drôle.

Les deux adolescents se sont mis en tête de passer à l'agression physique. Leurs supercheries inventives rapportent trop peu. Un après-midi d'hiver, à la tombée du jour, ils font le guêt près d'un passage souterrain, bien sûr mal éclairé. Arrive une vieille dame. Coluche est armé d'un tuyau de caoutchouc, rempli de sable ou de ciment – les avis divergent sur ce dernier point. Les deux se précipitent, mais le tuyau est trop lourd, les agresseurs inexpérimentés et, sans doute, trop peu aguerris. Leur victime crie, ils prennent peur, oubliant le sac à main, et s'échappent par le passage souterrain. A la sortie, un passant, un seul, qui a entendu les appels au secours. Il tire deux fois dans leur direction, sans les atteindre. Ils ont distinctement entendu les détonations. Un seul homme! Mais armé! Et qui les rate! C'est trop de malchance et de veine à la fois.

Leur carrière de détrousseurs prend fin, brutalement, ce soir-là. Bouboule et Coluche ont eu la frousse de leur adolescence. Ont-ils été sauvés, bien malgré eux, de la violence par un policier, un citoyen possesseur d'un port d'arme, ou un voyou professionnel mais sensible? Ils ne cherchent surtout pas à le savoir.

Désormais, Coluche se contente des blagues qui égaient les mornes semaines de la Solo, il s'appuie davantage sur son tempérament frondeur, son sens de l'humour acide. Puis sur son intelligence. Dans l'épisode de la vieille dame, il avait failli cesser d'être le petit marrant, simplement l'effronté dont les commerçants de Montrouge ont conservé le souvenir. Bouboule et Coluche garderont longtemps pour eux le secret de l'agression manquée. Pas si fiers, au fond. Même la mouise a ses limites morales.

Et si Monette l'avait appris? La mère de Coluche a mal supporté l'échec de son fils au certificat d'études, au point que, longtemps, interrogée par des journalistes, elle assurera que son « petit Mimi » avait brillamment réussi cet examen. Son fils, par tendresse, ne démentira jamais vraiment. Sa mémoire restera volontairement confuse. Peut-être, après tout... Danièle, son aînée de près de deux ans, poursuit un enseignement professionnel. Elle ne gagne pas encore de quoi alléger le fardeau maternel. Michel va travailler. Sans rechigner. Il n'a pas le choix. Monette lui cherche une place, par l'intermédiaire de voisines. Il sera petit télégraphiste, le premier des boulots éphémères, des apprentissages vagues qu'il collectionnera. Quatorze, selon sa mère.

Céramiste – il moule des chats –, vrai garçon de café, cette fois, avant de se retrouver à la plonge pour maladresse, livreur, sous-préparateur en pharmacie, apprenti photographe, puis photo-stoppeur, livreur, aide-pompiste, assistant de marchand de légumes, fleuriste d'occasion... Il n'embrasse certaines de ces occupations que pour une semaine. Juste le temps de s'en dégoûter. « J'ai décidé que c'était pas la peine d'emmerder ces professions [15] », reconnaîtra-t-il. Il se querelle vite avec ses patrons.

Télégraphiste donc, avec Bouboule, il juge trop fatigant de porter tous les plis que lui confie la Poste. Alors, il les lit et choisit de ne porter que les bonnes nouvelles, jetant les autres. Une voisine se souvient : « Il est arrivé. Le télégramme était ouvert. Il m'a dit : C'est rien de grave, juste votre mère qui vous annonce qu'elle arrivera lundi. Allez, au revoir ! Officiellement, c'est interdit, mais on accepte les pourboires. » Les deux petits télégraphistes sont licenciés sans préavis, évidemment.

Entre deux emplois recherchés par Monette mais que Michel rend de lui-même précaires, les relations de la Solo garantissent parfois quelques expédients. Ainsi, deux ou trois aînés de la bande ont eu l'idée de s'associer avec un serrurier pour vendre des œilletons de portes et des serrures renforcées. Michel sera du démarchage. Avec un rôle précis : il pénètre dans les immeubles, habillé comme un voyou, l'air *pas tibulaire, mais presque*, selon la formule de l'un de ses sketches, sonne aux portes des appartements, de préférence occupés par des femmes. Quand on lui ouvre, il invente une excuse, il s'est trompé, demande un renseignement dérisoire, en prenant bien soin de regarder par-dessus l'épaule de son interlocutrice. Repérage appuyé du mobilier. Parfois, il bloque même la porte avec son pied, pour faire bonne mesure. Sa mission? Inquiéter, bien sûr. Quelques heures plus tard, un « grand », à l'aspect honorable, aura ainsi plus de chance de placer ses œilletons...

Dans la jeunesse de Coluche, le travail n'est qu'une sinistre obligation. La seule façon d'apaiser les inquiétudes de Monette qui voit une vertu dans le choix d'un métier. Les places sont rares à Montrouge, lui-même n'a aucun goût particulier pour les modestes carrières proposées. Déjà, il fait du refus de l'irrémédiable son combat constant. Il patiente, c'est tout, et accepte, en maugréant, de gagner de quoi rapporter quelques sous à la maison, ne gardant rien pour lui ou presque.

Ses copains se sentent écrasés sous le poids du sort. Chômeurs déjà désignés. Il a peur de leur ressembler. L'ambiance est à la désillusion générale. Avenir bouché. Exclusion d'office de ces Trente Glorieuses qui enrichissent la France : Coluche, objectivement, est un gosse mal parti.

Même les loisirs de l'époque, la furieuse montée du rock, la recherche d'un style de vie et d'une philosophie par la musique, ne sont pas donnés à la Solo. C'est encore à faucher, à arracher au système. Montrouge découvre les Beatles, Johnny Hallyday, les Chaussettes noires, Elvis Presley surtout, dont Coluche sanctifiera plus tard *Love me tender*. « C'est comme la margarine, dira-t-il de cet air fameux, t'en as mangé tout petit, tu t'en remets plus. » Les copains parviennent parfois à voler leurs disques préférés. Mais les tourne-disques? Plus risqué.

Même jouir de sa musique favorite nécessite, dans ce *no man's land* entre la ville et la campagne, un exercice besogneux, incertain, de la combine. Les bandes de Montrouge détiennent les disques, celles de Malakoff de quoi les écouter. La négociation est obligatoire. Très tôt, comme tous les gosses, Michel voudrait sa propre guitare. Il fait un jour une escapade jusqu'à Paris, juste pour contempler l'instrument inaccessible, dans la vitrine de Paul Beuscher. Trop cher, bien sûr, et il le sait. Les discussions sans issue avec Monette dureront deux ans. En attendant, il essaie de sculpter des guitares électriques de sa fabrication, tirant même de cet artisanat quelques rentrées d'argent. Mais ses ébauches maladroites ne peuvent rendre aucun son et il échappe de peu, à deux reprises, à la colère d'acheteurs mécontents.

En secret, mais toujours avec la complicité de Bouboule, il aime aussi Georges Brassens et ne s'en expliquera jamais. La Solo, elle, voue son existence au rock, enfin à ce qui en tient lieu dans cette banlieue où même les modes parviennent affadies. Alors rock ou yé-yé... on n'ose pas nommer ce qui nourrit les rêves. La zone prend tout, tous les sons, même approximatifs, qui permettent de s'évader mentalement. La Solo éprouve, l'histoire n'a pas retenu pourquoi, un tenace coup de cœur pour un groupe fait de bric et de broc, qui ne ment pas sur son talent : les Bricolos, de Vanves. Les filles espèrent ressembler à Sylvie Vartan, les garçons à Eddy Cochran ou à Eddy Mitchell. Coluche aussi. Premières rouflaquettes, premier « cuir ». Allures obligées d'un dur, pour celui qui n'ose dire qu'il voue à Brassens plus que de l'admiration. Avec Bouboule, il stationne souvent, l'après-midi, devant l'immeuble parisien du poète, rue Santos-Dumont, près d'Alésia. Un jour, Brassens sortira même de chez lui, pour se débarrasser de ces deux gosses qui semblent épier ses faits et gestes.

Sans le savoir, le poète a blessé son fan, et cette humiliation ne sera effacée que vingt ans plus tard, en 1981, lors d'une rencontre entre les deux artistes, organisée par l'écrivain René Fallet. Brassens s'excusera : loup solitaire. Coluche admettra que c'était sa faute : jeune chien. Ils boiront de petits coups, seuls tous les deux, dans la maison du poète. En sortant, Coluche confiera que ce bonheur-là valait bien d'avoir fait le pied de grue si longtemps, sur le trottoir d'en face.

Il aura toujours du mal, la gloire venue, à convaincre ses chères vedettes d'hier de ce qu'il leur doit, d'influence ou simplement de bons moments passés, à oublier la morosité ambiante. Celles-ci douteront de sa sincérité, comme si les mots simples retraçant l'impact d'une chanson, dans une banlieue pas folichonne, étaient trop difficiles à entendre.

Lorsque Johnny Hallyday sera présenté à Coluche pour la première fois, l'« ex-idole des jeunes » aura l'impression que le comique se moque de lui, avec ses phrases de groupie. Se méprenant, il voudra même en découdre. C'était vrai, pourtant : jeunes, Michel et ses copains avaient appris par cœur les chansons d'Hallyday, comme tant d'autres. Ils avaient voulu tout copier, tout capter, adeptes fervents de la seule religion qu'ils aient jamais croisée sur leur route.

Alors, vers le milieu des années soixante-dix, faute de pouvoir expliquer, la star montante du music-hall accueille chez elle tous ses héros d'antan : Gainsbourg, Dutronc, Hallyday, Hugues Aufray, Richard Anthony, et celui qui deviendra un ami véritable, Eddy Mitchell. Par la suite, il banalisera leur relation et les perdra souvent de vue. Il s'affirmera leur égal, ou leur supérieur, au firmament du show-biz. Il n'empêche : il voudra d'abord récompenser l'adolescent qu'il a été, lui offrant, avec retard, la joie de côtoyer ses étoiles.

Ce cadeau des idoles, il le fait un jour à son copain d'enfance, Bébé, devenu représentant, et retrouvé par hasard. Le soir de l'invitation, ils sont tous là, yé-yé et rockers du hit-parade de jadis. Mais l'ancien gosse de Montrouge resté citoyen de banlieue n'ose y croire ; trop impressionné, il se tait ou bafouille, pensant que Coluche n'est plus, comme il s'en doutait, de sa planète.

Comme beaucoup de gosses, le jeune Michel joue de la guitare sans avoir jamais appris. Il ne saura jamais lire les notes, et ses musiciens, dès ses premiers spectacles sur scène, lui enseigneront la musique comme on apprend un rôle. A l'oreille. Dans la pièce principale de l'appartement de Monette, il répète *Love me Tender* pendant des heures. Il ne se déplace plus sans son instrument, qu'il pose à côté de lui, bien en évidence, dans les bistrots. Un piège à filles, se persuade-t-il.

Car, comme partout, les filles sont la préoccupation majeure des adolescences masculines à Montrouge. Et Coluche raconte, à propos de cette tranche de jeunesse, des histoires là aussi trop simples, aussi stéréotypées que les récits des larcins commis dans la zone. Il est cependant vrai qu'en ces années, le respect de la femme dans les banlieues n'est pas une valeur revendiquée, et les garçons de la bande connaîtront souvent leurs premières expériences en groupe. Après 1968, ces assauts à la chaîne, seront apparentés, non sans raison, à des viols collectifs.

Pour l'heure, Mai 68 est encore loin et, comme les villages ont leurs meules de foin, leurs dérapages de bals de 14 Juillet, Montrouge a ses caves. Certains des récits faits à la presse par Coluche laissent penser que les initiations, les siennes, celles des autres, ont été marquées par le dérisoire et l'ubuesque.

« J'étais le seul dans le quartier à avoir une cave vide. On avait posé un matelas (...) C'était là que ça se passait pour tout le quartier. (...) J'ai commencé par être un peu maquereau (...) En fait, on baisait une gonzesse qui voulait bien et qui savait pas de quoi y s'agissait, et nous non plus. Et on rentrait en disant : Putain, si ça fait mal à chaque fois comme ça, j'arrête [16] ! »

En racontait-il plus qu'il n'en fit ? Probablement. Encore une fois, la chronique particulière se confond avec le général. En tout cas, Coluche prendra là, dans ces confraternités sexuelles qui tiennent si peu compte des partenaires féminines, le goût du naturel, de l'exhibitionnisme entre hommes, des jeux machos. « La vedette, c'était un mec qui s'appelait Jean-Paul. Un rapatrié. Il avait tout, le costard, les chaussures, il avait vraiment tout. Alors, c'était lui le bellâtre, qui draguait dans des espèces de petits bals, les premières discothèques, quoi ! (...) On était quand même une bonne douzaine à mater quand il se les faisait. Des fois, on arrivait à les sauter après, pas toujours (...) La première que j'ai baisée, c'était une coiffeuse un peu rousse – auburn, ça s'appelait – avec des couettes à la Sheila. Elle restait sur le dos pendant des heures et elle lisait *Ciné-Revue* et, nous, on la baisait. Elle s'occupait de rien. Elle parlait même (...) Quand les filles voulaient pas, on se branlait dans le couloir, parce qu'on se gênait pas pour faire ça en groupe [17]. »

Ces souvenirs ressemblent beaucoup au sketch du *Blouson noir*, au portrait de Bobby, le loubard qui a lu la Bible : *Un mec,* précise Coluche, *quand y t'attaque pas, t'vois, y cherche qu'à se défendre...* Bobby et ses copains sont de sortie – mouvementée – un samedi soir : *Après, dans la rue, on a rencontré une gonzesse mich'to, complètement bourrée, avec des yeux de chatte maquillés vulgaire... On l'a emmenée dans les poubelles, on l'a tirée à quatre, hé ! C'est con, vous auriez dû venir...*

Coluche puisera une large part de son fonds créatif dans la réalité de la banlieue sud. Souvent, il tiendra à se décrire comme le meilleur modèle de son personnage. Mimétisme à rebours, inconsciemment destiné à brouiller les cartes, à prolétariser à outrance, à enlaidir sa propre histoire. Le gros balourd qu'aimera ou détestera la France se doit, il le croira longtemps, d'avoir été une brute, dans une première vie, comme sur la scène. Pudeurs...

Ce système de défense préventive a, bien sûr, quelques failles. Parfois, Coluche baissera sa garde, pour de brèves confidences. Ainsi, à propos de ses expériences sexuelles balbutiantes, il se montrera plus réservé, laissant entrevoir un éveil aux jeux des sens sans doute plus malhabile que ne le dit la saga de la Solo, trop caricaturale pour être tout à fait authentique. Coluche a probablement commencé par s'embourber dans la timidité, l'impuissance des débutants.

Au début des années soixante, l'amour faisait peur, même dans les caves de Montrouge. « Mais le plus interdit, l'inaccessible, bien sûr, c'était la prof d'école. Pas à la maternelle, non, au début de la grande école, je devais avoir sept ans. Alors là, ça fantasmait sec. On voyait pas ses jambes, rien, parce qu'elle était assise bureau fermé devant, mais on imaginait pas mal. Elle devait avoir trente-cinq ans, assez jolie. Enfin pour nous... Les institutrices, ça laisse toujours des traces. Après, il y a eu les copines de ma sœur. Deux ans de plus que moi. Idéal comme désir. Mais superplatonique. Et puis les actrices [18]... »

En fait, entre deux séances d'abattage, il a surtout des coups de cœur pour les filles des voisins, et puis bientôt, ce que sa mère nomme joliment « des petites fiancées », la fille du concierge du 216, boulevard Raspail, celle d'une amie fleuriste de sa mère qui venait donner un coup de main, « pour le muguet du 1er mai ». « Je me rappelle aussi mes premières amours. C'étaient des amours qui n'ont pas abouti. Annie Marlot, elle s'appelait. On écoutait *J'entends siffler le train* et *Nouvelle Vague*. En plein Richard Anthony! Et puis, on se roulait des pelles à la sortie de l'école. Là, douze, treize ans. On se filait rencard tous les dimanches au cinéma. On se mettait dans le fond du balcon, et on se roulait des pelles. C'était tout ce qui se passait. Une fiancée, quoi! Les places coûtaient un franc vingt-cinq et le nom du cinéma, c'était le Palais des Fêtes ou le Verdier [19]. »

L'enfance s'échappe, et toutes les gamineries avec elle, au départ pour le service militaire. Michel Colucci est appelé plus tard que ses compagnons : il est soutien de famille. Mais, comme tous ceux de la Solo, il n'y coupe pas. Il échappe simplement à la guerre d'Algérie, qui s'est achevée quelques mois plus tôt. De ce séjour sous les drapeaux, il ne dira jamais rien, même à ses amis les plus proches. Monette n'a plus de souvenirs. L'armée non plus.

Il part avec sa guitare. Il est souvent mis aux arrêts, dans sa caserne de Lons-le-Saunier (Jura). C'est à peu près tout. Une anecdote : un jour, il essaie de faire le mur en sautant sur un tas de neige. Mais la neige était fraîche, et il manque périr asphyxié. On le sauve de justesse. Une autre expérience, homosexuelle celle-là. Un professeur de piano qui l'avait pris en stop et qui lui avait proposé d'essayer, pour changer. « A vingt ans, on y va, non? Moi, en tout cas, j'y suis allé. Quand on est arrivés chez lui, il s'est mis tout nu, et tout, alors moi, comme un con, j'ai éclaté de rire et je me suis taillé. Non, j'ai vu que, vraiment, j'étais pas branché avec ça [20]. »

Une caserne, une anecdote, une expérience. Surtout de longs mois de solitude. L'armée, où il alimentera une haine solide des militaires après celle des flics, sera le seul univers où Coluche ne se fera jamais d'amis. Ses proches, sa mère, ses petites fiancées ne l'entendront pas en parler. Simplement, à son retour, insensiblement, il va se détacher de Montrouge.

Son adieu à l'enfance, c'est peut-être ce séjour à Dinard, pendant l'été 1963. Coluche a dix-neuf ans. Avec Bouboule, bien sûr, et Bébé, il est allé faire du camping dans un champ prêté par un éleveur de poules. L'inconscient paysan! Les trois jeunes gens ont un budget serré, alors ils se servent. Après s'être nourris, ils enterrent les os des poulets. Un jour, l'agriculteur découvre les emprunts, devenus trop voyants. Les gendarmes sont alertés. Fouille générale des tentes, et du champ. Les représentants de l'ordre mettent la main sur une patte... Michel, Bouboule et Bébé sont interrogés au poste, séparément. Sans s'être concertés, tous les trois présenteront la même version de la terrible affaire : ils avaient simplement eu pitié d'une pauvre bête, un poulet blessé, peut-être pour avoir été attaqué par un renard. Ils avaient choisi, les larmes aux yeux, d'abréger les souffrances de l'animal. Les gendarmes ne seront pas aussi sensibles. Les chapardeurs devront se présenter, quelques semaines plus tard, devant le juge.

Ils reviennent donc en août. Dans la nuit du 8 au 9, déambulant dans Dinard endormi, Bouboule a l'idée de briser les présentoirs vitrés de deux commerçants, Mme Flore Dodu, rue du Maréchal-Leclerc, et M. Robert Bourgeais, rue Levasseur. Selon le rapport de la Sûreté nationale, rédigé le 22 août à Paris, le butin du vol s'établit comme suit : « Rasoirs mécaniques, couteaux, porte-clés, cuillères, blaireaux, objets en verre filé, etc. pour une valeur de 1 220 francs environ. » Michel et ses amis seront inculpés de recel par un juge d'instruction de Saint-Malo.

Beaucoup plus tard, pendant la campagne présidentielle de 1981, *Minute* dans le but d'attaquer le candidat Coluche, publiera le procès-verbal. Le journal d'extrême droite manquera totalement de tendresse et d'humour face à ce larcin enfantin, mais c'est une autre histoire. Coluche, trop heureux de ce rappel de la mémoire, de ce clin d'œil d'un temps enfoui, ne s'en séparera plus. Le fameux procès-verbal sera épinglé dans tous les bureaux qui accueilleront le comique pourfendeur de bêtise.

II

Toute sa vie, Coluche a buté sur l'énigme de la pauvreté. Plus que cela : sur les tares de la pauvreté ! Au fond, il n'a jamais attaqué sur scène, à la radio ou dans sa vie personnelle que les lâchetés, les idées toutes faites, l'incommensurable sottise du bas de l'échelle. Au mieux, des échelons moyens. Les personnages de ses sketches ne sortent pas, comme le dira l'un de ses personnages « *de la cuisine à Jupiter* ». Les défauts des nantis le touchent modérément. Moins à dire. Danger mineur, ne serait-ce que par le nombre. Avec une constance obstinée, il s'en prend à ce qu'il connaît, comme si ce combat-là était plus impérieux. Comme si, aussi, il en allait toujours un peu de lui.

François Caviglioli, dans *Le Nouvel Observateur*, parlera du « mépris célinien » de Coluche pour la pauvreté rencontrée à Montrouge. Plus encore, sans doute, celui-ci éprouvera et exprimera souvent une formidable colère pour la résignation affichée des humbles, leur noyade muette dans des conformismes dictés par d'autres. Il ne supportera pas la complainte des malchanceux, le devoir de réserve des smicards. Il en voudra aux modestes de rester à leur place. Alors, il ne cessera de cogner. Ne pas péter plus haut que son cul, lui répétait-on dans sa famille, comme dans sa cité d'adoption. Il pètera, haut et fort, au propre comme au figuré.

Il aura, un jour, une phrase terrible. Une confidence faite à *L'Express,* en octobre 1980. Il tonne, à son habitude, contre « la connerie qu'on subit tous les jours et qui nous gonfle ». Il ajoute qu'il ne parle pas pour lui, privilégié « mais pour les mecs dont je me sens... ». La journaliste, Danièle Heymann, le coupe, croyant avoir deviné. Elle propose : « solidaire... » Il réagit, très vite : « Non, pas solidaire. Ça, ce serait de la démagogie. Je me sens originaire. Je suis l'un d'eux. Je ne suis et je ne serai jamais que l'un d'eux [21]... »

Pas solidaire, originaire. Une vie lui sera nécessaire pour démontrer le distingo. Aux autres, à lui-même surtout. Pas solidaire, originaire : cette harrassante preuve de la différence commencera tôt.

A la Solo. Il sera de toute les chroniques des rues sans joie, sans jamais s'y abandonner tout à fait. Gamin encore, après ce certificat d'études inachevé, il nourrira, d'abord inconsciemment, une rebellion constante contre la fatalité des petits boulots, des années gâchées, même des plaisirs tristes qui découragent l'adolescence.

Comme ses compagnons, il se fait expulser des emplois d'attente. Quatorze fois. Mais pas quatorze fois pour rien. Chaque expérience est une occasion nouvelle de soustraction, comme le fléchage d'une ballade lancinante dans des impasses. Réfractaire à l'école, il sent ensuite que chaque apprentissage cache un autre piège, le risque de se laisser enfermer dans un salaire, un mode de vie, même honorable, une façon de penser. Quelque chose, quelqu'un veut lui dicter sa place.

Le tour de Montrouge, et de l'avenir ainsi promis, est vite bouclé. « A quinze ans, dira-t-il, on s'est demandé ce qu'on allait foutre dans la vie. Les uns pensaient devenir voleurs, les autres commerçants, puisque les commerçants sont des voleurs qui ont le droit de l'être. Moi, je raisonnais à l'envers, je voulais devancer l'appel pour revenir plus vite du service militaire, épouser plus vite une petite et posséder un frigidaire sur cour. Alors j'ai dit aux copains qu'on était des cons, qu'il fallait faire comme les gens intelligents, c'est-à-dire aller au cinéma, jouer aux échecs, et parler « art ». Ça a impressionné tout le monde [22]. »

Les copains ne le croiront pas et se laisseront lentement glisser vers des vies prédestinées. Seul Bouboule suivra, plus par tendresse pour son ami que par réelle conviction. A seize ans, Michel cherche déjà le moyen de vivre comme les riches, c'est-à-dire sans se fatiguer. Délinquant ou commerçant. Ou employé, ou ce qu'on voudra, dans le registre de la banalité. Comment échapper à la rigidité d'un tel choix? Comme il commence à aller au cinéma, dans un autre but que de collectionner les chastes baisers des filles du balcon, il se dit que la vie d'artiste représente peut-être la solution idéale. Faire l'acteur ne peut être un boulot tuant, cela se saurait, et les magazines assurent que ça peut rapporter gros. Mais chercher à Montrouge la première marche vers une carrière d'acteur est peine perdue. Il interroge la caissière d'un cinéma. Comédien? Cela s'enseigne bien sûr, et bien sûr à Paris. Il téléphone à quelques cours. On n'y enseigne que l'art dramatique. Il entend : la tragédie. Il imagine un travail mal rétribué, exigeant, en plus, de la culture. Et ça, il est contre. Figurant? pourquoi pas : une sinécure sur les tournages, de l'argent vite gagné. Paris, encore, pour ces petits boulots du spectacle, aura toujours l'avantage sur Montrouge. On fait la queue sur les plateaux.

Il n'insiste pas, classe pourtant dans un coin de sa tête cette brève illusion. Michel Colucci, à seize ans, se met à réfléchir. Les pauvres s'abrutissent à la tâche, il faut donc éviter de s'abrutir. Seul l'argent fait vivre, pas le travail. Même les plus bornés des copains de la Solo comprennent cela. « On connaissait l'oppression du manque de fric. Chez les prolos, on apprend que ce qui s'est passé hier n'a aucun intérêt. Rien à secouer de la Joconde ou des livres. C'est s'en sortir demain qui compte [23]. » Alors, la bonne question se pose ainsi : comment se la couler douce, sans le poids de la misère?

Il se met à enquêter. La vie d'artiste sera pour plus tard. Prudent, il décide toutefois de peaufiner sa technique à la guitare. Il apprend un air nouveau par semaine. Surtout du rock, mais aussi Brassens. Il chante. Il se persuade que l'astuce des riches réside dans leur parfaite connaissance du système. Donc de leur intelligence. Donc de leur culture. Le mot l'effraie, l'effraiera toujours, deviendra pour longtemps source de complexe d'infériorité. Il sent que, de ce côté-là, il a sans doute laissé passer une chance. Il milite donc un peu plus contre toute trace de concept. Il ne sort pas son revolver, mais sa morgue. « Des conneries, tout ça. »

Au début des années soixante, Coluche se fond officiellement dans le désert culturel des cités, mais, à bien des attitudes, il paraît exprimer un profond besoin contraire. A défaut de livres et d'études, il veut comprendre par lui-même, dans son décor. Il y a là, sans doute, naissance d'un défi pour toute une vie : sans user des armes des puissants, les rejoindre, les dépasser sur leur propre terrain.

Soustraire, donc. Sa mère, comme toutes les mères, lui recommande la prudence : « Ma mère me disait : si tu dors dans la rue, fais bien attention qu'il ne t'arrive rien. Mais, s'il ne t'arrive rien, c'est ce qui peut t'arriver de pire quand t'es môme [24]. » Alors, il part à la recherche de ses propres événements. Il observe une autre famille que les Chevestrier. Les Valignat. « Chez eux, tout le monde boxait parce qu'un des frères avait été champion de France. Ils espéraient tous devenir champions. Erreur. En plus, le champion de France était retourné à l'usine en mobylette [25]. » Le sport est encore chausse-trappe. Une courte visite dans la lumière.

Pas le sport, mais les sports mécaniques. Coluche en aime la logique – un boulon après l'autre, sinon ça n'avance pas –, surtout la poésie. Depuis l'enfance, il fréquente avec assiduité tous les temples périphériques de stock-cars. Le dimanche, il fait des kilomètres à vélomoteur pour assister à des motocross en banlieue rurale. Le spectacle, les fureurs sonores cessent, pour lui, d'être l'unique raison de ce plaisir. Il y a sans doute quelque chose à comprendre, les mains dans l'huile. Coluche devient un bricoleur. Un passionné de la matière. Pas question d'apprendre, bien sûr, cette fois encore, de se mettre en situation d'infériorité par un enseignement quelconque. Aux motards, aux mécanos, il affirme qu'il sait ! Contre ceux qui insistent, s'étonnent, il se fâche.

Il tâtonne, travaille seul, revient dix fois à la charge, curieux de tout. Que cherche-t-il sur le circuit de Montlhéry, dans le sillage du grand champion Georges Monneret ? Plus tard, de Rocca, le meilleur régleur de motos de Paris ? De René Metge, champion de moto puis de rallyes automobiles, qui épousera sa sœur Danièle ? Bien sûr, une relation pragmatique aux choses, aux mécanismes de toutes sortes ; inconsciemment, une réponse philosophique dans ces progrès technologiques qui le rassurent par leur situation aux antipodes, croit-il, du savoir livresque. Plus encore, sans doute, un compagnonnage autodidacte. Dans la banlieue, il a rapidement trouvé ceux qui pensent hors de l'institution. Dans les années soixante, les motards sont des marginaux, plutôt anars. Des solitaires qui refusent plus ou moins explicitement la société de consommation, l'âge d'or des voitures et les comportements de groupe. Des prolos libres, pas toujours pauvres, comme les fripiers des Puces de la ceinture parisienne auxquels Coluche se frotte aussi.

Il va avoir vingt ans. Son territoire s'est étendu à toute la banlieue. Il hante les temples de la ferraille, les garages, les ateliers d'arrière-cours. Il aime le travail du cuir. Il se procure ses premiers outils de tanneur. Par la moto et le rock confondus, il explore les traces importées du rêve américain. Il traque les blousons d'aviateur, les motos anglaises, les side-cars de la dernière guerre.

Il est en partance de Montrouge. Adieu la Solo embourbée. Le mouvement lui est nécessaire. Bouger très vite, ne jamais s'ennuyer, bousculer Bouboule, voir dix nouveautés par jour. Il a perdu trop de temps. Une longue bohème commence. Coluche affûte sa personnalité de raisonneur solitaire au contact de tous ceux qui peuvent l'aider sans se prendre pour des profs. Il est capable de discuter du sens des choses pendant des heures. Il doit emmagasiner du répondant au sort et à l'ordre établi : intérimaire chez un fabricant de boissons, il côtoie des syndicalistes actifs, mais se bat avec des militants de la CGT. Un étudiant en pharmacie, membre du parti communiste, lui conseille un jour de lire *Le Capital* de Marx, et propose de l'emmener à une réunion de cellule. Il accepte le livre – « J'ai mis deux ans à le lire » confiera-t-il –, mais s'enfuit, furieux, de la réunion. « Connerie de dogme. »

Des livres, ce pourfendeur de culture universitaire en croise tout de même quelques-uns sur sa route. Des ouvrages de Freud, on en est sûr, sans doute aussi des pamphlets anarchistes.

Quelques-uns de ses proches assurent que Coluche a probablement lu davantage qu'il n'a voulu agressivement le dire. Peut-être pendant son service militaire, ces mornes journées d'arrêt de rigueur que le second classe Colucci aurait pu volontairement rechercher, pour avoir la paix. Mais, officiellement, il se veut toujours farouchement ignare. Naïvement fraternel, sur ce plan-là, de ceux de la Solo. Il attendra ses amis aux portes des musées. On lira pour lui : Coluche se débrouillera toujours pour s'entourer de lecteurs auxquels, sans en avoir l'air, il commandera des résumés. Il est un peu comme ce sergent-chef, Pierre-Jean Lenoir, du 18e RIT basé à Épinal qui explique, sous la plume de Pierre Desproges : « Je serais pas été plus avancé si j'aurais lu tous les livres [26]. »

Avant même son appel sous les drapeaux, Montrouge n'était déjà plus qu'un lieu de souvenirs, un berceau. Il y retournera toujours, jusqu'au dernier jour, mais comme cela, en passant, pour embrasser Monette, laisser un peu d'argent aux Chevestrier, boire un verre dans l'un des cafés de la République qui l'ont connu enfant. Montrouge fait mal et fait du bien, et au bout de la gloire, après tant de tournées, de voyages lointains, il admettra n'avoir jamais vraiment réussi à s'en éloigner. Toute sa vie, il habitera contre ce périphérique sud. A Montparnasse ou dans une rue bordant le parc Montsouris. Toute sa vie, il se demandera s'il a vraiment franchi cette frontière en toute légitimité. S'il n'est pas resté passager clandestin.

Après les visites exploratoires de l'enfance et de l'adolescence, après les journées passées avec ceux de la Solo à regarder, de la rue – faute d'argent – les dames de la rue Saint-Denis, c'est d'abord le Paris de sa mère qu'il appréhende. Le monde des marchands de quatre-saisons et des fleuristes. Monette lui a trouvé une place chez un fleuriste de l'île de la Cité. Il tient de famille un goût réel des bouquets. Lui manque, encore une fois, la vocation. « Je connaissais les roses baccarat, les glaïeuls, les œillets. Pour les chrysanthèmes de la Toussaint, je voyais jusqu'où les parents du mort pouvaient aller. Quarante mille. Soixante mille. Ça dépendait de leur chagrin. Quand le client avait une bonne tête, je passais plus d'une heure à lui composer un bouquet [27]. »

Son patron de l'île de la Cité conserve un souvenir apparemment mitigé de son employé : « Il avait des mouvements d'humeur bizarres, raconte le commerçant. A une vieille vendeuse qu'on appelait

Mamie, il prenait un malin plaisir à réduire en miettes les biscottes sans sel qu'elle pensait indispensable à son régime. Une fois, il a écrasé tout le paquet d'un coup de poing. » Survient alors le temps des mauvaises affaires. La compression de personnel est inévitable. Logiquement, Mamie devrait, compte tenu de son âge, être du licenciement. Coluche intervient. « Elle ne retrouvera pas de boulot, explique-t-il, moi, je suis jeune, je me débrouillerai [28]. » C'est lui qui part. De cette boutique de fleurs en plein air, il dira simplement, plus tard : « L'hiver, c'était décapotable. »

Quelques semaines encore, dans la vente de fruits aux Halles. « J'ai appris qu'il fallait mettre les taches en dessous... » Puis, de guerre lasse, après encore deux ou trois semaines de cours de dessin industriel, Monette le contraint à venir travailler avec elle. Depuis plusieurs années, Mme Colucci aspire à se mettre à son compte. Elle déniche d'abord, grâce à ses amies marchandes de quatre-saisons, un petit pas-de-porte rue d'Aligre, dans le XIIe arrondissement. Juste à côté du marché du même nom. Puis, elle s'installe dans une boutique plus vaste, avec cinq vitrines, au coin de la rue de Prague et de la rue de Charenton, dans le quartier de la gare de Lyon. « L'un de mes meilleurs clients était le chanteur Michel Berger, se souvient-elle. Il habitait à côté. Il a emporté toutes les fleurs du magasin pour ses fiançailles. »

Monette et ses deux enfants emménagent même quelque temps dans un appartement au-dessus de la boutique. Deux pièces, cette fois, cuisine, et WC à l'intérieur. Danièle, jusqu'à son mariage, travaille comme secrétaire près de la gare de Lyon. Michel accepte de s'occuper, l'après-midi, des livraisons de fleurs, dans une vieille 2 CV d'occasion dont sa mère a fait l'acquisition. Il garde le magasin lorsqu'elle part s'approvisionner aux Halles : « Ma pauvre dame, vous avez un deuil, oh, la, la! on va vous faire une belle couronne, à 40 000! On a mieux, à 60 000, ça dépend comme vous l'aimiez [29]... » Les clients hésitent, désarçonnés par ce ton d'ironie permanente. Coluche n'aime pas la vente de fleurs, mais il improvise déjà ses dialogues en situation réelle. Il s'échappe souvent de la boutique. Monette et son fils se querellent. Après les cris, il laisse des mots d'excuse sur la table de la salle à manger.

Il étouffe. Son départ à l'armée lui avait laissé dix-huit mois de répit. Monette s'est mis dans la tête de s'associer avec son fils, d'agrandir la boutique, de reprendre sa promotion sociale par les fleurs. Libéré de ses obligations militaires, il devra briser le rêve maternel. « Après quelques mois à vendre des fleurs, j'avais compris ce qui allait m'arriver. Maman à la caisse, l'appartement au-dessus du magasin. Mon premier but de ne pas travailler pour un patron était atteint. Mais je risquais quand même de me faire coincer. Je me voyais cinq ans plus tard, moi marié, maman toujours à la caisse, et l'appartement au-dessus. J'ai annoncé que je me sauvais. Ça m'a fâché avec ma famille [30]. »

Coluche loge d'abord dans un coin de l'atelier de tailleur de son oncle Guy, boulevard Raspail, puis dans des chambres occasionnelles sous les toits, enfin dans l'ancien appartement de sa grand-mère maternelle, rue Montparnasse. Il est majeur. Il dresse un premier bilan. Montrouge, les vies bouchées, les métiers au ras du sol sont rayés de sa carte personnelle. La sympathie de quelques philosophes des Puces et des circuits moto lui est acquise. Il a toujours sa guitare, et l'amitié de Bouboule. Pas si mal.

Surtout, il a les idées plus claires. L'idéal, après enquête, consisterait à « trouver une combine », selon son expression, dans les milieux artistiques. Faire un tube, comme les grands, juste un, et se retirer jeune. Michel Colucci, au sortir de l'adolescence, rêve déjà de retraite. Comme ses copains de Montrouge, il sait que les chanteurs de rock gagnent des fortunes. Mais il n'a pas trouvé ses musiciens, ou l'opportunité. Pour avoir vu les gosses de banlieue errer à la recherche d'un improbable producteur, il mesure la difficulté de l'ascension par le disque. Oublié, le rock. Reste la chanson française en solitaire, encore en vogue, et là où elle s'exprime avant la célébrité des music-halls. Dans la rue.

En 1966, le rock et le yé-yé battent tambour au loin, ils déferlent sur les ondes des radios. Ils annoncent les révolutions à venir, orchestrent la fin du vieux monde. En attendant, hors l'Olympia et quelques salles, hors quelques groupes comme Les Chaussettes noires ou Les Chats sauvages, ils restent lointains pour beaucoup de jeunes. Paris reste voué, pour une part, deux ans avant le Printemps de Mai, à la chanson à texte. Un genre très français, né après-guerre à Saint-Germain-des-Prés, cousin de la poésie existentialiste, et qui se prend très au sérieux. Au mieux, avec Boris Vian, elle attaquera quelques grandes idées fausses, comme la guerre d'Algérie. Mais il est impossible de danser sur ses mélodies.

Plus tard, dans *Misère*, une chanson-sketch, Coluche fera un sort à ces prétentions en quelques accords étriqués. Il hurlera, la guitare sur les genoux et les yeux perdus dans le vague, une supplique du pavé, à l'inspiration usée jusqu'à la corde : *Misère, misère, c'est toujours sur les pauvres gens que tu t'acharnes obstinément; Misère, misère, ça s'ra toujours donc les salauds qui nous bouff'ront l' caviar sur le dos; Misère, misère...* Mais un jour, les gueux relèveront la tête, et le président découvrira leur existence, à leur colère : *L'argent fera bien le bonheur des pauvres, ce qui s'ra bien la moindre des choses, convenons-en, convenons-en...* Les rimes lourdes, le refrain simpliste, le pillage des chansons de la Commune, tout y est, exactement comme dans les répertoires des chanteurs à texte que Coluche croise dans les bistrots, les vieux cabarets essouflés de la rive gauche.

Dans *Misère*, il se moque aussi, interrompant sa mélodie comme le voulait alors la mode, des interprètes aux introductions interminables, qui profitent d'un micro de hasard et d'une scène minuscule, pour se plaindre de la radio qui censure, de la télé qui ignore. 1966, c'est encore l'époque où tout le monde, dans ces milieux, se prend pour Brel ou pour Brassens. Paroles et musique sans talent s'étonnent de devoir, très vite, céder la place à un phénomène – le rock et ses dérivés – qui fera trop de bruit pour qu'on les entende.

C'est pourtant par cet art sur le déclin que doit passer Coluche. Et par son territoire : les quartiers étudiants qui ont le don, à mille signes, d'énerver l'enfant de Montrouge. Il fait la manche, comme tout le monde, à Saint-Germain et à la Contrescarpe. Il chante ce que chantent les autres. Boris Vian, Carco et les airs de Kosma-Prévert. Des chansons galantes et des chants de révolte, pris aux barricades parisiennes de toutes les époques. Il écoute massacrer Brassens dans les files d'attente des cinémas. Il massacre aussi : « C'était vachement poésie, la mode, dira-t-il, y'avait Brassens, qu'était pas mort; y'avait Léo Ferré, qu'on n'entend plus du tout; Brel (...) qui était encore curé : il avait pas encore quitté la soutane [31]. »

Bouboule dans son sillage, il écrème avec mauvaise humeur les restaurants à attractions pseudo-intellectuelles. On le trouve marrant, différent, et pour cause! Le Quartier latin ignore encore tout de la banlieue. Lui, il trouve ses nouveaux confrères insipides. Eux se prétendent poètes maudits. Il est là par hasard, textes appris à la hâte, mélodies retenues à l'oreille. Ils ne jouent pas de la guitare mieux que lui, mais ils en font toute une histoire. Lui, il en aurait plutôt honte. Bouboule raconte aux copains de Montrouge l'univers de ces catacombes de l'esprit, aux murs peints à la chaux, éclairées à la bougie. Les génies méconnus ont le cheveu long. Ils ne s'habillent que de noir. Coluche a l'air d'un loubard égaré.

Il déteste le quartier, son empreinte universitaire. « J'allais pas dans les mêmes restaurants, expliquera-t-il, parce que de la place Maubert à la Contrescarpe, ça pue les fines herbes. Insupportable! Je peux plus supporter les herbes de Provence [32]. » Mais, durant des mois, Coluche s'accroche à ce vieux temple para-littéraire où tout le monde connaît Sartre. Il a fait ses calculs. Avec trente-six francs par jour, il peut tenir. « Je ne m'arrêtais que lorsque j'avais réuni cette somme. » Aux terrasses des cafés, il s'associe avec des musiciens de rencontre, Xavier Thibault, le fils du comédien Jean-Marc Thibault, Jacques Delaporte et Jean-Claude Dagostini, dit « le Bœuf ». Ils créeront ensemble, cette année-là, un groupe éphémère, Les Craignos Boboys. Les trois compères accompagneront plus tard la carrière de Coluche sur scène, avant de fonder le Grand Orchestre du Splendid.

Mais comme la manche ne paie pas, Coluche s'enhardit à frapper aux portes des cabarets où alternent les chanteurs et les chansonniers. Il avoue n'avoir pas gardé un souvenir impérissable de Maxime Le Forestier qu'il surnomme « le Fox-terrier » – ni de Bernard Lavilliers qui font leurs débuts au milieu des tables. Il préfère Jacques Higelin, qui ne chante pas encore avec Brigitte Fontaine et Areski, et retourne souvent écouter Jean Yanne, très en avance sur l'époque, qui attaque de front le cléricalisme au Port du Salut. Il est impressionné par Boby Lapointe.

Georges Moustaki est sans doute le seul a être touché par ce martien agressif qui s'obstine à servir les soliloques de Bruant. Moustaki l'abrite, quand Coluche ne ramasse pas ses trente-six francs quotidiens. Il lui offre même sa première moto, une Suzuki 500. Surtout, il décline pour lui les règles terribles du music-hall, la loi de ces caves étouffantes, le passage obligé à La Rose Rouge, à L'Écluse, à L'Échelle de Jacob ou à La Colombe, pour qui veut connaître un jour le succès à l'Olympia ou à Bobino. Les autres, les grands sont passés par là, Barbara comme Anne Sylvestre, Jacques Brel et Guy Béart, même celui auquel on le comparera plus tard – pour la grossièreté et le sens de la provocation : Serge Gainsbourg. Même son dieu, Brassens.

Coluche se heurte au refus de plusieurs propriétaires de cabarets. Maurice Alezra, directeur de La Vieille Grille, raconte que le jeune candidat à la gloire se couchera même devant sa porte pour obtenir un passage sur sa scène. Évincé. Là, Romain Bouteille et Philippe Bruneau, plus tard Zouc, Higelin et Bernard Haller auront plus de chances.

La direction de Chez Bernadette, rue des Bernardins, est plus magnanime : « Je suis rentré un soir, racontera-t-il, pour faire la manche. On m'a gardé pour faire la vaisselle. J'ai fait le ménage, les courses, la cuisine, et puis, comme il y avait un cabaret et que personne ne voulait commencer, c'est moi qui ai assuré le lever de torchon, avec une guitare et deux chansons de Bruant [33]. » C'est là que le surnom de Coluche, selon certains témoins, lui aurait en fait été attribué. Parce que Michel Colucci, cela ne sonnait pas comme un nom de chanteur.

Il fréquente aussi La Méthode, rue Descartes, un autre bistrot qui cherche une programmation. Coluche y tiendra le bar, la cuisine, et la scène. Il rencontre Alain Pellet et sa compagne, la chanteuse France, plus connue, depuis, dans les milieux de la musique contemporaine sous son vrai nom, Esther Lamandier. Ils proposeront un trio, Les Tournesols. Ses copains musiciens, Xavier Thibault, Jacques Delaporte et « le Bœuf » viennent certains soirs faire du jazz. Lorsqu'il quitte son tablier, Coluche chante aussi les brûlots de Saint-Just, de Robespierre. Il s'essaie au genre paillard, avec des textes de corps de garde. Il propose même ses premiers sketches, maladroits à en croire ses rares spectateurs.

Manifestement, il n'est pas fait pour le cabaret. Aucune ambition de chanteur ne naît en lui. Il explore, il le sent, un art poussiéreux. Autre impasse, autre galère sans avenir. Ce n'est pas ainsi, dans ces tripots où l'on pastiche involontairement les vedettes d'aujourd'hui, donc déjà d'hier, qu'il amassera la fortune de sa retraite anticipée. Et puis, cette musique est trop éloignée de celle que commence à dégorger l'époque. Trop différente de celle que la Solo aimait. Anti-jeune. Bourgeoise. Le Ve arrondissement des caves est un ghetto qui sent la mort. « Je me suis dit : faudrait que je trouve une combine sans la guitare. C'est quand même chiant à trimbaler [34]. »

Plus profondément, Coluche réalise que « tous ces mecs ennuyaient les gens en leur chantant de la poésie. Moi, j'ai décidé de les faire marrer [35]. » Il ne lui reste qu'à apprendre à faire marrer, à parler. A parler sur scène, car dans la vie, Coluche, pour ceux qui l'ont rencontré avant 1968, est déjà un orateur. Un embobineur, un bateleur de mots sonnants et trébuchants qui surprennent. Ils viennent d'une géographie méconnue, ni tout à fait argot parigot ni classique langage prolo. C'est surtout la violence contenue de ce vocabulaire qui trouble. La grossièreté, l'insulte rapide, le dénigrement tous azimuts y prédominent. En l'écoutant, personne ne prend Coluche pour un jeune homme heureux, apaisé, patient. Plutôt pour un boxeur nerveux qui frappe dans le vide. Même la sympathie, il l'a irritée, bourrue, à la limite de l'affrontement. Il arrive partout, épaules roulantes, comme s'il venait en découdre. Sa voix emplit l'espace, toujours en sur-ton, alors que Bouboule, qui suit, paraît se tenir sur ses gardes, silencieux, lui-même embarrassé du besoin de son ami d'en imposer d'instinct, par un tir verbal préventif.

C'est en tout cas ainsi qu'il apparaît la première fois, quelques mois avant Mai 68, à la famille Vaguelsy qui comptera beaucoup, par la suite, dans la vie de Coluche. Au père, Yacha, un Juif venu d'Ukraine. Au plus jeune de ses fils, Jean-Michel, dit Jean-Mi, qui deviendra « l'intellectuel » du cercle rapproché des « potes ». Yacha Vaguelsy possède un magasin de télévisions et de radios dans la rue Frédéric-Sauton, à Maubert.

C'est un humaniste manuel, comme Coluche les aime, un déraciné éclairé, attentif aux autres. Il a une clientèle d'étudiants, de hauts fonctionnaires du quartier, d'immigrés aussi. Il vend et il répare, et il y a toujours du monde dans sa boutique. Pour livrer, on lui donne volontiers un coup de main, et il compte beaucoup d'amis dans la rue. Un jour, Alain Pellet, le musicien des Tournesols, fleuron injustement ignoré des soirées coluchiennes à La Méthode, vient proposer ses services. La chanson ne nourrit pas, et il connaît bien le ventre des postes de radio et de télévision. Alain est engagé – Yacha est un brave homme.

Immanquablement, un jour, Alain présente Coluche. « Il avait l'air d'un loubard passé par le rock, se souvient Jean-Michel. Il tenait beaucoup de place. Il avait une drôle de tête, de drôles de manières. Il avait des rouflaquettes [36]. » Jean-Michel a seize ans, il est élève de seconde au lycée Henri-IV. Sa mère avait été actrice, enfant, dans les années dix. Toute la famille est à gauche – un frère aîné au PC – et enracine sa légitimité par une parfaite éducation. Le jeune Jean-Michel n'a encore jamais rencontré un tel mélange de zone, d'anarchie ambulante et d'artiste en herbe, et il regarde Coluche, fasciné.

Yacha, le père, a plus d'expérience. Les Allemands, malgré les camps, n'ont pas eu sa peau. « On aurait dit, c'est vrai, un blouson noir, raconte-t-il, mais avec de l'esprit. Je lui trouvais quelque chose de naturel qui dénotait un esprit à part, capable, déjà, d'avoir sa propre philosophie [37]. » Coluche revient, de plus en plus souvent. Pour parler avec Yacha. Il affirme qu'aussitôt le premier disque sorti, et donc fortune faite, Alain Pellet et lui-même mettront le cap sur les pays ensoleillés où la paresse est règle de survie.

Quand Coluche passe rue Frédéric-Sauton, c'est toujours pour acheter une pièce détachée, pour un problème pratique. « J'ai mis longtemps à le connaître, à le comprendre, dit Jean-Michel, mais il était déjà évident qu'il ne voulait avoir aux choses qu'une relation pratique. Il était anti-tout. Il tenait déjà des discours sur l'embarras de la culture, son inutilité pour une bonne réflexion. Il était en guerre, je ne savais pas encore contre quoi. Si ! je me souviens de sa haine des flics. Une haine terrible, plus de haine que nous tous réunis, plus de haine que Mai 68 allait en montrer [38]. »

Pendant Mai 68, Coluche et Bouboule viendront puiser dans le stock de Yacha les boulons nécessaires à leurs lance-pierres, lors de quelques raids nocturnes. Mais, à la boutique, l'orphelin de Rital s'adoucit au contact de ces Juifs de Russie. Il a des idées sur tout, un sens de l'invention et de la fantaisie. « Il m'a acheté un poste de télévision d'occasion, commente Yacha, mais à la seule condition que je le repeigne en vert. » Coluche ne se satisfait plus du monde en blanc et gris qui l'entoure. Il a décidé de le colorier. Il porte des foulards roses. Des bottes à bout pointu, déjà des chaussures jaunes, dénichées aux Puces de Vanves.

Il se cherche un père, à l'évidence, ou bien un oncle, ou simplement un adulte non conformiste. Yacha, après Georges Monneret, Moustaki, et avant quelques autres. Aujourd'hui, à quatre-vingt-deux ans, M. Vaguelsy père minimise, dans un sourire, l'influence qu'il a pu avoir sur la bombe lâchée qu'était déjà Coluche. Mais il confirme : l'existence de Dieu, la guerre, les Juifs, le sens de la vie, quelques autres sujets ont bien été abordés. Jamais directement, bien sûr. Yacha laissait venir : Coluche entrait en fanfaronnant, jouant les caïds, brassant de l'air, prompt au désaccord, désireux, souvent, d'effaroucher Mme Vaguelsy avec ses gros mots ou ses considérations provocantes sur l'éducation des enfants. Cela finissait toujours par des questions de gosse déboussolé.

Recherche d'un père, à l'évidence, comme tant d'adolescents, orphelins ou non. « Il n'aurait jamais pu se choisir un père de remplacement qui reproduise le modèle, le système existant », dit Jean-Michel. Un père en passant, donc, sans jamais le nommer comme tel.

Plus tard, dans les confidences que fera Coluche sur son passé, dans les interviews comme dans les souvenirs des proches, ces références paternelles seront soigneusement occultées. Honoré ne sera qu'un père mort, un vide qui, à chaque récit, appelle la question suivante, l'évocation d'une autre partie de la vie de l'artiste. Coluche glissera, se dérobera sur le portrait d'Honoré. Il doit croire, simplement, ce père mort doué de ses mains. Alors, il est lui-même doué de ses mains, dans le désir inconscient de prolonger une improbable lignée de bricoleurs.

Il glissera encore sur les périodes intermédiaires de sa jeunesse, celles qu'il traverse seul, préférant réduire ces temps enfouis aux aventures collectives. Après Montrouge et la Solo, il s'appuie toujours sur une mémoire de groupe, une histoire partagée. Le 17 février 1975, *le Figaro* légendera ainsi une photo le représentant : « Lieu de naissance : le Café de la Gare. » C'est à peu près cela. La Solo, puis le Café de la Gare. C'est là, vérité officielle, qu'il est né et a grandi !

Aux autres, même aux amis, de choisir leur époque préférée. Presque à la carte.

Quant aux zones d'ombre... Coluche n'a plus de souvenir. Ni de ses années de tâtonnements, ni de ces pères d'emprunt, d'une nuit ou de quelques mois. Il avance sans antécédents, comme d'autres n'ont pas d'avenir. On lui soumet le fameux questionnaire de Marcel Proust : « Ce que tu détestes par-dessus tout? » Il répond : « Le passé, l'histoire. »

Il l'admet volontiers, d'une formule laconique. « C'est vrai, je ne suis pas un champion de la mémoire [39]. » Les vérités de chacun, assure-t-il jusqu'à la mauvaise foi, sont devant soi, non derrière. Ainsi, Coluche naît-il, comme quelques autres, au Café de la Gare.

DEUXIÈME PARTIE

AU CAFÉ DE LA GARE

I

Lequel des deux a entraîné l'autre? A l'occasion du vingtième anniversaire, en 1989, de la fondation du Café de la Gare, la presse en débattait encore. Lequel? Romain Bouteille, comédien par faute d'inattention du cours Dullin, auteur échappé d'un asile pour logiciens de l'absurde, prédicateur fiévreux de la dérision? Ou bien Coluche, rescapé du laminage des banlieues, qui n'avait, autour de 1968, jamais pris un cours ni mis les pieds dans un théâtre?

Longtemps, comme pour éloigner les curieux, compliquer à plaisir une chronique déjà confuse, les deux compères se rejetteront mutuellement la faute, en de grands éclats de rire. « C'est Coluche, il voulait réussir à tout prix », jure Bouteille. « C'est l'autre, il voulait tout démolir », tempête le premier. Quinze ans durant, ils entretiendront soigneusement le quiproquo sur un phénomène qui a malmené la scène parisienne. Et un peu au-delà, du côté des mœurs et de la liberté de parole. Coluche, au mieux, était parti pour en découdre avec la vie, « gauler le système », comme il aimait à le dire, puis se retirer, pépère. D'abord, il révolutionne, sans le vouloir, le théâtre. Un pan entier de la culture. Lui, le réfractaire sans diplôme!

C'était donc sa faute, puisqu'il n'est plus là. Romain Bouteille, lâche complice, en profite. Il ne risque plus rien, Coluche a cessé de lui apporter la contradiction sur un des grands mystères de l'histoire à la fois de l'art dramatique et de la contestation sociale : dans quel esprit malade a bien pu germer l'idée du Café de la Gare, théâtre des courants d'air devenu mythologique, entreprise anar et bricolée, qui allait réussir vite, imposer un genre, révéler une poignée de talents, avant de laisser des regrets, une fois la page tournée? L'historien ne pourra jamais trancher. Admettons, alors, que les responsabilités s'établissent à part égale. Romain Bouteille rêve ce théâtre, Coluche l'oblige à le rendre réel.

Aussi étonnant que cela puisse paraître, avec le recul, ces deux-là devaient obligatoirement se rencontrer. Non à cause du territoire qu'ils fréquentent séparément, les cabarets de la rive gauche, dans les mois qui précèdent la révolution culturelle. Plutôt parce que Romain Bouteille décortique déjà les mots qui manquent à Coluche. Sur le fond, ils partagent bien des points de vue – l'espérance, sans cesse remise à plus tard, de la paresse, l'effroi des conventions, et quelques qualités potentielles d'artificiers. Aussi, sans doute, un irrésistible besoin de se moquer de tout pour maintenir le malheur à distance.

Bouteille a simplement un peu d'avance. Il est plus âgé, vingt-neuf ans en 1966, contre à peine vingt-deux pour Coluche. Il attaque la vieille culture de l'intérieur, bardé de références et d'influences littéraires. Il a lu les livres, pour en arriver à peu près aux mêmes conclusions que le gosse de Montrouge. Précoce dans le refus, il manifeste très tôt une « haine de la chose apprise, de ces outils que l'enseignement nous impose et qui n'ont d'autres résultats que de nous empêcher de réfléchir personnellement. S'en remettre à la connaissance acquise, c'est autant d'inventions dont l'individu se prive [1]. » Exactement ce que Coluche pressent, à l'instinct.

Romain Bouteille est enfant de la balle. Ses parents ont été comédiens ambulants avec Léon Chancerel, avant de monter des spectacles de marionnettes. Leur fils suit des études incertaines, renvoyé de tous les établissements scolaires pour insolence et flemme. « J'ai tout de suite été sûr, confiera-t-il, que le métier que je choisirais devrait me permettre de ne pas me lever tôt le matin, que ce que je ferais devrait ressembler à un loisir, et que je ne pourrais rien faire qui ne soit d'ordre artistique [2]. »

Il a été scout, a failli devenir instituteur. Reçu à l'École normale, il s'esquive. Son père, comme Monette, tient au travail. Bouteille se retrouve dans une maroquinerie. « Cela m'a confirmé qu'un tel mode de travail n'était pas fait pour moi ; j'aurais préféré être clochard ! Je m'ennuyais, et dès que je m'ennuie, je ne vois plus le temps avancer : c'est désespérant [3]. » Il s'échappe, lui aussi, vers la Mouf', les aventures artistiques fumeuses mais protectrices. Il entre dans une compagnie de théâtre amateur, La Compagnie du fil. Pièces répétées, jamais jouées. Il ne se décourage pas, il écrit pour lui, la nuit, entre deux petits métiers, des textes, des pamphlets dans la tradition des auteurs anarchistes. Pendant un interminable service militaire – plus de vingt-quatre mois, assure-t-il –, il choisit lui aussi la prison. Pour pouvoir dormir, réfléchir. L'important est d'éviter la guerre d'Algérie. Il y parvient de justesse. Bon pour le combat, il aurait dû déserter. Pas certain d'en avoir le courage. Coluche est brutal, son futur compère trop poli.

Libéré de ses obligations militaires, Romain Bouteille couvre toujours des pages de textes cérébraux, presque mathématiques. Depuis l'adolescence, il cherche à inventer un système impossible. Il éprouve une vive passion pour le mécanisme de la bicyclette, les mouvements d'horlogerie, l'organisation du cosmos. Il s'essaie à la philosophie libertaire avec des raisonnements de chimiste. Il coupe les idées en quatre, en explore les contresens avec délice, leur ouvre le ventre, à la manière d'un professeur de sciences naturelles.

Son ambition : faire rire de tout, de nous, de lui, avec les choses les plus sérieuses du monde. Après une audition manquée à L'Écluse, il est engagé au Cheval d'Or. Il présente sur scène son corps de chat de gouttière malingre, sa petite taille d'adolescent à la croissance interrompue, sa face de moine ascétique qui aurait un jour croisé une météorite et ne s'en serait jamais remis. Il est capable, si on ne l'arrête, de disserter des heures, car il fait un cours perpétuel sur la logique sans relever la tête, paraît croire à ce qu'il dit, s'enflamme pour des détails et ne s'aperçoit pas que ses élèves se sont endormis. Savant Cosinus, il lève un doigt menaçant en promettant l'imminence d'improbables cataclysmes, soliloque sur n'importe quel sujet grave. « Bouteille, samouraï du verbe, met sa peau sur scène, écrira plus tard Patrice Delbourg, dans L'*Événement du jeudi*. (...) Il s'exalte, il se ronge, il se tyrannise, pour finir par s'abolir dans la raison déraisonnante [5]. »

Ses premiers spectateurs s'endorment, soûlés de son savoir et de son obsession à tout mélanger, le bouddhisme et la poêle à frire, la sexualité des tirailleurs sénégalais et le machiavélisme du pouvoir en place. « On avait voulu me décourager, explique-t-il, en prétendant que mes textes étaient trop difficiles, trop compliqués. Je pense au contraire que c'est leur complexité, le fait qu'ils parlent de Dieu, de la mort, du communisme qui provoquaient le rire [6]. »

Les directions des cabarets discutent son talent. Il les traite d'analphabètes, retourne écrire dans sa chambre, bien sûr en s'obstinant. Pourquoi penser simple quand on doit penser compliqué? Sans le croire, il est sur la bonne voie. Il est l'un des acteurs de *La Maison d'os*, une pièce de Roland Dubillard, au Théâtre Lutèce. Il profère déjà, au sein de cette distribution, la nécessité de l'improvisation permanente, comme s'il fallait tordre le cou au texte. Comme s'il était insupportable à un comédien, et donc nuisible à l'art, de se laisser dicter une loi définitive par l'auteur.

Romain Bouteille applique à la scène sa terreur du partage du monde entre les chefs et les autres. « Les comédiens (...) doivent avoir une responsabilité de patron et pas seulement d'employé [7]. » Le Café de la Gare expérimentera l'axiome avec succès. En attendant, dans les années soixante, le théâtre est toujours régi par des règles hiérarchiques. L'iconoclaste commence à gagner sa vie, mais est prié de garder pour lui ses théories.

L'attention du comédien Henri Garcin a cependant été attirée par ce jeune prédicateur lunaire et étourdi, à l'œil inquiet d'oiseau tombé du nid. Ensemble, ils écrivent *L'Échappée belle*, un texte court bourré de dialogues farfelus et poétiques, qu'ils joueront deux ans durant, de 1964 à 1966, au théâtre La Bruyère, avec Monique Tarbès. Le succès est immédiat, signe, parmi tant d'autres, que les temps vont changer.

Il retourne au cabaret. Le comédien Jean-Pierre Moulin se souvient de cet extrait de l'un de ses premiers sketches : *Mon oncle me dit : allons faire de la varappe! A quarante mètres au-dessus du vide, la corde... casse, et mon oncle, malencontreusement... choît, du-verbe-choir-et-non-choi-sir. Ses dernières paroles furent : allez voir si les carottes sont... On n'a jamais su la suite. Si bien qu'elles ont... brû-lé*[8].

Pour le théâtre de l'Athénée, il écrit, en collaboration avec Jacques Barbier, Catherine Sotha et Jean-Pierre Dutour, un spectacle au titre élastique, *L'Aliment de boue* ou *La Limande bout* ou *La Lie ment debout* ou encore *La Lime en deux bouts.* Il n'a pas voulu opter entre les quatre propositions fournies par une machine IBM. Au spectateur de choisir. « Le plus feignant, celui-là, il n'a jamais rien à faire », dira-t-il.

La Lime, donc, conte l'odyssée dérisoire et loufoque d'un équipage de bagnards de retour de Cayenne, qui s'entre-déchirent pour survivre. Il y a aussi un amiral qui « avait horreur de la mer, expliquera Bouteille à la presse, mais aimait la terre comme sa propre fille et supportait mal que les idées nouvelles tendissent à lui gonfler outrageusement le ventre et le dos pour en faire une sphère[9]. »

Dans *Le Monde*, au lendemain de la première, Bertrand Poirot-Delpech goûtera peu ce drame de la mer, trop long – près de trois heures –, trop influencé par le théâtre automatique, riche, pour lui, de trop peu « de petits paradoxes » et de « drôleries bizarres ». « Pour que de telles pêches deviennent miraculeuses, écrira le critique du *Monde*, il faut l'invention, l'incohérence vertigineuse et la force poétique d'un Dubillard arpentant cette autre embarcation en folie qu'était *La Maison d'os*[10]. »

Bertrand Poirot-Delpech a évidemment noté l'emprunt fait au seul auteur dont Bouteille débutant se réclame, et dont il a joué la pièce, quatre ans plus tôt. Le Café de la Gare inscrira résolument sa trajectoire dans « la folie des mots » de Roland Dubillard, de loin l'écrivain et le comédien préféré – avec Raymond Devos – des jeunes gens pressés, au café-théâtre, de l'après-68. Romain Bouteille persuadera Coluche d'aller voir, ce qui ne sera jamais une mince affaire, l'une ou l'autre reprise de ses pièces. Lui-même connaît bon nombre de ces textes par cœur, *Les Dialogues* joués par Dubillard lui-même et Claude Piéplu, *Du moment qu'on n'est pas sourd, Les Sacrés Monstres, Parle à mes pieds, mes oreilles sont en vacances* ou *Les Huîtres ont des oreilles.*

Et surtout, *Naïves Hirondelles,* la pièce culte du contre-théâtre de laboratoire qui, dans les années soixante, désespérait de ne pouvoir prendre d'assaut les grandes salles parisiennes. *Naïves Hirondelles,* dont Eugène Ionesco écrira que c'est « la pièce de la détresse de vivre sans pouvoir aimer, de vivre sans buts, ou pour de faux buts [11] ». De Dubillard, « fabuliste incertain », Bouteille fera son maître et lui donnera toujours sa place à la table de sa propre aventure ou de celle de Coluche – beaucoup pour cette maxime : « *Il n'y a pas de tragique en dehors de l'expression comique.* » Voilà ! C'est cela même ! L'humour comme exploration désespérée de la réalité. C'est ce qu'il cherchait dans ses tâtonnements. C'est ce qu'il imposera.

En juin 1966, Romain Bouteille improvise, plus qu'il ne joue, *Je m'appelle Harry Dave,* au cabaret La Vieille Grille. « Cela a été le résultat d'un pari avec le directeur qu'en quinze jours, j'arriverais à écrire une pièce que je jouerais tout seul. Nous avons fixé la date de la première, le vendredi en quinze. J'ai tenu le pari à cette réserve près que je ne savais pas encore le texte : la première représentation a été un gag incessant entre le souffleur et moi [12]. »

Ce monologue qui fera date dans l'histoire du cabaret raconte le désarroi d'un commandant, naufragé solitaire et misogyne, pestant, sur son île, contre sa femme qui lui adresse des messages enfermés dans des bouteilles et jetés à la mer. « Il est là depuis deux ou trois ans, commentera l'auteur, en conversation avec la nature, avec les objets. C'est un menteur. Par plaisir, par sens artistique. Il a le culte des idées pures; l'application ne l'intéresse pas [13]. » Harry Dave, vraiment? Ses amis retiendront de ce soliloque décousu et absurde que Romain Bouteille se décrivait lui-même.

C'est la première pièce de son futur complice que verra Coluche. Il en aimera surtout le côté égrillard, sous l'orthodoxie du verbe. Comme dans cet extrait :

Ma femme était déjà un immense carrefour de désillusions charnelles. Oh ! presque une sainte, enfin, physiquement, en tout cas. Elle parlait le français par ouï-dire. Elle se donnait à l'amour comme on évangélise. C'est-à-dire : de force ! Alors, l'amant idéal, pour elle, c'était quoi? C'était l'ingénu taciturne, voyez, avec un regard idiot où le silence entretenait l'illusion de la sobriété, quoi! Et sur qui les affronts glissaient comme sur le poil d'un basset. Enfin... l'amant idéal, c'était moi, quoi. Alors, elle me caressait le dos jusqu'à l'os avec un regard vide [14]. »

Dans *Le Monde*, Bertrand Poirot-Delpech, lors de la reprise de la pièce au théâtre Gramont, en 1967, sera cette fois plus tendre pour le disciple de Dubillard. « Le comédien Bouteille, écrira-t-il, exprime avec d'infinies malices le partage de l'auteur entre l'excitation des idées et la sérénité des chiffres ou des objets. Étrange petit bonhomme, aux agilités de clown, à la tignasse de Beatle, au regard de myope à la fois accablé et farceur, à la voix caverneuse et martelée de professeur d'allemand à bout de nerfs... Il se répète un peu, mais il s'impose déjà comme le champion saugrenu d'un retour aux choses par les mots [15]. »

En 1966, les futurs compagnons de route du Café de la Gare, Rufus, Jacques Higelin, donneraient cher pour quitter La Vieille Grille et les autres cabarets. Philippe Bruneau qui partagera directement l'aventure coluchienne, joue ses propres pièces, notamment *L'amour, c'est un bouquet*, sur des scènes minuscules. Ce comédien s'est déjà fait remarquer au Bilboquet-Théâtre, dans *Les Idoles*, de Marc'O, avec Bulle Ogier et Jean-Pierre Kalfon, une pièce décapante, elle aussi prophétique, sur l'univers des chanteurs yé-yé.

Mais les clivages artistiques parisiens résistent encore et les limitent aux lieux confidentiels. Coluche, lui, s'exaspère dans ces ghettos. Seul, Romain Bouteille, alors déjà plus connu qu'eux tous, paraît s'y complaire. Pour lui, le théâtre doit rester un bistrot, fraternel et bon enfant. Il a les ors des grandes salles en horreur. Les parterres et les balcons à l'italienne lui donnent le vertige. « Aux premières minutes, on a l'impression, dira-t-il, d'être séparé de l'auditoire par un mur de glace [16]. » C'est sans doute pourquoi il accepte de passer à La Méthode, dont Coluche assure la programmation depuis quelques semaines.

« Je disais à des mecs, racontera Coluche, allez, viens! Les mecs disaient non. J' veux pas y aller. Mais Romain Bouteille, il est venu, devant six personnes. Je lui ai collé aux bottes. J'avais rencontré Romain Bouteille et j'étais content. Si j'avais rencontré Picasso, j' me serais sûrement mis à la peinture à ce moment-là. Mais j'ai rencontré Bouteille [17]. » Ailleurs : « Finalement, je ne sais pas ce que je serais devenu si Bouteille ne m'avait pas embarqué. Ceci étant, comme dit Bouteille : " A ce moment-là, des mecs dans ton cas, il y en avait vingt-cinq ou trente, et c'est toi que j'ai emmené, pas un autre. " C'est quand même un coup de bol énorme, non [18]? »

A chaque fois que Coluche s'abandonne à ces confidences sincères, Bouteille le prend fort mal. Que l'autre dise de lui qu'il a un peu de talent, peut-être quelques prédispositions pour l'alchimie verbale, pourquoi pas? Un sale caractère ou une propension à la paresse, ce serait préférable. Mais pas le coup du grand frère sauveur! Encore aujourd'hui, Bouteille enrage contre cette version qu'il juge trop simple, Zorro prenant le petit Michel par la main pour lui montrer le chemin du succès dans le dédale des pièges du théâtre. S'il voit une raison à ce curieux ancrage de deux destinées, vers 1966, c'est juste leur commune envie de la dérision, une addition d'irrespects, peut-être aussi l'impatience, anachronique, développée par l'enfant de Montrouge dans ce micro-milieu frileux du cabaret. Lui, à l'écouter, n'y serait que pour fort peu. « Je ne l'ai pas foutu à la porte, c'est tout ce que je peux dire. Tu l'aurais foutu dehors, toi, à ma place? »

Romain Bouteille bougonne encore, mais c'est avec tendresse qu'il évoque leur première rencontre : « Mme Autrel l'avait embauché derrière le bar, " J'étais déjà dans l'antre des artistes ", expliquait-il. J'ai vite remarqué qu'avec lui, tout prenait l'allure d'un pari absurde. Ainsi, il se faisait fort de vous servir toutes les boissons que vous lui commandiez. C'était idiot, mais il ne pouvait s'en empêcher. Il éprouvait déjà une profonde lassitude de ce monde où les choses sont réputées impossibles, et le deviennent à force de se le répéter [19]. »

« Un après-midi, poursuit-il, je ne le connaissais pas encore, j'arrive à La Méthode et je lui demande s'il peut me faire une omelette aux pommes de terre. Il a improvisé un grand numéro de serveur stylé, un sketch. Sans dire un mot, il est venu s'asseoir à côté de moi, me regarder manger. Très fort! » Près de vingt ans après, Romain Bouteille s'étrangle encore de rire au souvenir de ce « coup, terrible! », du pauvre regardant le riche avaler ce dont il est privé, implorant en silence, parce que, démuni, on n'en garde pas moins sa dignité.

Alors, Romain Bouteille est entré dans le jeu proposé. Il a pris le rôle du riche qui ne remarque rien, s'applique à bien mastiquer et à fixer le mur devant lui, indifférent à l'univers entier. Il a commandé du fromage, encore un peu de vin. A chaque fois, Coluche s'est levé, silencieux, résigné. Ils n'étaient que deux, à La Méthode, cet après-midi-là : personne n'a vu le premier spectacle du Café de la Gare, donné à huis clos.

L'improvisation a dû plaire à Bouteille, car il revient régulièrement voir ce drôle de barman. « J'assistais aux auditions qu'il faisait passer pour ses numéros du soir. Il devait privilégier les trucs impossibles, car c'était invraisemblable, comme s'il n'avait convié ces types que pour se marrer. Il écoutait des poètes sérieux, et il s'écroulait de rire.

J'en étais gêné, j'essayais d'atténuer, pour ne pas humilier les types. Il y avait aussi, je me souviens, un imitateur :

– Vous imitez qui ? lui demanda Coluche.

– Le métro, répondit l'imitateur, et avec ses mains devant la bouche, il s'efforçait de faire croire au bruit du métro. Coluche en est tombé de son banc. Il poussait de véritables hurlements de plaisir [20]. »

Pour expliquer leur association, Romain Bouteille met volontiers en avant le besoin impérieux de Coluche. De quoi ? Question plus délicate. « Il voulait tout, frénétiquement », assure simplement Bouteille. Plus tard, sans doute, mais en cette année 1966, Coluche a encore l'ambition bien maladroite. Son ancien comparse, pourtant, insiste : « Il n'avait envie que de ce qui risquait de marcher. Horreur des trucs qui allaient se casser la gueule. » Plus tard, encore, assurément. Pendant plusieurs mois, à en croire les témoins des balbutiements de Coluche dans le spectacle, l'exilé du périphérique manifestera surtout de la rage à réussir... la réussite de Bouteille.

Il lui voue une véritable admiration, note-t-on dans son entourage. Il n'a jamais rien vu d'aussi fort que ces soliloques de raisonneur maladif. Il n'a pas vu grand-chose, c'est vrai, mais, en quelques mois, d'un cabaret finissant à un terne bistrot, il a eu le temps d'observer les tendances du théâtre intimiste. A l'instinct, Coluche est persuadé que Bouteille représente l'avenir. Celui de son aîné, peut-être le sien, inconsciemment. En tout cas, l'avenir.

Bien qu'il s'en défende, Bouteille est un étonnant pédagogue. Il lui reste quelque chose de son passage par le scoutisme et l'enseignement. Il a des méthodes particulières, égalitaires jusqu'à l'obsession, mais efficaces. « Ni serf ni maître », même dans l'art. Quoi qu'il en dise, il les expérimentera sur Coluche, au grand profit de celui-ci. Ses propos, surtout d'après-boire, ne peuvent que rassurer son jeune disciple. Il lâche, en rafales, les mots de l'anarchie que cherche Coluche.

« J'avais bien quelques idées, expliquera celui-ci, mais il n'y a rien de pire que d'avoir vingt ans et des idées : tout le monde les trouve mauvaises [21]. » Chez Bouteille, il reconnaît le fatras de ses propres convictions, emballées dans une langue décapée au vitriol. Il ne peut qu'adhérer à l'évidence de telles formules : « *Si chacun trouvait sa solution, il n'y aurait pas de problème de masse.* » Applaudir à celle-ci : « *Je ne respecte rien. Il n'y a que le désordre pour s'en sortir. Le vrai désordre, c'est une volonté individuelle et collective de bouffer sans bosser* [22]. » Ou encore, se sentir vengé par ce paradoxe : « *Je ne crois pas au niveau intellectuel. Entre Claudel et Hallyday, je ne vois pas de différence, question de conduite d'adaptation.* »

Bien sûr, Bouteille n'est pas d'accord non plus avec cette histoire d'influence. Encore une fois, il affirme se souvenir d'un Coluche beaucoup plus sûr de lui, franchement remuant même : « Il avait déjà cet esprit d'entreprise que rien ni personne ne pouvait arrêter. Sans culture, il pigeait très vite la culture. Il était comme ceux qui regardent Aragon et se demandent si c'est aussi con que ça en a l'air, ou s'il y a autre chose [24]. » Toujours est-il que Coluche lui colle aux bottes, comme il le dit : « Je m'intéressais tellement à lui, je le suivais partout, dans ses beuveries du bout de la nuit, que j'ai fini par l'apprendre par cœur. J'étais sûr d'en avoir besoin. Des comme lui, il n'y avait que lui, ça se comptait sur les doigts du pouce [25]. »

Faire lire Coluche est une entreprise hasardeuse. Bouteille devine très vite qu'il est en présence d'un blocage. Aussi lui raconte-t-il Dubillard, Brecht et Molière. Ils vont voir Raymond Devos. Il le traîne, à l'entracte, dans les grands théâtres « condamnés à mort », juste pour y respirer l'odeur de moisi, se moquer du cérémonial suranné, traquer les contresens sur le sacré. Puis, tard dans la nuit, dans le dernier bistrot encore ouvert, Bouteille refait le monde. Coluche s'énerve. Qu'attendent-ils pour le faire, tout simplement?

Alors, surpris, bousculé, Bouteille reprend en sens inverse ses péroraisons délirantes. Il démêle précipitamment ce qu'il vient juste d'emmêler. « Pas si simple, pas si simple... » Pour bien attaquer la culture de grand-papa, il est nécessaire de l'explorer dans ses moindres détails. Pas question de se laisser surprendre. « Pas si simple... » Au petit jour, Coluche, perplexe, regagne l'une de ses chambres de bonne. L'idée lui vient parfois, il le confiera, que son compagnon souhaite surtout ne rien changer à l'ordre du spectacle, qu'il est plus cossard encore que rebelle, qu'il a simplement déniché le public idéal de ses cours magistraux.

Ces périodes de doute ne durent pas. Coluche a besoin de Bouteille. Il veut plus que tout, comme il le répète, apprendre à parler. Faire rire, faire mal, avec des mots, comme Bouteille, mais de ses « trucs » à lui, il ne sait pas encore bien lesquels : la « zone », le commerce – qu'il a eu le temps d'observer –, le rock, les filles, la connerie. La pauvreté. Pour seul fonds, le résumé de sa courte trajectoire dans le siècle. Et ce n'est pas faute de chercher, de saisir au vol l'air du temps, d'avoir pris le risque d'un changement de milieu social. Bouteille le rassure. On peut faire de l'or avec tout, seule compte la manière. C'est ce qui manque à Coluche. « Non seulement, j'savais pas écrire, mais j'avais jamais écrit, avouera-t-il. Et jamais lu. J'ai fait autrement. Encore un truc que Romain m'a indiqué, qui consiste à accumuler tout ce qu'on dit. Un papier et un crayon. Si je dis une connerie, par exemple : au bout d'un moment, la boule de neige fait tache d'huile, ça me fait rire, alors j'le note. Ça sera dans un sketch. Dont j'ignore encore le sujet [26]. »

Coluche retourne à Montrouge, aux Puces, dans ses tannières secrètes de la périphérie. Il passe des heures, rue de la République, à enregistrer dans les cafés les molles conversations des consommateurs. Il retrouve deux ou trois copains syndicalistes. Il écoute les sketches de Fernand Raynaud. Très fort, conclut-il, mais déjà dépassé. Ou dépassable, c'est sûr. Autour de lui, on ne rit plus des mêmes choses. De la France, il ne connaît que les zones suburbaines, non les manières de penser rurales. Il apprécie, sans s'y reconnaître tout à fait.

Pour devenir artiste de music-hall – faute d'autre référence, c'est l'ambition qu'il se donne – auteur et acteur de ses propres textes, l'art du comédien lui est nécessaire. Il a assisté à quelques pièces. Assommantes. Il ne fera pas l'acteur classique. Seule solution : tout inventer lui-même, et avec Bouteille, le message et l'enveloppe, les phrases et la façon de les servir. Il peine encore dans le ramassage de ses « conneries », il a du temps libre pour le jeu de scène.

Innover, inventer à tout prix, même si les autres vous en nient toute légitimité, c'est, croit-il, le meilleur moyen de ne pas se ridiculiser. Bouteille répète sans cesse : faire un truc que les autres ne font pas, c'est déjà passer pour original. Au moins, on n'encourt pas la comparaison. Innover, même dans le choix de ses influences, dérober ce qu'il y a à prendre, sans vergogne, chez les autres. Coluche est déjà obsédé par l'efficacité. Bouteille a raison : les mois passant, son compère n'est attiré que par ce qui peut marcher. Non par ce qui marche, ce qui, à l'affiche, a été remarqué par la presse ou le public. Permanente projection dans l'avenir, suspiscion immédiate du présent, même lorsque celui-ci brille. Et comme Coluche doit à tout prix surprendre, faute de culture et d'études, il a aussi l'idée d'aller chercher loin les bonnes recettes.

Bouteille le contraint à aller au cinéma. Aux films de ciné-club, il préfère systématiquement ceux de Belmondo. Encore une théorie de Bouteille : « Copier carrément quelqu'un qui ne te ressemble absolument pas [27]. » Qui copier? Pas les acteurs trop beaux. Coluche, à vingt-deux ans, s'estime physiquement quelconque. « Pas Belmondo, bien sûr, dit-il, avec ma tête... » Pas même les autres acteurs masculins. Étrangement, c'est du côté des femmes qu'il ira emmagasiner quelques traits de jeu. Il ne s'en expliquera jamais. « Et comme j'avais trouvé les yeux très importants, je suis allé, tous les jours, voir tous les films de Liz Taylor. Je lui ai absolument tout piqué. Évidemment, c'est impossible à voir aujourd'hui où je l'ai beaucoup transformée, mais tous ses tics, je les ai gaulés. Alors, j'ai enchaîné les jeux. Par exemple, je faisais le sourd. Toute la journée, j'étais sourd un tout petit peu. Je faisais répéter : comment? Alors les gens disaient : t'es sourd? Je répondais : non. Le lendemain, je faisais le gai. Voilà des exercices de style. Comédien, c'est un métier qui s'apprend à partir de soi-même. Ça a un nom de maladie : égocentrisme [28]. »

II

Coluche et Romain Bouteille passent ainsi des mois à préparer leur lancement, à rigoler de la concurrence, certainement aussi à se donner la frousse, avec leur rêve imprécis. Dix fois, ils ont évoqué l'idée de posséder un lieu bien à eux. Théâtre, cabaret, rampe de promotion non conventionnelle ou petit laboratoire douillet... Le projet demeurera longtemps confus.

La querelle sur la genèse du Café de la Gare renaît, dans les rares archives disponibles, à propos du « passage à l'acte ». Encore une fois, à qui la faute? Pour Coluche, aucun doute. L'idée est de Bouteille : « Quand il a dit : J' voudrais faire un truc, autre chose qu'un cabaret, j'ai dit : J' vais t' suivre. Et on s'est mis en marche. Avant qu'on fasse le Café de la Gare, on a marché un an et demi. On a fait tout 68 en cherchant un local [29]. »

Son comparse, bien évidemment, est d'un avis contraire. A l'écouter, il a surtout cédé aux insistances de Coluche. « Il était lassant à toujours vouloir qu'on se décarcasse, raconte-t-il. Mais on a quand même monter un jour un coup assez compliqué. Les bistrots de la Contrescarpe étaient débiles. La mère Autrel ressemblait à un concierge. On en avait marre. Coluche voulait me persuader de créer un truc à nous. Moi, ça me faisait chier. J'avais un job formidable, tu parles! J'étais acteur! Tu viens, tu déconnes sur une scène, et tu t'en vas avec ton fric. Une nuit, pourtant, on a discuté des heures en picolant. Il voulait me persuader. Il avait trouvé l'argument : je pouvais toujours me tirer, après. Moi, je me suis dit : c'est pas con. Il fera tout ce qui m'emmerde, les comptes, l'administration, la promotion. Lui sentait bien que je pensais à ça, et il en rajoutait. Il me proposait de faire toutes les corvées à ma place. Dans ces conditions, j'étais coincé. T'aurais dit non, toi [30] ? »

En fait, Coluche cherche surtout à brusquer le mouvement, au sein de leur compagnonnage hasardeux. Le déclic, pense-t-il, c'est Bouteille. A condition que Bouteille accepte de se laisser activer, de donner corps à son désopilant vertige. Enfant de Montrouge, encore mal à l'aise même dans l'antichambre du spectacle, Coluche est conscient d'avoir tout à bâtir par lui-même, à commencer par des murs, pour se donner une chance de se faire connaître. Et comme, de son côté, Bouteille est trop rebelle, trop marginal, pour se satisfaire du théâtre des autres... La solution, pour lui, pour eux, passe forcément par un retour aux sources. « Ce truc impossible », le coup de génie qui doit leur éviter l'ennui, et « gauler » le système, bref cet œuf de Colomb doit se présenter comme une invention radicale : local, style du jeu, du texte, rapport au public, forme d'expression encore inexpérimentée – rien ne doit ressembler à rien de connu.

Face aux délires éveillés de Bouteille, Coluche se raccroche à son sens pratique. « Il y a deux solutions, dira-t-il, ou tu fais une pièce à trois personnages dans un truc comme La Vieille Grille, et il faut énormément de talent pour n'emmerder personne. La plupart du temps, c'est chiant à mourir, c'est la pluie, vraiment c'est la pluie. Ou alors, il faut être quatorze et dire aux mecs : Bon, on s'emmerdera pas, c'est sûr, mais pour ce qui est de gagner des ronds, faudra revenir. D'ailleurs, on ne cherchait pas à gagner des ronds, on cherchait la gloire [31]. »

Ce soir-là, cependant, un soir que Romain Bouteille situe juste avant Mai 68, Coluche écoute son associé édicter cent règles absurdes, de fonctionnement et d'art, histoire de compliquer un peu plus les difficultés de l'œuvre à venir. « Alors, pour corser, hein, je propose que ce truc soit voué à l'anarchie réelle. Sur la nappe du bistrot, j'émets des lois impossibles à suivre, et pourtant nécessaires. Le travail ne pourra jamais être obligatoire. L'argent des recettes devra être visible sur la table, et partagé équitablement à parts égales. Et, bien sûr, tout le monde devra être présent pour les comptes. Personne ne pourra être viré. Les punitions seront interdites...

– Mais, si ça déconne, si c'est impossible, l'interrompt Coluche.

– Alors, c'est que ce sera impossible, et on fermera [32]. »

Coluche a compris que son complice tentait, une dernière fois, d'échapper à l'inévitable : la concrétisation de son rêve. Toute la soirée, Bouteille aura l'impression que s'éloignent pour un temps son goût de la flemme, sa conception nonchalante d'une vie d'artiste à mi-temps, à l'abri des pièges de l'ambition et de l'argent. Mais, c'est plus fort que lui, il s'enfuit du mauvais côté, par excès d'imagination. Ce soir-là, il croit à ce qu'il dit. Coluche tient bon. Il abonde même, en rajoute. Les textes ? Ils appartiendront à l'acteur, exclusivement. D'ailleurs, tout le monde peut écrire, ce n'est pas le bout du monde. Interdit de mettre en scène ! « On ne pourra donner que des conseils, surenchérit Bouteille, et encore, des conseils courts, et à condition que l'acteur les sollicite. »

Tous ceux qui participeront à la fondation de cette cour des miracles deviendront automatiquement comédiens. Forcé! Même s'ils ne connaissent rien à la scène. Surtout, s'ils n'y connaissent rien. Si quelqu'un travaille plus que les autres, il n'aura à s'en prendre qu'à lui. « Les autres seront tenus de se foutre de sa gueule. Si un éclairagiste sabote son travail, il n'en sera en aucun cas tenu pour responsable... » « Moi, ajoute Bouteille, je serai le garde des Sceaux de ces lois, en sachant que je ne pourrai jamais appliquer la moindre sanction.

– Ça ne peut pas marcher, fait remarquer Coluche.

– Non, ça ne peut pas marcher...

– Bon, alors on va le faire. »

Ils sont déjà très ivres tous les deux, ils ont oublié d'aller, comme promis, rejoindre Cavanna, Gébé, les copains de Bouteille qui commettront, dans la presse écrite, *Hara-Kiri* et *Charlie*, lorsqu'est mise sur le tapis la question essentielle : qui sera le patron? Personne, bien sûr, puisque s'édifie, ce soir-là, le théâtre de l'anarchie totale. « C'est simple, reprend Bouteille, pas de chef! Personne ne doit se sentir culpabilisé. Si un acteur se taille, à lui de recruter lui-même son remplaçant. »

« Le problème, confiera plus tard Bouteille, c'est qu'expliquer cela aux autres, c'était déjà faire œuvre de chef. Alors, on n'a rien expliqué. C'était impraticable, notre histoire, bien sûr, mais je savais déjà qu'entre deux solutions, il fallait toujours choisir la plus impraticable [33]. »

Dès le lendemain, dégrisés mais décidés, ils se mettent en quête de compagnons de fortune. A défaut de chef, de simples partenaires sont nécessaires, ne serait-ce que pour vérifier le bien-fondé de ce pari sur l'autogestion, non viable par définition. Bien sûr, parmi leurs amis de la profession, on les prend pour des dingues. Qu'importe! Ils ont du monde sous la main, corvéable à merci : leurs petites amies. D'elles au moins, pensent-ils, inutile de solliciter l'avis. Elles participeront, de force, à la création du premier théâtre de la loufoquerie fondamentale. Bouteille partage la vie de Catherine Sotha, comédienne et technicienne de cinéma, avec laquelle il a déjà joué. Elle sera, sous la menace, membre fondatrice du futur Café de la Gare.

Depuis plusieurs mois, la « petite fiancée » de Coluche s'appelle Sylvette Herry. Ou plutôt, s'appelait. Coluche l'a rebaptisée Miou-Miou. Miou-Miou comme gnan-gnan. « Elle était un peu miou-miou, rapporte Coluche, après, elle est devenue plus vive [34]. » Il l'a rencontrée à la Contrescarpe, un soir de bal. La légende, au Café de la Gare, veut qu'il ait d'abord hésité entre Miou-Miou et sa sœur, Marie-Claude, que tout le monde surnommera Coco.

Miou est belle, effrontée, paumée. Elle a dix-huit ans. Sa mère travaille aux Halles, et Monette discute souvent avec elle. Miou est titulaire d'un certificat d'ouvrière-tapissière. Elle a même été déclarée Meilleure Ouvrière de France. Miou s'ennuie et refuse la tapisserie. « J'étais en rupture de contrat d'apprentissage et en rupture de famille, confiera-t-elle à propos de sa rencontre avec Coluche. Je ne comprenais plus rien à rien. Il m'a tout appris. Il m'a fait comprendre qu'il fallait rire de ce qui, habituellement, faisait pleurer. Il m'a poussée dans la belle vie [35]. »

Miou-Miou doit tellement avoir envie de pleurer que ses amis de l'époque conservent le souvenir d'une fille qui rit tout le temps. Et de tout. Elle pouffe, disent-ils, en miaulements aigus, ses prunelles noires mouillées de larmes. Jean-Michel Vaguelsy, de deux ans son cadet, déjà dans le sillage de Coluche, se rappelle les pets sonores de celui-ci, dans une voiture, et les rires heureux de la jeune fille. Elle est comme le fils de Monette, un an plus tôt, en attente pessimiste. Il choisit constamment la plaisanterie, et pas toujours les plus drôles, pour lui apprendre ce que Bouteille et quelques autres viennent de lui enseigner.

Elle sera sa petite amie, un peu aussi sa petite sœur. Avec elle, il retrouve les parfums de l'infortune sociale, ses propres précarités. Ils fonceront à deux comme des gosses, se forçant à l'insouciance, déboulant dans l'époque sans arme ni bagage. Quand Bouteille et Coluche lui décriront le futur Café de la Gare, la condamnant d'autorité à une carrière artistique, elle virera au rouge, pliée en deux. « Sa sœur et elle, se souvient Bouteille, c'étaient deux oisillons blafards que Coluche avait dragués. Miou ressemblait à une secrétaire ou à une coiffeuse niaise. Elle pouvait l'être : elle sortait de ce monde-là. Alors, on l'a propulsée sur scène, arbitrairement, pour faire ça. L'idiote. La gourde, sur laquelle tout le monde tombe. Au bout d'un mois de jeu, elle ressemblait à une pin-up. Elle hurlait de rire pour n'importe quoi. Sur scène, dès que les autres jouaient, elle pouffait. Spectatrice à la vie et à la scène. On lui disait : Ne nous regarde pas comme si tu n'avais jamais vu la pièce [36] ! »

Ils embarquent aussi d'autres compères en rupture de projets, qui n'ont rien d'urgent à faire. Jean-Michel Haas, et Catherine Mitry, la fille de l'historien du cinéma, Jean Mitry.

Mai 68, au Quartier latin, descelle bientôt ses pavés. Parallèlement à la révolution générale, s'embrase la révolte des artistes. Le Café de la Gare en sera éclaté, disparate – plus flâneur que partie prenante. Plus occupé à rigoler qu'à changer le monde. Pour ces iconoclastes, mêmc les promesses du Grand Soir paraissent dérisoires. Il n'y a guère que Romain Bouteille pour tenir de grands discours sur l'universalité du désordre en assemblée générale. Mais tous ses auditeurs l'écoutent, hilares. Il « occupe », on ne sait pourquoi, le théâtre Chaptal. Pas l'Odéon. Toujours cette réticence des pompes, même les soirs de prise de pouvoir.

Aux journées du cinéma de Suresnes, Catherine Sotha, qu'on appellera plus désormais que Sotha, rencontre Patrick Maurin, alias Patrick Dewaere, membre éminent de la « tribu Maurin », une famille d'artistes. Lui est acteur depuis l'enfance. Premier frisson de scène à l'âge de quatre ans. Il a enchaîné les spectacles et, sans trop savoir pourquoi, plongé dans le théâtre sérieux. Il vient de mettre en grève la pièce qu'il jouait avec Elizabeth Wiener. Ils rejoignent ensemble la rue de Vaugirard, le centre du cinéma, mais trouvent les discours des cinéastes assommants. Ils jouent au ballon dans des salles enfumées. Patrick Dewaere a vingt et un ans. Un soir, avec Sotha et Elizabeth Wiener, il se demande ce qui pourrait bien être encore « occupé ». Ils traînent dans le Quartier latin, tombent sur le cinéma des Trois Luxembourg, en haut de la rue Monsieur-Le-Prince. Pourquoi pas ? *Le Cameraman* est à l'affiche. Ils entrent pour la dernière séance de minuit. Lorsque la lumière se rallume, devant des ouvreuses ébahies, ils proclament l' « occupation » du cinéma, art bourgeois, et se mettent d'emblée à expliquer aux employés exténués qu'ils sont victimes du capitalisme artistique.

Ils assureront la programmation des Trois Luxembourg pendant quinze jours, projetant *Octobre à Paris* ou *La Bataille d'Alger*. Sotha et Elizabeth Wiener songent à acheter un cinéma pour promouvoir les films des copains, censurés ou confinés dans les salles du quartier. Patrick dessine des badges, qu'il distribue. Chef, Sous-chef, Sous-sous-chef...

Le futur équipage du Café de la Gare croise Rufus, Higelin, Moustaki, Philippe Bruneau, au gré de ses ballades sans but réel dans la révolution en marche. A l'infirmerie de la Sorbonne libérée, Jean-Michel Haas, blessé par une grenade au chlore, rencontre Renaud Séchan, un gamin surgi de la révolte des lycées, qu'on soigne pour un pied blessé. Quelques années plus tard, Renaud, le chanteur du mal de vivre adolescent.

Durant ces folles semaines, Renaud, ce libertaire encore plus précoce, fonde un comité après l'autre, le CRAC, d'abord, Comité révolutionnaire d'action culturelle, puis le groupe Gavroche révolutionnaire. Gavroche, ce sera lui pour quelques barricades, partout présent, surtout là où sont les flics. « Autonome », « casseur » avant la lettre, comme Coluche et Bouboule qui ne rejoignent le mouvement qu'à la nuit tombée, lorsque les explications sérieuses commencent à coups de boulons, pour ceux qu'on a appelé les Katangais, et les mômes de banlieue.

La qualité de leurs défoulements révèlent de subtiles différences. Un jour, Romain Bouteille, l'alchimiste de l'absurde qui s'amuse comme un fou dans cette guérilla des valeurs, tente une autre expérience fondamentale. Il persuade quelques occupants du théâtre Chaptal de se mettre en immersion mentale et psychique, pour bouleverser les données de l'esprit. Une première mondiale! « Un objet d'observation unique », dit-il. Il trouve un ancien château à la campagne, qui accueille des colonies de vacances.

L'expérience consiste à concevoir un texte hors du temps et du monde. Bouteille entasse de la nourriture pour dix jours, des boîtes de conserve sans étiquette, calfeutre les portes et les fenêtres, peint tout en vert, installe même des WC à l'intérieur de la pièce, rebaptisée « aire de création de référence ». L'alimentation passera dans un sas étanche. Bouteille prétend que sans lumière ni notion du temps, le sommeil cesse d'être une nécessité. On veillera donc. On créera ce que l'histoire n'a encore jamais produit. L'œuvre aux conditions parfaites. Après quatre jours de discussions libres, ses compagnons larguent Bouteille et ses soliloques sur la logique. Ils s'endorment. La plongée dans l'esprit se saborde.

Romain Bouteille restera toujours très fier de cette expérience. Il est l'inventeur, à l'occasion de ce conclave illusoire, d'une sorte de mouvement perpétuel, un système inutile, muni de roues à aubes dont le volume se modifie en fonction de leur entrée, ou de leur sortie de l'eau. Incompréhensible, bien sûr, mais son créateur est capable d'en parler pendant des heures. « Mon frère, qui était ingénieur, a confié notre invention à d'éminents spécialistes. Ils ont mis des semaines à démontrer scientifiquement que notre postulat était faux. Ce qu'on savait dès le départ, bien sûr [37]. »

Coluche? Il traverse le mouvement de Mai sans vraiment se sentir concerné. Narquois. Pour lui, cette fronde étudiante ressemble à un gentil monôme, destiné à distraire des fils de famille. Il juge toute cette agitation très éloignée de la réalité. Ils sont étudiants, ils parlent au nom de Flins et de Billancourt. Lui-même n'est ni enfant de la fac, ni ouvrier. La révolution, pour lui, passe à côté de la zone, des banlieues, de cette France sans structure, ni prolétarienne ni bourgeoise, laissée à elle-même dans son univers de béton. Cette banlieue programmera sa prise de pouvoir pour plus tard, dans les années soixante-dix, quand elle imprimera sa marque à la société de consommation, ses violences, ses métissages, son énergie désordonnée. Mais on l'ignore encore.

Surtout, Coluche déteste qu'on parle en son nom, et ce qu'il va écouter, à la Sorbonne, n'est rien d'autre, pour lui, qu'un discours paternaliste. Dans les travées de 68, il vérifie un peu plus son hostilité aux discours de masse. A chacun de se débrouiller, comme le dit Bouteille. A ceux de la périphérie d'entrer dans la capitale, comme ils le peuvent. Personne n'aura jamais de projet pour eux. « Moi, il y a pas de problème, expliquera-t-il, je n'existais pas avant 68; et tout de suite après, non plus. Ça n'a pas changé ma vie. Moi, ce qu'on a découvert en 68, je le savais déjà [38]. »

Pour les cofondateurs du Café de la Gare, ce printemps-là ne pouvait mieux tomber. Dans toutes les salles symboliquement détournées par les gens du spectacle, ils voient défiler à peu près tout ce qu'ils rejettent : « 68, pour moi, dira encore Coluche, ça a été une période où j'ai vu des tas de spectacles ringards dans des tas de lieux occupés... Si je vous dis des noms... Philippe Gilles, par exemple, il a chanté tous les soirs en Mai 68; avant, il ne trouvait jamais d'engagement. Jamais, jamais. C'était un ringard. Après 68, il a disparu. Je l'ai retrouvé dix ans plus tard à la télé (...) Il m'a dit : Coluche, tu ne peux pas jouer, les comédiens sont en grève! T'es devenu comédien? Il était devenu comédien; il était toujours ringard [39]... »

A cette période, Coluche se met à détester violemment ceux qu'il prendra toujours pour des usurpateurs : les dilettantes, les amateurs assimilés aux gosses de riches, qui choisissent le spectacle par snobisme ou par facilité, et se plaignent ensuite d'échouer ou de végéter. Il n'admirera plus que ceux qui réussissent, dans n'importe quel genre, mais qui arrachent l'adhésion, preuve, parfois naïve, d'un dépassement, d'un travail, d'une ambition...

Le soir, lorsqu'il ne part pas en expédition punitive avec Bouboule, il rejoint Bouteille, à La Méthode, leur vieux café. Tous deux chantent les airs de la Commune, au profit des ouvriers en grève de chez Renault. Avant de rendre le montant de la quête, ils prélèvent leur part, de quoi aller boire quelques verres. Mai 68 s'achève dans la sinistrose. Ils s'en moquent : ils cherchent un local.

Sotha et Patrick Dewaere sont partis. Ils se sont mariés en juin. Vacances à Venise, arrestation à Prague, pendant l'autre printemps. Ils ne savent pas comment annoncer à Bouteille que celui-ci a perdu sa fiancée. Il accusera le coup trois semaines, mais fera tout, leur prêtant même son appartement, pour que ces deux-là ne prennent pas le large. Si Coluche apprenait que l'embryon de troupe éclate pour une histoire sentimentale! Longtemps, Patrick éprouvera de la gêne à l'égard de Romain Bouteille qui, pour prix de la forfaiture, exigera de son rival qu'il fonde avec eux le Café de la Gare.

Après des mois de recherche, ils ont enfin trouvé un théâtre. Plutôt ce qui pourrait le devenir, après démolition et reconstruction totale. Un ancien atelier de réparation de ventilateurs, au fond du passage du Départ, 18, rue d'Odessa, à deux pas de la gare Montparnasse. Claude Keslassy, dit Ben Saoud, propriétaire des bâtiments du passage ainsi que du théâtre du Lucernaire, accepte de leur louer l'atelier. Le théâtre de l'anarchie se heurte à son premier obstacle : le bail. La loi – l'autre – impose qu'une seule personne signe, donc le chef qui, par voie de conséquence, se retrouvera juridiquement responsable. « Pour nous, c'était illégal, raconte Bouteille, selon nos règles. On a réussi à signer à plusieurs. On a fait une société à participation sans responsabilité juridique. Un truc que le système avait laissé passer. »

« Au début, il n'y avait qu'une pauvre chape de béton, explique Sotha, que Ben Saoud avait fait couler parce qu'il voulait y installer un restaurant. C'est Jacques Sérizier qui l'avait trouvé, en épluchant les petites annonces. Quand je suis arrivée, Coluche et Romain étaient arrêtés dans leurs travaux par manque d'argent. Aussi, pendant toute une époque, on faisait des moules en plâtre parce qu'on ne savait pas comment s'occuper. Lorsqu'on a ouvert, on a mis tous ces plâtres sur un mur, et c'était quelque chose, toutes ces incrustations! (...) En attendant, pour se distraire, Coluche avait dessiné une fleur sur le mur du fond. Il avait commencé par les pétales, mais son escabeau était trop petit, aussi les pétales du haut étaient minuscules. Cette fleur est restée longtemps [40]... »

L'argent manque, c'est vrai. Romain Bouteille s'est lancé dans l'aventure avec 2 500 francs d'économie. Coluche et Miou-Miou n'ont pas un sou. Tout le monde, à tour de rôle, doit d'abord gagner de quoi nourrir les autres. Patrick fait des « synchros » pour le cinéma. Sotha, des mixages, un court-métrage. Bouteille reprend ses tours de cabaret. Coluche présente ses premiers sketches, à La Méthode. « Pas terrible... », jugeront Dewaere et Sotha.

Ils font la quête, à la culpabilisation, auprès des professionnels du spectacle. Ils cherchent des parrains, mentent-ils. Ils tapent Devos, Pierre Perret, Moustaki, bien sûr, les copains d'*Hara-Kiri*, Jean Yanne, Jacques Brel, Leny Escudero. « Celui qui a donné le plus, dira Coluche, c'est Jean Ferrat. On les prévenait qu'on ne rendrait pas l'argent. » Ils déjeunent, un jour par semaine, chez les parents de l'un d'entre eux. Chez Monette. « C'était si petit chez elle, se souvient Sotha, qu'une fois la table dressée, on ne pouvait plus bouger. Chaque semaine, la purée de pois et les saucisses. Coluche exigeait que la cuillère en bois tienne toute seule [41]. » Celui-ci rudoie souvent sa mère. Bouteille lui en fait le reproche – « Les mères sont ce qu'elles sont. »

Le père de Sotha, Gilbert Sigaux, professeur au Conservatoire d'art dramatique, les emmène, lui, dîner au restaurant. Ce spécialiste du théâtre se comptera au nombre des rares adultes que Coluche acceptera d'écouter. La famille – « le copinage en concubinage », dira Bouteille – s'agrandit avec la venue d'Henri Guybet, comédien déjà connu, qui accepte de tenter ce qu'il appelle « l'expérience expérimentale ». Et d'un gamin de dix-huit ans, Gégé, alias Gérard Avrel, alias Gérard Lefevre, envoyé par sa grand-mère chez Sotha pour une semaine, et qui trouvera plus drôle de rester.

Coluche est le plus pressé. Il peste contre l'immobilisme, transgressant ainsi la première des règles internes : nul n'est contraint de travailler. Il grogne souvent. Avec Bouboule, toujours à proximité, il disparaît sans confier où, et revient avec des sacs de ciment, des projecteurs dérobés sur les tournages. Il déteste que le groupe se sépare, même le soir. Il fait traîner les repas en longueur, invente mille astuces généreuses pour retenir les autres. Apparaît déjà, chez cet individualiste forcené, l'impérieux besoin d'un entourage, d'une histoire collective, sans cesse palpable, et qui, tout au long de la vie de Coluche, intriguera ceux – et ils seront exagérément nombreux – qui lui permettront d'attendre l'aube sans rester seul.

Alors, il en fait plus que sa part. Le Café de la Gare devra beaucoup à son énergie, à sa capacité pour la débrouille. Bouteille, c'est l'intelligent, pense-t-il, lui veille à maintenir la machine en état de chauffe. Au bagout, il se lie avec les commerçants de la rue d'Odessa, qui lui ouvrent un crédit. Il retourne à La Belle Polonaise, dans les cafés de la rue de la Gaîté, que fréquentaient, autrefois, Monette et Honoré. Il sait d'expérience que sans le nerf de la guerre, la bouffe, rien ne peut avancer. Il s'en fait même une spécialité, presque obsessionnelle, le passage obligé de la fraternité. Il occupe l'appartement voisin de sa grand-mère, rue Montparnasse, qu'il transforme, peu à peu, en restaurant. Les copains, même éloignés, peuvent y apporter leurs plats. Il les cuisinera gratis, et fournira le fromage et le vin.

Un jour, il voit Gégé partager un gâteau en parts égales. Il ne peut s'empêcher d'exploser. « Celui qui a faim, y prend, jette-t-il. Celui qui prend pas, tant pis pour lui ! » Gégé essaie en vain de lui opposer les vertus de l'égalité. Foutaises! Seul le plus rapide gagne ou survit. Puis Coluche se calme, réfléchit et parie que si on donnait 100 francs par jour à un homme, à condition qu'il se déplace pour venir prendre le billet, cet homme se lasserait vite. Gégé imagine, lui, que ce système pourrait fonctionner longtemps. « Penses-tu! Mes couilles, oui! Ça le ferait vite chier, et ce serait la preuve qu'on lui filait du fric pour rien [42]! » Gégé laissera tomber. Coluche a l'air en colère, une colère venue d'ailleurs, contre laquelle on ne peut rien. Gégé se souviendra aussi de cette autre phrase, lancée à peu près à la même époque : « Dans le malheur des pauvres, il y a beaucoup de la faute des pauvres. »

Miou-Miou a donné son nom à l'entreprise qui naît laborieusement dans les plâtres. Le Café de la Gare, tout bêtement, par la grâce de la gare voisine, et aussi parce que, près de toutes les gares, existent des bistrots où le rire est rare. Leur buffet sera donc le premier de France où l'on se marre. La bande vit la bohème, déjà, de l'après-68. Il y a encore un peu d'euphorie dans l'air. Faute d'argent pour ses travaux, ces bâtisseurs ont recours à la fauche, qu'on appelle encore « redistribution populaire ». Les grands magasins, comme le BHV, le supermarché Inno de Montparnasse seront, sans le vouloir, les premiers mécènes du projet anticulturel de Romain Bouteille.

« Je jouais le rôle, raconte celui-ci, de celui qui pique un peu maladroitement, qui va se faire prendre parce qu'il fait tout pour, histoire de détourner l'attention. Bien sûr, j'avais jamais rien sur moi. Mais cela donnait le temps aux autres de se tirer, avec sous leurs vestes des chignoles entières [43]. » Un après-midi, dans les rangées de présentoirs d'Inno, Patrick Dewaere a « le blouson rempli de trucs ». « On aurait dit qu'il était enceint. Cet idiot, au dernier moment, il fauche une paire de lunettes de soleil qu'il se met sur le nez. Mais il a oublié l'étiquette, qui pend. Il se fait prendre à la sortie. » Les autres l'attendent dehors, inquiets. Bouteille se dit qu'il aurait dû pour une fois respecter la morale. La propriété, c'est le vol, mais tout de même. Patrick est bon pour la prison. Ils n'arriveront jamais à ouvrir...

Enfin, il apparaît au bout d'une demi-heure : il a dû présenter l'une des meilleures improvisations de sa carrière, car il est libre. Il a, dit-il, expliqué, larmoyant, que les lunettes étaient destinées à sa grand-mère malade et que, trop ému sans doute, il en avait oublié de régler. Incroyable : son ventre présente toujours une excroissance anormale, vu sa silhouette longiligne : les vigiles n'ont pas découvert la masse d'objets dissimulés sous son blouson.

Deux mois avant la fin des travaux, Gégé – qu'on n'appelle que « le p'tit Gégé » – vient voir Bouteille et Coluche pour leur avouer, embarrassé, qu'ils sont plusieurs à se fatiguer de ces travaux manuels sans fin. Voilà, ils les ont aidés à monter leur théâtre, ils sont contents pour eux, c'était bien, une franche rigolade, mais maintenant, ils s'en vont. Sidérés, les deux fondateurs réalisent qu'ils n'ont pas enseigné à leurs compagnons leur philosophie du désordre. « Il a fallu leur expliquer, sans passer pour des chefs, qu'ils l'avaient construit pour eux, ce théâtre. Que c'était leur propriété. » Gégé, Sotha, Catherine Mitry, Jean-Michel Haas, Miou-Miou ne sont pas certains de vouloir jouer, voire simplement d'en avoir les dispositions. « Aucune importance, proclame Bouteille, vous jouerez ! Il suffit de marcher vite et de parler fort ! » Coluche, plus tard, reprendra souvent la formule à son compte, lorsqu'il cherchera à persuader un proche, non comédien, de monter avec lui sur les planches. Marcher vite et parler fort !

Bouteille insiste, Coluche menace. Ils sont huit – Gégé est arrivé après, dans leur souvenir, et puis il est plus jeune –, chacun propriétaire d'un huitième de l'entreprise et de toutes ses activités. Ils sont actionnaires à vie, c'est la loi du passage du Départ. Si l'un d'eux souhaite s'en aller, à lui de recruter un acteur, et de le rémunérer sur les recettes de sa part d'actionnaire. Les autres resteront, perplexes, d'abord pour ne pas faire de la peine au duo fou, pour ne pas laisser Bouteille retourner à ses tristes cabarets, pour ne pas essuyer les insultes de Coluche.

Ils ont bien sûr oublié de demander un permis de construire pour la rénovation du vieil atelier. L'ouverture est sans cesse retardée. Jusqu'à la réunion de la Commission d'hygiène et de sécurité, le premier jour de vrai printemps de l'année 1969. L'air était chargé de promesses. Cela a son importance : Bouteille constate, ce jour-là, que même des fonctionnaires inquisiteurs peuvent être sensibles au retour des beaux jours.

Évidemment, rien n'est conforme : ni l'éclairage ni l'isolation. La bande doit encore jouer d'audace et d'optimisme. Miou est en robe légère. Elle monte sur une échelle pour planter maladroitement un clou. « Jolie débile appliquée », dira Bouteille. Aussitôt – la nature gardant ses droits, même dans l'administration – un membre de la Commission s'empresse de lui prêter main-forte sur l'échelle. Elle roucoule : les gens de la Commission font un bien beau métier, c'est utile de s'intéresser aux problèmes de sécurité. Ça doit éviter des accidents...

Coluche avait peint le mur du fond de scène en rouge vif. Il commence un cours ahurissant sur le mérite respectif des couleurs, déballe son savoir du langage des fleurs, obstiné, comme Guybet,

Jean-Michel Haas dans leur coin, à éviter à tout prix les questions gênantes, la moindre inspection trop minutieuse. Le rouge, donc, parce que c'est aussi la couleur des pompiers. « Hein, que c'est la couleur des pompiers! », lance Coluche au capitaine, très exactement sur le ton de ses questions d'enfant idiot qui feront son succès, plus tard, sur scène. Le capitaine s'abandonne à l'hilarité générale. Premier grand show du Café de la Gare. « J'étais blême, effondré, confiera Bouteille, ça tenait à un fil. Une arnaque! Mais c'était le printemps. La folie, surtout érigée en règle, ça paie. Ça a marché.

III

Le Café de la Gare ouvre le 12 juin 1969. Inachevé, fauché, magique. Des couleurs criardes, le lettrisme approximatif du fronton masquent la misère des murs. Un slogan magnifie les bricolages : « *C'est moche, c'est sale, c'est dans le vent.* » Rebelles, au fond peu sûrs d'eux, les inventeurs opportunistes – involontaires en tout cas – du café-théâtre ont tenu à prévenir d'entrée de jeu la critique dramatique universelle. Un panneau est posé devant la porte :

Nous avons nourri des poux, des puces et des critiques, autres parasites que la loi interdit de chasser. Nous les prions d'aller polluer d'autres spectacles auxquels ils sont conviés. S'ils tiennent cependant à rester parmi nous, qu'ils nous épargnent le chantage des louanges et des quolibets. Qu'ils nous accordent l'indifférence.

La bande a répété, tant bien que mal, un spectacle fourre-tout, suite de loufoqueries sur l'air du temps, sans queue ni tête mais décapantes, un nombre insensé de choses vues, jouées, dansées par le Café de la Gare. Des sketches souvent improvisés. Aucun texte définitif. Bouteille s'y déclare hostile. L'acteur doit rester maître de ses répliques. Un autre peut même les lui emprunter, à la condition de les améliorer. Un double objectif affiché : faire rire au naturel, avec les mots, les gros mots de la vie quotidienne. Explorer l'insondable veulerie humaine. Sans grand espoir, ils ne sont pas dupes, car, comme le dira plus tard Coluche, citant une autre phrase de Bouteille : « Si le théâtre avait dû faire comprendre aux gens la réalité de la bêtise, Molière y serait arrivé avant nous. »

Au moins, ils se défoulent, dans une époque où la contestation vient de voler quelques droits, cherchant à tuer net la classique illusion comique par des incongruités, des dérapages, un va-et-vient permanent entre la scène et les coulisses. Poussée sous les projecteurs, « un revolver dans le dos » précise Bouteille, Miou-Miou raconte à peu près n'importe quoi. Sa journée, ou les misères que lui font endurer les autres. Les garçons de la bande sont misogynes : les filles sont souvent condamnées à la figuration. « C'est vrai, ils nous faisaient jouer les Claudettes », confirme Sotha.

« Faut que ça dialogue, faut jouer ! », tempête le père fondateur. « Oui, mais où je rentre sur scène, moi? Réponse : tu rentres par où tu veux, y'a que ça, des entrées ! On avait des automatismes comme ça [44]. » Les spectateurs ne ratent rien des altercations non prévues dans la pièce. On rebondit sur les pannes d'éclairage, les ratés de la musique. « Une fois, confie Bouteille, suite à une engueulade colossale, au lieu de neuf qui devaient entrer en scène, il n'y en a eu qu'un. Et en plus, c'était un Anglais, Andrew Moore. Il a commencé à raconter ce qui se passait en coulisses, et il a fait un tabac, ce con ! Les autres l'ont rejoint petit à petit, expliquant pourquoi la piècc nc pouvait pas se faire... Le public était ravi. »

« On avait trop de succès par rapport à ce qu'on avait de talent », conviendra plus tard Coluche. Les premiers mois, en tout cas, du talent, le public en aura pour eux, adoptant spontanément cette foire débridée de cracheurs de phrases, lancés à l'assaut périlleux du dérisoire. Il y aura des soirs où rien n'accrochera. Tous les gags s'écraseront au sol, dans un silence qui provoque les fous rires de la troupe. Et des miracles. Comme ce coup dc téléphonc de Miou-Miou, en tournage en Italie, au début des années soixante-dix, qui demandera à parler à Patrick Dewaere. On passera la communication sur le plateau, et toute la salle, hilare, participera à la conversation.

Et aussi cette improvisation de Coluche, devenue l'un des classiqucs du Café dc la Gare : il arrive sur le plateau et conte à Henri Guybet l'incident qui vient justc dc l'opposer, dans le métro, à un voyageur, leur discussion qui a viré à l'échange de coups. Histoire de reproduire la scène le plus fidèlement possible, Coluche se met à frapper Guybet, jusqu'à la fin du récit. Puis Guybet hèle un autre acteur, surgi côté cour, le rudoie à son tour en relayant la narration. Ils sont bientôt cinq à retracer l'anecdote de Coluche dans un pugilat général. A la fin, ils voient passer Miou-Miou. « Hé, Miou, viens voir ! » Elle s'approche pour recevoir une volée de coups, distribués par les cinq, sans bien sûr avoir droit à l'explication originelle.

Toutefois, au début de l'été 1969, bien peu de spectateurs ont encore découvert ces perles rares. La bande distribue des billets gratuits dans les rues. Bouteille rameute ses copains de théâtre et d'*Hara-Kiri*. On tente de persuader quelques critiques courageux de pousser la conscience professionnelle jusqu'à ce passage mal éclairé de Montparnasse où quelques escrocs ont décidé de donner une âme à ce qui n'est, aux yeux de leurs premiers détracteurs, que spectacle de patronage. L'un ou l'autre viendra, avant que le Café, quelques mois plus tard, ne devienne phénomène de mode. « C'est dire que le spectacle est une suite de coq-à-l'âne et de digressions sous forme de monologues, de sketches, de conversations où la logique est poétique et où l'humour protège [45] », écrira Claude Fléouter, dans *Le Monde*. Pas mal, mais insuffisant.

L'attention de la capitale, à la recherche de tout ce qui peut ressembler à une novation artistique, naîtra d'un autre gag, sorti encore de l'esprit sulfureux de Bouteille, quasi inexploitable, et que Coluche se fera fort de réaliser : la roue. Le prix des places est tiré à la loterie. Certains numéros donnent droit à une entrée gratuite, d'autres, hélas... d'autres, encore, à un verre de vin. Un des traits de génie, l'une des « combines », comme ils disent, participant au départ de la réputation de cet antre mal famé qui, en quelques années, et avec quelques autres, aura la peau des vieux cabarets.

« On a ouvert le Café de la Gare sans argent, expliquera Coluche, dans les plâtres. C'était impensable de venir s'asseoir là. Des gens ont plié leurs visons et se sont battus devant la porte. Ils ont cassé la porte plusieurs fois, des gens très chic. Un soir que Romain Bouteille lui-même tenait l'entrée, un mec lui a dit : Laissez-moi entrer, je connais personnellement Romain Bouteille. Et il a répondu : Il est mort, il vient plus [46]. » Plusieurs mondes, en tout cas l'ancien et le nouveau, comme on le croyait alors, se côtoieront dans cette salle trop petite et surchauffée, dangereuse du point de vue de n'importe quel capitaine de pompiers. Des étudiants, d'abord, puis au fil des mois, des personnalités des appareils politiques honnis encore, un an plus tôt. François Mitterrand, alors simple député. Albin Chalandon, ministre de l'Équipement et du Logement, le soir où l'école des Beaux-Arts fêtait un bizutage... Il n'y a guère que Jean-Paul Sartre pour manquer à cette collection d'attrape-mouches que Coluche, malicieux comptable, tient à jour, comme un intendant de haras. Pourtant, ce n'est pas faute... Bouteille croisera un jour le philosophe, et l'abordera pour lui offrir une entrée gratuite. Le vieil homme s'éloignera sur le boulevard, sans remercier, le billet à la main.

Dans les souvenirs de Sotha, Coluche n'assiste pas aux premières bousculades du public : « Il était parti tourner avec Claude Berri, le premier samedi où on a dépassé les cent spectateurs. » Il n'a encore confié à personne son désir de goûter au cinéma. Il ose à peine se prétendre acteur de café-théâtre. Déjà, le spectacle vient à lui. Pourquoi lui? C'est encore un loulou, agité et marrant, gouailleur et solide, pas un acteur à la sensibilité immédiatement perceptible. Bouteille se le rappelle bien : à l'époque, « ils étaient tous nuls ». Pourquoi lui, alors?

Guybet, Bouteille, même Patrick Dewaere sont plus connus, plus à l'aise dans le jeu.

Lui, simplement. La chance, ou peut-être en lui, déjà, quelque chose de sauvage, de violent, d'impérieux et d'impérial qui retient l'attention des plus observateurs. Celle de Claude Berri, alors jeune metteur en scène prometteur.

« Pour *Le Pistonné*, en 1969, explique celui-ci, j'avais besoin d'un certain nombre de rôles secondaires, en plus du rôle principal, et j'avais comme second assistant Claude Confortès, qui sortait tous les soirs au théâtre. C'est lui qui m'a parlé de Coluche. Il m'a emmené au Café de la Gare pour je ne me souviens plus quel spectacle (...) Dès que je l'ai vu, je l'ai trouvé étonnant, extraordinaire, il savait qu'il avait rendez-vous avec un metteur en scène de cinéma après la représentation et j'ai vu dans son regard qu'il avait envie de faire du cinéma [47]... »

Dans *Le Pistonné*, Coluche n'aura qu'un rôle secondaire, celui de l'appelé qui, pendant son service militaire, a préféré la prison... Il aurait pu décrocher là, trois ans après avoir tourné le dos à Montrouge, son premier rôle important au grand écran : après avoir songé à se distribuer lui-même, Claude Berri envisage de proposer Coluche pour le rôle-titre, mais la Colombia exige un nom. Guy Bedos est engagé. Cependant, tout au long du tournage, au Maroc, le prisonnier accrochera l'œil du metteur en scène, davantage, apparemment, que le pistonné lui-même. Guy Bedos en éprouvera, dit-on, un peu de jalousie, qui ne s'estompera jamais tout à fait. « Je n'oublierai jamais la première fois que je l'ai vu, explique encore Claude Berri, et même pendant le tournage, il a tenu une place plus importante que son rôle. Il avait déjà quelque chose de viril, de courageux, quelque chose de Gabin, et aussi de Galabru [48]. »

Pourquoi lui? Ses amis se sont longtemps posé la question. *Le Pistonné* perturbera même un peu la bohème familiale du Café de la Gare, qui verra vite – trop vite penseront certains acteurs, trop médiocrement se dira Bouteille – arriver les sergents-recruteurs du spectacle. « Pour ce film, explique encore Claude Berri, j'avais un rôle qui m'était inspiré par un garçon que j'avais connu à l'armée, qui avait fait de la taule avant le service, pendant et après (...) J'ai beaucoup aimé ce type pendant mon service, un vrai voyou. J'ai pensé à Coluche pour ce rôle et il l'a joué (...) Plus je passais de temps avec lui, plus j'étais impressionné et persuadé qu'il allait faire des choses extraordinaires [49]... »

Après le Maroc, Coluche revient. Le Café de la Gare poursuit sa lancée. On se presse dans la petite salle de deux cent cinquante places. Un soir, Patrick Dewaere doit utiliser la lance à incendie pour repousser tous ceux qui souhaitent entrer. Bouboule fait parfois le coup de poing. Dans le passage du Départ, les petits métiers se multiplient. Des chanteurs de rue font la manche. Un jeune vendeur ambulant de vêtements, Gérard Lanvin, rencontré par Miou-Miou, a proposé ses services pour la préparation des sandwiches.

Au printemps suivant, ils présentent leur deuxième spectacle : *Allume, j'étouffe!* reprise affinée de leurs premiers sketches, accompagnée d'une courte pièce, *Robin des quoi?* un pastiche féroce, décalé, de l'histoire de Jean sans Terre aux prises avec les gueux de Sherwood. La critique apprécie : « L'équipe, notamment Patrick Dewaere, Henri Guybet et Coluche, mène avec beaucoup de force ce spectacle burlesque », relève Colette Godard, dans *Le Monde*[50].

Le Café de la Gare fait école, malgré lui. Des cafés-théâtres naissent un peu partout dans Paris, même rue d'Odessa. Il y a, en 1970, un style Café de la Gare, mélange de vie en tribu, de dédain du sérieux et de propos destructeurs sur l'art dont 68 n'a pas réussi à débarrasser la France. Tout parisien qu'il est, et parisianissime qu'il devienne, ce temple précaire développe une nonchalance marginale, presque « zonarde ». Comme s'il était davantage de la banlieue que du cœur de la capitale. L'époque est au haschisch, la bande, elle, voue une véritable passion au vin rouge. Anar, plus ouvriériste que « baba-cool », plutôt du côté de Brassens et de René Fallet. Déjà, les contre-cultures en germe, les expressions *underground* recherchent son parrainage.

Coluche a imposé la moto. Il connaît un endroit, dans le XIIIe arrondissement, où il est possible de se faire établir de vrais-faux permis de conduire pour quelques billets. Il impose les Suzuki à Miou et à Bouteille. Les autres, notamment Sotha et Patrick, optent pour les modèles Yamaha. Discussions sans fin, après les spectacles, sur les mérites respectifs de ces machines. Premières virées nocturnes. Tout le monde n'est pas bon pilote. Miou-Miou, en robe légère, ira atterrir, un jour, droit dans le décor. Elle heurtera, en se blessant, un poteau de l'EDF. « La facture du poteau est arrivée au Café de la Gare », se souvient Bouteille.

Gégé, lui, rêve de visiter les États-Unis. Plusieurs fois, il émet le vœu de les quitter. La dernière est la bonne. Un autre gamin le remplacera, aussi frêle que Gégé, mêmes cheveux longs, même air de gosse battu, lui aussi guitariste : Renaud. Bienveillance du destin,

Sotha et Patrick ont rencontré à leur tour quelques mois plus tôt, lors d'un séjour à Belle-Ile, ce faux loubard, mais vrai révolté, rescapé des collectifs lycéens de Mai 68.

Né en 1952, face à Montrouge, mais du bon côté du périphérique, fils du romancier Olivier Séchan, également traducteur et professeur d'allemand, flanqué de cinq frères et sœurs – dont un jumeau –, Renaud Séchan a composé sa première chanson, *Crève salope*[51] *!*, pour la Sorbonne occupée. Mais, pour lui aussi, la vague a reflué, et sa colère d'anar fasciné par la banlieue attend une autre occasion de s'épanouir. Il a quitté le lycée, il est libraire, pour lire à loisir ses auteurs favoris. Ce jour-là, sur la plage de Belle-Ile, il aborde Patrick, pour le soulager d'une cigarette. Une discussion s'engage. Il les trouve sympas, les invite pour le soir même, dans la villa des parents de sa petite amie.

Amusés par l'audace de ce jeune homme réservé, Sotha et Patrick le retrouvent donc le soir. Il leur chante ses chansons, parle longtemps. Sa hâte de vieillir est touchante. Par hasard Sotha le croise, quelques semaines plus tard, sur le boulevard Saint-Germain. Sotha a déjà cette qualité inconsciente d'animatrice de rue. Maternelle, attentive, elle drainera ainsi plus d'un errant vers l'abri du Café de la Gare. Renaud n'avait jamais entendu prononcer le mot de café-théâtre. Il regarde, médusé, Henri Guybet, « génial », Coluche « terrassant ! ». « Et Bouteille ! » On lui propose de rester, de s'occuper. Le passage du Départ est un havre, et l'on y offre volontiers le couvert, contre un coup de main.

Il hésite, tergiverse, trop impressionné pour s'immerger tout à fait. « Coluche surtout me terrorisait, confie Renaud. Il gueulait tout le temps. Je me souviens : on mangeait des glaces, l'après-midi, et j'avais la trouille de me faire engueuler, moi aussi. J'avais économisé pour m'acheter une Honda 250. Le jour où je l'ai eue, Coluche me l'a empruntée pour plusieurs heures. Comme ça. Ma moto toute neuve[52] ! » Avant d'entamer la carrière de chanteur que l'on sait, le « môme », comme ils le surnommeront, le gosse timide fera des débuts d'acteur particulièrement courageux : Gégé, par crainte de renoncer à son projet, est parti sans prévenir; personne n'y a prêté attention, la salle est pleine, il va être 22 h 30, la représentation peut commencer. Manque Gégé.

Sotha téléphone alors chez la famille Séchan. Il faudrait que Renaud vienne tout de suite. La réponse de Mme Séchan est restée célèbre, dans les annales du Café de la Gare : « Mais ce n'est pas possible ! Il est déjà en pyjama ! » Renaud saute dans un jean, enfourche son cyclomoteur. Un quart d'heure plus tard, alors que le public s'impatiente, il intègre la troupe sous les applaudissements de Bouteille et des autres. Lumière!

Il joue *Robin des quoi?* plusieurs semaines, puis Gégé, déçu des États-Unis, reprend son rôle. « Je suis tout de même resté, à m'occuper de la loterie de l'entrée. Je servais les verres à l'entracte. Mais je me sentais à part, un parasite. Je devais donner l'impression d'attendre un autre rôle. » Il s'en va, un peu triste, saisi lui aussi par le virus. Il leur rend visite deux ou trois fois par semaine jusqu'au jour où il apprend que Gégé remet le cap à l'ouest. « Mais Gégé, mal à l'aise, m'a dit qu'un mec était déjà pressenti : un certain Depardieu. Gérard Depardieu. Je l'ai vu jouer, après. Il était mauvais dans le rôle [53]. »

Renaud quitte définitivement l'affiche. Mais il est entré dans la famille des « potes », ceux qui ne se quitteront plus jamais tout à fait. Ses relations avec Coluche resteront longtemps compliquées. Mais il a sa place dans la caste, à la fois élitiste et ouverte à tous les vents des circonstances, de ces jeunes gens dont la trajectoire a, un jour, croisé le chemin escarpé du Café de la Gare. Exit Renaud, place à Gérard Depardieu. Autre hasard : Romain l'a rencontré pendant le tournage d'un feuilleton, *Rendez-vous à Badenberg.* Aussitôt enrôlé, piégé, lui aussi, par le bagout de Bouteille, il endossera même au Café de la Gare la défroque de son premier Cyrano de Bergerac. Enfin, d'un pastiche de Cyrano.

« Ils improvisaient beaucoup, se souvient Gérard Depardieu, ce dont j'étais incapable, j'avais besoin d'être contrôlé, canalisé. Bref, petit à petit... le même chemin que Coluche... Il a beaucoup pris à Bouteille dans son expression, c'est lui qu'il estimait le plus, la voix, tout le monde se piquait tout, c'était la survie. Moi, j'étais incapable d'une exhibition; sans le vouloir, j'étais plutôt du côté de Claude Régy, plus intello, c'est ce qui m'équilibrait le plus [54]... »

Les aller-retour de Gégé, le fonctionnement anarchique du passage du Départ favoriseront ainsi le détour de comédiens par le Café de la Gare. Depardieu, donc, mais aussi Rufus, Richard Leduc, l'Anglais Andrew Moore, plus tard Martin Lamotte, Thierry Lhermitte, Patrice Minet, Michel Blanc, Diane Kurys ou Coline Serreau. Ces remplaçants d'un jour ou de plusieurs semaines n'adhéreront pas vraiment à la philosophie échevelée de Bouteille. D'accord pour jouer, même si le flou ébouriffé des spectacles les désarme parfois, pas pour passer leurs nuits à repeindre, à réparer un théâtre qui ne sera jamais achevé et qui, à bien des égards, ressemblera toujours un peu à un camp de nomades touché par l'esprit scout.

Eux se revendiquent acteurs, ils n'ont pas fait vœu de vie

commune, ils n'aiment pas forcément la moto et les bistrots de prolos. Ils reprendront leur itinéraire personnel, iront ailleurs fonder leur propre troupe, guetteront l'heure du cinéma. Mais l'air respiré chez Bouteille devait, au début des années soixante-dix, contenir un curieux oxygène. Les carrières de ce ramassis de fondateurs, d'actionnaires, de remplaçants ou de familiers seront exemplaires. Rapides, en tout cas. Coluche, Depardieu, Dewaere, Miou-Miou, Renaud, Rufus, Thierry Lhermitte, Martin Lamotte, Michel Blanc, Gérard Lanvin, Anémone, Gérard Jugnot et Josiane Balasko... pour clore là la liste. Tous sont un peu redevables au Café, à la folie inspirée, et raisonnable, de Romain Bouteille, et à son talent de comédien. Tous ont « piqué » quelque chose de son jeu, comme en convient Gérard Depardieu. Et comme la bienveillance n'est pas la moindre des défauts de l'alchimiste, celui-ci a laissé faire avec délectation.

Car, au fond, Romain Bouteille est un sage. Le succès l'inquiète. Il n'a pas eu besoin de voir de près le firmament pour tout redouter des dangers qu'il recèle. Il a créé une entreprise impossible, mais à échelle humaine. Protectrice à l'égard des psychologies fragiles face à la célébrité et à l'argent. Un groupe devait pouvoir garantir les mêmes ambitions, sans casse. Rendus à leur solitude, ou à leur égocentrisme, les « potes » vont en baver, c'est écrit, il n'y peut rien. Il en était persuadé avant, il ne va plus cesser de le vérifier.

Il les perdra presque tous, les uns après les autres, happés par la gloire, « objet sans bonté » comme le chante Michel Sardou, enivrés par le cinéma, obsédés par l'envie d'aller y voir par eux-mêmes. Souvent paumés, parfois malades de solitude. Banal à dire, mais le spectacle reproduit, au moins depuis Hollywood, les mêmes mécanismes implacables, les mêmes scénarios existentiels qu'on croirait écrits pour des midinettes. Longtemps, Bouteille gardera ouvert le Café de la Gare, présentant d'autres spectacles, puis le prêtant à qui voudra s'y exprimer, mais toujours un peu comme on laisse une lampe allumée dans la nuit.

Lorsque Miou-Miou et Patrick Dewaere s'éloignent, appelés – si vite – par le cinéma, après le succès des *Valseuses* de Bertrand Blier en 1974, Bouteille confie à un proche : « Tout ça va mal finir. » Comme si, pour lui, l'ascension était de mauvais présage, impliquant toujours la chute. Forcément. *Les Valseuses*, le film culte du mal-être de la jeunesse, *Easy Rider* hexagonal... Miou-Miou avait été repérée par une productrice, sur le tournage du *Pistonné*. Coluche, en 1973, espère de toutes ses forces l'un des deux rôles masculins. C'est Patrick, le beau gosse, qui incarnera aux côtés de Gérard Depardieu le loubard fiévreux de Bertrand Blier. Le trio se sentira malmené, trahi par le cinéma. Le réalisateur du film en conviendra : « Les trois se comportaient comme de véritables loubards, provocants, bagarreurs, indisciplinés. J'avais beaucoup de peine à leur imposer mon autorité. Ça tournait parfois au cauchemar [55]. »

Ensuite, ils s'adapteront, apprendront à accepter, en tout cas pour deux d'entre eux, les règles froides du cinéma. L'accueil chaleureux réservé aux *Valseuses* par le public pansera quelques déconvenues. Mais Bouteille n'oublie pas qu'il retrouvait Miou-Miou, Patrick et Depardieu minés, le soir, après une journée de tournage. « Ils revenaient effondrés. Ils se faisaient chier, sauvages, violents, incompris. Une fois qu'ils devaient faire du stop pour une scène, du stop en vrai, car le film était fauché, ils ont arrêté un camion et sont rentrés à Paris. » Il se fout d'eux, comme ça, il rigole pour ne pas en rajouter. Bouteille pense qu'on ne peut rien contre la fascination. Il n'allait tout de même pas leur servir des sermons de curé! Il avait déjà refusé la solution pédagogique avec Coluche, trois ans plus tôt.

Car c'est bien Coluche, petit frère vindicatif et cofondateur admiratif, qui le premier, aux yeux de Romain Bouteille, tombera dans les filets des maudites sirènes. Le premier, il donnera l'inquiétant signal des exils incertains. Il rompra net, amer et malheureux.

Depuis des mois, il est accusé, d'abord sur le ton de la plaisanterie, de ternir l'harmonie familiale. Son énergie exubérante tourne à vide. Il s'oublie dans des réactions d'adjudant-chef. Bouteille a l'habitude de charrier les filles de la troupe, mais avec une ironie tendre. Coluche lui vole ses répliques de direction d'acteurs, les assène plus violemment, souvent au premier degré. Il se met à trouver ses comparses nuls. Pas encore les grands, les petits. Pas Guybet, qui s'entend si bien avec Bouteille en scène. Pas Deweare, physiquement plus fort que lui. Pas Bouteille, il n'oserait pas. Mais, les autres, même Miou-Miou. Surtout Gégé qui, sous l'insulte, abandonnera sa place à quelques remplaçants.

Coluche exprime les signes avant-coureurs d'une insatisfaction qu'il refoule dans l'agression permanente. Et comme la troupe ne connaît pas la suite de sa destinée, elle s'interroge de plus en plus souvent, cherchant des explications simples du côté de la jalousie et de l'impatience. En scène, boulimique, il « pique » plus que les autres, mais ne transforme pas encore en or le texte de ses partenaires. En face, Guybert, Bouteille, Dewaere font bloc. Au rapport de forces, il est perdant. La salle, chaque soir, applaudit tout le monde, même les plus gauches. Surtout eux, peut-être, parce que le plaisir de ce théâtre-là vaut beaucoup par ses flottements. « Il s'est mépris, dira

Bouteille, c'était la troupe qui faisait un tabac, plus que cela, l'événement, une salle chauffée à blanc, et pas tel ou tel. Gégé et Renaud qui bafouillaient faisaient hurler de rire. Personne n'avait à être bon, la différence était impossible à voir. On aurait pu faire n'importe quoi, on était adopté par le public. Il pardonnait tout [56]. » Plus tard, honnêtement. Coluche le reconnaîtra.

On soupçonne les effets du *Pistonné*, cette expérience professionnelle, hors du ghetto sympathique et fauché. Bouteille, en 1970, se contenterait sans doute de voir Le Café de la Gare poursuivre sa route à son rythme, à deux cent cinquante places la soirée devant un public averti. Désormais insuffisant, pour Coluche qui râle de plus en plus fort, persuadé que le passage du Départ doit servir aussi de rampe de lancement – Claude Berri est bien venu ! D'autres pourraient puiser ici, si l'entreprise renonçait aux plus naïves de ses chimères. Comme l'usage dans la troupe est de brocarder l'enflure des ego, comme on ne peut pas concevoir que Coluche se soit mis à rêver pour toute la bande – c'est pourtant le cas – d'impresarios ou d'agents, de producteurs et de directeurs de salles, on le soupçonne d'être atteint du vertige des hauteurs.

« Il répétait souvent : quand Patrick, Romain et moi, on ira chez le président... », rapporte Sotha. Un autre : « Il voulait être le centre, l'attraction, et comme c'était pas encore évident à l'époque, il se cassait les dents. » Comme pour le reste, Bouteille propose une explication plus généreuse : « Une lassitude était née en lui, la certitude aussi qu'il était meilleur que les autres. » Un sentiment profond, non usurpé, mais invérifiable pour l'heure. Une croyance trop secrète, trop enfouie, que lui-même n'identifie pas. Aussi biaise-t-il, lourdement, à l'aboiement. Mécontent des autres, car, bien sûr, de lui-même. « Il voulait tout frénétiquement », avait conclu Bouteille, au temps de leur rencontre à La Méthode. Mais Coluche se perd encore dans le dédale de ses envies et de ses manques. Il les renvoie brutalement aux autres. A eux d'en faire le tri, de comprendre sans les mots. De lui expliquer, à lui, ce qu'il cherche si maladroitement.

A sa décharge, il faut reconnaître que la confidence, la sincérité crue ne sont pas dans la tradition de la tribu. Bouteille, encore : « La tendresse était inavouable. C'était l'après-68, d'une dureté ! Si l'un de nous s'était pointé en demandant : Tu m'aimes ? on lui aurait répondu : T'es bourré ou quoi ? Trop de pudeur. Tout pour le gag. Recherche du facteur d'objectivité, les cons ! Remarque, l'équipe n'avait pas besoin de sentiments. On était soudé à mort. » S'il en avait été autrement, si la règle du Café de la Gare avait mieux supporté les aveux, Coluche n'aurait pas été, de toute façon, le plus doué dans la discipline. Peut-on confesser qu'on doit beaucoup, qu'on remercie, mais qu'il est temps, la survie faisant loi, de passer à autre chose? Pas lui, sans doute. Déjà arrogant dans toute rencontre, il ne peut l'être moins dans la rupture.

La crise intime qu'il traverse exacerbe ses recettes éprouvées d'autodéfense par la provocation. Depuis deux ans qu'il se mesure à des personnalités fortes, Coluche a tout masqué, sa rage de plaire et sa peur de déplaire, sous un panachage incontrôlé de violence et de générosité. Il compensait, vaille que vaille, l'une par l'autre. Mais, à vingt-six ans, ce système de protection se détraque. La brutalité prend le pas. C'était les larmes ou les coups. Ce sera plutôt les coups.

Montrouge revient. Paniques. Il a la trouille. Il est envieux. Il prétend parfois que seul Bouteille va réussir, et qu'eux, les autres, resteront bons pour la figuration. Il fomente des complots de gosse et s'en défend avec les armes de la mauvaise foi. Il s'est mis à trop boire, et il a le vin mauvais. Il se bat, cherchant les coups auprès de Patrick Dewaere ou contre n'importe qui, pour amener Dewaere et Depardieu à se porter à son secours. Autant de messages à la mer. Illisibles.

« Je devenais chiant pour les autres [57] », admettra-t-il au temps venus des premiers apaisements et du succès. « Je me contente rarement de ce que j'ai [58]. » L'autocritique lucide, c'est pour plus tard aussi. Pour l'heure, il s'oublie. Sans doute souhaite-t-il prendre de nouveaux risques artistiques et entraîner les autres avec lui, sans doute se heurte-t-il plus tôt que ses compagnons aux limites de leur expérience commune. Pour le démontrer, il opte pour la manière fausse. Il attaque ce qu'ils ont créé ensemble.

Le Café de la Gare, pour les autres, c'est encore presque le confort. Ils tournent dans *Themrock*, un film de Claude Faraldo, aux côtés de Michel Piccoli. Ils touchent trois sous pour des « panouilles », apparaissent dans *La Maison sous les arbres* de René Clément. C'est déjà ça. Pas assez pour Coluche, qui ne sait comment en réclamer plus. Il s'y prend mal, sur le dos de leur histoire, « *Qui peut le plus peut le plus* », répète Bouteille à la bande. Il veut parler d'art, d'efforts en scène. Coluche entend : conquête; et traduit : revanche. Le Café de la Gare a cessé d'être une preuve suffisante de la distance mise entre lui et le passé.

La séparation approche. Dans leurs souvenirs, les derniers mois, Coluche est « moins marrant ». Dans ses gestes, ses yeux, il a symboliquement retraversé le périphérique. Il veut les autres filles, s'immisce dans les relations sentimentales, prétend même au droit de cuissage. La troupe prépare son prochain spectacle, une pièce écrite par Bouteille, *Des boulons dans mon yaourt*. Un soir de fête, en l'honneur de l'équipe d'*Hara-Kiri*, ils sont ivres. Coluche se met à frapper Bouteille. Patrick Dewaere, désormais préposé à la surveillance rapprochée de ce boxeur irascible, les sépare de justesse, mais, cinq minutes plus tard, Coluche parvient, tant la tension est forte entre eux, à déclencher une bagarre générale qui, de la salle, se déplace sur le trottoir. Les chaises volent. Catherine Mitry prend des coups qui ne lui sont pas destinés.

En rentrant chez lui, Coluche pense en avoir assez fait pour mériter d'être « viré ». Partir simplement, librement, ne lui serait pas venu à l'idée.

Le lendemain, ennuyé, il demande : « Qu'est-ce qui s'est passé ? » N'importe où ailleurs, il aurait sans doute tout gâché, avec un tel pugilat. Le Café l'aime. Il les aime. C'est un « pote », le plus attachant, le plus difficile à supporter. Ils se contentent de se moquer de son bleu à l'œil, minimisent l'histoire, même Patrick, et comme la loi l'exige, tournent leur lassitude de lui en rigolade.

Les circonstances de son départ ressemblent aussi, peu de temps après, à l'une des traditionnelles querelles délirantes et dérisoires que le Café, à ses débuts, offrait à son public. Après d'autres altercations, Coluche s'en prend, un soir, à la petite amie de Bouteille. Celui-ci explose : « Je ne joue plus avec ce type-là. C'est lui ou moi ! » Coluche n'est pas licenciable, c'est la loi du lieu, mais Bouteille a le droit de se mettre en grève. Les autres aussi. Il n'a qu'à se pointer seul sur scène !

Heureusement, le lendemain est un samedi, jour de relâche. Le Café de la Gare se réunit à huis clos. Ils n'auront pas à voter, à contourner leur vieux règlement libertaire. Coluche arrive, bon dernier, avec des cadeaux plein les bras. Il a compris. Il sait que les autres sont prêts à lui abandonner le théâtre, même Miou-Miou, dépassée, qui n'a pas osé rompre l'unanimité. Il trouve plus honnête de leur laisser le navire de leur première traversée. C'est lui qui s'en va. Il offre une guitare à Sotha, à chacun un souvenir. Les objets lui servent déjà de mots d'excuse, de mots d'amour.

Il reste des leurs, conserve la jouissance de sa part d'actionnaire, dont il viendra toucher les maigres revenus pendant des mois. Ils ne sont pas fâchés. Il n'a pas su formuler son besoin d'évolution, c'est tout, on n'en fera pas un plat. Le mystère de sa quête est simplement devenu trop encombrant pour eux. Surtout pour Bouteille, conscient que cette dissidence désordonnée s'adresse à lui. Quatre ans, depuis La Méthode ! Un grand frère, tu parles ! Bouteille a toujours refusé le rôle. Ce n'était pas pour l'accepter au moment où Coluche, symboliquement, cherchait à tuer le frangin...

Il leur faudra attendre pour y voir plus clair. Lire, plus tard, les explications qu'il n'a pas livrées, qu'il ne livrera jamais en face. Celle-ci, par exemple : « Il m'a viré et il avait raison (...) Non, ça a l'air de dire que j'étais mieux que lui, faut pas pousser ! Et puis, Bouteille, il n'est pas comme ça, c'est un mec intelligent, pas cabot pour deux ronds. Non, c'est que je découvrais que je pouvais faire rire seul et que j'avais tendance pour me le prouver à moi-même, à jouer contre les autres, au lieu de jouer avec ; c'était dramatique ! Et puis, Bouteille a dû se dire : " Quand on voudra faire plus intelligent que ce spectacle, comment on fera avec ce mec ? Il est primaire, c'est un comique populaire et on l'aura dans le dos. " En plus, s'il ne m'avait pas viré, je n'aurais pas fait de progrès. Donc, j'ai eu deux coups de pot dans ma vie : être découvert par Bouteille, et surtout, être viré par Bouteille [59]. »

TROISIÈME PARTIE

AU VRAI CHIC PARISIEN

1

N'importe qui, à sa place, se serait permis un répit, le temps de la réflexion, après pareille rupture. Pas lui. L'apprentissage a pourtant été rude et rapide depuis Montrouge. C'est tout de même le Café de la Gare, un endroit en pleine vogue, qu'il vient de quitter. Il n'est pas prêt de retrouver, il le sait, un maître comme Bouteille. Il est vaguement malheureux, surtout pour l'amitié malmenée, il traîne un peu du côté du passage du Départ, revient chercher quelques affaires. Miou-Miou est restée avec les autres. Il n'a pas tenté de l'entraîner.

Au fond, quelque chose lui fait dire qu'il a eu raison. Quoi? Se poser la question, ce serait déjà s'affaiblir. Et puis, il ne pourrait y répondre. Coluche fonce donc, poussé par sa seule conviction, il verra bien, ne serait-ce que pour ne pas se ridiculiser aux yeux des autres. A la fin de l'année 1970, on le croise à Montparnasse, rue de la Gaîté. Il porte depuis peu de fines lunettes à montures rondes. On ne le savait pas myope. L'est-il vraiment? Il a surtout voulu doter son visage d'un élément de décoration, de jeu, ou simplement d'assurance.

Il passe des heures à La Coupole, le restaurant du boulevard Montparnasse. A ceux qui le reconnaissent et qui s'approchent, il raconte qu'il est en train d'écrire une pièce, encore sans titre. C'est vrai qu'il peine, sur son cahier, le soir, dans sa chambre ou à La Coupole. Il a un projet : monter une troupe, une autre, pour lui seul. Dépasser le Café de la Gare, non par souci de rivalité, mais parce qu'à ses yeux, Bouteille assèche trop la notion de spectacle, le facteur visuel, la chatoyance du décor. A leurs débuts, le chanteur Claude Mann assurait seul les enchaînements, avec sa guitare sèche. Ils ont beaucoup joué à la scène, dans leurs vêtements de ville. Coluche songe à un théâtre plus bariolé, et en costume, moins « mathématique », comme le dira un comédien, que celui de son compère, moins replié sur la seule grâce de ses dialogues. Un théâtre plus simple aussi, on dirait aujourd'hui plus « physique », certainement plus populaire. Il a vu les premiers spectacles du Grand Magic Circus, « ses animaux tristes », ses filles dévêtues, son goût du cirque. Il a aimé les pièces des Argentins du Groupe TSE, la beauté des robes, des smokings, des lumières. Deux troupes qui bouleversent déjà la quiétude de la scène parisienne.

Comme, décidément, il apprend vite, sa troupe à lui mariera les genres. Sans renoncer à l'absurde, au décorticage du quotidien par le rire, un spectacle réussi doit flatter aussi les yeux et les oreilles. Coluche veut donc du strass, des paillettes, un orchestre. Un théâtre à l'humour plus immédiat, tonique et insolent, qui se moque des vieilles revues du music-hall en leur empruntant leurs recettes éprouvées, les chapeaux claques, les jambes nues des danseuses, les fumigènes multicolores... Aussi, sans doute, une forme d'expression traquant, secrètement, des images d'enfance enfouies. Les siennes, celles, donc, du public. Il confie cette brassée de nouvelles certitudes à ceux qui veulent bien l'écouter.

Il va discuter avec les acteurs du Grand Magic Circus, mais ces derniers se disent suffisamment bien nourris des féeries nostalgiques de Jérôme Savary. Alors, il procède comme Bouteille avant lui : il recrute d'abord des copains, à qui il fait croire que le théâtre, ça s'improvise – « marcher vite et parler fort ! » –, puis encadre ces amateurs de quelques professionnels rodés au sauvetage de toutes les situations périlleuses. En fait de copains, il s'agit d'abord de copines. Coluche fait déjà rire les filles. Coline Serreau, rencontrée dans le bouillon de culture du Café, Brigitte Roüan, Marie-Pierre André, Aline Rua formeront sa première cour féminine.

Il retrouve aussi, à La Coupole, Véronique Kantor, une étudiante issue d'une famille aisée qui avait dansé avec lui, pendant les bals organisés, après le spectacle, par le Café de la Gare, quand Bouteille et les autres mettaient des vélos à la disposition des spectateurs qui avaient manqué le dernier métro. La jeune fille l'avait perdu de vue. Ils sont remis en présence l'un de l'autre. Elle est diplômée de l'université, envisage de devenir journaliste, après des stages au service culturel du *Figaro* et à *Combat*. Ce jour-là, Coluche arbore un magnifique ensemble blanc, découvert chez Raymond, un fripier des Puces de Vanves, qui deviendra son tailleur préféré. Et un blouson, blanc aussi, orné, dans le dos, de grosses lettres cousues par Monette. Véronique Kantor est séduite une seconde fois. Elle tente l'aventure. Le journalisme peut attendre.

Il enrôle, obstiné, persuasif, sourd aux hésitations, ses amis musiciens, Xavier Thibault, qui restera jusqu'au bout le compositeur des musiques de Coluche, Jacques Delaporte et « le Bœuf ». Il a entraîné Patrice Minet, un autre enfant du Café de la Gare. « Pour les mecs qui savent rien faire comme toi, régisseur c'est très bien, tu verras. » Quelques mois plus tard, Coluche changera de point de vue. « Non, ça va pas, tu vas faire comédien, comédien, c'est pour les mecs qui savent vraiment rien faire [1]... » Alain Pellet, son complice de La Méthode, est promu directeur technique. Coco, la sœur de Miou, devient l'habilleuse de la troupe. Il y ajoute d'office Bouboule.

Ils écrivent à La Coupole, mais la direction de l'établissement leur explique que l'auguste restaurant n'est pas une salle de répétition. Ils errent de lieu en lieu, se font évincer du Théâtre du Vieux Colombier, trouvent abri au Café de la Gare, cousent eux-même les costumes, tapent les parents et Moustaki. Bouboule et Coluche retournent faucher chez Inno. « Au Vrai Chic parisien, Théâtre vulgaire » sera le premier nom que se donnera la troupe, avant d'être raccourci : « Au Vrai Chic parisien ». Puis simplifié encore par le public : « Le Vrai Chic ». Ce Vrai Chic, donc, naît dans les difficultés mais la bonne humeur de ses accoucheurs. La pièce n'a pas encore de titre, d'ailleurs ce n'est pas vraiment une pièce, mais comme au Café, une suite de sketches sur l'époque. Ils ont pensé à l'intituler, ce spectacle : *Thérèse est triste, parce qu'elle rit quand on la baise.* Coluche, pour la dernière fois, s'autocensurera. Du nom originel, l'histoire du théâtre ne retiendra que *Thérèse est triste*, ce qui, bien sûr, ne veut plus rien dire.

Un jeune producteur américano-parisien, Mike Pochna, avait vu Coluche au Café de la Gare. Il l'engage comme acteur, dans quelques publicités filmées, dont l'une pour la lessive Ajax, et subventionne les répétitions. Le cousin de Xavier Thibault est brocanteur rue de la Grande-Truanderie. Jacques Renault, avec Fabrice Coat, fondera quelques années plus tard Les Bains Douches, le restaurant-boîte de nuit où tout Paris ira danser. En attendant, il prête ses caves au futur orchestre du Vrai Chic, nourrit généreusement cette nouvelle bande qui se fait et se défait chaque jour. Miou-Miou viendra plusieurs fois remplacer au pied levé l'une ou l'autre des sociétaires en partance. Pour certains, ce projet flou n'est, au fond, qu'une bohème sympa. Une façon d'être ensemble, d'errer dans la ville, d'échapper aux aller et retour entre les parents et la fac. Une sociologie de tribu, au début des années soixante-dix, qui hésite à s'éloigner des quartiers historiques de la rébellion récente et du vieil existentialisme, après la gueule de bois de 68.

La révolte féministe va bientôt gronder et Coluche en rigole à l'avance. Il auditionne les filles, l'œil gourmand, exige de voir leurs jambes, prévient : « Demain, ce sera les seins ! » Dans la journée, quelques-unes manifestent déjà pour leurs droits. Le soir, elles répètent, seins nus, l'introduction de *Thérèse est triste*, pastiche de revue américaine, strip-tease approximatif que ne rate aucun comédien mâle de la troupe. Coluche a ses souffre-douleur, le Bœuf, mais aussi Brigitte Roüan. Il reprend les phrases de Bouteille. « T'es nulle, je t'avais bien dit que t'étais nulle! » La jeune actrice se met à pleurer, demande l'arbitrage de son professeur d'art dramatique, Andréas Voutsinas. Celui-ci se rend un soir à la répétition. Mélangeant l'anglais, que Coluche ne parle pas, et le français, les deux directeurs d'acteurs tombent d'accord, dans des éclats de rire : elle est nulle!

Coluche tempête, s'énerve dans les combles qui lui servent encore de théâtre. Les autres tremblent, ou se marrent, inconscients de la conquête qui se prépare là. Il est toujours en activité, impatient, doctoral, tendre et maladroit. Il boit et supporte mal l'alcool. L'un ou l'autre sert, trop mal à son goût, une réplique? Il l'emprunte pour trois jours, ou la confisque, gonflant ainsi, au fil des semaines, sa présence sur scène. Même dans les rôles féminins. Inconsciemment, volontairement, ils ne trancheront jamais. Coluche, constatent ses amis, s'entoure de partenaires moins expérimentés que lui. « Au Café de la Gare, trop de monde lui faisait de l'ombre, notent-ils, Bouteille, Dewaere, Guybet. Cette fois, il voulait dépasser le problème. Il avait encore besoin des autres pour se mettre en valeur. Ce n'était pas de l'égoïsme, plutôt une évidence, douloureuse pour les autres, mécanique, obligatoire pour lui. »

La saga de cette seconde famille qu'il compose à son gré, Coluche la racontera quelques mois plus tard, telle quelle, sans la distance narrative, dans le scénario d'un film, *Rendez-vous au tas de sable*, qu'il s'est mis dans la tête de mettre en scène. Avec, déjà, un sens aigu de la rentabilité créatrice, et un formidable culot, il proposera aux producteurs parisiens l'histoire d'une troupe, Le Vrai Chic parisien... à la recherche de producteurs. Ils sont tous là, à ses côtés, décrits comme dans la vie, Aline Rua, Minet, Véronique Kantor – « petite brune frisée » –, Xavier, « le Bœuf ». Et, bien sûr, Bouboule : « C'est un vrai gros, écrit Coluche, 1,63 m, 100 kg. Toujours en sueur, été comme hiver. Son langage est en équilibre instable à la limite du savonnage et du bégaiement. Bon buveur rougeaud, son excès de santé se lit sur son visage... »

Leur galerie de portraits, au détail près. Le héros de ce rendez-vous, bien sûr, s'appelle Coluche, « petit gros frisé à lunettes ». Une invention, très symbolique, troublante même, et prophétique : Coluche écrit de lui-même qu'il est « habillé d'une salopette bleue, chaussures et tee-shirt jaunes ». En 1971, date probable de la rédaction du scénario, selon ses proches, Coluche n'a pas encore une idée précise du personnage qu'il proposera, plus tard, dans ses *one-man-shows*. Il n'est d'ailleurs pas très sûr encore de monter un jour seul sur scène. Mais, ce jour venu, après des salopettes et des chaussures de toutes les couleurs, à la ville, *Rendez-vous au tas de sable* lui restituera ce costume tenu au chaud dans une invention prémonitoire. Coluche, piégé par une entorse à la réalité qu'il avait voulu imposer comme fiction de film...

Cette troupe de théâtre pour le cinéma répète une pièce, *Thérèse est triste*, dont Coluche livre de larges extraits dans le script. Les comédiens collent leurs affiches dans la ville, ils courent les producteurs, ils sont sans le sou et, démoralisés, décident, beaucoup sous l'impulsion de Bouboule, de monter une escroquerie. Des dizaines de candidats à la location de l'appartement – de Bouboule ! – doivent, avant d'espérer emménager, laisser un chèque non barré de mille francs, pour preuve de leur bonne foi. L'arnaque puise évidemment sa source dans les larcins d'adolescence du premier ami de Coluche. Alertés, les policiers se lancent sur les traces du Vrai Chic. Interpellés sur la scène de leur théâtre, les acteurs improvisent avec les gardiens de la paix un délirant final pour *Thérèse est triste* qui vaut à la troupe d'être applaudie... et engagée par un producteur enthousiaste et riche.

Coluche propose cet impossible scénario à tous les professionnels du cinéma qu'il peut rencontrer. Il fait le siège des bureaux de Claude Berri. Mais ses interlocuteurs, même les plus bornés, pensent, non sans raison, qu'il se moque d'eux et du système qu'ils représentent. *Rendez-vous au tas de sable* ne sera jamais tourné.

Retour, donc, à la réalité, plate, hors fiction. Dans les premières semaines du Vrai Chic, certains s'opposent vite au pouvoir solitaire de Coluche. Et d'abord Coline Serreau, pourtant sa préférée, qu'on appelle « la patronne ». Les deux fortes personnalités s'affrontent. Elle les quitte, engagée pour une pièce de Shakespeare. Mais comme l'exige la tradition de ces cafés-théâtres libertaires, elle propose elle-même sa remplaçante. C'est ainsi que Claire Nadeau, jeune comédienne de formation classique, fille de l'éditeur Maurice Nadeau, reprend le rôle délirant de sainte Blandine dévorée par les lions avant de connaître une carrière de comédienne comique, à la télévision, dans *Cocoricocoboy*, l'émission de Stéphane Collaro. « Je sortais du théâtre sérieux, raconte-t-elle, des mises en scène de Lavelli, des *Troyennes* au TNP. J'ai découvert ce type étonnant, rare dans ces milieux où les choses se faisaient par hasard, sans réelle volonté. Lui savait ce qu'il voulait. D'ailleurs, il savait tout, et voulait tout. Il avait déjà cet ascendant sur les autres. Pas facile, mais tellement drôle! Avec une qualité d'évidence : l'énergie. Une vocation de leader qui ne plaisantait pas avec tout ça [2]. »

Lorsqu'on évoque, dans les milieux artistiques, le nom de Claire Nadeau, celui de Philippe Bruneau lui est immédiatement associé. Comme pour saluer, distinguer, un couple de grande finesse qui a traversé l'histoire non seulement de Coluche, mais de toute une génération en préservant son intimité affective, son goût des voyages, refusant, très tôt, de tout sacrifier au théâtre et au cinéma. Coluche, en 1970, connaît déjà Philippe Bruneau, qui sera aussi, plus tard, l'un des sociétaires des émissions de Stéphane Collaro. Il a beaucoup croisé cet acteur-auteur qui montait et jouait lui-même ses propres pièces dans les cabarets du Quartier latin.

Nadeau, Bruneau, voilà les professionnels que cherche Coluche, pour équilibrer l'amateurisme de la bande! Philippe Bruneau participe à l'un des spectacles du Groupe TSE, amarré à Londres. Coluche traverse la Manche, et, une fois de plus, refait l'article pour *Thérèse est triste*. Philippe Bruneau tiendra sa place au Vrai Chic durant quelques mois. Puis, à l'automne, avec Claire, il s'échappe pour un long voyage en Amérique du Sud. « Les problèmes de carrière, ce milieu riquiqui, tout ça n'était pas très passionnant, se rappelle Claire Nadeau. Les voyages étaient bien dans l'esprit de l'après-68. Coluche n'a pas du tout apprécié notre départ, et longtemps nous en a voulu. Lui n'aimait que travailler et détestait les voyages. Pour lui, c'était donc doublement idiot [3]. » « Il était déjà jaloux, possessif, refusant que les gens qu'il aimait puissent chercher plaisir ou réussite en dehors de lui [4] », précise Philippe Bruneau.

Coluche apprécie peu, c'est vrai. Leurs noms ne figurent pas dans la liste des rôles du *Rendez-vous*. Punis! A l'un de ses complices, Coluche confiera même : « Les cons, ils s'aiment! Mais nous aussi, on les aime! Ils pouvaient s'aimer ici, avec nous! T'as vu comme ils sont bons! »

Il faut remplacer Philippe Bruneau. Roland Giraud, déjà acteur, lui aussi engagé dans une expérience plus traditionnelle, apprend un jour que Coluche cherche un comédien. Il se rend sur place. L'accueil manque de chaleur.

« – Tu sais chanter? lui demande Coluche.

– Oui... enfin, je fais du théâtre...

– Ah! tu fais du théâtre... C'est emmerdant, j'aime pas ça! »

Roland Giraud assiste tout de même au spectacle, accepte le rôle de Philippe Bruneau. Coluche lui donne rendez-vous, le lendemain, pour une séance de photos. Le soir même, chez lui, le téléphone sonne, vers une heure du matin. C'est Coluche.

« – Giraud ? T'es susceptible ?

– Non.

– Tant mieux ! Bon, j'ai pris un autre mec. Salut. »

Six heures plus tard, nouvelle sonnerie du téléphone. Coluche, encore.

« – Giraud, t'es toujours pas susceptible ?

– Non...

– Bon, parce que l'autre mec peut pas le faire. Le rôle est pour toi. »

Roland Giraud n'était vraiment pas susceptible. Il ne regrettera pas ce trait de caractère. Coluche l'aimera, comme d'autres, sans jamais parvenir, toutefois, à l'entraîner vraiment dans sa course folle. Giraud est croyant, protestant, ce qui fascinera toujours Coluche. « Ah, ouais, t'es croyant ! Alors de quoi on va parler ? C'est con, t'étais sympa [5]. » Il trouvera pourtant, saisira n'importe quelle occasion, pour engager, mine de rien, des discussions sur la religion. Coluche et Roland Giraud seront souvent en désaccord sur bien des points. Surtout sur la relation avec les autres, sur l'agressivité de Coluche, son sens de l'humiliation spontanée, au premier mot. Mais Coluche se démènera souvent aussi pour imposer à ses futurs producteurs ce comédien réservé qui le déconcerte. « Je lui dois cet aveu, explique Roland Giraud. Sincèrement, c'est grâce à lui que je me suis fait connaître. Je le lui dois, comme à Dieu sans doute, mais beaucoup à lui. »

Mais, au début des années soixante-dix, Roland Giraud, si bien élevé, adepte du dialogue à cœur ouvert, ignore encore qu'il vaut mieux ne pas poser à Coluche de questions essentielles. Et surtout, de front ! Lorsque le comédien lui demande pourquoi il paraît faire de tout un règlement de compte personnel, le chef de troupe pressé répond : « Tu comprends, moi, personne ne le fera pour moi ! J'ai personne, je dois tout forcer ! T'as quelque chose à répondre à ça ? » Rien, bien sûr. Il y a des soirs d'après-boire où leur tablée conviviale ne tient soudain qu'à un fil. Montrouge est toujours embusquée, toujours assise, ironique, comme hier au Café de la Gare, dans un coin sombre du Vrai Chic. Puis Coluche ravale sa colère, s'adoucit, recommande à manger pour se faire pardonner, sans avoir à le dire. Dans ces cas-là, extrêmes, il entame souvent un cours définitif sur Romain Bouteille. Le meilleur ! Inégalable, injustement méconnu. « D'ailleurs moi, ajoute-t-il, je joue comme lui, je l'imite. » Il entraîne Patrice Minet revoir Bouteille sur scène. « T'as vu le charme qu'il a, dira Coluche, personne ne comprend rien, et tout le monde se marre ! » Tous ceux qui rejoignent Le Vrai Chic apprennent vite que

Bouteille est un saint homme. Sans le vouloir, le fondateur du Café de la Gare parraine aussi cette promotion-là.

Entre deux coups de sang, lors de la création de la troupe, Coluche est surtout drôle, d'une fantaisie sans retenue, métissée de banlieue et de café-théâtre d'avant-garde, et c'est ce qui retient ses compagnons dans cette entreprise au gourou versatile. Ils retournent déjeuner chez Monette, ils vont dormir chez Philippe Bruneau, l'un des rares à posséder déjà son propre appartement. Premier levé, Coluche descend acheter des croissants, des pochettes-surprises pour les filles. Il les bichonne, nounou, déjà « Mimi de tous les mimis », comme il le répétera souvent. Il dilapide ses gains du Café de la Gare dans des attentions exubérantes.

Il est, aussi, amoureux de Véronique Kantor, qui abandonne ses études en Sorbonne pour lui et pour la troupe. Ses parents ne sont pas enclins à voir leur fille s'amouracher d'un saltimbanque. Qu'importe, la bande peut abriter toutes les idylles. La première année de leur liaison, Véronique et Coluche habitent un peu partout, au gré des prêts de chambres. Même à Arcueil, loin en banlieue, dans une imprimerie désaffectée appartenant aux parents de la petite amie du « Bœuf ». Une pièce immense, haute de plafond, suintante d'humidité, traversée en son milieu d'une rigole d'eau usée. Et dépourvue d'électricité. « Le Bœuf » a tiré une ligne depuis sa chambre, à l'autre bout de l'immeuble, qui alimente une lampe perroquet. Mais c'est lui qui, le soir, coupe la lumière à distance, sans les prévenir. Coluche y a aménagé une loggia tapissée d'affiches de Mai 68 et de brocarts africains.

Le matin, ils poussent, pour la faire démarrer, la vieille Simca 1000, cadeau de René Metge. Coluche possède déjà une Harley Davidson de la dernière guerre. Ses copains sont instamment priés de se mettre eux aussi à la moto. Un ordre amical, difficile à respecter, vu l'état de leurs finances. Sur son vieux cyclomoteur, Patrice Minet peinera souvent derrière le bolide de Coluche et de Véronique, montée en croupe.

Entre deux répétitions, Coluche apprend à sa compagne le risque et la liberté. Il entrouvre, pour elle, les secrets du périphérique. Elle l'impressionne, par son éducation, sa culture, elle l'entraîne à la Sorbonne, ce qui renforce, à grands coups d'hilarité, ses certitudes très arrêtées sur l'enseignement.

Leur premier fils, Romain, pour Romain Bouteille évidemment, naîtra en 1972. Ils ne se marieront qu'en 1975, le 16 octobre à 11 heures du matin, exactement un an, jour pour jour, heure pour heure, avant la naissance de leur second enfant, Marius.

Thérèse est triste, mais elle est enfin prête à être montrée au public. Coluche a donné un cadre juridique à son épopée. Il a créé, en janvier 1971, pour une durée de vingt-deux ans, une société civile, *L'Équipe de France du rire*. Philippe Bruneau est arrivé à point pour achever avec Coluche, parfois avec Patrice Minet, l'écriture des sketches. Reiser, cet autre complice qui rejoindra bientôt l'équipe d'*Hara-Kiri*, a dessiné l'affiche.

Le spectacle commence, comme prévu, par un joli morceau d'insolence : les filles exhibent leurs seins, et Coluche ses fesses. Suit un fatras de gags approximatifs, résolument très « sexe », de numéros loufoques ponctués par la musique pop de Xavier Thibault. Une liste à la Prévert. Il y a une interprète franco-anglaise, à la voix douceâtre d'hôtesse de l'air, susurrant les différentes significations de l'expression « tailler une pipe »; des chanteurs d'opérette malmenant une parodie du genre, *Valparaiso*; une fleuriste débile – Coluche – marchandant ses fleurs à un client radin; un critique littéraire noyé sous la richesse de son vocabulaire; un étudiant des beaux quartiers manifestant contre le chômage des directeurs de banque : *Les communistes eux ont du travail!*; surtout, un Christ fatigué, de retour d'une tournée à Jérusalem – Coluche encore – et qui demande à ses apôtres, vautrés à table devant une montagne de spaghettis :

Quoi de neuf?
– Lazare est mort...
– Ah! encore...

Jésus se précipite sur les spaghettis pendant que Marie-Madeleine passe sous la table. Les premières semaines, les comédiens s'amusent davantage que les rares spectateurs de leurs numéros iconoclastes, débités au milieu des danses et des chansons. Quelques engagements ont été arrachés de haute lutte aux directeurs de salle : celui, notamment, du théâtre de l'Alliance française, quelques galas, au Zoo de Thoiry, pour la fête de l'agence de leur ami Mike Pochna. Les responsables d'Information et Publicité, rue du Colisée, ont confié à l'écrivain Remo Forlani l'animation d'un cabaret à l'occasion de l'inauguration de leurs locaux. *Thérèse est triste* est ainsi présentée, plusieurs fois de suite, dans les sous-sols de l'immeuble.

La chance! Parmi les invités d'Information et Publicité, deux hommes, deux spécialistes du disque et du music-hall, Claude Martinez et Paul Lederman. Le second surtout, Paul Lederman, si jeune et déjà impresario, connu pour avoir, peu de temps après sa majorité civile, propulsé Claude François au firmament des années yé-yé, et en charge, depuis, de la carrière d'un imitateur précoce : Thierry Le Luron.

Claude Martinez, en ce printemps 1971, apprend encore son métier d'inventeur de stars dans de grandes maisons de disques. Il deviendra plus tard l'associé de Paul Lederman, au grand bonheur de quelques-uns, dont Coluche. Pour l'heure, dans les salons de la rue du Colisée, il laisse Lederman et Thierry Le Luron serrer des mains. Il se promène, entre dans le cabaret de Remo Forlani. « J'ai tout de suite senti quelque chose, raconte-t-il, en tombant sur *Thérèse est triste*. Je ne sais pas très bien quoi, un autre espace, un souffle, l'humour d'une autre génération, qui nous manquait encore. J'aimais le travail de Romain Bouteille, mais là, c'était du Bouteille en plus populaire. L'après-68, une façon de se foutre de tout, une santé d'enfer et une vision décapante de notre monde. Je suis remonté chercher Paul et Thierry. A l'époque, Le Luron était en rade d'idées de sketches. Je me suis dit que le meneur de cette troupe, si voyant, au milieu de ses partenaires, pourrait nous en écrire [6]. »

Ils passent en coulisses. Le premier contact est des plus froids. Coluche fait la gueule, glisse sur Le Luron d'un rapide coup d'œil méprisant. On le dérange. Il les écoute distraitement. Des sketches? « Faut voir, faut discuter... C'est qu'y a mes potes. T'as pensé à mes potes? Nous, on marche qu'ensemble. » L'un des mentors les plus célèbres du spectacle vient de lui proposer d'écrire pour celui qui imite déjà Jacques Chaban-Delmas. Coluche oppose quinze personnes, toute une troupe bigarrée, à cette offre inespérée. Ils sont prêts à payer? Paul Lederman regarde ces jolies filles, ces musiciens aux cheveux longs qui se démaquillent autour d'eux. Faudra discuter, en effet... Ils se ratent ce jour-là, mais ce n'est que partie remise.

Le Vrai Chic retourne à ses galas de fortune. Fernand Raynaud est venu voir la pièce, il a apprécié, a prédit à Coluche qu'il réussirait, mais l'argent manque. Le patron d'une crêperie bretonne de la rue Delambre, toujours à Montparnasse, avait apporté sa contribution financière, séduit par Coco, la sœur de Miou-Miou. Patrice Minet s'inquiète auprès de Coluche. « Dis-donc, on ne pourra pas le rembourser? – Le spectacle ne marche pas, répond le chef de la bande. Ça lui apprendra à chercher à gagner du fric sur le dos des acteurs! » Endetté, le patron de la crêperie rentrera en Bretagne. « Il était ainsi, se souvient Patrice Minet, excessif, de mauvaise foi. Il s'engueulait avec tout le monde, tout l'irritait, il fallait souvent le défendre. Mais c'est vrai qu'à cette époque, il prenait plus de claques qu'il n'en donnait [7]. »

La troupe arrache enfin un engagement sérieux : plusieurs semaines au TTX 75, un cabaret que Bruno Coquatrix a ouvert dans les caves de l'Olympia. Le Vrai Chic s'y installe début septembre. Ce n'est pas encore la grande salle, mais déjà le célèbre music-hall du boulevard des Capucines. *Thérèse,* à la hâte, est remaquillée de neuf. Coluche a déniché, dans ses chères grottes de banlieue, quelques tonnes de plaques de tôle ondulée. Cela fera l'affaire, une fois repeint de couleurs criardes, pour remplacer les fonds de scène en tissus, trop chers. Les répétitions sont retardées : Véronique, sur scène, doit tirer avec un pistolet d'alarme. Mais l'armurier s'est trompé de cartouches, et Véronique arrose le cabaret souterrain de cartouches lacrymogènes. Coluche l'insulte, comme il l'insulte souvent, à la scène, sans souci de préférence. « Dis-donc, t'as pas eu le meilleur prof ! »

Ils couvrent le boulevard de leurs affiches, même le trottoir, histoire de contrebalancer le succès de Nana Mouskouri, dans la grande salle. Arrive le soir de la Première, le 14 septembre. Coluche a eu l'idée, quelques jours plus tôt, de passer une petite annonce dans *France-Soir.* Le Vrai Chic invite gratuitement toutes les jeunes mariées qui se présenteront au TTX 75. Les Puces ont fourni à Coluche un stock de robes blanches, en provenance des USA. La Première aura donc lieu en présence d'une cinquantaine de jeunes mariées disséminées dans la salle. La fanfare du XIe arrondissement a prêté ses cuivres. *Thérèse* part à l'assaut de la capitale, ce soir-là, avec pour tuteurs Jean-Marc Thibault, les acteurs Marie Dubois et Jean Lefèvre.

A défaut d'un franc succès populaire, le spectacle est découvert par la critique. *L'Aurore* sera ainsi le premier journal à saluer le talent de Coluche. Et ce soutien, curieux de la part d'un quotidien plutôt conservateur, ne se démentira pas durant toutes ces années montantes. « *Thérèse est triste*, au TTX 75, écrit Jean-Pierre Barbe, c'est sans doute le spectacle le plus drôle qui nous soit donné de voir actuellement à Paris (...) Coluche peut donc continuer à nous montrer son postérieur, Jésus-Christ à parler argot en dégustant ses spaghettis, tant qu'ils le feront avec autant de classe, nous n'aurons nulle honte à en rire [8]... »

Il a tout fait pour cela, s'est donné les meilleures répliques, s'est taillé peu à peu dans le spectacle l'omniprésence d'un Monsieur Loyal, et cette boulimie se révèle payante : Coluche est d'emblée distingué par la critique. Les autres sont « la troupe », trop nombreuse pour voir ses patronymes imprimés. Françoise Varenne écrit dans *Le Figaro* : « (...) Une vraie personnalité de la scène : Coluche, animateur de la troupe, un clown-comédien. Un vrai routier du spectacle. Avec ses lunettes d'intellectuel et sa salopette trop large, il est plus qu'une présence : il crée un type [9]. »

Paul Lederman donne un coup de pouce indirect à *Thérèse est triste*. Il critique, par voie de presse, la prudence de la direction de l'Olympia, accusée de n'afficher le spectacle du Vrai Chic que du lundi au vendredi. « Une fausse chance [10] », lit-on dans un communiqué. Le jeune producteur annonce que la pièce sera désormais jouée au théâtre La Bruyère, sous sa responsabilité. Bruno Coquatrix réagit aussitôt en programmant une prolongation du spectacle, boulevard des Capucines. Coluche a gagné quelques semaines de répit, sur le dos d'une querelle de music-hall. Le théâtre La Bruyère devra attendre le début de l'année suivante. Paul Lederman tiendra sa promesse, mais connaîtra à cette occasion, plusieurs semaines durant, son premier échec professionnel. « Il y avait des soirs, explique Claude Martinez, où Paul et moi nous étions les deux seuls spectateurs. Nous avons rarement autant ri. »

Le 30 octobre, les magazines de télévision livrent à leurs lecteurs une bien étrange information. Un certain Coluche, ancien du Café de la Gare, qui fait le pitre sur scène, doit présenter, tout novembre, l'émission *Midi-Magazine*, à 12 h 30 sur la première chaîne, en compagnie de la délicieuse Danièle Gilbert. Les copains vérifient. L'information est exacte. L'idée est de Jacques Martin, animateur-vedette de la télé, l'un des premiers, avec Mike Pochna, Jacques Renault, Alain Crombecque, futur directeur du Festival d'Avignon et alors administrateur du Grand Magic Circus, quelques autres encore, à avoir épaulé Coluche dans le milieu du spectacle. Jacques Martin a conseillé à Georges Folgoas, producteur de *Midi-Magazine*, de donner sa chance au jeune directeur du Vrai Chic, en remplacement d'Antoine qui vient de se décommander.

Les copains protestent, avec les mots du gauchisme. La télé! L'ORTF de la France profonde, l'institution la plus sclérosée – malgré la nouvelle société de Chaban – de l'ère Pompidou, qui a résisté à Mai 68. Qui a peut-être sauvé le régime. A la télévision, on n'a jamais vu Bouteille, Rufus, Le Magic Circus ou le TSE. Bref, ceux qu'ils admirent sont interdits d'antenne. Coluche doit s'expliquer. Facile! Il va y aller, comme Zorro, et leur montrer. Attaquer le vieil ennemi de l'intérieur, pour voir, humer l'air avant de revenir en force. D'ailleurs honnêtement, il prévient même les responsables de la chaîne. Interrogé par *Télé 7 jours*, il déclare : « Attention, il faut être gentil à la télévision, m'a-t-on averti. Le public, c'est concierge-paquet lessive. Dommage qu'ils soient comme ça à l'ORTF. Ils ne sauront jamais s'ils peuvent faire rire avec autre chose! [11] »

Coluche prend tout de même ses précautions. « Ce sera une expérience qui durera un mois, s'ils ne me mettent pas à la porte avant », confie-t-il à *Télé-Magazine* [12]. Il fait aussi savoir qu'on lui a déconseillé de présenter les sketches de *Thérèse.* D'ailleurs, la presse, dans sa majorité déboussolée par l'événement, paraît du même avis. Les numéros débridés du Vrai Chic sont jugés « grivois », trop pour le public protégé de la télévision. *Télé-Magazine*, dans le même numéro, publie une photo montrant Coluche, de dos, pantalon baissé et fesses à l'air. Des fesses censurées, pudiquement escamotées par un carré blanc. Avec cette légende : « A droite, c'est Coluche. Il faut le savoir. C'est une scène capitale de l'intéressant spectacle qu'il présente chaque jour au TTX. »

Coluche à la télé, c'est un peu comme Tintin chez les Soviets. Il s'y rend avec, comme il le dit, ce qu'il a de mieux, ses « habits du dimanche ». Il tient cinq jours. Un record, au regard des prévisions pessimistes des copains. Personne au Vrai Chic, au Café de la Gare, ne croyait la performance possible. Il a perdu, et donc gagné, désigné du doigt l'état de surveillance du régime en place. Aux côtés de Danièle Gilbert, rose de gêne, il a cinq fois lancé, l'œil dans la caméra, juste avant le générique de fin de l'émission : « Et hip, hip, hip, hourra pour Marcellin, le roi des flics ! »

Le dernier jour, le vendredi, Raymond Marcellin, ministre de l'Intérieur, a appelé Matignon qui a appelé Roland Dhordain, le directeur de la télé, qui a appelé Georges Folgoas en régie. Logique. Inévitable, puisque prémédité par le présentateur intérimaire. Coluche « viré ». Georges Folgoas privé d'émission. Coluche heureux de sa croisade, simplement embêté pour le producteur imprudent. « Folgoas m'a demandé de présenter *Télé-Magazine*, expliquera-t-il plus tard. C'est combien? je lui dis. C'est bien payé. Alors, d'accord, mais ça va être une catastrophe. Il me répond : Ça fait vingt ans que j'en vends. Ah! bon. Cinq jours après on était virés lui et moi [13]. » Georges Folgoas ne lui en gardera pas rancune. « Nous avions à la télévision, expliquera plus tard le producteur, un directeur qui manquait totalement d'humour [14]. »

Coluche a ce qu'il voulait. Un incident dans la grisaille de la petite lucarne. Et un joli coup de pub. *Télé 7 jours* relatera cette mini-crise, donnant la parole aux deux protagonistes, le directeur de l'ORTF et le jeune saltimbanque. Beaucoup d'honneur. « J'ai misé sur la qualité, s'excusera Roland Dhordain. Et le spectacle offert par ce garçon est tout le contraire de la qualité [15]. » La réponse de Coluche vaut réquisitoire : « Si je suis surpris? Oui : d'avoir été engagé. Mon état d'esprit est tellement peu conforme à celui de l'ORTF. En fait, on me reproche d'avoir fait de l'humour sur des sujets tabous. Tous les jours, je disais bonjour à M. Marcellin à l'antenne. C'est ce qui a dû déplaire. L'humour a toujours été contre le pouvoir, quel que soit le régime. Ils devraient relire Molière à l'ORTF... Au fond, c'est tant mieux pour moi. La TV française est une maison de retraite et je ne me sens pas assez vieux pour y entrer. »

II

En 1972, le Café de la Gare déménage. Le vieux local du passage du Départ est, à terme, promis à la démolition. Romain Bouteille ne veut pas courir le risque d'une expulsion. Et puis, il éprouve lui aussi le besoin de changer d'air. Sotha, Miou-Miou, Patrick Dewaere traversent la Seine et entreprennent de nouveaux travaux dans une ancienne auberge, tête de lignes de diligences vers la province reconvertie en garage, au fond de la cour d'un vieil immeuble, 41, rue du Temple, dans le IVe arrondissement.

Ils abandonnent leurs souvenirs à Coluche qui se fatigue à balader son Vrai Chic dans la capitale à la recherche d'un abri. Le Café de la Gare est pour lui, s'il le veut. Non le fonds de commerce, mais les murs, qui portent encore les traces de ses coups de pinceau. Les copains ironisent. Il est enfin le chef, mais d'un lieu fantôme, sans Bouteille ni ceux qui avaient résisté à son impatience. Il hausse les épaules. Il ignore la nostalgie. Il ne se retourne jamais, obsédé par l'avenir, qui tarde trop. Plus tard, il inventera cette maxime, qui vaut surtout pour lui : *Se pencher vers son passé, c'est risquer de tomber dans l'oubli.*

Le Café de la Gare est déjà rangé, pour sa mémoire brouillée, dans le royaume brumeux d'avant-hier. Des regrets, quelques humiliations, beaucoup de rigolade, qu'il occulte avec soin. Il aime ses compères de la première heure, il inventera mille manières d'actualiser sa tendresse au fil des années, mais il a déjà oublié ce qui les a réunis.

Il est pratique, surtout. Un théâtre lui est nécessaire. Alors, le cher vieux Café, c'est mieux qu'autre chose, un navire qu'il sait maîtriser techiquement. Rien d'un musée hanté. D'ailleurs, lorsqu'il s'y installe avec le Vrai Chic, il commence par ravaler les façades de leurs débuts. Il « coluchise », comme le dit l'un de ses proches, la gentille chaumière. Il y imprime sa marque, plus ostensible, plus accessible déjà. Plus évidente. Le théâtre est repeint de couleurs plus vives. Rose avec des étoiles vertes. Ailleurs du jaune, du bleu laqué et du rouge. Le comptoir du bar qui sera hissé, pendant le spectacle, jusqu'aux cintres, est remis à neuf. Le prix du billet, quinze francs de l'époque, donne droit à des parties de billard électrique. Le gros lot de la tombola est un filet à provisions contenant un kilo de sucre en morceaux, un paquet de spaghettis, un autre de riz, un sac de poudre à lessive, une boîte de sardines, un litre de vin rouge et une baguette de pain. Autant de signes, déjà, d'une certaine gravité derrière la plaisanterie, une fantaisie plus populaire que soixante-huitarde, une relation, plus réaliste, au ras des choses, même dans les gags de bienvenue.

Coluche a voulu insonoriser le toit du vieux Café. On lui déconseille la méthode qu'il préconise : déverser trois tonnes de sable et plâtrer. Il s'entête. Le toit sera imbibé d'eau. Les autres sont hilares. Il s'en va bouder ailleurs, râlant contre ces ingrats pour lesquels il se décarcasse. Dans ces cas-là, il enfourche sa Harley 1943 émaillée de jaune, au levier de vitesse décoré d'un pommeau en forme de dé, et ordonne à Bouboule de le suivre. Les deux copains d'enfance retournent à leurs marges périphériques, un monde à eux, où les autres, sauf peut-être « le Bœuf », fleur du pavé de banlieue, ne sont pas conviés. Coluche se défoule. Ils se battent, comme avant. Un jour, dans une carrière abandonnée, Coluche hurle longuement dans le silence, devant Bouboule médusé.

Claire Nadeau et Philippe Bruneau reviennent juste à temps d'Amérique du Sud pour participer, avec *Thérèse*, au Festival du café-théâtre qu'organise en juin Olivier Lorsac, le jeune maire du Lavandou. La troupe couche dans les baraques des CRS, sur la plage. Le programme est de qualité : Zouc, Rufus, Bouteille et le Café de la Gare, Jérôme Savary et le Grand Magic, Coluche et Le Vrai Chic. Photo de famille sur le sable.

Puis Claire et Philippe repartent, cette fois vers Ibiza. D'autres prennent des vacances. Coluche éructe encore. Après la naissance de son fils Romain, il a emménagé avec Véronique Kantor dans un petit appartement de la rue Gazan (XIVe arrondissement). Il parvient à retenir Xavier Thibault, à lui faire composer la musique et les chansons d'une œuvre, une autre, qu'inlassable, il a mise en chantier. Encore un projet désespéré : *Ils sont arrivés à pied par la Chine.* Une vieille contrepèterie de potaches. Un opéra aussi, « un opéra guerrier, en deux manches et une belle s'il y a lieu », écrira Coluche, chronique fourre-tout, chantée et dansée, des démences militaires de la planète depuis Cromagnon.

La Chine, qui prendra aussi *Au secours!* pour titre, mélange allégrement les épisodes historiques, fait dialoguer Castro et les poilus,

Vercingétorix et une Jeanne d'Arc très maquillée. Guy Lux et Sophie Darel commentent en direct la Guerre de Cent Ans à la manière d'*Intervilles* : *Ici Chartres, à vous les studios !* Des speakerines apparaissent pour les coupures de pub : *Fini les dentifrices qui vous laissent la bouche pâteuse (...) Voici Ultra Brite, le dentifrice au goût sauvage qui vous met le succès à la bouche!*

Vingt-cinq musiciens, huit danseurs, quatre chanteurs, huit acteurs et un cascadeur sont nécessaires à cette entreprise, promise à Bruno Coquatrix, et qui rappelle, en plus bâclée, les odyssées spatio-temporelles du Grand Magic Circus. L'opéra restera dans les partitions de Xavier, dans les cahiers de Coluche. L'Olympia n'en voudra pas.

Plus sérieusement, la troupe prépare le spectacle qui va succéder à *Thérèse est triste.* Coluche obtient le renfort de Christine Dejoux, de Michel Putterflam, de Nancy Osthues, une choriste d'origine américaine. Surtout de Martin Lamotte, un acteur, un auteur aussi, comme Philippe Bruneau, attiré par le café-théâtre. Mike Pochna, leur mécène, a déniché une maison en Normandie. Coluche espère y reproduire l'expérience d'immersion totale tentée par Romain Bouteille en 1968. Les fenêtres sont calfeutrées. La plongée créatrice dure trois jours. Ils s'engueulent. 68 est déjà loin. Coluche n'est pas Bouteille et d'ailleurs Coluche lui-même triche : il repasse à la lumière pour se restaurer.

Cette spéléo des ressources cachées de l'esprit se saborde, et c'est à table et de bonne humeur, dans le jardin de la maison, que s'élabore le grand succès du Vrai Chic parisien : *Ginette Lacaze 1960*. Comédie musicale à la gloire du rock'n roll, satyre du glamour yé-yé et de la mythologie des blousons noirs, *Ginette Lacaze* retrace l'histoire d'une bande de jeunes, peut-être du côté de Montrouge, au début des années soixante. Du scoutisme à la piscine, des surboums aux premiers baisers, des bagarres au service militaire. Ginette et ses copains adoptent toutes les modes de leur adolescence, les baskets, les blousons et les scoubidous. Les garçons se moulent dans du cuir noir, ils redressent vingt fois par jour, à coups de peigne névrotiques, leur banane gominée, les filles portent des jupes en vichy comme Bardot, elles relèvent leurs cheveux en couettes, comme Sheila.

Ginette a vraiment existé. C'était une petite amie de la bande de la Solo, un souvenir de Coluche et de Bouboule. Son amoureux, lui, est fictif. Coluche ne s'est pas entêté dans le rock. Son personnage, Boby Bouillon, le chanteur-loubard des Déments – il a failli s'appeler Boby Bouillant, et son groupe Les Démons – se brûlera l'âme sur les chemins ingrats de la gloire, et perdra Ginette.

Le Vrai Chic vise juste, car il explore cette fois un contexte naïf, conformiste, très bien observé, dans une France repue, juste troublée par les échos de la guerre d'Algérie, où les seuls rebelles sont les voyous et où les enfants sages, fascinés par tout ce qui vient de l'Ouest, s'abandonnent aux bluettes sentimentales. Coluche décline sur les classiques, *Only you* ou *What I say*?, sur les slows langoureux des Platters, arrangés par Xavier Thibault, les paroles lénifiantes qui feront fureur ces années-là, avant le brusque réveil de la jeunesse. « *Reviens! Va-t'en!* » chante Boby Bouillon.

Dans la nuit qui s'enfuit,
Loin du bruit, de la foule
Rien que nous...
Rien que nous-hou-hou-hou...

Les chœurs font écho, étirant des rimes aussi pauvres que celles des premières chansons de Françoise Hardy, de Sylvie Vartan ou de Richard Anthony. Boby et ses copains trop nerveux marquent, eux, une nette préférence, pour l'authentique, porteur de violence et de mâle désespoir. Le rock importé de Nashville, qu'Eddy Mitchell et Dick Rivers enseignent à un Hexagone qui ne s'est pas encore mis à l'anglais.

Oh! Ginette! Oh! oh! tous les jours, je te guette; à la sortie de tes cours Pigier (...) Depuis longtemps je cherche l'amour; il a ta bouche, il a tes yeux.

Les garçons veulent aller droit au but, les filles n'accordent que leurs lèvres. Elles rêvent de mariage. Ils se prennent pour James Dean et Marlon Brando, tombeurs de légende. *Dites-lui de ma part, trop tard pour m'avoir*, chantent les esseulées qui se sont refusées. *Dans la nuit, je marche seul (...), cette cigarette entre mes doigts me rappelle que tu n'es pas là*, se reprochent les amoureux maladroits et éconduits.

Au fond, *Ginette* est une histoire triste, mais elle passera pour le spectacle le plus drôle du Vrai Chic, le mieux maîtrisé. Ginette et Boby se connaissent depuis l'enfance. Amours tâtonnantes, surveillées par l'aumônier, retardées par l'école ou les camps au grand air. Adolescents, les deux héros se manqueront. Elle compte sur sa beauté pour échapper à la banlieue. Il se lance à la conquête du rock, avec ses copains qui se battent au couteau. Lorsque Boby pensera avoir décroché la lune, lors de l'enregistrement de son premier disque, le méchant impresario, Ron Blum, « emballera » Ginette. Boby, bien sûr, « aura la haine ». Il criera son chagrin dans une imitation de Johnny Hallyday, un morceau d'anthologie, mêlant le rock, le rythm'n blues et le slow.

Non, non, non, non!!!
Non, laissez-moi seul,
Non, je ne veux plus la voir.
Non, non, non, non!!!
Oh non! Laissez-moi seul!
Oh! je veux rester dans le noir [refrain].
Je ne veux pas voir la lumière.
Je veux chevaucher une dernière fois
Mon cheval d'acier vers la mort.
Je veux monter là-haut, tout là-haut
Sur la colline de mon malheur
Et me jeter dans le précipice
De mon destin

Coluche, dans cette chanson, exécute un numéro étourdissant qui l'accompagnera tout au long de sa carrière au music-hall. Plus qu'une imitation de Johnny Hallyday, mieux qu'une revue de détails du malheur des rockers au cœur trop tendre. A travers tous les effets de gorge de l'époque, une offre de tendresse. Comme rarement à la scène, un aveu de lui-même. Sa plainte.

Tous les rockers, les vrais, s'inclineront devant sa capacité à fairc passer l'émotion dans ces égorgements de chats, ces aboiements, ces onomatopées, ces interjections yankees qui composent le lexique obligé de la musique du Tennessee. Pour cette chanson, Coluche poussera même son premier « cri du cochon », brusque rupture de la voix dans l'aigu, qui entrera dans la plupart dc scs sketches. Mieux qu'un contre-ut, presque un contre-ré, estime Xavier Thibault. « Très difficile à réussir. »

Boby Bouillon tentera bien d'en finir avec la vie, au guidon de son « cheval d'acier ». « *Oh! les mecs, j'ai une mauvaise nouvelle*, annoncera l'un des copains-loubards, *Boby s'est jeté en mobylette du haut de la décharge...* » Boby s'en tire avec une jambe raide. Puis il part à la guerre, celle d'Algérie. Dix ans plus tard, dans l'épilogue du spectacle, la bande se retrouve une dernière fois, comme pour une soirée d'anciens qui n'ont plus rien à se dire. Star yé-yé de la chanson, Ginette passera en coup de vent, toujours au bras de son impresario. Boby a mal supporté la guerre. Les autres se sont mariés, coincés dans des vies banales. L'un des Déments joue de l'accordéon dans les petits bals. Ils n'ont pas quitté la banlieue.

Le rôle-titre de *Ginette Lacaze* a été écrit pour Aline Rua. Celle-ci se fâche avec Coluche. Mamade, une amie non comédienne, reprendra les flirts et les minauderies de la jeune écervelée des années soixante. Puis elles seront nombreuses à se succéder en scène, pour l'amour et l'oubli de Boby Bouillon. Miou-Miou encore, habituée à être prévenue le matin qu'elle jouera le soir.

Pendant l'hiver 1972-1973, le café-théâtre du passage du Départ ne désemplit pas. Pour Noël et le réveillon, ils jouent même deux fois dans la soirée. L'orchestre fait danser après le spectacle, prévient la presse. « On peut apporter sa dinde et son mousseux », confirme la troupe. Puis, à partir du 12 mai 1973, *Ginette Lacaze* est présentée à l'Olympia, en première partie de Dick Rivers, l'ancien chanteur des Chats sauvages, ardent défenseur de l'orthodoxie du rock. L'idée? Un « rock'n roll show ». Dick Rivers est déjà un fidèle spectateur de Coluche et il tient le pari que son propre tour de chant et *Ginette* peuvent faire la paire, huit jours durant. Le modèle et son pastiche, le même soir.

Pour les organisateurs de spectacles, en tout cas pour Bruno Coquatrix, Coluche n'est plus tout à fait assimilable à la troupe qu'il dirige. L'affiche de ce « rock'n roll show » en témoigne : l'Olympia propose Dick Rivers (en grosses lettres), « Coluche » (en moins gros), « et La troupe du Vrai Chic parisien » (en plus petit). Coluche se détache. L'anonymat s'éloigne doucement.

L'Olympia, pour des raisons non éclaircies, déchaîne chez Coluche des bouffées de provocation. C'était le cas durant le séjour de *Thérèse est triste*, encore pour *La Chine*. *Ginette Lacaze* n'échappe pas à cette règle. Le spectacle est resserré à la hâte, la seconde partie, celle du rock, rallongée. Coluche et Xavier Thibault passent plusieurs nuits à imiter Dick Rivers, à traquer ses tics de micro, ses déhanchements. Et Boby Bouillon ravit la vedette à Dick Rivers. La copie est préférée à l'original.

Plus tard Coluche expliquera : « Il n'aurait pas fallu qu'on le fasse une semaine de plus : j'y aurais cassé sa tôle à lui... avec un plaisir! Quand il faisait son *What I say?* et qu'il essayait de faire chanter les gens, ils ne marchaient pas. Avec moi, si, parce que je les faisais marcher. Après, lui, quand il arrivait, sérieux de tout, c'était plus possible, ils en restaient par terre, les mecs [16]... »

Avec l'été 1973, revient le temps des déchirements. Coluche est contesté, à peu près sur le même registre qu'au temps de son départ, trois ans plus tôt, du Café de la Gare. Il a beau répéter, comme le rappelle un membre de la troupe : « Il faut rester groupés. Faites gaffe, les mecs! Si on n'est pas unis, ils auront notre peau! » Il a beau proclamer sa foi en l'aventure collective, les autres estiment qu'il tire de plus en plus la couverture à lui, et comme en plus il est souvent casse-pieds, leur compréhension s'effrite. Il arrive toujours avec des plans de carrière plein la tête pour toute la bande, il cherche le biais, plaide pour la famille. Coluche est soupçonné de malentendu permanent sur lui-même.

Les membres du Vrai Chic auront, c'est vrai, davantage de preuves de ses contradictions que le Café de la Gare. Plus ou moins consciemment selon les jours, maladroitement toujours, Coluche paraît dessiner les contours d'une trajectoire personnelle. Phénomène fluctuant, tant il met de zèle à marteler sa conviction des aventures de groupe. Émergence ambiguë, pour un ego qui se muselle encore en s'acharnant à éveiller celui des autres. Pourtant, de 1970 à 1973, Coluche donne parfois l'impression de commencer à s'intéresser à lui.

Il a un agent pour faire l'acteur au cinéma, Serge Rousseau, un comédien qui a créé avec Gérard Lebovici et Michèle Méritz l'agence Artmédia. Le septième art réclame de nouveaux talents. Serge Rousseau, en quelques mois, a repéré de jeunes acteurs de formation classique, François Marthouret, Francis Huster, Jacques Villeret, Jean-François Balmer. Miou-Miou, Patrick Dewaere et Coluche représenteront la première filière « café-théâtre ». Coluche tournera dans une série de films et de feuilletons. Rien à voir avec le prestige du *Pistonné*, mais des rôles ou des apparitions qui l'éloignent de temps en temps du Vrai Chic : *Laisse aller, c'est une valse*, de Georges Lautner, *L'An 01*, de Jacques Doillon, *Salut l'artiste*, d'Yves Robert, *Elle court, elle court, la banlieue*, de Gérard Pirès, dont le premier rôle est confié à son ami Jacques Higelin ; *Le Grand Bazar*, de Claude Zidi.

Pour la télévision, il tourne, avec Philippe Léotard, et sous la direction de Michel Wyn, une longue série à épisodes retraçant la première expédition Citroën jusqu'en Chine : *La Croisière jaune*. Dans les montagnes d'Anatolie, l'idée lui vient de tromper l'ennui en réalisant un court métrage. Le comédien Gérard Chevalier, embarqué lui aussi sur cette longue *Croisière jaune*, accepte de lui servir de complice. L'équipe-caméra fournit la pellicule, prête son cadreur.

Le scénario, fort simple, est très étrange : sur un sentier escarpé de haute montagne, un homme marche. Gérard Chevalier. A trois mètres derrière, un autre homme suit, un Noir, visiblement le serviteur du premier. A l'épaule, il porte un pliant : c'est Coluche le visage passé au cirage. Ils avancent ainsi plusieurs minutes. Aucune parole n'est échangée. La montagne défile lentement. Soudain, le premier homme s'arrête et désigne du doigt une place sur le sol où installer le pliant. Après avoir jeté encore un coup d'œil au paysage grandiose, l'homme va pour s'asseoir, mais son serviteur, à la dernière seconde, retire le pliant. Le maître tombe. Un gag, sans doute rien qu'un gag. Aussi un épisode méconnu de la carrière de Coluche, car, pour des raisons demeurées mystérieuses, le cadre n'a saisi les corps que des pieds au cou. Les têtes de Gérard Chevalier et de Coluche sont invisibles.

Ses compagnons du Vrai Chic ne reprochent pas à Coluche ses incursions côté cinéma, côté télévision. Après tout, eux aussi rêvent d'en faire. Certains y ont déjà goûté. Et puis Coluche a le droit de changer de direction, ils ne sont pas liés par contrat. « Il était chiant, c'est surtout ça », confie l'un des acteurs. Ça n'allait pas assez vite pour lui, trop vite pour nous. Il nous l'avait joué, au début, à la rigolade sympa. Puis on s'est aperçu qu'il cherchait autre chose. Comme il ne pouvait pas se le dire, et que les propositions n'affluaient pas, ça retombait sur nous. » Quelques-uns se demandent même s'il ne les a pas entraînés par peur du silence du plateau, de se retrouver seul sous un projecteur. Ils sentent bien que, mois après mois, leurs spectacles, ses projets d'opéra, son culte affirmé de la communauté forgent son courage en vue de se jeter seul dans la fosse aux lions. Craignent-ils de le perdre?

Coluche pressent-il qu'il a trop tiré sur cette corde affective? Qu'une autre issue approche? Dès les premiers orages dans le ciel vert parsemé d'étoiles roses du Vrai Chic, en tout cas après le succès de *Ginette*, l'omniprésent trouve en lui l'audace de s'échapper. Il ne s'agit encore que de brèves escapades, officiellement pour arrondir ses fins de mois, quelques heures de temps en temps, quand Le Vrai Chic se couche tôt ou fait relâche. En maugréant, il gagne les cabarets à scène minuscule, offre « un truc à lui », un rapide numéro en quelques sketches et une chanson devant des buveurs noctambules. S'il cherche à roder un spectacle enfin personnel, s'il se lance, comme les autres le croient, c'est dans ces lieux plus fauchés que le théâtre du Passage, dans des soirées privées aux cachets minables. Devant le personnel des bonbons Kréma : il passe après les liqueurs, quand tout le monde est déjà ivre, et on le chambre. Il les insulte.

Devant une salle de jeunes handicapés moteurs, il donne un sketch, *Gugusse*, les plaintes d'un type pas très normal physiquement que son ami tente de réconforter tant bien que mal. Les jeunes handicapés apprécient, mais leurs parents crient au scandale. Il est expulsé. Au Port du Salut, un cabaret de la rue Saint-Jacques fréquenté avant lui par Jean Yanne, Coluche raconte aussi l'histoire, interminable, sans cesse retardée par les digressions de son narrateur, d'un homme qui attend sur un pont de la Seine le passage de ses lunettes tombées dans l'eau de la Loire. Ça n'a pas encore vraiment de titre. Peut-être

L'Histoire d'un mec, par facilité. Ou *Sur le pont de l'Alma*. Au Café de la Gare, on se souvient que Gérard Depardieu imitait Romain Bouteille, par jeu, avec ce récit laborieux. Au Vrai Chic, on ne se passionne pas pour les échappées solitaires de Coluche. *L'Histoire d'un mec* ne soulève guère la curiosité, ni les *Histoires à bides*, ni la chanson-pastiche québécoise. *J'y ai dit viens*, composée par Coluche plusieurs années plus tôt, et déjà chantée par Jacques Sérizier. Seul un critique de *L'Officiel du Spectacle*, Paul de Montaignac, s'enthousiasme pour son tour. « Si vous n'avez pas encore entendu ou vu Coluche comédien, clown, mime, auteur, il faut aller très vite, sans délai, au Port du Salut. C'est un numéro extraordinaire, rare, d'un comique irrésistible. Tout est drôle : les mimiques, les textes, les situations (...) Quel artiste, quel talent ! C'est désopilant, c'est intelligent, pris sur le vif. C'est « l'histoire d'un mec », de bien des mecs hélas, du vécu, un très grand numéro de haute bouffonnerie, parfaite, qui nous vient, une fois encore, du café-théâtre. Malgré son échec au La Bruyère, Coluche sera sûrement une très grande vedette d'ici peu [17]. »

De tels éloges ne peuvent que tendre les rapports au sein du Vrai Chic. D'autant qu'intervient, vers la fin de l'année 1972, un autre phénomène : Coluche grossit. Un autre signe.

Contrairement à la légende, à ce qu'il dira ou écrira lui-même, Michel Colucci n'était pas un enfant poupin, ni un adolescent rond. Romain Bouteille a rencontré, vers 1966, un trublion mince. Aux débuts du Vrai Chic, Coluche porte les vêtements de Patrice Minet, 56 kilos. Le seul vrai gros, longtemps, ce sera Bouboule. Coluche adore manger. La table est le lieu privilégié de sa bonne et de sa mauvaise humeur. Ses rapports avec la nourriture sont déjà les signes de ses inquiétudes : il avale vite, comme les pauvres, engouffre des pâtes, comme les fils d'Italiens. Il avale ce qui cale, comme ceux qui n'ont pas toujours été sûrs du lendemain, mais il est mince.

Et c'est justement ce qui cloche. Dans la vie, en tout cas, dans la vie stéréotypée du spectacle, il convient soit d'être grand et mince, soit petit et gros. Surtout pas : petit et mince. Alors, devant ses amis perplexes, il commence à se comporter vis-à-vis de l'alimentation, comme pour le reste : en boulimique. Au restaurant, il reprend de tout. Il choisit plusieurs entrées, et si le garçon s'étonne, énervé, il commande la carte entière.

Un jour, Bouboule et Coluche engloutissent une choucroute dans une brasserie alsacienne de la capitale. Bouboule nettoie son assiette avec du pain puis, placide, demande une autre choucroute. Murmures dans le restaurant. Le maître d'hôtel s'approche de leur table, incrédule. Il a bien sûr la réaction sadique attendue : prenant à témoin les clients des autres tables, il promet d'offrir la troisième choucroute si Bouboule parvient, ce dont il doute, à finir la deuxième. C'est mal connaître ce bouffeur de pâtes : le jeune homme engloutit tout, pendant que Coluche crie sa joie et distribue des bras d'honneur à la ronde.

Avant que les repas ne deviennent pour Coluche, comme dans cette anecdote, les rings de la revanche et de la rivalité sociale, avant qu'il ne se mette à mépriser les loufiats, ces pauvres en habits de riches qui entretiennent les rites des gens bien nourris, avant les esclandres célèbres dans les restaurants, la table sera un outil de scène. Il grossit volontairement. Il prend cinq, puis dix kilos en un an, par souci de perfectionnisme. Son personnage à venir est dans la graisse. Les rondeurs confortent le rire, se persuade-t-il, l'installent dès son apparition sur scène, avant même d'avoir ouvert la bouche. Existe-t-il beaucoup de maigres drôles? Bouteille, Woody Allen... La liste est courte. En revanche, du côté des gros...! « Faut qu'j'grossisse! Faut qu'j'grossisse! » dit-il à Claire Nadeau. Pendant des mois, consciencieusement, il alourdit sa masse au sol. « En France, seuls les gros sont marrants, assure-t-il. Ils rassurent. Regarde Devos! Avec son ventre, il peut tout faire passer. » Sur un point au moins, cette conviction lui donnera raison : seuls les gros peuvent se permettre d'être méchants sans être aussitôt mis en cause. Cap, donc, sur le ventre de Devos.

Dans *Thérèse est triste*, les apôtres de la Cène avalaient des kilos de spaghettis, au grand supplice de Coluche – le Christ – qui devait achever ses répliques avant de prendre place. Le troisième spectacle du Vrai Chic adoptera, sur cette délicate question de la nourriture, une position plus radicale : *Introduction à l'esthétique fondamentale*, est l'évocation d'un dîner de Noël, « un réveillon d'aristocrates dans une cage », dira Coluche. Six nouveaux riches – quatre hommes, deux femmes – déblatèrent en s'empiffrant, servis par des domestiques stylés. On comprendra plus tard qu'ils sont en prison. « Satire virulente d'une bourgeoisie niaise, raciste, méchante, méprisante, superficielle, intolérante, conformiste, ridicule, hypocrite [18]... », écrira Alain Wais. Ce réveillon, arrosé de champagne et de propos effrayants de bêtise et de veulerie, est accompagné par un groupe instrumental – celui d'Esther Lamandier –, l'Ensemble baroque Ricercare de Paris, qui joue du Corelli et du Rameau.

L'Introduction à l'esthétique est écrite pendant l'été 1973, dans la maison de campagne de la famille Nadeau. Christine Dejoux et Martin Lamotte, Véronique Kantor et Coluche, Claire Nadeau et Philippe Bruneau, Jacques Delaporte, collectionnent, à table, bien sûr, les assertions irrévocables entendues autour d'eux. Le matin, premier levé, Coluche couche sur ses cahiers d'écolier les improvisations de la veille. Les six héros de ces bacchanales guindées offriront leur vulgarité de majorité silencieuse, dès l'automne, dans la salle du Vrai Chic. « Petite bouffe sans grandeur, écrira *L'Unité*, où la banalité des propos sert de sauce à tous les plats. Sur les Noirs, sur les Nord-Africains, sur la jeunesse, sur les travailleurs, ce n'est que persiflage creux et méchant [19]. » « Ces six baffreurs nous ressemblent », ajoutera *Le Nouvel Observateur* [20].

Par souci de véracité, Coluche exige du caviar pour la pièce, malmène Bouboule qui n'achète pas de mets assez raffinés. Les autres préféreraient faire passer un vulgaire pâté pour du foie gras et être mieux rémunérés. Retour des querelles. Martin Lamotte et Jacques Delaporte ont écrit une pièce, *Le Crépuscule des lâches*, une satyre des films de guerre américains, qu'ils souhaitent monter. Coluche refuse, invente des excuses, déroule sa mauvaise foi. Lors des désaccords, de plus en plus nombreux, Xavier Thibault, se range souvent à l'avis de son chef de troupe. En tant que musicien, il a sans doute moins à craindre de Coluche, dont les certitudes sont peu tranchées en ce domaine. Le compositeur ne peut donc être taxé d'aigreur. « C'est vrai que c'était toujours tendu, explique-t-il, Coluche était nerveux. Dictateur, parfois de façon caractérielle. Il ne supportait rien, pas le moindre mensonge. Lui-même se rendait insupportable, et puis, le lendemain, il tentait de passer au charme, avec une générosité, une tendresse débordantes. Il a toujours été un écorché vif. Mais, à l'époque, ce va-et-vient effréné était usant pour les autres. Même sa façon constante de se " vendre ", d'y aller toujours à la séduction, d'être capable de faire rire tout un bistrot pour accrocher l'attention était fatigante [21]. »

Vers la fin de l'année 1973, Renaud arrive un matin passage du Départ. Il tombe sur Coluche, bougon, assis sur sa moto. « C'est fini, on arrête. » Il n'est pas « viré ». Ils ne ferment pas. Le groupe a opté pour l'alternance. Ils ont à nouveau voté. Véronique s'est abstenue. Coluche ne s'en va pas, après tout, c'est lui le directeur, mais il devra se débrouiller seul. Le Vrai Chic va monter *Le Crépuscule des lâches*, puis Martin Lamotte entraînera les rescapés sur la rive d'en face pour fonder, après des mois de travaux, un autre lieu. La Veuve Pichard, rue Sainte-Croix-de-la-Bretonnerie, dans le Marais, à quelques mètres du nouveau Café de la Gare, rue du Temple. Coluche n'a d'autre solution que de se lancer seul, de reprendre son numéro du Port du Salut, gratter les fonds de tiroir, rassembler des bouts de sketches. Par dépit, d'abord, il appellera son *one-man-show* : *Mes Adieux au music-hall*. « Il s'agit d'une suite de chansons, racontera-t-il, de textes et d' histoires qui correspondent à l'esprit du music-hall traditionnel, lequel, on le sait, est en voie de disparition. Songez qu'il ne reste que deux grandes salles à Paris. Pour ma part, avant que le music-hall ne disparaisse complètement, je me dépêche de lui faire mes adieux [22]. » Il en rajoute, évidemment, il exagère, moins prophétique que blessé dans son amour-propre. Léo Ferré chante à l'Opéra-Comique, Barbara aux Variétés, Guy Béart au Carré-Thorigny ; Guy Bedos et Sophie Daumier triomphent au Théâtre de la Renaissance. Le music-hall a encore de beaux jours... Coluche balance toujours entre la déprime et la confiance en lui.

Il occupe la salle du Vrai Chic en alternance avec son ancienne troupe. Depuis plusieurs mois, de jeunes comédiens débutants, pour la plupart élèves des cours Tania Balachova, ont ouvert un café-théâtre dans le passage du Départ. Ils vouent, très vite, une réelle admiration à Coluche. Lycéens, ils avaient vu *Robin des quoi?* au Café de la Gare, ils ont été parmi les premiers spectateurs de *Thérèse est triste*, à l'Alliance française. Ils seront des supporters inconditionnels des *Adieux*. Thierry Lhermitte, Christian Clavier, Michel Blanc, Gérard Jugnot, Marie-Anne Chazel, Valérie Mairesse, puis Josiane Balasko viennent de créer Le Splendid, à la source, dans le lieu symbolique des deux générations précédentes qui ont forgé leur vocation.

« Le Vrai Chic parisien a été pour moi un formidable souvenir de jeunesse, raconte Thierry Lhermitte. Coluche avait déjà beaucoup de talent, mais au milieu de la troupe, cela se voyait moins. J'ai reçu un choc, une vraie claque, en regardant *Mes Adieux* pour la première fois. Seul, il était évident qu'il était de loin le meilleur. Une bête de music-hall arrivait, et ça se passait devant nous ! C'était drôle, bien écrit, dès les premières représentations. En plus, il avait un réel talent de chanteur. Une densité ! On a pris une sacrée leçon : Il réussissait le tour de force de ne pas utiliser deux fois les mêmes effets [23]. » D'autres notent le changement, immédiatement perceptible. Coluche se libère, seul en scène. Beaucoup éprouvent, en voyant ce spectacle encore en rodage, la sensation d'avoir manqué un épisode, depuis *Ginette Lacaze*.

Et comme s'il avait trop attendu, retenu par trop de forces contradictoires, le succès vient très vite. En quelques semaines, alors qu'une nouvelle fois il se croit incompris, Coluche va être l'objet de bien des sollicitations. Il est comme un boxeur ayant baissé sa garde : aux propositions, il ne peut plus opposer le mythe du compagnonnage. Le milieu professionnel, en tout cas, va s'engouffrer dans cette brèche. Serge Rousseau, son agent pour le cinéma, lui a suggéré de compléter son numéro de comique solitaire. Artmédia s'apprête à ouvrir un département « music-hall », confié à Bertrand de Labbé. Comment lancer Coluche? Un jour, Serge Rousseau et Coluche rencontrent Christian Fechner, producteur heureux des films des Charlots, qui envisage de donner une seconde vie à une vieille salle de Clichy, L'Européen. Pourquoi pas Coluche? Celui-ci retourne peaufiner son show. Dopé, sans doute réconforté, par les promesses de l'avenir, il prête main-forte à Martin Lamotte et à Jacques Delaporte qui peinent à leur mise en scène du *Crépuscule des lâches*.

Christian Fechner n'apprécie pas *Mes Adieux*. Il manquera, de peu, le parrainage de celui que ses amis appellent désormais « le Gros ». Aucune importance. Ce n'est qu'un dernier soubresaut de la mouise et des tâtonnements. Coluche, plus tard, livrera cette vérité : « C'est pas difficile d'être une vedette. Ce qui est difficile, c'est d'être un débutant... » Il a fait le plus dur.

QUATRIÈME PARTIE

ADIEUX AU MUSIC-HALL

I

Ce n'est pas faute d'avoir prévenu : Coluche est bien décidé à « gauler le système ». Longtemps, ses amis s'interrogeront sur le sens, passablement extensif, de cette formule lapidaire. On comprendra, les années allant, qu'il y range plus qu'un besoin de réussite, davantage que la collection d'astuces nécessaires à ceux qui n'étaient pas conviés, naturellement, au banquet de la bonne fortune. Mais aussi la nécessité pour les saltimbanques d'élargir leur champ d'intervention dans la société, l'envie de jouer aux quilles avec la politique, plus profondément le refus de l'impuissance face à la pauvreté. « Gauler » deviendra synonyme de « forcer », de « séduire », de « prouver » ou encore de « réconcilier ».

Au début de 1974, « gauler le système » recouvre encore, pour Coluche, une notion étroite : empêcher le spectacle d'avoir sa peau. Avec Romain Bouteille, avec ses amis, il est tout à fait représentatif de l'époque de la contestation radicale des « producteurs ». Une race de voleurs, incultes, réactionnaires en cigares et en Rolls, incapables de trouver du talent à une fille ailleurs que dans ses fesses. Une tribu d'épiciers qui flatte la bête dans le sens du poil, le public dans ses basses passions, qui suscite le pire et prétend, après, que c'est la mode. Des macs qui « font » du chiffre, dans le disque ou au cinéma, sur le dos d'artistes enchaînés au trottoir. Des escrocs de la fausse découverte ne pariant que sur des valeurs confirmées. Confirmées par elles seules, cela va de soi, au prix de la vache enragée.

Depuis son arrivée au Quartier latin, presque dix ans plus tôt, Coluche livre une guerre sans répit aux gérants de cabarets, aux directeurs de salles, aux financiers du cinéma. Le Café de la Gare est une tentative libertaire pour échapper au grand capital du théâtre. L'impresario qui séduit la petite amie de Boby Bouillon est le personnage le moins sympathique de *Ginette Lacaze*. Coluche a déjà placé ses relations avec une bonne partie de Paris sous le signe de la querelle et de la méfiance. Au TTX 75, il s'est battu avec l'animateur du cabaret. Le propriétaire de l'Olympia, Bruno Coquatrix n'avait pas l'habitude d'essuyer l'insulte, mais plutôt celle de voir venir à lui des débutants déférents et admiratifs. Coluche l'a initié. La Commission d'avances sur recettes du Centre national de la cinématographie (CNC) lui a refusé son aide pour le financement de *Rendez-vous au tas de sable*. Elle a reçu, en retour, une lettre brodée d'injures. Même Serge Rousseau, patient et compréhensif parce qu'il a été lui-même comédien, a éprouvé les pires difficultés à canaliser l'irritabilité de son jeune protégé.

La gloire peut se montrer : il l'attend de pied ferme. Car Coluche n'est pas dupe. La gloire et le « producteur » vont de pair. Impossible de chercher l'une sans récolter l'autre, d'espérer entretenir une liaison avec le public sans passer par l'entremetteur. Pour supporter, pour contrer cette guérilla d'anar, le milieu du music-hall, qui deviendra vite le « show-biz », ne pouvait mettre en lice qu'un franc-tireur, un hussard d'aussi grande gueule que l'artiste en croisade, un insolent, comme lui. Ce sera Paul Lederman, et cela n'ira jamais sans heurt, mais ces deux-là finiront par s'estimer, à force de roublardises, d'éclats et de fragilités d'enfant. Avant de s'arrimer l'un à l'autre, Coluche et Paul Lederman devront épuiser des trésors de soupçons, de malentendus, de brouilles, comme un couple qui n'aurait pas su chercher l'apaisement ailleurs que dans les déchirements.

Lorsqu'ils se rencontrent, au début des années soixante-dix, Coluche et Paul Lederman, ont, c'est déjà ça, au moins un point commun : leur impatience. Le « producteur » a même montré davantage de précocité. A l'âge où les adolescents rêvent de destins de stars, lui s'est fait le curieux pari de compter parmi les accoucheurs de vedettes. Nounou, gourou, emminence occulte, traqueur de bonnes idées, harceleur, et rival, des maisons de disques, magicien de la démultiplication du succès... Sa passion : le public, cette opinion mouvante, caractérielle, oublieuse, qui adore puis rejette. Qui, maître mot du spectacle, a bien sûr toujours raison. Ce public, qui porte aux nues Jacques Brel puis des idoles adolescentes, ne distingue pas le meilleur rock de ses pires copies, les chanteuses à voix d'or de celles à voix de crécelle, Paul Lederman va, très tôt, se donner pour spécialité de l'ausculter. Longtemps, il sera du défilé du 14 Juillet. Non pour la parade. Pour sentir les émotions des badauds, ce qui les touche ou les indiffère.

Juif d'origine polonaise, il est né le 2 mai 1940 à Tanger où ses parents avaient émigré. La famille ne regagne la France métropolitaine qu'en 1949. Il grandit à Marseille, le long de la Corniche, à deux pas des maisons de Vincent Scotto et d'Alibert. « Un signe, assure-t-il, quand j'y pense [1]. » Raphaël, son père a le métier de son nom : l'homme du cuir en allemand. Il taille, puis fabrique des vêtements de cuir et de daim. Paul a deux frères et une sœur, mais l'aîné, Jacques, mourra aux combats pendant la guerre d'Algérie. « Je ne pourrai jamais oublier. J'étais encore couché, j'allais me lever, j'ai soudain entendu ma mère hurler. Sans savoir, j'ai immédiatement compris ce qui était arrivé. Mon frère avait effectué presque la totalité de ses obligations militaires. Vingt-sept mois ! Il allait rentrer. Il a été tué la dernière semaine. Ma mère préparait déjà la fête pour son retour. » Paul Lederman portera longtemps, même dans le milieu du music-hall, des cravates noires. Son second frère, Serge, sera appelé, à son tour, dans les forces stationnées en Allemagne fédérale. Sa mère, Rachel, inconsolable, décédera un an après qu'il ait lui-même obtenu une réforme provisoire en s'inventant une dépression mélancolique. « J'avais juré de ne jamais la faire, leur putain de guerre. »

Au lycée Thiers de Marseille, puis au lycée Voltaire, à Paris, quand la famille emménagera dans la capitale, Paul s'ennuie en classe, sauf pendant le cours de littérature. Il apprend Montaigne par cœur, lit, la nuit, tous les livres qui lui tombent dans les mains. Sans attendre la classe de Terminale, il se passionne pour les philosophes classiques. Mais il obtient de son père, l'autorisation d'abandonner ses études en seconde. Le sens des choses est ailleurs, proclame-t-il. Dans la rue, parmi les jeunes, dans son club de rugby, sport qui lui permet d'apaiser une énergie d'anxieux. A vingt ans, en 1960, il attend, comme tant d'autres, les bouleversements de la vie. Le rock'n roll en est sûrement porteur, croit-il. L'espérance de la révolte va certainement passer par les disques, qui déferlent sur l'Europe. Voilà sa voie : la musique. Non par lui-même, mais pour l'observation des goûts du plus grand nombre. Pour une logique, une sociologie du microsillon dont il veut percer les mystères.

Paul Lederman sera disquaire, avant de devenir sourcier des modes. Au PX du Chesnay, un magasin réservé aux militaires américains. Il s'y fait engager au culot, sans parler l'anglais. « Il fallait évidemment être bilingue. Je ne connaissais de l'anglais que les rudiments que j'avais pu apprendre au lycée. Le directeur, qui examinait les candidatures, ne s'en est pas aperçu : j'avais pris la précaution de le laisser parler et de ne répondre que par des onomatopées [2]. » Il écoutera la plupart des quarante mille disques proposés aux GI's. Il en emporte des brassées, chaque soir, chez lui, soucieux, pour son enquête, de maîtriser le contenu de ce qu'il vend, explore le jazz, le folklore américain, les variétés. Un classement obsessionnel, le hit-parade, a imposé sa loi aux États-Unis : il en étudie les mécanismes.

Lorsque survient la première vague des temps modernes, les fameuses sixties, Paul Lederman se pose en précurseur. Elvis Presley, Bill Haley, les Platters sont, pour lui, de vieilles connaissances. « J'écoutais, j'écoutais. Jusqu'au vertige. Je voulais comprendre. Pas seulement la musique, ce mode d'expression qu'allait adopter les jeunes du monde entier. Surtout, j'allais le réaliser par la suite, le public. A force, dès qu'un client entrait dans le magasin, je savais rien qu'à sa tête ou à sa mise, ce qu'il aimait, ce qu'il allait me demander. Je lui disais : tenez, je suis sûr que c'est le disque que vous voulez [3]. » Il quitte le PX pour une autre grande surface du microsillon, aux Puces de Clignancourt. Il s'attaque aux variétés françaises, de la plus élitiste aux genres populaires. Dans son coin, il dresse pour lui-même, chaque semaine, la liste des « tubes » que les radios, il en est certain, vont promotionner. Nouvel emploi, chez Sinfonia, sur les Champs-Élysées. Un autre encore, acheteur de disques pour une chaîne de magasins. Dans les salles d'attente, il lit Freud, tous les ouvrages de psychologie qu'il peut trouver. Une seule question l'intéresse : comment « fonctionne » le public? Question subsidiaire : que plébiscitera-t-il demain?

Paul Lederman a alors une carrure de rugbyman et un visage poupin, qu'il perdra ensuite, « par les malheurs de la vie », pour masquer son entêtement derrière une silhouette plus frêle. A peine plus de vingt ans, et il pourfend déjà la sclérose des maisons de disques, en désaccord avec les choix de lancements! Il a des idées sur tout, les campagnes de promotion, l'acoustique des salles, les pochettes de disques, il surgit dans les conseils d'administration pour imposer des harangues enthousiastes sur la variété italienne ou la percée du « yéyé ». Sa jeunesse le condamne. Ses manières brusques, frontales, ses dispositions de baratineur infatigable, ses harcèlements indisposent. Il a le bagout et le courage de ceux qui sont nés sur les rivages de la Méditerranée, la sincérité à nu des juifs d'Europe centrale. C'est trop pour les vieux messieurs du music-hall.

La preuve de ses intuitions, il devra la fournir seul. Démontrer par l'exemple. Il réunit ses économies, emprunte à son père, et se décrète impresario, sous le regard ironique des professionnels. Il a vu un groupe de jeunes musiciens niçois, *Les Loups-Garous*, au Golf-Drouot. Il les engage, parcourt tout le pays, explorant les boîtes de nuit, les clubs, le plus petit endroit où la musique de ses protégés aurait une chance de déverser ses décibels. On le rembarre souvent. Il ne quitte pas une ville sans revenir à la charge. La tournée des Loups-Garous est retardée, l'un des musiciens ayant été blessé dans un accident de circulation. Les instruments, le matériel sont inutilisables. Il reprend son tour de France pour sauver les contrats.

A la rentrée suivante, Paul Lederman rencontre Long Chris, un ami de Johnny Hallyday, qu'il parvient à faire entrer chez Philips, grande maison de disques où on riait encore de lui quelques mois plus tôt. L'un des directeurs, Louis Hazan, qui éprouve de la sympathie pour ce jeune homme exalté et maladroit, lui assure son parrainage en lui confiant la promotion de Lucky Blondo, un autre jeune chanteur inconnu. Paul Lederman livre ses premiers assauts contre les institutions du spectacle, force les portes, dérange les quiétudes, provoque quelques ennemis qui lui resteront fidèles.

Claude François vient d'être révélé par une chanson : *Belle, Belle, Belle.* Il lui faut Claude François, d'un an son cadet ! Le chanteur est séduit par ce parieur fou, un peu hâbleur, qui lui promet la lune. De justesse : à vingt ans, Claude François est sur le point de signer un contrat global, pour la scène, la télévision et le disque. Le jeune impresario saura, encore au bluff, se montrer persuasif. C'est lui qui maîtrisera, longtemps, neuf ans en fait, la carrière exceptionnelle du petit homme bondissant. Parallèlement, par sa volonté et son instinct de chasseur, naîtront au hit-parade, tout au long de ces années de variétés dansantes, Monty, Les Gam's, Christophe, Guy Mardel, Michel Polnareff, Hervé Villard, d'autres encore.

En 1970, quand la bonne fée du music-hall lui confie la destinée d'un gamin de Bretagne, Thierry Le Luron, qui imite les vedettes à la perfection, chante d'une voix sans mue, dans les fêtes paroissiales puis dans les cabarets parisiens, Paul Lederman a enrichi son expérience du music-hall et de son fameux public. Il sait où se rôdent les succès de la capitale et de l'hexagone. En Belgique. Dans le nord de la France. En des pays de ciel bas et gris, mais où le cœur ne se trompe pas sur la distraction. Il connaît toutes les salles, attribue aux enfants de mineurs, aux gosses d'immigrés des vertus de baromètres. Il croit sincèrement que le music-hall est un artisanat qui réclame patience. Le vedettariat passe par la télé, par Guy Lux dont il s'est fait un ami, mais il prône, en amont, une morale rigide de l'effort et du respect des parterres de villes moyennes, en pilotant lui-même de longues tournées provinciales, par tous les temps. Les kilomètres, croit-il, l'inconfort forgent le tempérament ainsi que les recettes de la consécration.

Les dissensions avec ceux qu'il appelle « mes artistes » sont fréquentes. Le succès hallucine, dit-il, et lui affirme que les pauses, la progression par paliers sont nécessaires pour durer. Le public est versatile, Paul Lederman affirme que des relances continuelles, de nouvelles prises de risque sont obligatoires, surtout après l'unanimité des scores de vente ou d'entrées payantes.

Lui sait, lui seul, et bien sûr, ses certitudes sont fatigantes pour les autres. A trente ans, il éprouvera de l'amertume lorsqu'un chanteur ou un imitateur se sentira assez de force, ou en aura l'illusion, pour rêver de se passer de ses conseils. Surtout que Paul Lederman est devenu riche, pourcentage après pourcentage, qu'il a la réputation dans le milieu professionnel d'être cher, financièrement gourmand. Il souffre aussi de ce jugement, fondé, d'homme à fortes commissions. Il le justifie par son rôle, auprès de ceux qu'il a révélés ou confortés, d'ami sûr plus que d'impresario, par le don, assure-t-il, de sa tendresse, plus que par sa dureté ou son habileté de négociateur. Il le justifie par le métier qu'il invente : homme-orchestre. Avec les années, sa sagesse pour ses admirateurs ou son ambition pour ses détracteurs l'ont amené à occuper peu à peu toute la chaîne du music-hall. Paul Lederman est plus qu'un impresario ou un agent. Sa profession, par son omniprésence, n'a pas de nom en français. Producteur, éditeur de musique, détenteur de droits, partenaire des chaînes de télévision, il touche à tout, et bien sûr, touche sur tout. Équivoque propre à la réussite : il travaille pour lui, fait circuler la rumeur. Il travaille pour eux, plaide-t-il.

Parfois, certains le quittent, en ces années, l'abandonnant, en fait surtout, à sa plainte de leur ingratitude. Dans ce domaine aussi, il apprendra : « Un découvreur est un père, dit-il. Il faut qu'il perde ses artistes. Un être humain a toujours besoin d'aller voir ailleurs, et puis un jour, il revient. Ils sont tous revenus. Simplement, quand il a, un artiste sait ce qu'il a. Quand il n'a plus, il découvre ce qu'il a perdu. C'est idiot, implacable, mais c'est comme ça. Comment l'expliquer, avant qu'il n'en fasse l'expérience ? Il n'y a plus qu'à attendre, laisser ouverte la porte de l'affection, celle que je leur donnais, que m'avaient donné mes parents, et que je rends [4]. » Sentimental, Paul Lederman. Cultivé, intellectuel, dans une profession marquée par l'abus des platitudes. Personnage plus complexe qu'il ne le montre, qu'on ne le sait, au début des années soixante-dix. Homme de passion, passionnel, adepte de la parole donnée, dans un milieu où le moindre projet passe entre les mains d'un avocat. Homme fragile, meurtri par la mort de sa mère et de son frère. Enragé à se faire adopter, insouciant par défaitisme profond. Juif d'exil permanent qui traque chez les autres le moindre signe d'antisémitisme, plus largement la moindre trace de défiance. Mais aussi, alors que Claude François est parti, que déjà Thierry Le Luron tente de couper la parole au méridional de Tanger pour lui expliquer qu'il grandit comme les autres, un membre de la caste des « producteurs ». Rebelle, impétueux, mais moins anachronique qu'il ne le deviendra plus tard, pendant son bout de chemin avec Coluche. Peu distingable, en apparence, de son univers professionnel, dont il partage encore la mise, les rites, le vocabulaire de joueurs, bruyants et vantards.

C'est en tout cas l'impression que Paul Lederman laisse à Coluche, la première fois. Le saltimbanque et le « producteur » se ressemblent, par le nombre de leurs comptes à régler avec l'existence. Fils de rital et de juif de Pologne. Jamais en paix, jamais légitimés, malgré les sacres. Ils mettront des années à admettre le cousinage de leur hargne respective. Des années, avant cette formule, dont on ne sait plus, à force d'avoir été répétée, si elle est de Coluche ou de « Paulo » : « Nos fils seront des gosses de riches. Nous, nous resterons d'anciens pauvres. » La légende médiatique en retiendra une autre, assez proche : « Pas nouveau riche, ancien pauvre. » Mais, celle-ci servira surtout pour la presse.

Dans son obsession à guetter les évolutions, Paul Lederman a peut-être manqué une révolution. Celle de l'après-1968. Trop occupé à sa conquête, à ses ruptures avec Claude François, ses records du disque et ses premiers désaccords avec Le Luron. Il ne réalise pas immédiatement la force de pénétration du café-théâtre. Surtout, le temps lui manque pour présenter une image avenante de lui-même aux jeunes sabras du music-hall libertaire. Il a l'âge de Romain Bouteille, quatre de plus que Coluche, il est tout de même pris pour un vieux, un requin installé, jeté avec l'eau du bain du music-hall vermoulu.

Heureusement, Claude Martinez, son ami, bientôt son associé, a pris le train du changement. Enfant d'une famille catholique longtemps installée à Oran, en Algérie, Claude Martinez, né en 1943, a du sang d'Espagne, du sang rouge d'Espagne, grâce à des aïeux communistes repoussés par Franco. Pendant son adolescence, à Aix-en-Provence, ce jeune homme doux, courtois, à l'énergie souterraine, a la chance d'écouter Miles Davis. Le choc reçu le pousse vers les clubs de jazz, les festivals, très vite les concerts de rock. Étudiant à Paris, ses copains des bandes des Champs-Élysées lui évitent les errements de l'OAS, pendant la guerre d'Algérie : Les « Blousons blancs » des clubs du VIIIe arrondissement militent à gauche.

La musique contrecarre l'obtention de diplômes universitaires. A vingt ans, il est déjà dans la place. Une première maison de disques, Vogue, service de la promotion. Première déception : le music-hall radote, ignore Miles Davis, ne sent pas les pulsions qui parcourent la jeunesse. Lucien Morisse, l'une des rares consciences de ce milieu où les ventes du mois tiennent lieu de credo, l'engage pour s'occuper d'Antoine, de Petula Clark, de Carlos, de Sylvie Vartan. Sa trajectoire croise celle de Paul Lederman, à l'occasion de l'une des fugues professionnelles de Claude François. Claude Martinez est chargé d'amadouer le chanteur. L'entreprise échoue. L'idole est chahutée, contestée par la révolution du music-hall, qui tient procès pendant les événements de Mai et tire un trait sur les années « yé-yé ».

Le jeune commis des maisons de disques a acquis une réputation de diplomate patient durant le printemps 68. Il est allé plaider pour des artistes en bute à la curée de l'époque, notamment pour Johnny Hallyday. Cette qualité sera bien utile à Paul Lederman. Claude Martinez et lui ont pris l'habitude de marcher dans Paris, la nuit. Ils se donnent souvent rendez-vous du côté de Pigalle et gagnent lentement la rive gauche, s'arrêtant dans les salles, cherchant la perle au fond de cabarets obscurs, réinventant l'art du spectacle, à l'heure du sonneur. Paul Lederman parle, Claude Martinez écoute. Le premier se sent seul, incompris. Le second encore hésitant.

Claude travaille pour Paul à la promotion de la carrière de Thierry Le Luron, mais il envisage déjà de créer, un jour, sa propre société. Ses goûts personnels diffèrent un peu de ceux de son aîné. Il se compte parmi les lecteurs fervents d'*Hara-Kiri*, il a aimé *L'Échappée belle* de Romain Bouteille, il songe à engager Rufus. Lorsque, en 1971, Paul Lederman souhaite recruter des auteurs pour Le Luron, il milite en faveur de Coluche, et de Bouteille. Le persiflage des chefs de file des cafés-théâtres ne le dissuade pas. La patience, croit-il, parvient à bout de bien des résistances. Il convainc Paul Lederman de soutenir Le Vrai Chic parisien, revient à la charge après l'échec du Théâtre La Bruyère.

Alors, il suit Coluche dans Paris. Avec l'accord de Paul, moins à l'aise avec « le Gros », irrité par son insolence hilare, Claude Martinez attend la mort de la troupe. Il est l'un des premiers spectateurs de *Mes Adieux*, bien avant même que ce bric-à-brac de sketches ressemble à un one-man-show. Contact est pris avec Serge Rousseau. Le nom de Paul avancé. Artmédia s'agite. Thierry Le Luron, par son succès, provoque malgré lui une émulsion d'intérêts en faveur de Coluche. Puisque l'envoyé de Paul Lederman s'approche...

II

Au début de l'année 1974, la concurrence va rater Coluche, mais elle ne se doute pas des contraintes de cette exclusivité-là. L'ex-sociétaire du Café de la Gare, l'ancien animateur du Vrai Chic Parisien rechigne à se laisser prendre au filet. Ce serait trop facile. Ses copains peuvent se rassurer : sa virulence, sa mauvaise foi ne leur sont pas réservées. Pendant des semaines, Claude Martinez et Paul Lederman vont en faire l'apprentissage. « Faut voir... Faut réfléchir... » Les phrases, au mot près, de 1971. Les paravents du refus de l'obstacle : les amis, encore, Romain Bouteille surtout, que les deux « producteurs » doivent absolument rencontrer. Il a du talent, Bouteille ! L'engager serait même une fort bonne idée ! Pourquoi pas un contrat à deux ? « S'il est d'accord, alors moi aussi... »

Paul Lederman commence déjà à s'énerver, lorsque Claude Martinez obtient de Romain Bouteille une attitude de bienveillante neutralité.

« Je ne suis pas disquable ! », explique le fondateur du Café de la Gare, dans l'espoir de clore un tour de table qui risque de s'éterniser. D'ailleurs, en 1974, l'un de ses spectacles a déjà été gravé sur microsillon, et il en pâlit encore de honte. « C'est une hérésie, un disque ! C'est vouloir fixer ce qui est fait pour évoluer. » « J'ai tenté de faire admettre à Coluche que je n'allais pas lui servir d'alibi culturel, raconte Bouteille. Qu'il était grand, tu vois ? Qu'il se démerde ! Qu'est-ce que je pouvais lui dire ? Il en avait envie, mais il fallait qu'on le force à y aller. Il avait la trouille, je le comprends, remarque. Moi, j'avais déjà l'expérience des galas merdeux. Je n'étais pas devenu acteur pour jouer dans les chiottes des villes d'eau, tiens ! Coluche ne savait pas encore ça. Alors, il était prêt à dire oui [5]. »

En tout cas, Coluche entend mal. Il fait le tour des amis, l'oreille basse. A *Charlie-Hebdo*, on lui dit, comme Bouteille, de « se démerder ». « Il se cherchait des arguments contre, mais il avait surtout des arguments pour, pour sauter le pas, se souvient Georges Wolinski. Il essayait de blaguer : “ Lederman, y prend des risques avec moi, parce que tu sais, ses 5 000 balles par mois, je suis pas sûr qu'il les récupère [6]. " » Il est drôle, touchant. Il s'assied dans un coin, l'air coincé, « un peu pâté de foie », se rappelle un proche. On sait qu'il vient quémander un appui, l'accord de la famille. L'annonce de sa probable mise sous contrat a déjà couru le petit monde du café-théâtre. On le laisse s'embourber, les filles surtout : il est très séduisant dans ces cas-là, avec ses airs de cocker malheureux appelant la caresse. Bien sûr, il se met à parler d'autre chose, rêve à voix haute de nouveaux spectacles, à monter tous ensemble. Enfin, il se décide :

« – Y'a un type qui veut me vendre comme un paquet de lessive...

– Et t'as envie d'être un paquet de lessive?

– Déconne pas! Il me prend pour cinq ans... »

Il paraît regretter d'avoir à quitter la maison, de se priver de sa tiédeur. Mais si on lui propose de rester, aussitôt, il s'énerve. Les autres manquent d'ambition! Nécessité d'aller de l'avant, etc. Pour abréger des discussions usées jusqu'à la corde, les autres, justement, sont contraints de se fâcher. « Tu te démerdes, si tu sais mieux! » Véronique Kantor, à l'époque, connaît mieux Coluche qu'il ne se connaît lui-même. Mais quoi qu'elle conseille, elle aura tort. Elle ne conseille donc pas. Qu'il se démerde. Elle sera de toute façon du voyage, avec lui.

Ces quelques semaines de prise de voile sont harassantes pour tout le monde. Il téléphone à ceux qui se sont absentés de Paris, se persuade que Véronique, Romain et lui-même ne peuvent plus continuer à vivre dans leur petit appartement. L'argent manque, c'est au moins une raison d'aller signer. Martin Lamotte et Jacques Delaporte ne sont pas chauds pour continuer Le Vrai Chic avec lui. Il le sait, mais éprouve le besoin de l'entendre répéter. Il temporise, se le reproche et, bien sûr, le fait payer aux fautifs, Claude et Paul. Ce dernier a vu Romain Bouteille, pour la forme. Claude Martinez a amadoué Coluche. Il peut au moins le rejoindre, en coulisses, sans risquer l'explosion.

Un soir, il se jette à l'eau : « Je suis allé le voir pour lui proposer formellement la production d'un disque de ses *Adieux*. Il n'était pas pour. Il était d'une humeur de chien. Il couvait une bronchite. Mais nous ne pouvions plus attendre, d'autant qu'il nous mettait indirectement en concurrence avec d'autres, sans le dire nettement. Il avait surtout besoin de s'épancher. Il ne comprenait pas très bien ce qui lui arrivait, le départ de ses amis, leurs querelles, ses défauts dénoncés par ceux qu'il aimait. Il était pessimiste, ou s'efforçait de le montrer. Il croyait que ça ne marcherait jamais pour lui. Il parlait même de tout arrêter, et de tenter sa chance au cinéma. »

Claude Martinez s'efforce de ramener la conversation à son sujet. Un disque. Moue de Coluche :

« – Qu'est-ce qu'on va faire? Un 45 Tours?

– Mais, non, un album!

– Ça marchera jamais. »

Enfin, Coluche promet une réponse pour le surlendemain. Il prend soin d'informer Claude Martinez et de son intention de revoir Artmédia, histoire se semer un peu plus le doute pour quarante-huit heures. « J'avais la trouille, explique le producteur. Il pouvait encore tout faire capoter. » A son agence, Coluche demande : « Ma carrière, c'est quoi? » Serge Rousseau et Bertrand de Labbé n'ont pas eu le temps de structurer leurs projets dans le domaine du music-hall. Et puis, que répondre? Il les quitte en colère. Claude Martinez a gagné. Rendez-vous est pris, pour le dimanche suivant, au restaurant *Le Dôme*, à Montparnasse. Coluche a prévenu : si Romain Bouteille n'est pas de l'entretien, lui-même n'y sera pas! Paul Lederman convainc Bouteille de jouer les juges de paix.

Au Dôme, ils sont bien trois, mais c'est Coluche qui se lève et s'en va. « Vous devez avoir des choses à vous dire, je vous appelle. » Claude Martinez encaisse le coup, Bouteille tousse de rire. Tous deux n'ont d'autre solution que de boire à la santé du fuyard.

Une semaine plus tard, le 10 mars 1974, Coluche, sans Bouteille, retrouve Claude Martinez au restaurant *Le Bougnat*, rue Seigner. Il mange comme quatre, fait durer le plaisir, rudoie le personnel. Un contrat, selon la tradition, se signe au dessert. Hélas, juste avant, manque le fromage. Coluche menace de partir. Claude se précipite en cuisine, supplie, revient avec un bout de fromage racorni. Enfin, il signe – en quinze jours, Claude Martinez a perdu quelques kilos. Il signe, mais se remet à râler : « Maintenant que t'es mon patron, et moi ton ouvrier, je trouve ça dégueulasse! Avec Lederman, vous êtes des exploiteurs! Même Le Luron le dit, mais avec moi, ça marchera comme j'ai envie. » Suit un long réquisitoire sur la lutte des classes, sur leurs profits, à eux, et son ras le bol de la dèche. Coluche a raison : Thierry Le Luron plaisante sur l'importance de la commission de son producteur. « Je vouvoie Paul, car avec ce qu'il me prend, j'ai toujours cru qu'ils étaient deux », dira, un jour, le jeune imitateur.

En l'occurrence, pourtant, Paul Lederman n'est pas encore juridiquement engagé vis-à-vis de Coluche par ce premier, et assez modeste, contrat. Claude Martinez a souhaité, à cette occasion, créer sa propre société, PEM (Production-Éditions-Martinez). Il a proposé cet accord à son aîné : quoi qu'il pense de l'aventure, quoi qu'il advienne, Paul Lederman percevra 50 % des recettes producteur de la jeune carrière de Coluche. Claude doit à Paul de lui avoir appris son métier. Et puis, prudent, il a déjà compris que « Coluche ne sera pas un artiste facile ». Toute l'expérience de Paul lui est nécessaire.

Il n'a pas tort. Coluche ne désarme pas. Maintenant qu'il a signé, il soupçonne ses nouveaux partenaires de vouloir édulcorer ses *Adieux*. « Personne n'y touche », tonne-t-il. Il accepte néanmoins le principe d'un enregistrement sonore. Puis, Claude Martinez, les bandes sous le bras, prend rendez-vous chez Pathé... pour apprendre que cette maison de disques dispose, depuis plusieurs semaines, d'un enregistrement identique, envoyé par Coluche lui-même. Les directeurs jugent d'ailleurs le spectacle quelconque. Ils ont aussi négligé d'en avertir son auteur. Claude Martinez perd encore quelques grammes, mais tient bon. Il menace d'aller déposer les bandes chez Philips. Paul Lederman, prévenu, met son influence dans la balance.

Pathé cède. Le lendemain, les deux producteurs invitent sept directeurs de la société distributrice à assister au spectacle, programmé au Café de la Gare. « Les mecs qui m'ont auditionné, conclut Coluche, on aurait dû les virer, eh bien non ! Ils ont eu de l'avancement ! » Deux mois seront nécessaires au calage des *Adieux* sur microsillon. Coluche éructe à chaque coup de ciseau. On lui explique qu'à l'oreille, les silences paraissent trop longs. On lui fait écouter *La Mer* de Raymond Devos, plus court de sept minutes que le spectacle sur scène, mais parfaitement restitué. « Si c'est nul, je vous colle un procès ! », prévient tout de même Coluche, en s'en allant.

Le jour où il écoute *Mes Adieux*, dans son bureau, sans Coluche pour lui gâter son plaisir, Paul Lederman se surprend à aimer sans retenue cette brusque irruption des syntaxes de la rue dans l'univers du music-hall. Mieux, ce jour-là, il invente Coluche ! Il se met à en parler partout autour de lui. Il tient le provocateur, l'exclu, comme lui, qui va faire trembler les indices d'écoute et cette société d'hypocrisie. Il renoue avec le frisson qu'il connaît bien et qui s'est enfui, ces derniers mois, ce besoin de passion pour l'un de ses « artistes », pour un seul à la fois, après Claude François et Thierry Le Luron. Un peu de temps lui est simplement nécessaire pour réfléchir. Pour trouver le bon vecteur pour la gloire.

Guy Lux est instamment prié de découvrir lui aussi Coluche sans attendre. Par peur des réactions des membres du Café de la Gare, on fera entrer le célèbre animateur de télévision pendant un « noir ». Depuis dix ans, Guy Lux fait confiance aux choix de Paul Lederman. Il aime donc Coluche, accepte de filmer quelques sketches pour l'émission *Domino*. Et puis, le hasard. Le coup de chance, sans conséquence immédiate, mais riche d'enseignements pour la suite : le soir du 19 mai 1974, deuxième tour de l'élection présidentielle, la France apprend, peu après 20 heures, qu'elle a choisi Valéry Giscard d'Estaing, son jeune ministre des Finances, pour chef d'État. L'élu a déjà remercié le pays de sa confiance, devant les caméras. Le vaincu se fait désirer. François Mitterrand tarde à apparaître. Il faut meubler. Divertir. Quelques séquences de variétés ont été préparées à cet effet. Alors que l'hexagone attend de lire sur le visage du chef de file de la gauche les signes de la déception, Guy Lux fait diffuser *L'Histoire d'un mec*. Coluche en salopette, avec ses mots de bistrot! Le France supporte le choc. Guy Lux n'est pas renvoyé par son ministre de tutelle. L'anar vient, involontairement, de crever tous les indices d'écoute d'une télé d'État. Coluche a entrouvert une porte, en principe interdite aux saltimbanques.

Remercier n'est pas son genre. Il enchaîne donc les rebuffades. La famille Colucci emménage dans un appartement du Ve arrondissement, rue Nicolas Houël, près du Jardin des Plantes. Il obtient donc de Claude Martinez que lui soit abandonnée l'intégralité des recettes de son passage au Café de la Gare. En contrepartie, Paul Lederman souhaite que Coluche accepte de se produire à la rentrée prochaine, dans un restaurant qu'il possède, près des Champs-Élysées, et qu'il va transformer en cabaret. Le Jour et Nuit, rebaptisé Le Caf'Conc.

– Fais gaffe à ce que tu vas me demander!, lance Coluche à Claude qui s'entremet.

– Juste un mois! Seulement pour le lancement... Tu me dois ça, je t'ai laissé ma part au Café de la Gare.

– Ça sent l'arnaque! Je te préviens...

« J'ai cru qu'il allait me bouffer », raconte Claude Martinez. Ce n'est toutefois que peu de choses comparé à la réaction de Coluche, à ladite rentrée de septembre, lorsque celui-ci réalise que ce n'est pas un passage gratuit que Paul réclame par soirée, mais deux! En partie pour se venger, il exige de programmer lui-même la première partie des spectacles du Caf'Conc. Comme lors de ses débuts, au cabaret de La Méthode, il n'engage que des numéros laborieux, des comiques approximatifs, des illusionnistes qui ratent leurs tours, présentés par le comédien Michel Creton. Les premiers spectateurs apprécient modérément. Coluche, lui, s'amuse beaucoup pendant les auditions. « Plus c'était nul, plus il était content, raconte Renaud. Il était sans pitié pour de telles absences de lucidité sur soi-même. C'était pathétique, ces numéros drôles, seulement, au second degré. »

Renaud bénéficie d'un tout autre traitement. Durant la présentation des *Adieux* au Café de la Gare, le jeune chanteur est revenu, dans le sillage de Coluche, faire la manche, avec deux copains musiciens, le long des files d'attente du passage du Départ. Paul Lederman l'écoute un soir et comme, décidément, les fidèles de Coluche l'étonnent, il propose au trio de préparer une maquette de disque. Sur une face, les chansons de Renaud, sur l'autre, des javas de la rue. Au Caf'Conc, le trio est baptisé Les P'tits Loulous. Renaud chante en casquette d'apache. Il ne signera jamais avec « Paulo ».

« On arrivait à tenir vingt-cinq minutes sur scène, se rappelle Renaud. A chanter dix chansons, ce qui n'avait jamais été prévu. Mais Coluche ne s'en était pas rendu compte. Le soir où on s'est fait piquer, j'attaquais la dernière des dix, quand le présentateur a surgi sur scène et s'est adressé au public : " C'étaient Les P'tits Loulous, qu'on applaudit bien fort ! " Coluche avait envoyé le type nous interrompre, sans attendre la fin de la chanson. Qu'est-ce qu'il m'a passé ! »

Coluche impose aussi au cabaret de Paul Lederman une invention de son cru. Une plaisanterie que le producteur interrompra brutalement, après dix jours de représentations. Un coup de nostalgie du café-théâtre. Cela s'appelle *Tout nu les mains dans les poches*, et de l'avis de ceux qui ont vu cette rareté, cela n'a guère de sens. Philippe Bruneau, « le Bœuf », Claire Nadeau et Roland Giraud enchaînent quelques sketches très débridés, répétés l'après-midi chez Coluche, volontairement scatologiques, avec, en guise de final, une nativité très dévêtue. Paul Lederman menace de fermer le Caf'Conc si cette création mondiale ne disparaît pas de la scène.

Dès les premiers mois de leur association, Coluche donne l'impression de risquer régulièrement la rupture de contrat. Bien sûr, il teste les résistances adverses, cherche la limite de sa liberté. Paul Lederman a l'habitude de telles phases de guérilla, en début d'histoire, avec les artistes qu'il accueille. Thierry Le Luron était trop jeune, encore trop sage, pour s'opposer d'entrée. Il se rattrape, depuis le formidable succès de son imitation de Chaban. Mais Coluche fait fort ! Plus fort que les autres, de mémoire de producteur. A *Télérama*, lors de l'une des premières interviews de cette période, il confie : « Il y a un type qui est sûr que le mois prochain, je vais être une vedette. Il va me lancer comme un paquet de lessive. Moi, je ne suis pas très sûr que ça marche, mais du moment que c'est pas mon pognon [7] ! » L'entretien avait été négocié par le « type » en question...

Au mois de juin 1974, Coluche fait part de son désir de tourner au cinéma. Pas n'importe comment : à la manière du fait accompli. Il débarque un jour avec le jeune réalisateur Patrice Leconte et le dessinateur Gotlib. Ce dernier a écrit un scénario loufoque, *Les Vécés étaient fermés de l'intérieur*. Coluche a décidé de jouer le rôle de l'adjoint du commissaire de police – Jean Rochefort –, chargé de résoudre l'énigme de l'assassinat d'un poinçonneur de bus à plate-forme, retrouvé mort, en uniforme, dans les toilettes. « C'est un pote », se contente de préciser l'acteur, à propos du cinéaste. Puis, il ajoute : « J'ai donné ma parole. » Paul Lederman est effondré. Avec cette génération, il sait que le rêve du cinéma n'est jamais très loin. Peut-être dans trois, quatre ou cinq ans. Pas tout de suite. Ce serait gâcher, avant de commencer, les chances de conquête par la scène. Paul Lederman apprécie par-dessus tout le music-hall, l'exploit d'un homme, dans la lumière, face à une salle dont il faut arracher l'adhésion. Il croit aux combats charnels, à mains nues. Le cinéma lui paraît être un art de reconstitution, non un acte d'amour.

Claude Martinez entame donc une autre médiation. « C'est trop tôt », explique-t-il à Coluche. « Dis-donc, tu commences à te mêler de ma vie ! Je me tire ! » On apaise sa colère, le temps de proposer le principe d'un dîner, avec les auteurs du film, Coluche et Claude, les épouses, pour la bonne tenue de la soirée. Devant ses hôtes, Coluche reprend son numéro de défiance à l'égard des producteurs. Puis soudain, alors que Patrice Leconte tente de préciser qu'il s'agit de son film, et que cela ne vaut peut-être pas ces débordements, la virulence de l'acteur se retourne contre le jeune réalisateur. « Dis-donc, je mets ma carrière en jeu, avec ton truc. Claude n'aime pas le scénar, et moi, j'ai un droit de regard ! Si tu le fais, ton film, ce sera grâce à moi ! »

Patrice Leconte fera son film, grâce à Coluche, et Coluche avec lui. Contre l'avis de Paul Lederman. Quelques jours après le début du tournage, Coluche appellera son imprésario. « Combien ça coûterait si on rachetait mon contrat ? » « Trop cher. Tu te démerdes ! », répond Paul Lederman. Celui-ci sourit. La bagarre promet d'être rude, mais elle en vaut la peine. Il a collé les premières affiches de Coluche tout autour de son bureau, et il écoute *Mes Adieux* toute la journée.

CINQUIÈME PARTIE

LE SCHMILBLICK

I

Il entre en courant, en petites foulées appliquées. Il a dû s'imaginer qu'il en allait ainsi, au cirque, car l'attend une musique de parade, et c'est lui le clown de service. On a dû le pousser parce qu'il n'y avait personne sous la lumière des projecteurs. Pour un clown, il est douteux, une vague idée de clown, ses pommettes, son gros nez – le sien, pas la boule – ont été hâtivement passés au rouge, et ça fait drôle sous les lunettes rondes qu'il a dû oublier d'enlever. Pour le costume, on a dû se dire que ça irait, qu'avec sa salopette bleue, rayée de blanc, son tee-shirt et ses brodequins jaunes, il avait déjà l'air suffisamment déguisé comme ça. Pour le ventre, pas de miracle, on ferait avec.

Il a hésité à mi-chemin, se retournant avec regret vers les coulisses. Il pouffe de gêne, empoté, dodelinant de tout son corps lourd et court. C'est visiblement un homme qui ne devrait pas être là, un usurpateur. Il paraît s'excuser déjà, les yeux emportés dans le Grand Huit de l'effroi, les pieds en dedans. Il a dû se vanter, dehors, d'être chiche d'y aller. Il réalise qu'il y a une salle, une foule, et ça doit lui faire la même impression que le jour où le cancre monte, pour rigoler, sur le podium de la remise des prix. Et, en plus, elle rit, cette foule, le juge déjà, jauge l'arnaque et son tour de taille, et lui, il perd instantanément ses moyens au milieu de ces rires.

Il ne sait plus ce qu'il était venu faire là. Il doit s'en vouloir de n'avoir pas autre chose à dire. « *C'est l'histoire d'un mec...* » C'est comme si sa voix, atone, étouffée de frousse, avait lâché ça toute seule, lui déjà ailleurs, débranché. Les autres, ça les fait rire un peu plus. Alors, il se noie, avant même d'avoir touché l'eau. *Vous la connaissez... non?... Non, dites-le! quand les gens y la connaissent, on a l'air d'un con... après.* Son cerveau refuse d'avancer. Son cerveau? Un Mécano démonté, fourni sans mode d'emploi. Des ruines de pensées, des mots calcinés. *Pasque qu'y a des... Non! par exemple, les histoires... alors, le mec... par exemple. Non, c'est un exemple... Ou alors... par exemple... si vous voulez... des fois... c'est l'histoire d'un mec... comme ça... un mec... un mec... des fois... Mais, là, non! Non, là, c'est l'histoire d'un mec... mais un mec... pas... non! Normal, quoi... je veux dire... un Blanc!*

L'homme ne parvient pas à formuler une phrase qui aille à son terme. Il se décourage avant, passe aux grognements paléolithiques, renonce. Même lui ne se comprend plus. Il n'a pas perdu ses mots, c'est comme s'il n'en avait jamais possédé qu'une poignée, à dix sous le sens, un mot pour dix, sans l'estampille du dictionnaire. Il n'a jamais entendu parler des adjectifs, les synonymes sont du latin, et il ne sait plus comment désigner son héros. Le « mec » est bon pour tout, et ça se complique quand son histoire avortée passe à deux personnages. La salle va confondre, il s'en rend compte. Lui-même s'y perd, entre le mec et le mec, le mec qui dit oui, il ne sait plus à quoi, celui qui dit non, mais non à quoi? Son esprit en miettes ne retrouve la trace d'une idée qu'au passage – miraculeux – d'un lieu commun. *Mais normal, j'veux dire... pas... un juif.*

Alors, pour quelques secondes, il reprend le contrôle de son lexique d'analphabète. L'aphasie s'estompe : il est en terrain connu, l'idée toute faite, rabâchée au bistrot, ou au boulot, apprise par cœur, à l'oreille, du racisme ordinaire. Il s'y raccroche. A « juif », qui devait flotter à proximité, ses pauvres cellules grises se sont réveillées. Il y a les mecs, et les juifs. C'est déjà une façon de distinguer. Les juifs, et les Belges, et les Suisses. Son mec à lui n'est ni l'un ni l'autre. Il enchaîne les digressions-gigognes, simplement parce qu'il fait le tour des xénophobies, et qu'il a peur d'oublier les Noirs, dans sa liste de souvenirs brumeux. Son embarras s'allège : il a repris pied sur la terre ferme de la bêtise collective. *Y'a quand même moins d'étrangers que de racistes en France, hein...; non, je veux dire... si j'ai le choix, j'aime autant m'engueuler avec les moins nombreux.*

La salle aura le plus grand mal à suivre le récit de la blague, tout à fait secondaire, l'histoire idiote d'un mec, donc, qui a laissé tomber ses lunettes dans la Loire et auquel un autre mec tente d'expliquer qu'il est inutile de les attendre sur un pont de la Seine. *L'Histoire d'un mec*, premier grand sketch de Coluche n'est pas une invention en soi. D'autres comiques avant lui, Raymond Devos, Rufus, Romain Bouteille..., ont pris appui sur les rires de la salle. Mais leurs personnages, victimes de la foule et de l'obscurité étaient souvent des poètes, des émotifs simplement terrassés par le vertige des tribunes. Coluche offre l'hallucinant spectacle de l'incapacité à communiquer des gens moyens.

Il rend, en introduction de son one-man-show, un hommage cruel et tendre à tous ceux qui ont l'impression de se retrouver en face d'un psychologue d'entreprise dès qu'ils quittent leur communauté sociale d'onomatopées, de syntaxe brisée, de pensée lobotomisée. C'est plus que l'humanité couchée, dans son désert d'expression. Dans les flonflons de la parade, Coluche présente, en exclusivité nationale, l'humiliation qui fanfaronne, les exclus du vocabulaire philosophant à vide, au ras de la table, pour briller en public, parler pour parler, en attendant la fermeture.

En 1974, le petit gros à la drôle de bouille vient expliquer sur scène que l'imbécillité, le fatras d'idées malsaines qu'on adopte, faute de mieux, sont la seule langue parlée, l'unique bagage intellectuel dont dispose le plus grand nombre. Ce n'est pas une excuse. Juste une raison. Quelques minutes après, dans d'autres sketches, Coluche attaquera de front ces aspérités du racisme, les haines quotidiennes, les petitesses qui font partie du décor, et qui servent de marche à suivre à ceux qui ne se posent jamais de questions. Il s'y donnera même de bon cœur : avec *Je me marre* – clin d'œil à Jean Yanne –, il débite des monstruosités poujadistes sur le ton de la conviction sentencieuse.

Je dis : non!... Ces gens-là n'ont pas de raison de se plaindre. On n'est pas allés les chercher. Et puis, qu'est-ce que c'est que ces Portugais qui viennent retirer le pain de la bouche à nos Arabes! [...] Alors, on nous dit : Ha! mais ce sont de braves gens, y sont venus chercher du travail en France... C'est pas vrai! Feignants! Sont venus chercher du chômage, en France! Tellement que c'est pauvre dans leur pays, y'a même pas de chômage! Je me marre!

Dans *Le CRS arabe*, juste après, un autre franchouillard de comptoir répond à un sondage : – *Monsieur, heu, s'il vous plaît? Si votre sœur parlait d'épouser un Portugais, que diriez-vous?*

– *Oh, bah, ma sœur, elle fait ce qu'elle veut, ma sœur, hein. Ah! moi, j'm'en fous, hein! D'façon, heu... j'y cause plus depuis qu'elle sort avec un Noir!*

Il en ira ainsi, pour une vingtaine de monologues, un spectacle annuel durant plus de six ans, toute une carrière sur scène. Mais, juste avant d'en découdre avec la bêtise, la lâcheté, la veulerie des flics, des « beaufs », des braves gens, des anciens combattants, de tant d'autres, Coluche livre les clés. L'universelle connerie, les sales petits credo hexagonaux sont d'abord preuves d'un enfermement de soi. On vivote, prisonnier de son absence d'idées personnelles, manipulé par un langage mal maîtrisé, adapté, rafistolé une fois pour toutes. Et quand il arrive qu'on sorte de son mutisme, c'est forcément pour le faire payer à l'autre. Les brefs éclairs d'intelligence ne servent plus alors qu'à la méchanceté.

L'œuvre de Coluche au music-hall débordera de bredouillis à peine audibles, de borborygmes, de miaulements, d'ébauches de mimes quand manquent les mots. Ses personnages aligneront les impuissances verbales, les contresens, les expressions enregistrées de travers : l'ancien combattant, deux fois blessé, « *Une fois à l'abdomen, une fois à l'improviste* »; le père, « *viré, chômiste jusqu'à la fin de sa mort* »; le Blouson noir, empêtré dans la théologie : « *Quand tu vois ça, tu te demandes...parce que... si tu veux... parce que là... y'a des fois... quand... tu te demandes...* » Il mettra même, un peu plus tard, ces perles de zinc bout à bout, dans un autre sketch, *Le Clochard analphabète* : *« mes papiers en bonnet difforme », « maladie des boyaux de la tête », « analphabète comme ses pieds », « on nous a pas inculpé les bonnes manières », « un prêté pour un vomi », « la caserne à Libaba »*, etc. Et cette autre, devenue légendaire : ce mec, encore, « *pas tibulaire, mais presque* ». La bêtise, honnêtement servie avec sa linguistique.

Coluche donne d'entrée l'explication, mais il n'y reviendra plus. Beaucoup la rateront, se méprendront parfois sur l'œuvre. Beaucoup ne découvriront Coluche que plus tard, après l'abandon du récit du naufrage verbal et mental de *L'Histoire d'un mec*. On le croira moins tendre que méchant.

Méchant, il le sera, avec un aplomb étourdissant, une énorme santé, en scène, qui paraît ne rien avoir à redouter. Mais dès ses premiers passages de 1974, il s'avance bardé de garde-fous, d'adoucisseurs de propos décapants : son jeu. Son jeu corporel. Une étonnante ambiguïté de sa présence physique, de ce que livrent la chevelure – taillée ras sur le dessus, ébouriffée sur les côtés –, les yeux, la tête, les mains et, surtout, le ventre.

Il a voulu son déguisement passe-partout, familier, justement assez éloigné des oripeaux du clown. L'idée du nez rouge, à peine maquillé, est née pendant une balade à mobylette, un hiver, avec Romain Bouteille. « Il faisait froid. Et Romain était blanc, blanc glacé, et il avait le nez rouge. Et j'ai trouvé que c'était vraiment un beau truc pour un spectacle [1]. » La salopette, il la porte depuis des mois à la ville. Celle de la scène est simplement bleue, rayée parce que cela va bien avec le jaune canari des godillots souples et du tee-shirt, et que Coluche affiche un goût très sûr pour l'harmonie des couleurs franches.

La salopette, c'est d'abord un uniforme de prolo, que peut porter la majorité des personnages qu'il incarnera. La tenue préférée des mécaniciens-moto qu'il fréquente sur les circuits. Un vêtement, aussi, qui ne serre pas la taille. « J'ai le derrière plus large que les épaules, expliquera-t-il. Avec un costume, j'ai l'air d'être dans un sac. » Plus profondément, cette salopette a un rapport étroit avec l'enfance. C'est l'habit qui paraît suivre la barboteuse, dans la chronologie de la vie. Et Coluche donne à son jeu sur scène une place importante aux gestes maladroits du bambin. Ses petits bras ronds battent l'air, ils tournent sans cesse autour du ventre, gênés par le volume du tour de taille, collés au buste. Il paraît mal assuré sur ses jambes. Le corps, pataud, pivote avec effort.

Quand, enfin, il se délie, c'est plutôt pour offrir quelques gestes de femme. De femme ronde, méridionale, maternelle. De femme enceinte. S'il veut exprimer la surprise ou la naïveté, il repose ses mains, paumes retournées, sur ses hanches, à la manière des lavandières. Du visage, ne bougent que les yeux d'un vert profond. Regards en coin, charmeurs, ahuris, découragés, regards d'enfant et de femme. Coluche a bien observé Liz Taylor. La part masculine est réservée à la bouche. Rictus de toutes les haines, ourlet des vociférations, lèvres tombantes des lâchetés.

Coluche a aussi observé Raymond Devos, dont le ventre paraît fondre, en scène, par le miracle de sa souplesse physique. Le jeune comique a choisi, lui, d'aller à contre-courant de ce ventre-là, de pousser le sien en avant, de se protéger derrière lui. Sur ce ventre, les ondes du public, en retour, les réactions à ses tirs nourris peuvent rebondir. Il est à l'abri.

Et puis, il a eu raison : avoir forci lui va bien. La presse relève la force de cette silhouette complexe, prolo, femme et enfant, autant que sa façon de parler « en bulles de bandes dessinées » ou que sa critique acide de la morale de la rue. A la rentrée 1974, Paul Lederman a accroché cette frimousse sur les murs de Paris, en annonce du spectacle au Caf'Conc. « Rond, rassurant, cruel avec sa bouche en virgule, ses gestes parcimonieux, ses bafouillis en cascades, Coluche dénonce tranquillement ses contemporains [2] », note *L'Express*. On lui trouve « une tête rondouillarde, un gros pif, un double menton. L'anti-vedette, quoi [3] ». Ou « une trogne de monsieur né pour vanter une marque de camembert [4] ». On découvre un personnage « affligeant d'embarras [5] ». Gonzague Saint-Bris s'interroge : « Comment peut-il à ce point ressembler à l'image du populo qui philosophe au bistrot [6]? »

Le succès de Coluche est immédiat. L'album 30 cm des *Adieux* se vend rapidement à plus de deux cent mille exemplaires. *L'Histoire d'un mec, normal... Blanc!* fait une entrée remarquée dans les lycées. Malgré la victoire du libéralisme giscardien, la société française donne sa place à la vague de changement que Mai 68 n'a fait que prédire. *Charlie-Hebdo* enseigne l'irrespect. Une jeune « Beur », avant même que ce nom-générique ne s'impose, devient une star à la scène et à l'écran : Isabelle Adjani. Partout la jeunesse pousse, ainsi que la libéralisation des mœurs, le droit des oubliés du système. L'avortement va devenir légal, le droit des femmes officiellement reconnu. On découvre, avec étonnement, que la langue a dix ans de retard. Les faubourgs proposent leur sabir fleuri. Les beaux quartiers l'adoptent.

L'humour de Coluche, dans ce contexte, fait l'effet d'un électrochoc. Peu de gens l'ont encore vu sur scène, mais ses aphorismes de banlieue sont célèbres en quelques mois, par le disque et les passages télévisés, notamment dans les émissions de Guy Lux. Une rumeur se répand : un petit gros dénonce le racisme en déchaînant les rires ! Lui-même ne se prive pas, maintenant qu'on lui tend les micros des interviews, d'enfoncer le clou. « Je parle d'une façon marrante de tout ce qui n'est pas drôle. Le racisme, les infirmités, la guerre, la misère, etc. Ce qui me fait rire, c'est tout ce qui produit l'immense dinguerie du monde moderne (...) Personne n'est raciste, bien sûr, mais Juifs, Arabes, Noirs, Blancs... tout le monde se déteste et se bat. Personne non plus n'est de droite, mais nous vivons en régime gaulliste [7]. » Si on l'ignore encore, il fait vite savoir qu'il est de gauche. « Comique engagé. » « Plus agressif » que les humoristes des générations précédentes.

Coluche, à sa manière, sans arrière-pensée ni retenue, entre de plain-pied dans les contradictions de son époque. Il annonce qu'il va s'en prendre à la politique, affirme que les saltimbanques ont le devoir de traquer les médiocrités de la gestion des hommes, et l'absurdité, pour ces hommes, de se vendre au conservatisme. Il tente bien d'expliquer qu'il les comprend, au fond, ces paumés de la banalité sociale et morale, qu'il est comme eux, qu'à leur place... Il y a même un peu de compassion, au passage, dans ses propos hors sketches, pour cette vie quotidienne « où les gens se battent pour garder leur place dans le métro, de préférence près de la porte ». Mais on écoute Coluche sans nuance, en 1974 : après Guy Bedos, et avant Pierre Desproges, la gauche a trouvé son Don Quichotte, les gosses de banlieue un frangin, la langue du réalisme son porte-voix.

Et comme il a la parole, comme la presse s'approche, il vide aussi son sac personnel en public, proteste contre le sort réservé au café-théâtre, les ghettos-mouroirs du spectacle en plein Paris, mais prône, aussitôt, le compromis, pour raison de survie, avec la célébrité. Coluche, ses contradictions, portés à la lecture des abonnés des magazines, avec la même sincérité tournante qu'auprès de ses amis...

Romain Bouteille est bien sûr distingué. Remercié, présenté par

Coluche comme « le meilleur directeur d'acteurs de France ». Mais, comme s'il poursuivait, par voie de presse, de vieilles querelles familiales sur les bienfaits et les méfaits des lauriers, toute référence au fondateur du Café de la Gare déclenche immédiatement, dans les déclarations du comique montant, un flot de justifications. « Je connais plein de types bourrés de talent, explique-t-il à *L'Aurore,* qui n'exploseront jamais parce qu'ils refusent le vedettariat. Prenez Romain Bouteille, par exemple (...) Eh bien! Romain Bouteille préfère végéter dans son café-théâtre, plutôt que de triompher sur une grande scène, simplement parce qu'il veut pouvoir continuer à faire son marché sans qu'on lui demande de signer des autographes (...) Je le regrette, mais j'ai choisi. Pour avoir une grande audience, il faut accepter la télé, la radio, les interviews et je suis comme tout un chacun : j'aime plaire à un maximum de gens [8]. »

Plaire, mais sans complaisance. Dans la presse, il égratigne les journalistes, qui auraient pu se déplacer plus tôt. Lui, il attend depuis trois ans et quelques spectacles! Les producteurs, qui se pressent pour financer ses projets et à qui il rappelle sans amabilité que son scénario, *Rendez-vous au tas de sable*, dort au fond de leurs tiroirs depuis des mois. « C'est chacun son tour, à eux maintenant de me lécher les bottes! »

A Claude Lelouch qui voudrait l'engager pour un film, il lâche : « Toi, je t'ai jamais vu au Café de la Gare! » Et, bien sûr, relate, le lendemain, l'anecdote dans les journaux. « C'est un milieu absurde, tonne-t-il, il faut avoir du succès pour qu'on te donne une chance d'avoir du succès. »

Coluche affronte les premières ambiguïtés de la renommée. Ceux qui ont déjà vu son spectacle, qui partagent, parmi les copains ou dans la presse, sa méfiance du show-biz, s'interrogent sur sa présence à la télévision, surtout dans les émissions de Guy Lux, fleuron d'une culture de majorité silencieuse pourfendue par le café-théâtre. A la télévision, c'est évidemment l'inverse : on le prend encore pour un dangereux extrémiste. Notamment lorsqu'il est au programme de *Domino*, variété de Guy Lux pour « maison de retraite », comme Coluche le prétendait lui-même.

La mère d'une petite fille atteinte d'une malformation, dite « bec de lièvre », se plaint que le comique se soit cru autorisé à se moquer de cette infirmité, dans un sketch. *Télé 7 Jours*, au bas de ce courrier de lectrice, livre son appréciation : « Il est des lettres qu'on a peine à commenter. Des artistes, aussi, qu'on voudrait ne pas qualifier. Déjà peu admissible dans le cercle étroit d'un cabaret, ce genre d'humour n'a pas, n'a plus jamais sa place devant des millions de téléspectateurs [9]. »

L'équivoque est cependant plus profonde. Son public s'élargissant, Coluche fait forcément rire aussi des racistes, des veules, des poujadistes, ceux qui penseront toujours qu'il vise leurs voisins de fauteuil. Un soir, après le spectacle, une dame le congratule : « Qu'est-ce que vous leur avez mis, aux Portugais! » Il l'aurait giflée. Il se heurte à l'adversaire traditionnel de l'humour, après Jean Yanne et Guy Bedos : le premier degré.

Ce phénomène d'incompréhension s'accentue lors de sa première tournée en province, en janvier 1975. L'Ouest et le Nord. Beaucoup de spectateurs ne connaissent de son comique que ce que la télévision en retransmet, atténué par le tube, noyé dans le ronronnement niais des émissions de chansons. La crudité du comique en grandeur réelle trouble Roubaix. Le Colisée est pourtant une salle que Paul Lederman avait apprivoisée. Son public deviendra le préféré de Coluche, par la suite, avec ceux de Douai, Bruxelles et Lausanne. Mais cette première visite est rude. Coluche passe encore pour un humoriste parisien. Il a l'habitude de raconter : « Faut faire rire toutes les quatre secondes, c'est la règle; si tu laisses passer huit secondes sans les faire marrer, ça s'appelle un effet; si tu les laisses douze secondes, c'est un bide. » Si cette règle est juste, c'est un bide à Saint-Brieuc, Brest, Quimper, Lorient ou Vannes. Non de fréquentation. D'adhésion.

Les régions développent, à l'égard de Coluche, un complexe ancestral : elles soupçonnent cet enfant du café-théâtre parisien de vouloir se moquer d'elles. La critique de la bêtise est confondue avec une condamnation des lourdeurs provinciales. Malentendu. Coluche n'est pas Fernand Raynaud. Son univers est de banlieue, des marges des grandes villes. Coluche arrive en province avant qu'y déferle tout à fait la culture de la zone, de la violence et du racisme contemporain.

Coluche s'énerve. La gloire lui résiste encore. On le dédaigne encore, à gauche et à droite. On le dit parfois démagogue, plus proche des « beaufs » qu'hostile. A Paris, l'intérêt pour les *Adieux* s'est émoussé. Le spectacle est remonté, au printemps 1975, à l'Olympia, et Coluche n'y a pas touché, ou presque. La seconde partie, les adieux d'une vedette du music-hall à la scène, dans des rocks qui rappellent *Ginette Lacaze* aux habitués, fait craindre à ses admirateurs, espérer à ses détracteurs que le comique a épuisé son inspiration. L'artiste, il est vrai, lui-même tient d'étranges propos : « Je ne vais pas continuer toute ma vie, explique-t-il, à faire des tournées comme aujourd'hui. Mon but est de gagner assez d'argent dans les dix ans qui viennent pour pouvoir me retirer [10]... »

Coluche s'impatiente. Il reproche à son impresario l'accueil mitigé de la presse pour l'Olympia. Il craint d'avoir intégré une écurie où triomphent surtout les autres. Thierry Le Luron, même Green et Lejeune, dont le disque de pastiches, *Pot pour rire, Monsieur le président*, a atteint les sommets des hit-parades. Ses producteurs tentent de convaincre Coluche qu'être objet de curiosité et de désaccords représente déjà une première réussite.

Paul, surtout, sourit toujours. Patience, il faut laisser décanter, répète-t-il à son poulain, qui préfère prendre la porte plutôt que d'étouffer ses coups de sang. Paul est certain d'avoir raison : Coluche dénonce les tares du plus grand nombre, les méprises, dans un premier temps, sont donc inévitables. Coluche propose un personnage proche des gens : cela fera passer, avec le temps, la pilule des mots. « Il est très important, rappelle l'impresario, de donner une image simple au public, mais il ne faut pas se tromper d'image. Ni chercher à être conjoncturel. Ni trahir l'essentiel de ce qu'on est. Et, à cette époque, ce n'était pas encore évident avec Michel, qui, persuadé d'avoir toujours raison, se décourageait vite. Aucune rencontre entre un artiste et le public n'est l'effet du hasard. Rien n'est immédiat, pour ceux qui vont durer. C'est surtout affaire d'adaptation réciproque, d'apprivoisement [11]. »

Coluche refuse d'écouter. Quelques mois après avoir vanté le mérite de Paul Lederman auprès de ses amis, tenté de convaincre Romain Bouteille d'entrer, lui aussi, dans l'écurie, il recommence à débiter ses lourds soupçons. Les amis seront ainsi constamment tenus informés des oscillations relationnelles du saltimbanque et de l'impresario. Paul Lederman n'en a cure. Son cuir s'est tanné depuis l'interminable séparation d'avec Claude François. Thierry Le Luron, lui, trouve qu'on fait déjà la part trop belle à Coluche. Au sein des Productions Lederman, la chronique des egos suit un cours normal.

Paul Lederman, après cette année exploratoire, est en fait persuadé de tenir ce qui devrait mettre tout le monde d'accord sur Coluche, Paris et la province, les anciens « coluchistes » et les nouveaux. Les blasés et les frileux. Et Coluche lui-même : *Le Schmilblick.*

Un an plus tôt, au temps de son premier contrat, Coluche, puisant dans son sac à malices, avait évoqué l'idée de ce sketch, non écrit : un virulent pastiche d'une célèbre émission de Guy Lux, qui avait promené pendant des années ses devinettes simplettes sur tous les podiums de la France profonde. Guy Lux tenait les fiches du *Schmilblick* – un objet à découvrir –, distillait quelques renseignements, résumait les réponses fausses. « Je rappelle que *le Schmilblick* n'est pas une pince à épiler, ni une moissonneuse-batteuse, qu'il ne se mange pas et qu'il est inutile la nuit. » Simone Garnier, comparse de l'animateur, accueillait les candidats près de micro. « N'ayez pas peur, monsieur, posez votre question ! » A la fin du jeu, on rendait l'antenne à Cognac-Jay.

L'idée avait fait bondir Paul Lederman. Celui-ci exigeait ce sketch à tout prix. Pas pour *Les Adieux !* Pour la suite. Quand le public se serait habitué au « Gros », à sa passion gourmande des travers humains. Voilà le deuxième étage de la fusée ! L'actuel one-man-show devra donc durer, au risque de lasser quelques parisiens. Un an, Paul Lederman avait demandé un an à Coluche.

Celui-ci n'est pas emballé. Avec le Café de la Gare et Le Vrai Chic, le café-théâtre a beaucoup exploité le filon des pastiches du petit écran. Les *Adieux* comportent d'ailleurs une imitation de Léon Zitrone commentant, de son fameux débit des hippodromes, une procession religieuse. Il s'incline pourtant, revient un jour avec le sketch, Guy Lux, « Simone », et une galerie de portraits de Français moyens, de touristes en vacances. *Le Schmilblick* fait escale à Cajarc, petit bourg du Lot que Coluche situe, à tort, dans l'Aveyron. « Moi, ce jeu m'avait toujours fait marrer, expliquera-t-il. Des bonshommes qui défilaient devant les caméras de la téloche, s'emberlificotaient dans leurs phrases, injuriaient Guy Lux, s'expédiaient leurs petits messages personnels [12]... »

Le Schmilblick est enregistré pour figurer dans le prochain album. Les deux producteurs de Coluche proposent à celui-ci de réaliser aussi un document vidéo, un clip avant la lettre. Coluche accepte, à condition de pouvoir diriger lui-même les prises de vue. Bien sûr, il n'est d'accord avec rien ni personne. Les techniciens menacent de démissionner. Coluche réclame les rires d'un vrai public, non des rires préenregistrés. Claude Martinez parvient à décider une chorale polonaise, en répétition dans un studio voisin, à venir s'esclaffer dans une langue qu'elle ignore, contre une tournée générale de petits fours et de champagne. Martin Lamotte, qui tient le rôle de Guy Lux, Christine Dejoux, celui de Simone Garnier, patientent dans leur coin. Ils connaissent leur ami.

Le Schmilblick est un triomphe. Le disque, lancé juste avant l'été 1975, bat, en période creuse, des records de recette. Coluche fait la conquête, à l'occasion d'une tournée des plages, du public de Thierry Le Luron. Cette autre négociation, aussi, a été tendue : Coluche a accepté de se contenter de paraître en première partie à condition qu'on engage ses propres musiciens, et non ceux de son rival et collègue. Thierry Le Luron chante sur scène des airs d'opéra, la logique aurait voulu que son orchestre soit retenu. Coluche a tenu bon : Xavier Thibault, « le Bœuf », ses autres compagnons iront voir la mer.

La France des vacances, la province avant Paris, adoptent avec ravissement ce *Schmilblick*, leur propre miroir, nostalgie d'un jeu néo-rural présent encore dans toutes les mémoires, mais aussi constat flagrant du changement d'époque. En quelques semaines, Monsieur Moulinot, le marchand d'articles de pêche qui ne paraît à la télévision que pour vanter la qualité de ses vers de terre, Émile Dumoulin, Compagnon de la Libération « de passage à Cajarc », l'Arabe, le Noir en colère, Jean-François l'homosexuel, le beatnik aux cheveux longs que Simone prend pour une fille, le camionneur, l'ami belge qui veut mettre des frites dans les biberons des enfants deviennent des voisins de camping. On les apprend par cœur.

Papy Moujot, surtout, l'idole de Cajarc, qui ne parvient pas à prononcer le mot Schmilblick, sans doute inventé par quelqu'un de la ville. « Le héros du quatrième âge que toute la France reconnaît maintenant partout avec son béret, sa patience ahurie, son mégot de Gitane, et son cabas d'avant-guerre. Une silhouette. Une vérité en un clin d'œil [13]. » Coluche devra beaucoup de sa popularité à celle de ce vieillard d'un autre siècle. L'arrière-grand-père national, rescapé des cirrhoses du foie et des taxis de la Marne.

Ces braves gens injurient Guy Lux. Simone a l'air idiote à souhait. L'Arabe se présente devant le micro en se protégeant la tête de coups éventuels. *Le Schmilblick* du jour est un œuf, mais l'énigme n'intéresse personne. Ces Français-là et leurs cousins sont bien décidés à ne parler que d'eux seuls, et à amuser Cajarc, inconscients d'être regardés hors du bourg. La télé, avant l'ère de la quatrième dimension médiatique. Guy Lux abrège ce direct mal engagé. Il rend l'antenne.

II

Voilà le pays réconcilié, pour un temps, à propos de Coluche. Très habilement, *Le Schmilblick*, grosse machine à succès, pour tout public et heure de grande écoute, permet au comique de franchir un palier supplémentaire dans la dénonciation sociale. Les nouveaux sketches ont pour titres *L'Auto-stoppeur, Gérard, Le Cancer du bras droit, L'Ancien Combattant, Le Blouson noir.* Ils sont redoutables de corrosivité. Surtout, le plus tranchant, *Le Flic.*

Un képi sur la tête, Coluche offre en pâture à ses contemporains un gardien de la paix simplet et éméché qui regrette l'incompréhension de la population à l'égard de la police.

Y'a les gens qui disent : la police, c'est un refuge pour les alcooliques qu'on a pas voulus à la SNCF et aux PTT. Eh bien, j'vais vous dire, franchement c'est exagéré. Parce que moi, je vois, je suis pas dans un gros commissariat, mais je vois rien qu'au commissariat que je suis, y'a au moins... que je dise pas de bêtises... Y'a au moins... quatre qui boivent pas.

Ce flic a un collègue, Robert, capable de battre aux concours d'alcootest les automobilistes interpellés en état d'ébriété. Ce flic a récemment participé à un jeu innocent, au commissariat, le passage à tabac d'un étudiant.

On y'a cassé la gueule, on s'est marré ! Ah non ! mais on fait gaffe, hein, on tape avec le plat de la main, comme ça, dans les côtes. Alors, ça fait vachement mal, mais ça laisse pas de traces. Ah non ! parce qu'on n'a pas droit aux traces.

Cette dernière phrase restera. « *On n'a pas droit aux traces !* » Avec une autre, « *T'aurais vu la gueule de la bavure !* », des lycéens, des étudiants la crieront dans la rue, après le décès de l'un des leurs, Malik Oussékine, blessé à mort, dans une encoignure de porte, par des voltigeurs à moto de la Préfecture de police de Paris, en décembre 1987. Plus de dix ans après la naissance du sketch.

Le Flic échappera à la censure des années soixante-dix, protégé par

Le Schmilblick. En novembre 1975, Coluche est à l'affiche de Bobino, rue de La Gaîté. Pour son entrée en scène, il s'est composé une chanson-mise au point, histoire de répondre, en bloc, à ses détracteurs réels ou supposés :

(...) J'suis l'andouille qui fait l'imbécile
La coqueluche des durs au boulot,
J'aime mieux faire marrer l'prolo
Que faire rire dans les familles.
J'ai été lancé comme un paquet de lessive,
On dit que j'm'écraserai comme un paquet d'mouise,
Pourtant si la vente se maintient,
J'tiendrai jusqu'à l'été prochain...
Mon nom sonne comme une maladie,
Mais, grâce à ça, je traîne au lit,
L'air con me fait la vie facile...
J'n'ai pas d'message ni d'méchanceté,
Je ne veux pas plaire à tout l'monde;
J'suis l'andouille qu'a l'air imbécile,
J'ai tendance à penser tout haut,
Ça fait bouillir sous les chapeaux,
Avoir l'air con peut être utile
L'être vraiment s'rait plus facile.

Tout à sa crainte de ne pas être aimé, Coluche, une fois encore, a choisi d'attaquer le premier. Pour rien. L'accueil de ce deuxième spectacle est unanime. La presse, par ses éloges, confirme la vente de cinq cent mille 45 tours du *Schmilblick*, de près de trois cent mille albums. Coluche a gagné en précision, la critique en finesse.

On découvre qu'entre le flic, inconscient des tortures dont il se rend complice, moins par conviction que par peur du ridicule, et le méchant Blouson noir à la sentimentalité d'adolescent mal dégrossi, il n'y a guère de différence. Tous deux sont d'abord murés dans leur complexe, membres par hasard de sectes sociales étriquées, qu'ils défendent, subliment, par hantise de se retrouver seuls. Comme l'ancien combattant, comme ce planqué du travail qui vient demander à son médecin de lui diagnostiquer un cancer du bras droit. Tous se justifient en décrivant les comportements de leurs collègues, de jeux ou de bureau, un peu les leurs, bien sûr, mais plutôt par extension, culture tribale ou simple lâcheté. Le planqué n'a pas l'idée d'exister hors des grippes truquées de ses confrères; le flic, sans Robert; le Blouson noir, sans Boby, son chef de bande; le vétéran de 14-18, sans les autres médaillés, qu'il retrouve une fois l'an, le jour des « commémos ».

La presse reconnaît aussi que Coluche « s'inflige, avant d'infliger à autrui », comme le note *Le Monde* [14]. Celui-ci signale, par son jeu et son abattage verbal, que lui-même se tient aux côtés du flic et du Blouson noir avec ses gourmandises de montreur de marionnettes, qu'il imprime leurs travers aux siens. Ou l'inverse. Il paraît vouloir prévenir qu'il ressemble à ces monstres très ordinaires, qu'il a envie de les protéger de nos répulsions définitives. Nous pouvons les détester, lui sait ce qu'il trouverait, s'il allait fouiner dans la salle... Des mains, Coluche suggère l'indulgence. Son corps, sa bouille, son ventre qui ne sont pas non plus d'aristo, s'offrent aux ricanements, pour faire accepter, un peu, cette galerie de pauvres types qui pourraient être ses frères, son père, ses aïeux, avant même de risquer d'être les nôtres.

Et puis, si ce système complexe de dérision sans haine devait s'avérer insuffisamment explicite, Coluche a l'idée de mettre les points sur les i, avec un autre « truc », repris du cirque, afin de faire comprendre qu'il a bien, comme le relève un critique, « de la sensibilité à revendre, cachée sous une armure [15] ». Après cette série de sketches au vitriol, alors qu'il s'est assis parmi ses musiciens et perturbe leur répétition, il enfile soudain deux gants de boxe et extrait de son étui un violon d'enfant.

La lumière l'isole des musiciens silencieux. Il paraît seul en scène, seul dans la salle. Les deux gros gants entourent le minuscule instrument, l'absorbent. D'un air appliqué, indifférent à l'émotion qui pourrait naître de cet instant de grâce, il se met à jouer *Le Temps des cerises*. Et très vite, cela ressemble vraiment au *Temps des cerises*. Moment de poésie pure. Coluche expliquera, un autre jour : « Il y a quelque part une poésie de la bêtise. » Ce numéro final, c'est, encore, une manière de montrer sans le dire que, dans la vie, tout le monde, les flics et les autres, est bien obligé de se débrouiller, avec ses gants et son violon.

Ce tour, digne du clown Grock, est le fruit d'une autre bisbille de famille. Lassé des reproches de Coluche, l'un de ses musiciens lui a rétorqué, un soir d'enregistrement : « Tu joues tellement mal qu'on verrait pas la différence avec des gants de boxe ! » Coluche a fort mal pris l'outrage. Sur l'heure, il a fait chercher des gants. « Au départ, il pensait faire des trous, pour laisser passer ses doigts, raconte Xavier Thibault. Puis, il s'est aperçu qu'il y arrivait sans trous. Lorsque j'ai entendu ça pour la première fois, c'était bouleversant. »

Le plus bel hommage de cette période faste, Coluche le reçoit de l'écrivain Frédéric Dard, père de *San Antonio*. « Il faut beaucoup de talent pour faire rire avec des mots, écrit le romancier. Mais il faut du génie pour amuser avec des points de suspension. » Le comique en salopette rappelle à l'écrivain un « homme-sandwich dont le panneau ne comporterait que des graffiti, cette écriture de la colère [16]... »

Le 22 décembre 1975, *Le Point* consacre à Coluche sa couverture, et cinq pages enthousiastes. Un titre éloquent : *Coluche, le nouveau rire*. Un long article de Robert Mallat, des photos, Coluche au Café de la Gare, en famille avec Romain et Véronique, avec Paul Lederman, dans la salopette de quelques-uns de ses personnages. Surtout un autre hommage, en encadré : celui de Jean Yanne, pourtant avare de louanges sur les confrères.

La couverture du *Point*, lorsqu'on n'est pas un homme politique, c'est bien un coup de chapeau de la gloire. L'hebdomadaire de la rue de Rennes sait le prix de sa « une », le risque grave pour ses ventes de la semaine, s'il se trompe. Afficher en kiosque un humoriste gouailleur est un pari, pour un magazine des plus sérieux. Ce numéro du 22 décembre, première grande balise journalistique d'une carrière pressée, connaîtra des scores très honorables.

Quelle autre preuve de réussite lui faut-il? Paul Lederman pensait que cette couverture valait bien une bouteille de champagne. Coluche remercie poliment, et Paul, et *Le Point*. Mais il bougonne encore. Il a une blessure profonde, du côté de la presse. On l'a laissé trop longtemps « dans l'anonymat ». L'anonymat, cette vieille terreur. Il exagère. Moins de deux ans pour décrocher la « une » d'un grand hebdomadaire? Pour être consacré phénomène de société? Paul Lederman découvre l'énorme orgueil et son pendant, le pessimisme profond de son compagnon. La lune, même, ne le rassurerait pas.

Ses détracteurs ont reflué, le nombre de ses inconditionnels augmente. Cela ne le réjouit pas plus que ça. Il a entendu ce qu'on commence à dire de lui. On critique sa vulgarité, faute de pouvoir lui nier désormais le pouvoir d'intéresser. Lui corrige : « Pas vulgaire, grossier, nuance! » Coluche sent que cette nuance-là sera plus difficile à faire passer que l'anonymat.

SIXIÈME PARTIE

« M'AIDE PAS, J'AI PAS LE TEMPS! »

I

A tout autre que lui, ils auraient sans doute intenté un procès, réclamé leur dû. Mais c'était lui. Alors, la bande s'est contentée de protester, pour la forme, surtout pour se calmer les nerfs. Coluche était bardé de mauvaise foi, le moindre reproche donc, peine perdue. « Le gros » opposait un air tranquille et surpris à leur étonnement, et si, d'aventure, le ton montait, lui-même repassait vite à l'agression. « Tu t'en sers? T'en as fait quelque chose? Non? Moi oui! Alors, c'est à moi! »

Avant de s'habituer à cette implacable logique de squatter, les membres de l'ex-Vrai Chic parisien vécurent quelques mois de rapports tendus avec Coluche, notamment après le succès populaire du *Schmilblick*. Ce sketch-là, et plusieurs autres, leur étaient étrangement familiers. Ils leur rappelaient les soirées d'improvisations passées ensemble, et à table, durant la préparation de quelques pièces. *Gérard*, le dialogue de sourds entre un père alcolique et son fils amateur de haschich, avait déjà sa place dans l'*Introduction à l'esthétique*. *Le Blouson noir*, dans Ginette Lacaze, comme *Je veux rester seul dans le noir*, le blues déprimé de Boby Bouillon, ou encore *Je suis un voyou*.

Bien sûr, Coluche ne les livrait plus en leur état d'hier. *Le Cancer du bras droit* avait évolué, si l'on ose dire, le récit, gagné en force, en qualité d'observation. L'humoriste avait mis sa patte partout, surtout dans les respirations, coupé ici, cherché l'effet plus loin, regroupé les formules de deux passages. Mais dans l'idée... Ils étaient quelques-uns à se souvenir que *Le Cancer du bras droit*, pour ne prendre que celui-là, devait, dans l'esprit, un peu de son existence au délire éveillé de Martin Lamotte. Que des phrases égrenées dans plusieurs sketches avaient été inventées ou rapportées par Jacques Delaporte, Philippe Bruneau ou Patrice Minet. Coluche avait ramassé ce qu'ils avaient jeté, ce que la troupe éliminait d'un spectacle.

Lorsque Coluche les avait quittés, les amis l'avaient bien vu emballer ces reliques éparses, surtout *L'Histoire d'un mec*, véritable outil d'entraînement auquel s'était essayé tout le Café de la Gare. Mais, on n'y avait pris garde. Et puis Coluche les avait fatigués. On n'en était plus à quelques ébauches près. L'imagination, ce n'est pas ce qui avait manqué, entre ces deux troupes. Il en restait assez, assez pour tout le monde.

Le triomphe public du *Schmilblick* avait brutalement projeté leur commun fatras de trouvailles dans la lumière. Coluche signait de son seul nom tous ces sketches qui étaient un peu nés de la collectivité. Coluche devenait riche, avec quelques-uns de leurs mots à eux. Pas beaucoup, 30 % du patrimoine, selon les appréciations moyennes. Tout de même. Cela manquait d'élégance, ces disques à un seul auteur. Xavier Thibault avait protégé ses musiques. Il conservait les droits des rocks de la seconde partie du show. Les autres se regardaient curieusement, comme si leurs vieilles et inoffensives divagations de café-théâtre avaient soudain pris de la valeur, et qu'ils ne s'en étaient pas souciés.

Ils comprenaient mieux à quoi, les uns et les autres, ils avaient pu lui servir. De pourvoyeurs et d'aiguillon. Coluche avait eu l'art de s'entourer de quelques comédiens intellectuels – tous futurs auteurs –, prompts à agiter les concepts, à jouer avec les abstractions, ce dont il se savait incapable. Lui avait toujours été le metteur en images, l'instinctif qui faisait le tri. Son oreille cueillait au passage la bonne formule, réagissait au bon cliché. Surtout, il était le plus rapide à répercuter en trois dimensions, à restituer par le jeu, la voix, le souffle et le corps, à tester, sélectionner le bon du médiocre par une intuition des sens qui lui tenait souvent lieu de baromètre. Mais il butait sur la conception première, la mise en écriture. Il recopiait maladroitement, en pestant, vite découragé par le papier. Sur ses cahiers, il sauvegardait, plus qu'il ne cherchait la forme.

Il avait eu besoin d'aide, et ne l'avait jamais dit aussi simplement. Ils lui en voulurent quelque temps, puis oublièrent, attendris par les excuses indirectes que Coluche leur présentait régulièrement. Affaires de famille aujourd'hui effacées. « Tout le monde racontait des histoires loufoques sans arrêt, explique Philippe Bruneau. On notait les blagues comme ça, sans but réel. C'est normal qu'il en ait fait quelque chose. S'il n'avait pas mis tout cela bout à bout, rien ne serait arrivé [1]. »

« Ce n'était pas l'époque des avocats, pas dans l'esprit de ces années-là, précise Claire Nadeau. Et puis, il était le chef. Il tournait la propriété en dérision, et on se serait senti piteux de réclamer. Il disait comme Romain Bouteille : les idées appartiennent à ceux qui s'en servent [2]. » Coluche leur en a même souvent voulu de ne pas rentabiliser ces improvisations qui les faisaient veiller tard, dans des maisons de campagne prêtées. Ce dédain, ce manque de respect de la chose inventée étaient, pour lui, un signe de leurs différences sociales ou psychologiques. Chez Monette, on ne jetait pas le pain. Eux laissaient traîner des idées, mêmes approximatives, devant un fils du peuple qui pensait en avoir manqué.

Coluche avait aussi pris leur provision de boutades à la manière d'un mécanicien. C'est-à-dire très au sérieux. Eux, trop riches ou moins obstinés, dédaignaient souvent un gag, lorsqu'ils ne trouvaient pas immédiatement son utilité. Lui ramassait, assemblait dans tous les sens. « Michel savait ne pas se poser tout le temps des questions de fond, confie Jacques Delaporte. C'était une qualité qui nous était souvent inconnue. On cherchait midi à quatorze heures, preuve qu'on n'avait pas tellement envie de chercher. Lui, il revenait sur le gag, le triturait, élaguait, avec une redoutable efficacité. Comme si tout pouvait, pour lui, dépendre d'une formule [3]. »

Les théories du Café de la Gare avaient permis à Coluche d'endormir les méfiances éventuelles du Vrai Chic parisien. Puisque Bouteille avait interdit la paternité de l'œuvre! Avec les années, cependant, Coluche avait fait dériver l'innocente philosopie vers une impérieuse rapine existentielle. Toujours à l'affût d'idiolectes d'idiomes, de contresens, de locutions. Surtout, de points de départ. Ses compagnons, impressionnés, ne pouvaient lui en faire le reproche. On le croyait simplement pressé de réussir. On connaissait son passé, la peur du retour de Montrouge. Il était aussi inquiet du manque d'idées de sketches, de son propre vide créatif. Il engrangeait pour l'hiver, comme voué au pire. Seul, il aurait sans doute tâtonné plus longtemps. Il avait besoin des autres, mais comment avouer que c'était pour cela aussi? Peut-être pour cela d'abord? Alors, pour donner le change, il bousculait son monde, les attelait à un nouveau projet collectif. Exigeait des idées.

Avec la solitude artistique, avec le succès surtout, cette crainte de la perte d'inspiration prend, autour de 1976, un tour nettement plus névrotique. Coluche ne se sépare plus d'un petit dictaphone sur lequel il enregistre tout ce qu'il entend, notamment auprès des amis. Quelques-uns protestent, jugent qu'il pille sans vergogne, sous prétexte d'une soirée au restaurant. On sait, désormais, que ce qu'il raconte en scène rapporte gros à Paul Lederman. S'il n'y avait que Coluche. Mais engraisser le show-biz!

Encore une fois, les différends concernant Coluche sont inconsciemment renvoyés à Romain Bouteille, qui n'a rien demandé.

L'avis du père fondateur est requis, mais celui-ci sent le piège. Afin de couper court à toute suspicion, de ne pas être compté parmi les inspirateurs floués de l'artiste, il édicte une loi spéciale pour Coluche. Une loi tendre. On ne cesse, même dans la presse, de lui rappeler ce que Coluche lui a emprunté. Il tient prête sa réponse. Elle sert encore. « On me dit toujours : Coluche t'a pillé! Alors moi, je leur dis : vous ne savez pas tout ce que je lui ai piqué, à lui! Ils sont bien emmerdés, avec leurs questions. Qu'est-ce que tu veux répondre à pareille connerie? Si tu ne veux rien te faire piquer, tu ne fais pas de théâtre, tu n'as pas d'amis, tu ne fais rien. Leurs questions ont dû finir par revenir aux oreilles de Coluche, car un jour, il m'a avoué : " C'est vrai que je t'ai beaucoup piqué. " Là, il m'embarrassait, il allait tout foutre par terre, ce con! Je lui ai répondu : ça ne fait rien, tu ne sais pas ce que tu as pris à Dubillard ou à Giraudoux. Il était sur le cul![4] »

Car Romain Bouteille, pour éloigner le soupçon de Coluche, peut entamer de très longs discours sur le pillage artistique. En vous épargnant la remontée jusqu'à Molière, Brecht ou Cervantès, il est capable de dresser l'arbre généalogique d'une formule. L'une des siennes, par exemple : « Déjà les noirs, j'aime pas tellement, mais alors les racistes! » Très proche de celle de Coluche, née après : « Il y a quand même moins d'étrangers que de racistes en France. » L'origine se situe pourtant du côté de Jean Yanne et de Roland Dubillard, via Rufus, sans oublier Francis Blanche et Sacha Guitry. « On ne s'en sort pas, conclut Bouteille. Il devient vite impossible de s'y retrouver. Alors le pillage, hein! »

Coluche, lui, a une autre façon de régler la question. Par l'apparence du cynisme. A Pierre Bénichou, rédacteur en chef du *Nouvel Observateur,* qui deviendra l'un de ses rares amis dans la presse, il lancera un jour, énervé : « T'as pas compris que ce métier, c'est le premier arrivé à la Sacem ou la SACD[5]!» Dès qu'il risque un reproche, à propos de l'usage de son dictaphone, il assomme, ou propose des paris, perdus d'avance pour son interlocuteur. « Elle est à toi, cette idée? Tu peux le prouver? » Ou pire encore : « Je te propose un truc : toi et moi, on en fait chacun ce qu'on veut, et on se retrouve dans un an, pour comparer. »

La célébrité met bien sûr désormais Coluche à l'abri des comparaisons. Il fait de sa réussite la preuve même de son bon droit. Manière d'affirmer : ce qui marche ainsi ne peut être du vol. Discuter la génèse de son œuvre, c'est s'humilier inutilement. « Tu vois, j'ai bien fait de la prendre, celle-là. Avec toi, on y serait encore. » Les autres sont distancés, il le sait. Il en tire avantage. Heureusement qu'il était là pour fabriquer quelque chose de leurs gentilles rêveries, parce que s'il avait dû les attendre... Lorsqu'ils insistent, si Pierre Bénichou demande à Coluche de préciser sa conception du droit d'auteur, les proches sont certains d'encaisser une violente diatribe sur l'injustice de la vie. Voient-ils une trace d'égalité quelque part ? Un statut écrit de la protection ? Le spectacle est un ring, comme tout en ce monde. Les faibles sont condamnés à perdre, il n'y peut rien, le vol est général. Pourquoi se priverait-il ?

Une fois, pourtant, Coluche est contraint d'avouer son besoin d'assistance. Pour *Le Schmilblick*, justement. Quand, deux ans plus tôt, Paul Lederman lui a demandé ce sketch, Coluche s'était reproché d'avoir fanfaronné. Le jeu télévisé n'existait qu'à l'état d'embryon, improvisé par Martin Lamotte, en fin de repas. Coluche s'était un peu avancé. « Il est venu me voir, raconte Martin Lamotte. Il voulait écrire sur cette idée, il me demandait mon aide. Mais, il m'avertissait : il signerait seul le sketch. Nous avons travaillé chez lui. Après le succès du *Schmilblick*, il m'a donné deux chèques de trente mille francs. C'était pas terrible. C'est vrai qu'il aurait pu me faire signer. Mais, ce sketch, je ne l'aurais jamais écrit pour moi [6]. »

Pourquoi Martin Lamotte a-t-il accepté ce marché ? Ces deux chèques personnels ? Le rôle du nègre ? Parce que, certains jours, Coluche ressemble à un vainqueur du Loto qui aurait égaré son billet gagnant. A un enfant perdu. « Il ne piquait pas brutalement dans ces cas-là, précise Martin Lamotte. Il y allait à la flatterie, gentiment, comme les voleurs inspirés. Paul Lederman m'aurait fait ça, j'aurais protesté. Lui, je l'aimais. » Toujours la même histoire, de l'ami qui tire sur la corde, qu'on a envie de tuer, et qu'on prend dans ses bras. Après la tempête, Coluche revient, l'air de rien. La rancœur évanouie, ils sont flattés d'être engagés à ses côtés, d'être toujours d'une destinée qu'ils sentent exceptionnelle. Coluche, pour le tournage du *Schmilblick* en vidéo, fera appel à Martin Lamotte et à Christine Dejoux. Ils accepteront.

II

En ces années de succès brutal, Coluche se donne une troisième fraterie de travail. Il s'entoure de nouveaux compagnons, rémunérés ceux-là, dont il prendra soin de faire régler les salaires par Paul Lederman : des secrétaires. Des collaborateurs. Le rêve des fondateurs du Café de la Gare ! Ceux à qui on délègue tous les emmerdements, comme dirait Romain Bouteille. Hommes à tout faire, chauffeurs, confidents, amis de jeux, pièges à filles, chineurs de bons mots, complices de table et de moto. Peu à peu, Coluche prendra soin d'éliminer les acteurs-auteurs de cette curieuse corporation qu'il façonne à son image. Il sait désormais les récriminations qu'il encourt. Le dernier de cette lignée s'appelle Gérard Lanvin.

Celui-ci n'est pas encore comédien. Il est resté longtemps le fidèle spectateur des œuvres de la bande, dans son coin, sans rien dire. Ce vendeur de vêtements, des Puces au Magasin Western-House de la rue des Canettes, à Saint-Germain, rêve de faire l'artiste, mais, plus pudique que les autres, il lui faudra davantage de temps pour s'en croire capable. Gérard Lanvin, comme ses prédécesseurs, commencera par les plâtres. Lorsque Martin Lamotte et Jacques Delaporte lancent le chantier de La Veuve Pichard, rue Sainte-Croix-de-la-Bretonnerie, à cent mètres du nouveau temple du Café de la Gare, en bordure du Marais, cet autre enfant de la périphérie vient proposer ses services. Ce qui lui vaut, après la sueur, en vertu de l'usage du café-théâtre, de monter sur les planches. Sa compagne, Dominique, qui deviendra la femme de Renaud, abandonne elle aussi les fringues pour la régie-lumière, et la scène. Ils feront partie de la troupe, avec Anémone, Christine Dejoux, et les inévitables remplaçants, comme Roland Giraud ou Michel Putterflam. Tous amis de Coluche.

Gérard Lanvin plaît immédiatement à celui-ci. C'est un anar secret, comme Renaud, amoureux des Puces et des escapades libertaires. Il a sillonné la France, au volant d'un camion. Il connaît les marchés, le monde du « demi-gros », de la fripe. Il sait où dénicher les phrases de la marge et de la précarité sociale et, comme son ego n'a pas encore eu à souffrir de celui de Coluche, il se montrera fort précieux. « Pote » compréhensif, les jours d'engueulade générale, diplomate par horreur des brouilles, traqueur d'histoires drôles.

Les « secrétaires » de ce genre particulier, Coluche les additionnera. Il lui arrivera d'en nommer plusieurs à la fois. Au point que Paul Lederman aura souvent du mal à se repérer dans ce personnel-entourage aux fonctions floues, à s'habituer à ces compagnonnages protéiformes. Mais poser la question à Coluche équivaut à huit jours de bouderie. L'impresario est prié de payer. La menace d'une grève sur le tas n'est jamais loin !

Paul Lederman paiera donc ce qu'il prendra pour le caprice d'un chef de tribu qui aurait trouvé dans le music-hall le moyen de nourrir une famille gitane. Il y aura aussi Didier Jallier, dit Jean-Jean, l'Antillais, Roland et Danny, les copains du restaurant *Le Potager des Halles*, l'une des tavernes de l'artiste. Leurs affectations varient au gré des nouvelles rencontres, des embarras financiers d'autres copains que Coluche résoud par une embauche dans l'heure. L'entreprise Coluche n'a pas de limite. Il y a de la place pour tout le monde. A Paul, d'inventer les formules des fiches de salaires.

A Paul, aussi, de voir grossir, impuissant, ses équipes de tournées en province. Des techniciens solides, des musiciens rompus à toutes les acoustiques de salles ont encadré, sur les routes, les carrières de Claude François et de Thierry Le Luron. Il ne réussira jamais à les imposer à Coluche. « Tu veux me fliquer ? crachera l'artiste. J'ai pas envie que tu m'espionnes, d'avoir tes nervis tout le temps sur le dos ! » Seul René Gorlin, un régisseur, sera des premières tournées. Après transaction.

Coluche est un Parisien forcené, et l'éloigner quelques semaines de Paname et de sa chère périphérie, augmente dangereusement les risques de nervosité chez lui. La province ferme à la nuit tombante, lui est un couche-tard. Comme beaucoup d'autres vedettes, il déteste les loges des vieux théâtres jamais rénovés, les hôtels-HLM. Pour supporter cette errance de cirque, les kilomètres d'autoroute, l'inconnu perpétuel des bistrots et des restaurants, il lui faut une bande. Il pioche dans la famille : ses musiciens, mais aussi Coco, la sœur de Miou-Miou, Esther Lamandier, Alain Pellet, et Dominique Jallier, sœur de Didier, surnommée Doudou.

D'autres font leur entrée parmi ceux que Coluche appellera, un jour, « mes indispensables ». Jean-Michel Vaguelsy, le fils de Yacha, le marchand de téléviseurs, qu'il avait fasciné, en 1968. L'ancien lycéen passé par le gauchisme militant, titulaire d'une licence d'histoire, qu'il invite à déjeuner. Leurs retrouvailles sont explosives. Trois heures de feu nourri, pour tester la capacité du « gamin » à défendre sa licence, sa culture universitaire et sa dialectique de groupuscule. « Je crois que je ne me suis jamais fait autant engueuler, explique Jean-Michel, je ne comprenais pas très bien le sens de son agressivité. Je croyais qu'il m'en voulait pour quelque chose. Après, j'ai réalisé qu'il avait attendu, plusieurs années, mes années d'études, pour reprendre, à travers moi, des hostilités plus larges [7]. »

En quittant le restaurant, Coluche lui dit : « Je t'appellerai : l'étudiant. » Ce qu'il ne fera jamais. Jean-Michel Vaguelsy, sonné d'entrée pour un diplôme tout neuf, sera « Jean-Mi ». « Mon Jean-Mi à moi », quand Coluche le présentera. En attendant, l'étudiant se retrouve préposé à la « poursuite », ce gros projecteur qui fouille l'obscurité à la recherche du visage de l'artiste, depuis le fond de la salle.

Certains rejoindront même l'équipage, comme on évite un naufrage. De justesse. Un jour, bien sûr à table, Patrick Olivier, dit Patou, musicien proche de l'équipe du Splendid, provoque Coluche. Il est fauché, malade, démoralisé. Il doit avoir une curieuse façon de dire à son interlocuteur qu'il lui envie ses aises car l'humoriste en oublie d'avaler. Le lendemain, le téléphone sonne chez Patrick Olivier :

« – Salut, c'est moi. Je cherche un secrétaire.

– Mais je suis musicien...

– C'est pour une tournée d'une semaine. Pas cassant !

– Mais je n'ai pas mon permis de conduire...

– Ça fait rien, je conduirai. »

Ces adoptions à répétition ne sont cependant pas gratuites. Les paresseux sont impitoyablement renvoyés. Coluche ne prendra jamais ces tournées pour des parties de campagne. Il pense, au contraire, réinventer ce métier particulier qui s'apparente pour lui aux migrations des mariniers ou des forains. Sa passion du travail bien fait attendrit Paul Lederman. De tous les artistes de l'écurie, il sera le plus obsédé à adapter son spectacle aux conditions, parfois très contraignantes, des salles de la France profonde. Pas question que Vannes assiste à un *one-man-show* au rabais.

Son équipe itinérante sera d'abord traitée plus durement encore que ses compagnons de troupes. Assimilant très rapidement, Coluche possède une réelle connaissance des techniques nécessaires à la bonne marche d'un théâtre. Longtemps, il réglera lui-même les projecteurs ou le plan de rangement d'un camion. Le soir, après deux heures passées en scène, il voudra être du démontage, par peur que les autres cassent des objets qui exigent du doigté et du respect. C'est l'époque « M'aide pas, j'ai pas le temps! », comme le dit Jean-Michel, où Coluche ne se satisfait pas de remplir les salles. Il pousse l'épopée à son maximum, lui trouve dix défauts par jour, trop d'imperfections de détails. Les autres le retardent, réveillent sa peur, simplement par leur rythme propre.

A Douai, il est à l'affiche deux soirs de suite. Quelle vedette française pourrait rivaliser, rien qu'avec des mots? Une lampe claque. Il est furieux. Il fait la gueule au public qui l'applaudit debout. Les notables de la ville, les copains l'attendent pour fêter sa performance. Il doit d'abord réparer la lampe, discuter avec les machinistes et les électriciens. Non pour lui : il en a fini avec Douai. Pour ceux qui suivront. Pour le spectacle.

Les négociations des contrats de tournées sont épuisantes. Coluche se moque du champagne dans les loges ou des voitures mises à disposition. Lorsqu'il croise une suite de palace, il prend. C'est tout. Il aurait même tendance à en réclamer d'autres pour l'équipe. Lors de sa première tournée des plages, l'été 1975, aux côtés de Le Luron, il n'avait cessé de s'étonner, comme un gosse, du faste des hôtels de la Côte, des casinos, du ballet des avions privés, à Nice. Au luxe, il préfère le gros confort extensible aux amis.

Inviter Coluche à se produire en ville tient du casse-tête pour les directeurs de salles ou les adjoints municipaux à la Culture. Les conditions de sécurité, d'écoute doivent être parfaites. Les villes où les revenus modestes constituent plus de la moitié de la population – ce qui n'est pas rare – sont priées de diminuer le prix des billets. Sa venue vaut bien une subvention, pour arrondir la recette. S'il voit un gardien de la paix, en coulisses, il ne jouera pas. Il déteste les sociétés de gardiennage qui assurent le maintien de l'ordre des concerts. S'il voit un chien-policier, il s'en ira. Il fait tenir à jour la liste des villes où ont eu lieu des incidents d'après-concert. A la fin de ses spectacles, il prévient parfois : « Faites gaffe! Dehors, les flics sont nerveux, ici. On m'a dit que le mois dernier... » Triomphe assuré.

S'il craint les débordements, ce n'est pas seulement pour son public. Lui-même souffre d'être entouré, même d'admirateurs. Au début, il signait les autographes à la manière d'Eddy Mitchell. « Machinalement, Coluche. » Depuis, il s'y refuse le plus souvent. Il découvre avec effroi une méprise qui le poursuivra toute sa vie. On le prend pour ce qu'il paraît. Un bon gros, juste méchant de la gueule, populo plus que populaire, qui tutoie l'inconnu et doit aimer picoler. On ne comprend pas ses brusques refus, enveloppés de grossièretés, d'un dernier verre. Coluche ne supporte pas les claques dans le dos. Contrairement à la vieille légende du spectacle, il n'appartient pas à son public.

Son show achevé, il se met à éructer si, comme cela arrive de plus en plus souvent depuis *Le Schmilblick*, on prend, dans la rue, Michel Colucci pour Coluche. Si on le confond avec ses personnages, prolongeant l'histoire dans la vie. Il se querellera souvent avec ceux qui l'apprécient et qui croient aborder, dans le privé, le clown habillé comme eux, et qui parle leur langue à la scène. Beaucoup d'artistes sont confrontés à cette confusion : Johnny Hallyday a échangé des coups, autrefois, pour le droit de goûter tranquillement un peu de détente dans une boîte de nuit de province.

Coluche se battra très souvent. Pas longtemps. L'équipage l'entoure constamment, averti de son aversion pour l'absence de manières mises à l'approcher. Non qu'il préfère la fréquentation des notables. Une fois sur deux, invité – forcément avec sa bande – par un maire ou un sous-préfet, il choisira la provocation. Il pétera à table, fera une cour ostensible à la maîtresse de maison, ou donnera le signal de départ avant le fromage. Non aux notables, donc. Mais aussi aux gens moyens, les gens normaux, qui se croient en confiance avec lui, et qui le traitent comme un copain d'usine. Coluche se sent agressé. L'interlocuteur s'avance avec, à la bouche, les mots de ses sketches. Quand il n'a pas affaire à un poujadiste en flagrant délit de contre-sens sur son humour, c'est un Arabe qui vient remercier, au nom de ses frères. Un loubard, qui prend Coluche pour un converti. Il y a des jours où le coup part très vite, sans un mot. Et il faut l'arrêter. D'autres où, au contraire, Coluche se lance dans une terrible critique de « la connerie des pauvres », interrogeant son interlocuteur avec rudesse, cherchant à savoir pourquoi il avait, justement, accepté l'usine. Pourquoi il supportait cette ville, sa tête, le sort. Lorsque, enfin, Coluche se calme, bien sûr, il n'ose plus regarder l'autre dans les yeux. Il offre à boire, amuse la galerie, pour ne pas avoir à entendre celui qu'il a mis à nu lui raconter, sur le ton du regret, une vie que lui-même connaît par cœur.

Longtemps, Coluche sera ainsi d'une fragilité extrême dans ses face-à-face impromptus avec les vrais modèles de ses personnages. Et comme il a décidé, une fois pour toutes, de ne plus jamais plaindre, comme il se ferme à la pitié, il est contraint de hausser encore d'un ton sa hargne verbale, de pousser plus vite les mots qui font mal. « Il considérait que le fait d'être pauvre ne justifie pas d'être con, explique Renaud. Moi, je ne sais pas me dire ça. » Comme d'autres, Renaud supporte les effusions de ses admirateurs, leurs confidences larmoyantes. Renaud trop poli, comme Romain Bouteille, comme Roland Giraud, souvent gênés de la violence instinctive de leur ami. Coluche, lui, sait que le succès attire à lui, surtout en province, dans des villes vides, la nuit, les apitoiements, les fausses explications : « Moi aussi, j'étais doué pour la musique, j'ai pas poursuivi, je me suis marié. » « Alors, te plains pas, c'est ta faute », répond simplement Coluche. Et comme ce ne sont pas des phrases à chuchoter, il les hurle. « Kesta ta ! » Au moins, l'insulte laissera un souvenir. C'est tout ce qu'il peut.

C'est aussi sa technique, en tout cas son mode opératoire, dans les restaurants. Épuisé par la tension nerveuse de son one-man-show, il est souvent d'une humeur de dogue à l'heure, tardive, de passer à table. Sa boulimie, son angoisse hypoglicémique, à ces moments-là, lui tiennent lieu de psychologie. Pour lui seul, il commande comme quatre. Comme le maître d'hotel s'étonne, déjà irrité de l'entrée tonitruante de l'artiste, cinq minutes plus tôt, l'incident intervient rapidement. Le maître d'hôtel, au mieux, sera traité de « loufiat ». « C'est ce que tu es, non ? Je suis sûr que tu as même un diplôme de loufiat ? De loufiat en chef ? » Coluche ne supporte pas le maniérisme des restaurants vieille France. La bouffe n'a pas besoin d'ornements, ou alors, c'est la preuve que la gastronomie est un art égoïste. Alors, il n'y a plus à se gêner. Dans ces lieux voués aux élégances de murmures, aux conventions de castes, Coluche joue aux quilles. Quelques-unes de ses phrases célèbres naîtront de ces colères argumentées. Comme celle-ci : « Ma grand-mère, le respect, elle en est morte ! »

Des dizaines de restaurants, de chaumières rénovées pour clientèle chic feront savoir à Paul Lederman qu'ils préfèrent, à l'avenir, se passer des visites de l'humoriste. Deux ou trois fois même, il cassera, répondant à l'odieux onctueux par l'odieux brutal. Coluche déteste l'hypocrisie souriante des commerçants, la séduction de la femme du patron qui veut absolument lui faire signer le Livre d'or de l'établissement. Il n'est pas simplement irritable comme une star, il se croit partout en guerre. Il sent l'adversité, rien qu'à son propre malaise des situations. Lorsqu'on lui fait remarquer qu'il a été détestable, il pense sincèrement avoir bien agi. Il a détecté des attitudes, des regards qui n'ont pas alerté ses compagnons. Coluche souffre d'une impitoyable lucidité, des autres et de lui-même. Le choc ne peut en être qu'explosif.

Un tour de France, à peine, sera nécessaire à Coluche pour comprendre que la province exaspère son ennui. Malgré les craintes de ses managers, il fait souvent embarquer des motos dans les camions des tournées. Il rentre à Paris, dans la nuit, pour vingt-quatre heures de relâche. Lorsque le cinéma viendra se superposer au music-hall itinérant, il ne rechignera jamais à emprunter des avions privés ou des hélicoptères pour être à l'heure, à son entrée en scène. Il ne voyagera plus qu'équipé de pied en cap : télé portative, magnétoscope, films vidéo, instruments, jouets électroniques.

Les tournées ne tiendront pas toujours de la corvée. Coluche éprouve une réelle tendresse pour les villes du Nord. Vis-à-vis de son humour, la France est vraiment coupée en deux. Il est moins apprécié au sud de la Loire, dans des régions où le rire est souvent lié à un accent. Coluche parle comme un parigot. Marseille restera froide. Il est le comique des bassins urbains et industriels : plus il remonte le pays, plus les salles réagissent rapidement, avec justesse.

Douai, Roubaix, les corons, les pays de frontières et de bière. La Belgique, où, la première fois, Paul Lederman redoutait tant de présenter son protégé, déjà connu pour l'acidité de ses blagues... belges. Les spectateurs du Cirque Royal, à Bruxelles, lui réserveront spontanément, en réaction, le meilleur des accueils. Devant eux, croyant contourner l'obstacle, il se moquera surtout des Suisses. Avant d'aller, bien sûr, rire plus tard des Belges, en Suisse. Les Bruxellois refuseront la dérobade : lors des rappels, ils exigeront, debout, les fameuses blagues belges. Coluche égrènera ainsi ce qui, du plat pays, amuse tant ses compatriotes. Et quand il en arrivera à bout, physiquement vidé, ils lui en raconteront d'autres. « C'est ce soir-là que j'ai vraiment su ce qu'était le surréalisme », se rappelle Paul Lederman.

Comme les Suisses ne bouderont pas leur plaisir non plus, Lausanne et Genève, comme Naumur et Charleroi, seront de toutes les tournées. Coluche fera des détours, rallongera ses étapes, pour ces cousins intelligents et chaleureux. Il acceptera les interviews, lui qui multiplie les incompréhensions avec la presse française, ira boire un dernier verre, avec des mangeurs de frites, ou des bourgeois du Léman. Il ne se battra jamais en Belgique. Il se tiendra correctement dans les restaurants genevois.

SEPTIÈME PARTIE

RUE GAZAN

I

C'est une maison de poète et de clochard enrichi. A la fois un antre des Puces et le Café de la Gare. Une architecture à la diable reliant une maison d'un étage à un long entrepôt court sur pattes qui épouse la pente douce, un curieux attelage de ciment, de verre dépoli, de toits de tôle, encerclé au plus près, par une forêt d'immeubles. Rue Gazan.

Le refuge de Coluche. Sa tanière, à deux pas du périphérique. Cinq minutes, à moto, de Montrouge. Il a déjà habité, quelques années plus tôt, un petit appartement de cette rue bordant le parc Montsouris. Cette fois, il a choisi la seule vraie maison de la rue. Un joli pavillon de brique orné de frises, et d'un auvent de verre au-dessus de la porte d'entrée. Trois marches incongrues, une cour minuscule, un mur, de brique encore, et une porte de fer. Par dessus la cour, et la maison, l'ombre portée d'immeubles de plus de six étages, quelques-uns de brique, qui courent tout le long de ce côté du parc. Des immeubles aussi, derrière, au pied de la pente, rue de l'Amiral-Mouchez.

Coluche habite le seul endroit où le ciel, ici, ne bute pas sur la pierre. Un carré de résistance à la promotion immobilière. Un propriétaire réfractaire – Coluche est locataire – a dû refuser de céder à la loi du marché ces âcres de jardin ouvrier qui s'inclinent jusqu'à l'autre rue, en bas, et la petite maison. Les autres constructions sont venues lécher la mitoyenneté, ne laissant que deux arbres maigres. A voir cette miraculée et son champ tout en longueur, on imagine que ce Fort-Chabrol a dû être rude.

Sur ce champ, Coluche a fait faire des travaux, jeter un bâtiment en paliers, des dizaines de mètres carrés pour une salle de jeux, des coins-bistrots, des chambres d'amis, une piscine. L'entrepôt, vu d'en bas, n'a laissé que quelques mètres carrés d'un jardin désordonné qui bute sur une vieille grille à deux battants. On peut s'échapper par cette autre entrée. Deux passages d'immeubles en attente des bulldozers, un virage intérieur, une autre porte, et c'est la rue de l'Amiral-

Mouchez. Le dernier périmètre de liberté de cette pente aux immeubles. Un bras d'honneur : des centaines de voisins, en se penchant à leur fenêtre, peuvent voir la petite maison et son boudin préfabriqué.

On dirait une grande roulotte posée sur ses essieux, un cirque, avant de dresser son chapiteau, au milieu d'HLM. Il faut rester dans la rue Gazan, sur le parc, pour se persuader que cet ancien pré du XIVe arrondissement appartient aux quartiers chics. En soi, c'est aussi une frontière, une médaille et son revers. L'opulence et les rappels persistants de la précarité. Coluche a certainement apprécié cet endroit pour ces variations de façades.

Il a dit un jour : « C'est comme les Italiens, même quand ils sont riches, ils ont quand même douze mômes qui pleurent autour, des nouilles qui cuisent sur le feu, une mamma, etc. J'suis né comme ça, j'vis comme ça. Voilà [1]. » Il n'est pas né comme ça, mais c'est vrai qu'il a choisi de vivre ainsi. Le modèle social contemporain, monsieur, madame et les enfants, reste trop étroit pour lui. Il aime profondément sa troïka, Marius, Romain et Véronique. Mais il est aussi, surtout sans doute, homme de tribu. « Je ne peux pas me passer des copains, c'est vital [2]... » Dès que ses moyens financiers le lui ont permis, il s'est donné un lieu à la mesure de ses rêves.

C'est-à-dire des rêves qu'il nourrit pour les siens. Au sens large. Coluche se moque des décors, des meubles, des tableaux, de l'apparence extérieure d'une maison. Il accepte tous les styles, adopte les goûts de l'autre, ceux de Véronique, pour peu que lui-même y trouve ses aises. Le confort en groupe réclame de l'espace, une souplesse fonctionnelle. Il demande à cette maison d'être accueillante pour tous. Aussi tient-elle de l'entrée de théâtre, pour ses affiches, ses photos aux murs; du restaurant, pour sa salle à manger rappelant les « bougnats » des Halles; du bar confortable, pour une immense pièce de vie jonchée de coussins; de la salle de jeux pour adolescents, pour ses flippers, ses machines à sous, made in USA, son baby-foot, son billard, sa table de ping-pong; du hall de sport, pour la piscine couverte...

Tout a été pensé pour les amis. Pour que les autres aient envie d'y venir, surtout d'y rester. Coluche a fait installer une rôtisserie de poulets, du modèle de celles des cantines. Aménager un studio d'enregistrement, pour les copains musiciens à la recherche d'un local de répétition. En entrant, on aperçoit les patins des enfants, auquel l'étage supérieur de la petite maison est réservé. Puis, tout de suite, les ronds de serviette. Beaucoup de ronds de serviette, en guise d'avertissement : ici, les autres sont chez eux. Interdit de demander la permission. L'intrusion est obligatoire. La protection de l'intimité réprouvée. Coluche et sa femme ont leurs appartements au premier étage, seul endroit secret, à condition que Marius et Romain donnent leur accord. Tout le reste est propriété collective.

A partir de 1978, pendant trois ans, Coluche irriguera cette colonie de vacances de la rue Gazan de sa convivialité. Il a désormais trop d'amis auxquels il tient, et ne peut plus accepter une invitation à dîner sans, du moins le croit-il, léser les autres. Il est las des restaurants, des rues de Paris, des boîtes de nuit où son insolence, son irritabilité provoquent des incidents. On le reconnaît, on le dérange. On ne le croise plus guère que dans quelques lieux familiers des Halles, aux alentours des théâtres des copains, *Chez Castel* ou aux *Bains-Douches*. Il a prêté un peu d'argent à Jacques Renaud et à Fabrice Coat pour lancer leurs premiers travaux. Il aura toujours sa table aux *Bains-Douches,* au restaurant, non au dancing. Les décibels l'empêchent de parler, et Coluche ne s'arrête jamais de parler.

Insensiblement, il rapatrie sa grosse tendresse vers la rue Gazan. Sotha est instamment priée de venir dormir à la maison, les jours où elle va jouer au tennis dans le quartier. Lorsque Patrick Dewaere cherche à déménager, c'est Coluche qui trouve le lieu idéal, à côté de chez lui. Dès qu'un proche est à la rue, malheureux ou simplement entre deux appartements, il est sommé de venir s'installer chez Coluche. Gérard Lanvin, Thierry Lhermitte, Jean-Jean, Danny, habiteront la rue Gazan durant de longs mois.

Le dimanche soir est réservé à ceux du café-théâtre. La baraque accueille le Café de la Gare, La Veuve Pichard et Le Splendid. Coluche cuisine souvent lui-même le dîner. Il sait même faire les patés. Il sert d'immenses omelettes. Et puis, on joue à des jeux, comme le dimanche soir, dans les familles qui se passent de la télé. A des jeux de gosses. Au Monopoly, au billard. Concours de ping-pong. Bain de minuit. La colo, après la Solo.

Coluche proscrit les conversations sérieuses. On ne vient pas, rue Gazan, pour s'ennuyer ou pour se plaindre. Sous-entendu : pour se plaindre de lui. Avec eux, Coluche sait qu'il n'a pas toujours bien négocié les années communes. La discussion pourrait déraper à son désavantage. Achopper sur les reproches. Mais comme Coluche ne peut se passer d'eux, et comme eux-mêmes sont à la fois emportés par son affection d'activiste et fatigués de leurs vieilles querelles, ils se prêtent volontiers à cette vie de smala juvénile en week-end. Simplement, on note, ces soirs-là, les brouilles passagères aux absences de Josiane Balasko ou de Martin Lamotte. « Il avait trop d'amis, explique Xavier Thibault, aussi chacun ne savait plus comment exprimer sa propre amitié, autrement que par sa présence. Il y avait de moins en moins de dialogues. Coluche essayait sans arrêt d'avoir tout le monde en même temps [3]. »

Avec les mois, les dîners, sous l'influence de Coluche qui se dérobe aux confidences, refuse les sujets graves, deviennent des concours permanents de blagues. Des improvisations continuelles, ce qui ravive parfois l'impression que Coluche engrange. « On sortait de là exsangue, se souvient Jacques Delaporte. Un championnat non-stop de représentation. Et puis, à son ordre, il fallait aller jouer au ping-pong. Si on rechignait, il nous engueulait [4]. » Quelques-uns résistent, comme Romain Bouteille, mais Coluche, avec lui, n'insiste jamais. Il ne sait pas comment prendre le philosophe de la dérision, qui le regarde toujours avec un étrange sourire, comme s'il lisait tout de sa course effrénée. Car Bouteille passe de temps en temps, et se met dans un coin, comme Michel Blanc et Gérard Jugnot dont la sympathie pour « le Gros » restera prudente.

Coluche s'entend très bien avec ceux qui ne fondent pas leurs rapports sur l'ambition personnelle, avec les gentils, les faibles, ceux qui ne peuvent rien lui refuser. Avec les beaux gosses aussi, Lanvin, Lhermitte, Jean-Jean, qui lui font moins d'ombre, paradoxalement, que ceux qui, pour séduire, doivent mettre en avant, comme lui, des mécanismes plus intérieurs et un fort sens de l'humour. Avec les filles, enfin, dont il sait susciter l'attendrissement maternel.

Les relations sont moins simples avec ceux qui éprouvent le sentiment, légitime, de lui servir de cour. De lui permettre de se rassurer sans cesse, d'être le miroir de son succès, de sa chance actuelle. De lui fournir la preuve qu'il est bien en vie.

Les autres ont aussi des carrières, quelques-uns un égocentrisme aussi écorché que le sien, et au fil des mois, des films, des chocs de célébrité, ces rassemblements du dimanche se chargent aussi de rivalités. Coluche est le plus connu, très vite le plus riche, cela ne justifie pas, cependant, aux yeux de quelques-uns, cette mise à disposition permanente. Gérard Depardieu, par exemple, dont Coluche a toujours recherché l'amitié, préservera son indépendance. « Je suis solitaire, j'ai deux, trois amis, dira-t-il, j'aime pas le milieu des acteurs, leur cinéma, ça me gonfle ou je m'en fous, je ne les critique pas, mais je n'aime pas les fausses familles. Lui, c'était le contraire, il en avait besoin (...). Mais je trouvais ça très fatigant pour lui. Moi, je peux très bien jouer l'inertie, mais sa vie a dû être exténuante [5]. » Gérard Depardieu passera de temps en temps rue Gazan, mais lui et Coluche se manqueront, au sens où Coluche l'entend, c'est-à-dire comme un amarrage permanent, une fusion de leurs vies privées.

Beaucoup d'autres, nourris de la mémoire de leurs débuts communs garderont, à des degrés divers, le besoin de se retrouver fréquemment, ne serait-ce que pour contenir leurs vanités d'acteurs à la réussite trop rapide. Cette préservation de la fidélité à leur histoire, c'est Coluche qui la symbolisera. Il la confortera, rue Gazan, surveillera, comme une mamma, ces destinées qui lui sont proches et qui hésitent désormais entre la solitude du succès et la nostalgie des créations collectives. Sa tendresse de nounou, de cuisinière, de gamin sera rassurante, en ces dimanches soir, de quiétude.

Ce premier cercle historique des amis conservera aussi un souvenir ému des réveillons du 31 décembre. Bien sûr, rue Gazan. La seule des maisons de la bande qui ait été conçue pour les réveillons. Coluche y organisera plusieurs années de suite un spectacle de courts one-man-shows, baptisé *Le Gala de l'oignon*, où chacun des vieux copains présentera un « truc ringard » sur un praticable, donnera une imitation, improvisera un sketch. Renaud imitera Antoine, Gérard Jugnot tiendra des discours fumeux. Ce théâtre du patronage retrouvé, ces chorales de salle de garde seront filmées en vidéo.

La rue Gazan permettra aussi à Coluche de recevoir dignement les vedettes préférées de sa jeunesse. Des comiques, comme Darry Cowl. Des chanteurs. Certains resteront ses amis, Eddy Mitchell, Johnny Hallyday, Jacques Dutronc, Françoise Hardy, Birkin et Gainsbourg aussi par la grâce de cette maison magique. Lorsque Coluche constatera que les fusions de ses sympathies multiples réussissent, lorsque Claire Nadeau jouera au poker avec Eddy Mitchell et Bouboule, il s'apaisera un peu. Ces soirs-là, il n'aura rien à leur dire, rien de précis, rien d'intime. Ils sont là, c'est tout, chez lui. En haut, les enfants dorment. Véronique vaque, remarquable maîtresse de maison. Sa femme a le don d'accueillir le nouveau venu, de le mettre à l'aise, de compenser le mutisme, le manque de naturel de son mari. Coluche peut s'acharner sur son flipper : aucun orage ne se présente à l'horizon.

Il dira aussi : « Moi, de toute façon, j'ai jamais l'intention de devenir un homme, j'ai l'intention fermement de rester un enfant. Qui se marre. Je me suis bien marré [6]. » Les preuves fournies de cette ambition donnent le vertige. La rue Gazan est une maison imaginée par un môme, comme reproduite à partir d'un dessin aux crayons de couleur. Tous les objets y sont des jouets. Les pièces n'ont d'autres fonctions que de favoriser le ludisme. L'espace paraît n'exister que pour loger un monde de baby-foot.

L'univers de Coluche renvoie sans cesse à l'enfance. Signes appuyés de revanche, voyants, obsessionnels jusqu'au trouble. Si l'on admet qu'il a été privé des plaisirs de la prime adolescence, comme tant d'autres, il se rattrape par une constance affichée, une prodigalité échevelée qui donnent l'impression qu'il a à se venger pour dix. Car c'est vraiment beaucoup d'enfances pour une vie d'adulte ! Ses proches en seront d'abord surpris puis, constatant le besoin profond de leur ami, ses émerveillements ou ses manques, ils respecteront aussi cette visite permanente aux Grands Magasins, rayon du Père Noël.

Même ceux qui n'aiment pas la moto s'inclineront. Lui-même les collectionne, comme il collectionne les voitures des bandes dessinées de son adolescence. Des Américaines aux couleurs flamboyantes, aux chromes d'Hollywood. Des Buick, une Impala Chevrolet, une vieille Studbacker, des Cadillac qu'il fera repeindre, etc. Il s'offrira même une Rolls, comme on s'offre une tournée des Grands Ducs. « La Rolls, c'est un réflexe de pauvre, aussi, expliquera-t-il. Parce que, pour un riche, avoir une Rolls, ça n'a pas d'intérêt. Je tiens à les rassurer, les mecs qui en rêvent : c'est bien. C'est pas une voiture, c'est une Rolls [7]. » Il résume ainsi sa frénésie de possession hétéroclite : « La première année où ça a vraiment marché (...) évidemment, j'ai tout acheté, j'ai tout bouffé. J'ai acheté quatorze voitures, la première année [8]... »

Il ne s'arrêtera plus. Il voudra s'associer avec Bruno Moynot, codirecteur du Splendid, pour traquer les occasions, dénicher l'improbable voiture des années cinquante dans un garage de la région parisienne. En faire commerce. Mais, bien sûr, comme les enfants des jouets, il s'en lasse vite. Les voitures attendent le long du trottoir de la rue Gazan, ou chez des collectionneurs amis. Ou à la fourrière. Une voiture, une moto passent, d'autres s'effacent.

Ses loisirs, outre la tanière du parc Montsouris, ressemblent à une suite de courses frénétiques dans les magasins par quelqu'un à qui on aurait proposé une forte somme avec obligation de la dépenser avant la tombée du jour. Coluche lit les journaux spécialisés dans la vente d'objets magnifiques ayant un rapport avec la mythologie américaine. Il expédie un ami, à l'autre bout de la France, pour une rareté poussiéreuse. « Il avait un côté Ginette, note Pierre Bénichou. Toujours quelque chose du loubard pas en règle. Ses voitures, on avait l'impression qu'elles avaient été fauchées le samedi soir. Qu'elles avaient été bricolées [9]. »

Ses journées surtout, lorsqu'il lui arrive de ne pas travailler, tiennent de la quête infatigable d'amusements de mioches. En bande, toujours par deux, au moins, car Coluche ne supporte pas de rester seul. Quand ce n'est pas par anxiété, c'est par ennui. Les nuits sont trop longues. Les journées trop courtes. On dirait qu'il croit sincèrement devoir mourir au soir et qu'il obéit à sa dernière volonté : « se marrer » jusqu'au bout. Très angoissé, souvent insomniaque, il est toujours le premier levé, à l'aube. Pour se faire pardonner de réveiller l'un de ses « secrétaires », il arrive dans la chambre avec le plateau du petit déjeuner, entre dans le lit de son ami endormi. Tant pis, tant mieux, pour la petite amie de celui-ci. Baisers dans le cou. Musique. Coluche, dès 6 heures du matin, affiche un tonus gourmand. Branlebas de combat général. Virée en moto, balade aux Puces. Séance de bricolage chez un garagiste. Grosse bouffe. Bonjour aux *Bains-Douches*. Retour sur scène. Grosse bouffe. Virée à moto. Courses folles sur le périphérique. Balade à Orly, et retour. Et puis, baby-foot, ping-pong, à la maison.

Lorsque, après 2 heures du matin, Coluche lit les signes de la fatigue sur le visage de ses compagnons, il invente d'autres activités, téléphone aux absents, dérange, propose une ultime fournée de pâtes. Les autres s'endorment sur les coussins. En les recouvrant de couvertures, il leur trouve une petite santé.

Tout au long de ces années, les « secrétaires », les chauffeurs, les régisseurs-adjoints seront d'abord des compagnons de jeu. Ils épouseront les rôles des copains de la Solo. Pierre Bénichou a raison : avec Coluche, on ne s'éloigne jamais vraiment de *Ginette*. Il a les réflexes de clan de ces années-là, les affections bruyantes et soupe-au-lait des bandes, le refus des séparations. Et comme il redoute la lassitude des autres, comme il lui faut sans cesse repousser l'heure du doute ou de la trouille pour lui-même, il consacre beaucoup d'argent à maintenir, attendrir cette garde rapprochée du mouvement perpétuel. « Maintenant, j'arrive enfin à dépenser le pognon que je gagne. C'est pas tout de gagner un milliard par an. Il faut encore le dépenser [10]. »

Sa technique : s'en servir comme d'un langage, un troc permanent au service de ses outrances et de son manque de confiance. « Une recherche du consensus par le fric, dit Romain Bouteille. En désespoir de cause, il essayait par le fric, car il ne savait pas comment aller autrement aux autres [11]. » Coluche n'a aucun goût pour l'économie. Il n'a pas très envie d'investir. Lui-même a peu de besoins, en dehors de ses gros jouets d'adultes. L'argent lui permet surtout de refaire, dix fois par jour, la preuve qu'on l'aime toujours.

Ils sont plus de cinquante, dans Paris, à qui personne n'offrira plus jamais, sans doute, en tout cas aussi régulièrement, d'aussi beaux cadeaux. Longtemps après sa mort, ils veilleront sur ces trésors, moins pour leur prix que pour les mots qu'ils avaient remplacés. Les mots rarement prononcés, distinctement, du vivant de l'artiste.

Jean-Michel Vaguelsy a gardé sa moto, comme Roland Giraud, comme d'autres. Il s'en sert peu, car les motos de Coluche ont désormais tendance à s'épuiser... Pourtant, elles auront été nombreuses, ces motos. Autant que les voitures, les bijoux, les billets d'avion, les prises en charge totales. Les cadeaux d'hommes et les intentions de femmes. Les briquets en or, les caisses de vin, les vêtements, la lingerie fine. Des boutiques entières de fleurs, vingt, trente gerbes de roses en une même livraison, pour les grandes dames, comme Michèle Morgan ou Catherine Deneuve qui impressionnaient Coluche.

Thierry Lhermitte vécut rue Gazan. « Je le voyais tous les jours, raconte celui-ci, je passais toutes mes soirées avec lui. Et, pourtant, je n'ai pas l'impression de l'avoir connu. Je crois qu'il ne m'a rien dit sur lui, rien d'important. Il avait un très gros problème de communication. Aucune confidence. Il parlait autrement [12]. » Il parlait par cadeaux interposés. Comme tout le monde, sans doute, mais à cette différence près que Coluche mettait autant d'énergie à cet exercice d'escamotage qu'à ses amusements ou à l'insolence.

Les anecdotes abondent sur sa générosité. Elles témoignent toutes de son incapacité à la spontanéité. De ses contradictions encombrantes. De sa gêne et de son plaisir de l'argent qu'il tient à la fois pour immoral et pratique. « Je tiens à dire que l'argent fait le bonheur ! », proclamait-il. Pas si sûr, en ce qui le concerne. L'aisance matérielle fera souvent obstacle entre lui et ceux qu'il aura à cœur de séduire. Il l'admettra d'ailleurs : « Comme disait un mec pas bêcheur lui non plus, j'ai jamais été simple, je vois pas pourquoi la gloire me ferait changer quelque chose [13]. »

Plus il dépensera pour ses proches, plus il aura l'impression de s'éloigner, de s'embourber dans des relations qui n'avaient pas besoin de ces marques permanentes, et ostensibles, de surenchère. Là aussi, selon l'expression d'un ami, il « annonce trop fort », comme l'on dit au poker.

Deux anecdotes simplement, car elles sont trop nombreuses pour être toutes rapportées. Gégé, le gamin du Café de la Gare, qui avait tant voulu connaître les USA : les années 70 le verront dans la dèche. Malade d'alcool et de drogue. Sonné par le succès de ses remplaçants sur scène, Renaud ou Depardieu. Un jour, Coluche lui trouve mauvaise mine. « T'es sûr que t'as besoin de rien? Prends ! » Rue Gazan, il y a toujours des billets dans un pot, à disposition. Inefficace sur les orgueilleux, comme Gégé. Celui-ci refuse, remercie. Coluche s'énerve. Gégé a les larmes aux yeux. Le rapport de forces est tellement inégal ! Soudain, Coluche a une idée. Gégé fait un peu de peinture, pour le plaisir. Les copains l'encouragent, mais il n'a jamais peint un tableau pour le vendre.

Coluche, ce soir-là, lui en commande six. Des grands. Des tableaux représentant des couples d'amis. Dewaere et son épouse, Nadeau et Bruneau, Lamotte et Christine Dejoux... Devant Gégé éberlué, il règle même une avance. « Disons quatre mille francs! Quatre mille multipliés par six, ça fait... » Gégé peindra les tableaux à la rage. Les œuvres s'égareront, après la mort de l'artiste. Mais Gégé deviendra un très bon peintre.

Un après-midi, Romain Bouteille s'échine maladroitement à réparer sa moto dans la cour pavée du nouveau Café de la Gare. Il peste, s'insulte, de fort méchante humeur. Arrive Coluche, qui lui lance un salut pressé et s'empare du combiné téléphonique du hall du théâtre. « Il n'a rien dit, il s'est mis à téléphoner. Quinze coups de fil, le salaud! Je le voyais discuter à travers les vitres de la porte. Ça a dû lui prendre plus d'une demi-heure. Et moi, je me faisais chier avec cette moto! » Ses conversations enfin achevées, Coluche rejoint Romain Bouteille :

« – Laisse tomber, tu y arriveras pas.

– M'emmerde pas! Il faut que j'y arrive.

– Laisse! J'en ai une autre pour toi. Tiens, la voilà. »

Un mécanicien pénètre dans la cour sur une moto. « Dans ses quinze coups de fil, raconte Romain Bouteille, il en avait passé un à un pote garagiste, lui demandant de débouler à toute vitesse pour réussir sa surprise. C'était invraisemblable. Débile et touchant. Un cadeau d'un prix fou pour une simple blague. »

Ce jour-là, Romain Bouteille, pourtant sur le qui-vive, se laissera avoir. Il s'inclinera devant l'astuce. Résister à l'invention permanente des tendres traquenards est harassant. La générosité de Coluche s'exprime en rafale souvent indirecte, impromptue ou farceuse. Elle annonce un grain émotionnel, ou vaut pour gage de réconciliation. La plupart du temps, il faut se garder de ses cadeaux, comme de ses pulsions d'autorité. Deux versants d'une même psychologie compliquée. « Il était puant de générosité », dit Romain Bouteille. Il manque, en effet, souvent sa cible, surtout parmi ceux qui le connaissent bien. Les cadeaux ne sont pas toujours acceptés avec le sourire. Car ils cachent autre chose. Bien sûr, son mutisme, sa façon d'avoir besoin des autres sans jamais leur avouer. « Ce qui était beau dans ces cadeaux, note encore Bouteille, c'est l'angoisse qu'ils trahissaient. Sans eux, il ne lui serait resté que le choix de la spontanéité. Insupportable. » Toutefois, l'autre aspect est souvent embusqué. Coluche, inconsciemment, se débrouille aussi, par ses présents, pour établir son emprise sur les autres, comme si son talent, leurs souvenirs communs n'y suffisaient pas. Il exprime autant sa crainte d'être abandonné qu'une nécessité de prouver sa primauté. C'est toujours lui qui invite, qui règle les factures. Tous ont tenté, un soir, au restaurant, de payer l'addition. Ses colères les en ont dissuadé. Même une franche dispute ne suffit pas à faire décrocher le prodigue. La veine des cadeaux ne se tarira pas.

Ils en parleront entre eux et conviendront de le laisser continuer à déverser ces inutiles témoignages. « Impossible de lui faire comprendre, raconte Josiane Balasko. Il pigeait pas, ou ne voulait pas piger. On a baissé les bras. Après tout, c'est lui qui se rendait malade. Lui qui se soignait de quelque chose par toutes ces preuves. On a pris le bon côté de ses cadeaux [14]. »

« Nous, cela ne nous posait pas trop de problèmes, ajoute Claire Nadeau, une fois qu'on s'était mis en tête qu'il était impossible de rivaliser sur ce terrain. C'était lui qui en faisait trop d'histoires. Lui que ça devait perturber [15]. » Il s'entêtera, en tout cas. Les fêtes seront prestigieuses, la liste des anniversaires soigneusement tenue à jour. En courses dans les magasins, lesté de liasses de billets, car il utilise peu les chéquiers ou les cartes de crédit, il demande à son compagnon du jour : « A qui on pourrait offrir ça? » L'autre s'étonne : à qui il veut! Alors Coluche se met encore en colère. Ce n'est pas parce que c'est son argent, à lui, que l'autre ne peut faire de cadeau avec!

Coluche est usant à suivre. A travers cette chevauchée précipitée dans les années soixante-dix, deux mouvements contraires paraissent s'opposer, toujours avec la même force. Deux mouvements qui, longtemps, s'exerceront essentiellement sur la famille. Une tendresse rare, constante et exacerbée, sans cesse contrariée. Et « un terrible besoin d'être partout le chef », d'imposer une loi non écrite : la sienne. « Tout était passionnel, explique Jacques Delaporte. Une permanente insatisfaction, alors qu'il devait bien se rendre compte qu'on ramait derrière lui. Une volonté d'exister que je n'ai plus revue depuis. Michel était un despote éclairé. Le contraire d'un démocrate. »

Et justement, autour de lui, ces acteurs, ces chanteurs des générations montantes sont tous plus ou moins passés par l'utopie, l'anarchisme ou le gauchisme. Coluche lui-même appartient, plus profondément encore, à cette école de libertés tous azimuts. Il exige pourtant le contraire de son environnement. « Il avait une volonté caractérielle d'être sur le devant de la scène, note encore Jacques Delaporte. Ne jamais perdre. Sauver la face en permanence. Comme si nous étions le jury. C'est toute la différence entre un type doué et un type doué et prêt à tout pour être devant. »

Coluche, bien sûr, n'a rien d'un caporal. Son despotisme est fraternel, souvent drôle, toujours arrosé d'affection. Mais il cherche l'impossible. « Il exigeait que nous réussissions tous, mais bien sûr, derrière lui », confie Thierry Lhermitte. Coluche semble faire du succès des siens une question personnelle. Comme ces parents qui s'honorent des diplômes de leur progéniture. Et comme eux, il y met le prix. Il préférerait que Sotha réalise des films plus commerciaux. Il a refusé de jouer dans le *Graphique de Boscop,* mais finance en partie *Au long de la rivière Fango.*

Miou-Miou et Patrick Dewaere sont déjà des stars, au cinéma. Il les conseille comme des débutants, persuadé que leurs contrats cachent un loup. En 1976, il a prêté main-forte au Splendid qui déménageait. Un soir de représentation du *Pot de terre contre le pot de vin,* le public est parti en cours de spectacle. Coluche est resté, hurlant sa joie, du fond de la salle, invectivant ceux qui s'en allaient. Puis, il les a invités à dîner.

A table, il les bouscule, donneur de leçons éclairé. Il est le parrain vigilant de La Veuve Pichard et de ses nouveaux protégés. Il a pris en main Gérard Lanvin. Au cinéma, il pousse Roland Giraud, Anémone, Dominique Lavanant, Luis Rego. En 1977, il a accompagné Xavier Thibault et Jacques Delaporte, qui ont décidé de se lancer dans l'aventure du *Grand Orchestre du Splendid.* En 1979, il donnera un coup de main à Charlotte de Turkheim, qui prépare un one-woman-show, au Café d'Edgar : *La fin du monde aura lieu un mardi.*

Vingt-quatre comédiens devaient jouer une pièce policière, mais ils se sont disputés, et Charlotte de Turkheim est seule en scène. Comment faire patienter ? Elle improvise. Elle raconte, au jugé, des mots qui pourraient être de Coluche : « *Le vent s'apaise... l'absence aussi* » ; « *Y m'avait emmenée dîner chez Lipp... à Besançon* » ; « *A force d'être dans les jupes de sa mère, il s'était fait des relations* » ; « *Son père est fonctionnaire, et sa mère, elle travaille pas non plus* » ; « *Remember des Charentes.* » L'obsession coluchienne de la marche en avant collective a bien sûr sa faille : celui-ci reste, malgré sa popularité à la scène, nostalgique de la vie de troupe que certaines de ses amis mènent toujours. Il profite de son jour de relâche pour quémander un petit rôle au Splendid ou à La veuve Pichard. Pour le satisfaire, Bruno Moynot inventera même des grippes imaginaires. Il assure que c'est pour leur publicité à eux : Coluche, pour un soir, sur une petite scène des Halles. Les amis ne sont pas dupes. C'est encore une manière de se mêler de tout. De ne pas perdre le contact.

« Il avait un vrai problème qui nous a bien aidés, reconnaît Renaud. Il n'aimait que ceux qui réussissaient. Il admirait ceux qui se bougeaient. Une attitude naïve, comme Gainsbourg, mais qui venait d'une conviction profonde. Le succès, pour lui, s'arrachait à la sueur. Sur le dos de la vie, parfois des autres. J'ai cessé d'avoir des relations de gosse avec lui quand mes disques ont marché. Il était fier de moi. » Enfin fier de Renaud, mais inquiet pour les autres. Omniprésent. Lassant et adorable.

En 1976, encore, après l'immense succès du *Schmilblick,* il avait remonté *Ginette Lacaze,* à l'Élysée-Montmartre. « Beaucoup pour eux, explique Claude Martinez, malgré le scepticisme de Paul. » Un mois de représentation. Un succès mitigé. Le temps pour Paul Lederman de prouver à Coluche que sa dimension nationale, désormais, ne pouvait plus s'intégrer à la performance plus anonyme d'une troupe. Ceux qui étaient venus pour Coluche n'avaient vu, en effet, que Boby Bouillon, ceux qui avaient aimé *Ginette,* première époque, étaient troublés par la présence du clown. Ce mois de vacances avait été un concours de gags en coulisses pour Myriam Mézières, Josiane Balasko, Gérard Lanvin, Martin Lamotte, Thierry Lhermitte, Michel Putterflam et Christian Clavier. Un autre bon souvenir.

Un peu plus pour Josiane Balasko qui fait l'unanimité de la presse, dans le rôle de Monique. « Impayable avec sa bouille ronde, ses lunettes cerclées de fer et sa mine renfrognée [16]. » Surtout, on trouve qu'elle ressemble à Coluche. Même origine sociale. Mêmes rondeurs, en effet. Coluche est ravi. Balasko est lancée. Grâce à lui. Le voilà frère aîné. Balasko est furieuse. « Après *Ginette,* on a eu un an de fâcherie perpétuelle. Je ne voulais pas être sa petite sœur. Je me suis fait refaire le nez. Tu cherches à être belle, m'a-t-il dit, comme s'il me reprochait de quitter un physique commun. » [17]

Ils se manqueront souvent, et les autres s'amuseront de leurs guérillas de jumeaux. Par la suite, Coluche insistera pour qu'elle tourne, à ses côtés, dans l'un de ses projets de films, *Autodéfense.* L'histoire, très anti-Le Pen, d'un couple de poujadistes racistes qui s'obstinent à tirer sur un Arabe en cyclomoteur, et dont les mauvais coups se retournent sans cesse contre leurs auteurs. Josiane Balasko refusera : « Toujours pour cette histoire de petite sœur. Il en jouait. Il faisait chier. » Le film ne verra jamais le jour. Elle lui demandera de jouer, avec elle, dans l'un des projets qu'elle écrira : *L'Épanoui du 20 h 30.* Il déclinera la proposition, peu enclin, dira-t-il, à prêter sa popularité à la frangine. Ces deux-là s'aimeront vraiment beaucoup. Mais Coluche ne saura jamais comment réduire à sa souveraineté ce petit bout de femme qui, effectivement, lui ressemble. « Il est con, j'aurais fini par le faire, *Autodéfense* », confie-elle.

Tout au long de ces années, ses amis auront ainsi beaucoup de mal à le suivre. Que veut-il? Davantage de gloire encore? Plus de fric?

Tester sans cesse, sur eux, sa frénésie de vie? Il a tort d'en réclamer toujours de nouvelles preuves, par leurs applaudissements. Ils sont tous, naturellement, admiratifs de sa puissance, de sa vitalité, de sa « vista ». Admiratifs et un peu perplexes. « On aurait dit un paradoxe vivant, explique Martin Lamotte. On sentait qu'il pouvait se briser. Désespéré, et en même temps hyperactif. Tout le temps aux extrêmes : généreux et voleur, gentil et très méchant. C'est ça qui nous fascinait [18]. »

Coluche file, loin devant eux, à cent à l'heure. Il prend tous les risques. Mange trop, avec bonheur. Eux surveillent leur ligne. Il fonce, déjà, sur les circuits-moto, passe des heures avec les pilotes de stock-cars. Il ne dort plus. Il travaille, se vide sur scène, en tournée, comme aucun d'eux n'en aurait l'énergie. Il veut toutes les femmes, encore pour se rassurer. Il a un besoin névrotique d'être entouré : aucune autre star n'attire autant l'affection de compagnons fidèles. Il a, enfin, les jouets qui ont dû lui manquer. Sa baraque, des enfants, une épouse distinguée, tous les cocons qu'un homme puisse désirer.

Que veut-il? Il est insensible à la douleur, protégé par sa mauvaise foi. Son corps lui permet de tout encaisser. Il s'est libéré de l'alcool sans effort. Simplement, parce qu'un jour, il en a décidé ainsi. Il est arrivé, plus tard, en proclamant : « J'arrête de fumer! » Il a grillé une dernière Gitane. Ne s'y est plus remis. Tout lui réussit. Les plus jolies filles de Paris lui trouvent une charme irrésistible. Il est riche comme aucun d'eux ne peut espérer le devenir. Il n'a même plus de pudeur. Il est capable de se déshabiller n'importe où, pour s'éprouver. Il l'a fait plusieurs fois, au milieu d'une discussion. Pour voir, pour utiliser dans un sketch les effets de ces exercices de désinhibition.

Il est mal. Insatisfait. Un peu perdu derrière sa carapace. Jamais seul, sauf sur sa moto, son seul univers secret. Il a mal, c'est tout, personne n'y peut rien. En rébellion, toujours. « Il avait la grâce de ne rien ménager, dit Josiane Balasko. Une manière de rire des habits neufs de l'Empereur qui lui bouffait la vie, emportait tout. »

HUITIÈME PARTIE

PARASITE SUR L'ANTENNE

I

Entre 15 h 30 et 17 h, conduire en France peut s'avérer dangereux. En tout cas, pour ceux qui écoutent Europe 1 en voiture. A n'importe quel instant, le rire peut provoquer une fausse manœuvre. Un hurlement, le « cri du cochon » peut s'échapper subitement des haut-parleurs de bord.

Coluche, à partir du printemps 1978, éructe tous les jours dans le poste. Il tempête, raisonne et déraisonne, improvise avec un génie insoupçonné de l'à-propos, et sa présence sur les ondes, à l'heure des ménagères et des retraités, précipite, en pleine époque de la « Giscardie » finissante, le vieillissement brutal de la radio. « *Bonjour, c'est Coluche! ça va? Tout le monde va bien? Alors voilà, y'a Jean-Jean. Il est réveillé, Jean-Jean? Y'a Gérard. Y'a Robert Willard... C'est le seul qui dise bonjour.* (Il se met à crier dans son micro.) *Les autres savent pas faire de la radio!!! Faites de la radio!!!* » C'est le début de la deuxième émission, le lendemain de la prise d'antenne, le 24 avril 1978, de l'humoriste.

La première n'a été qu'une mise en bouche. Inaudible. Coluche était arrivé, pétrifié par le trac. Il avait demandé à Jacques Dutronc et à Eddy Mitchell de venir le rejoindre, et les deux compères, aussi maladroits que l'animateur nouvellement embauché, avaient raconté à peu près n'importe quoi. Coluche avait cherché le mode d'emploi de ce média durant toute l'émission, parlé lorsqu'il pensait son micro coupé, parlé pour ne rien dire, juste pour éviter les « blancs ». « *On patauge... On fait amateur*? », s'inquiétait-il. « *On s'excuse, on savait pas qu'il fallait venir à jeun.* » *On n'est pas là pour se faire engueuler,* titre de l'émission, emprunté à une chanson de Boris Vian et enregistré par le Grand Orchestre du Splendid, démarrait à vide. Et comme Coluche s'en rendait compte, le studio avait vite basculé dans le fou rire général.

On m'a volé ma moto. Je vais m'en acheter une autre. Si les voleurs ont une préférence pour la couleur, qu'ils écrivent!

De la régie, par la vitre, on devait lui faire signe que ses invités et lui-même parlaient les uns sur les autres. Alors, un peu dépassé, il en avait rajouté. «*Allez, les mecs, parlez tous ensemble, pour voir. Ah! oui, ils ont raison!*»

René Cleitman, directeur des programmes d'Europe 1, avait pris tous les risques, vis-à-vis de ses supérieurs, en imposant Coluche, à une heure radiophonique traditionnellement somnolente. Depuis son bureau, il avait écouté ces borborygmes. Effondré. Dans les couloirs, en régie, beaucoup de monde pour regarder Coluche apprivoiser l'antenne, ou se faire dévorer par elle. A 17 h 05, juste après l'émission, Coluche avait été convoqué dans le bureau de son employeur. René Cleitman lui avait remis l'enregistrement de ce qu'il venait d'entendre, le priant de réécouter la bande à tête reposée, et de se persuader que c'était à peu près là le florilège de tout ce qu'il fallait éviter. Coluche, en maugréant, avait réécouté.

Le lendemain, 25 avril donc, débute une longue série de géniales émissions, à la fois très maîtrisées et totalement débridées. Comme un bricoleur, Coluche a compris tout seul, en une nuit, le mécanisme de ce moteur radiophonique. Il va le faire tourner à plein régime.

Robert Willard, voix connue de la station, est censé canaliser les délires de l'humoriste, lui faire respecter le « pilote » de l'émission, qui bien sûr, après cinq minutes d'antenne, n'est déjà plus qu'un souvenir. Robert Willard tremble légèrement de la voix. Les mois à venir vont être rudes. « *Vous avez vu les nouvelles? La France a la bombe. La bombe à neutrons, celle que quand ça explose, les magasins restent bien ouverts, avec les vitrines et tout, pendant les travaux* (...) *Un jour, on va se retrouver en guerre avec le Kurdistan. Ils vont nous envoyer une bombe. On sera mort, on saura même pas où ils habitent les mecs*! »

Robert Willard voudrait proposer de passer un disque, rappeler que c'est l'heure des pubs. Coluche n'écoute déjà plus. Avec ses deux comparses, Jean-Jean et Gérard Lanvin, qui ponctuent les chutes de ses gags, il a pris possession de la radio. Il s'y est installé, comme si la radio n'existait pas. Comme s'il était à table, rue Gazan, et qu'il parlait, mordant, précis et insolent, à ses amis. A 15 h 15, la France découvre comment parle Coluche, quand il n'est pas au music-hall. Avec des mots de plomb. «*Avant la guerre pour la patrie, la guerre de religion, y'avait la guerre pour pacifier.* (Il s'arrête un bref instant.) *Tu vois le jeu de mots. Faut pas s'y fier.* (Il tousse, hilare, d'une bonne humeur communicative) *Jeanne d'Arc, c'était pas une affaire. Deux mètres vingt. Rien qu'assise, il fallait lui monter à manger. Elle entendait des voix, des voix de garage!*»

Il ne raconte pas un sketch appris par cœur. Il est en plongée sans oxygène, au maximum du risque, guidé simplement par quelques notes qu'il ne parvient plus à déchiffrer. Il bute, sans crainte apparente des « blancs » à l'antenne, il froisse du papier, bousculant les rites mêmes de la radio. On écoute, fasciné, sinuer son esprit. Il pense tout haut, dit ce qu'il croit. Digression, à partir des chevaux des guerres d'antan : Jean Marais, qui cavale toujours dans ses films, « *on l'a jamais vu sans maquillage* ». Le premier de dizaines de confrères du spectacle à être ainsi rasé gratis, giflé l'après-midi.

« *Les armures, tu comprends, tu transpires dedans, et au bout d'un moment ça s'empire.* » Jean-Jean et Gérard Lanvin guettent ses sous-entendus. « *Ça sent pire.* » Il sont ravis. Robert Willard lit une publicité. Un cinéma de Lyon, Le Pathé (rires) propose des entrées gratuites. « *Si vous voulez en être...* », indique l'animateur. On entend la grosse voix de Coluche le couper, dans des hoquets. « *J'ai déjà donné!* » Les allusions sexuelles viennent d'entrer dans le studio. Elles n'en ressortiront plus.

« *Commencez la Révolution sans nous. On préfère être cons et vivants que morts et pleins d'idées. Tu sais ce que c'est la raison d'État, c'est quand y'a des tas de raisons pour se faire virer et qui y'en a une qui a fait déborder!* » Il vient d'inventer un aphorisme, qui contracté, servira sur scène : « *La raison d'État, c'est des tas de raisons.* » Il commence à jouer avec les nerfs d'Europe 1, à annoncer un terme possible, son éjection de la station. Désormais, tous les jours, Coluche se moquera des directeurs de la radio, « *807, ils sont*, dira-t-il, *mais on en est pas sûr, parce que le temps de les compter, y'en a déjà qui sont partis* ». Il cherchera le point de rupture à l'antenne, communiquant à ses compères, à Martial Courtois, le réalisateur, et à ses assistants, à l'étage tout entier, une formidable vitalité d'insurrection interne.

Dans l'heure suivante, ce 25 avril, il aligne les blagues idiotes. « *Qu'est-ce qu'on vend comme beurre depuis* Le Dernier Tango à Paris! *Char-entes-Poi-tou! Ça-ren-tre-par-tout!* » Cette autre, à propos des courses en montagne : « *J'ai un copain qui a fait la face nord de Marielle Goitchel.* » Il égratignera Line Renaud, et ne laissera plus, désormais, la chanteuse en paix. « *Quand elle va chanter au Canada, elle fait un malheur, quand, elle revient, elle en fait un aussi. Un malheur n'arrive jamais seul!* » Le chanteur Michel Polnareff, et le départ de celui-ci, poursuivi par le fisc, pour les États-Unis l'inspirent. « *C'est le petit qui est parti avec l'argent des courses?* »

Il attaque de front les pubs, non seulement leur contenu désuet, mensonger, leur rhétorique douceureuse, mais leur existence même dans l'émission. Manque de chance pour la régie publicitaire, *France-Dimanche*, en ce mois d'avril, a programmé une campagne de promotion. Robert Willard, contenant ses fous rires, tente de lire le texte préparé : « *la triste fin du roman d'amour de Danièle Gilbert.* » On ne pouvait faire plus plaisir à Coluche. Son micro explose. Ça tombe bien, il a justement préparé une rubrique, une autre campagne publicitaire, au titre explicatif : « *On avait déjà connu les horreurs de la guerre, et maintenant on a* France-Dimanche ! » Gérard Lanvin égrenne les titres de l'hebdomadaire, quelques-unes de ses informations. « *Pour fêter la naissance de sa fille, il viole sa voisine.* » Coluche ponctue : « *Ça s'arrose. Laisse, c'est ma tournée !* » Musique !

Un désastre. Coluche tire sur tout ce qui dépasse, aspire la poussière radiophonique, ses conventions de bruits de fond. Il n'a pas à se forcer. La vulgarité des publicités de l'époque, le ronronnement de l'antenne passent à sa portée, et il a exigé qu'on laisse son micro ouvert en permanence. Une grande lessive, vraiment. Honnête, il prévient : « *On est un peu comme des enfants, voyez. On s'adresse pas aux adultes. On s'adresse aux enfants de notre âge.* »

Puis, sans transition, il offre ses conseils au gouvernement de M. Raymond Barre : « *Il faut surtout pas apprendre le boulot de ministre. Parce que si tu apprends l'agriculture, huit jours plus tard, tu te retrouves ministre des Finances. Faut surtout jamais savoir rien faire. Après, le type, on le met à l'Intérieur pour qui prenne pas froid.* »

Il a aussi décidé de faire un peu de pub à Jacques Borel, le restaurateur très contesté des autoroutes. « *Pour manger, c'est pas terrible, mais pour vomir, formidable !* » Un blanc, cinq secondes de réflexion, encore on l'entend penser à chaud, puis il détourne une chanson de Jacques Brel : « *Le plat pourri qui est le mien.* »

17 heures approchent. Coluche a eu le temps de s'adresser à Monette, au micro, de saluer Henriette Chevestrier, la mère de Bouboule, de perdre ses papiers, de pester dans le poste, de laisser venir à nos oreilles tout ce qu'on cache, d'habitude, dans un studio. « *Bon, qu'est-ce que je disais ? J'avais une feuille. Qu'est-ce que j'en ai fait ?* » Encore une blague belge. Cela pourrait continuer longtemps, tant s'exprime librement une santé verbale qui pourrait tenir jusqu'au silence des ondes, au milieu de la nuit, tout passer à la moulinette, l'actualité politique, les histoires idiotes, la chronique pudibonde du show-biz. Robert Willard sent qu'ils vont déborder. Il tente d'enrayer ce flot qui bouscule toutes les digues répertoriées de la tra-

dition de la rue François-Ier. Avant de rendre, enfin, l'antenne, avec le regret de celui qui vient de découvrir la puissance d'un pouvoir, et son envie d'en abuser, il a ce cri, ruisselant de plaisir : *« Ça y est! On fait de la radio! On sait le faire! »*

Cette journée, comme la précédente, comptera dans l'histoire d'Europe 1. Les « 807 directeurs » n'ont pas quitté l'écoute un instant. Tout le personnel, abasourdi ou fou de joie, a cessé de travailler durant une heure et demie, rivé au retour intérieur du son. Régie 1, le baromètre des annonceurs qui assurent l'équilibre financier de la station, interroge déjà la hiérarchie pour savoir si la maison est prête à perdre ses contrats avec Jacques Borel, *La Maison de Marie-Claire, France-Dimanche*, etc. Quelques auditeurs ont téléphoné. Scandalisés. Qu'arrive-t-il à leur radio familière? Heureusement, Europe 1 est aussi la station de la musique pour les jeunes. Et quelques jeunes ont appelé. Formidable! La station des passionnés d'information : bonne idée de parler politique l'après-midi, même sur ce ton.

C'est plutôt la rédaction qui, derrière Étienne Mougeotte, son directeur, s'étonne. Depuis des mois, les journalistes sont en butte à tous les soupçons, de la part de leurs confrères, de la gauche, et de l'Élysée. Accusée de soutien appuyé au giscardisme, Europe 1 a aussi le don d'énerver le président de la République. Cette radio est un peu radio d'État par le biais de la SOFIRAD. La majorité présidentielle a remporté les élections législatives de justesse, un mois plus tôt, après que tous les instituts de sondage, au soir du second tour, eurent donné la gauche victorieuse. Giscard et Raymond Barre, ancien et nouveau chef du gouvernement, ont eu chaud. D'où leur irritation. Confier une émission à Coluche, c'est plus que de la provocation.

Mais, comme le chef de l'État lui-même s'en plaindra, Europe 1 est aussi une maison qui apprécie « le persiflage ». Moins populaire que RTL, moins institutionnelle que France-Inter, elle a régulièrement parié sur la modernité, les nouvelles couches de la société, l'information, l'intelligence. Parfois même, sur l'insolence. Dans le passé, elle a dû quelques-unes de ses grandes émissions à des nihilistes corrosifs très en avance sur leur époque : Francis Blanche, Jean Yanne, Maurice Biraud, Jacques Martin... Europe 1 procède par bonds, par révolution, à chaque fois qu'elle se laisse distancée par RTL, dans les indices d'écoute.

Et c'est justement le cas, en ce début de 1978. La station, comme d'habitude, demeure compétitive tôt le matin, par son talent d'information. Puis les « créneaux horaires » s'essoufflent en milieu de journée, pour s'effondrer l'après-midi. En face, Philippe Bouvard, avec ses *Grosses têtes,* rafle ce qu'on ne nomme pas encore « les parts de marché ». Qui lui opposer? René Cleitman a recours à la vieille recette. Un comique. Mais depuis Maurice Biraud, les expériences tentées, pour agréables qu'elles furent, ne se sont pas révélées marquantes. Bourvil, Fernand Raynaud, Roger Pierre, Jean-Marc Thibault ont fait, à l'antenne, de brefs séjours. « Mais leurs textes étaient écrits, le matériel fabriqué, explique Martial Courtois. Ce n'était pas leur métier. Être humoriste et homme de radio en même temps, c'est rarissime [1]. »

Jacques Martin revient à Europe 1 pour animer un jeu, en fin de matinée. Stéphane Collaro, dit « Tonton Mayonnaise » pour les enfants, révélé par le même Jacques Martin à la télévision, dans *Le Petit Rapporteur*, tient déjà une tranche horaire de la matinée avec ses feuilletons irrespectueux. Pour René Cleitman, restent Guy Bedos et Coluche. Deux incontrôlables. Dans un cas comme dans l'autre, un embarras assuré, pour les annonceurs, et pour le poste du directeur des programmes. Ça a failli être Bedos. Ce sera Coluche. Il y a des jours où Paul Lederman a l'étrange pouvoir de faire passer son poulain pour un gentil garçon.

Depuis plusieurs mois, Coluche remporte plus qu'un triomphe au Théâtre du Gymnase, boulevard Bonne-Nouvelle. Le spectacle affiche complet jusqu'à l'été prochain. Paul Lederman avait compris que les salles parisiennes, Bobino ou l'Olympia, ne convenaient pas à l'humoriste. Il avait repris ses marches à pied dans la ville, tout visité. « Je ne savais pas très bien ce que je cherchais, raconte-t-il. Une salle spacieuse et intime à la fois. Quelque chose qui envelopperait Coluche, qui aiguiserait l'attention du public. Un jour, je me suis avancé sur le plateau du théâtre dirigé par Marie Bell, et j'ai immédiatement senti que j'avais trouvé le lieu idéal [2]. »

Comme tout marche trop bien du côté du music-hall, Coluche éprouve le besoin de se remettre en question. Pour un peu, il s'ennuierait. Attaquer la radio est un objectif qui peut mettre d'accord l'artiste et son impresario. Paul connaît bien ce média léger, beaucoup plus souple que la télévision. Comme beaucoup de producteurs de sa génération, il garde une nostalgie pour cette compagne de l'oreille qui n'empêche pas ses auditeurs de vivre. Longtemps, le music-hall a entretenu des liens étroits avec les micros des stations hexagonales. Coluche, lui, se sent un peu à l'étroit dans son répertoire. Et comme il parle tout le temps, qu'il a des idées sur tout, qu'il est pétri de l'humour de *Hara-Kiri*, et qu'il sera le compagnon de route de l'équipe de *Charlie-Hebdo*, lui vient l'envie d'aller réveiller les ondes.

Ce sera Europe 1, car Paul y connaît René Cleitman, aussi parce que Thierry Le Luron sévit déjà sur la concurrence. Quelques directeurs, parmi les « 807 », s'inquiètent, mais le responsable des programmes tient bon. Malgré tout, par prudence, Coluche est engagé à la semaine, à 5 000 francs par jour, 5 000 pour son équipe. On n'a pas clairement annoncé pour combien de semaines... Pour le « piloter », Robert Willard, déjà faire-valoir de Francis Blanche, et Martial Courtois, le réalisateur, qui a pris, dans le passé, la responsabilité technique des délires des dangereux comiques invités par la station.

Comme le raconte Patrice Blanc-Francquart, actuel directeur des programmes d'Europe 1, Coluche adopte immédiatement, pour contrecarrer cette méfiance larvée, « la méthode Jean Yanne ». « Celui-ci avait l'habitude d'arriver sur une radio en prévenant ses auditeurs qu'il risquait de se faire virer n'importe quand [3]. » Histoire d'éviter les évictions discrètes, de hisser la barre de la confrontation. D'alimenter, aussi, une tension, une sorte de chronique dramatique et drôle, d'engager les paris. Combien de semaines tiendra-t-il?

Il tient. Six semaines après son arrivée, il est sur le point de rattraper Philippe Bouvard. Europe 1 n'a plus à affronter que deux problèmes distincts : la fronde de ses annonceurs, et la coupure en deux camps des auditeurs. Les pour et les contre.

II

Les bailleurs de fonds protestent. Coluche déteste les pubs. Il propose sans cesse, au micro, qu'on les supprime, ou qu'on les diffuse groupées, pour débarrasser l'antenne. « *Vichy? J'y suis allé quatre fois pour rien* », lance-t-il, après un message vantant les installations de remise en forme physique de cette ville d'eau. Il croit les jeux des magazines truqués, et le dit.

Il pousse son gros rire aux larmes, à l'écoute des textes angéliques des rédacteurs de promotion, persifle dans l'enchaînement. Cette réclame lénifiante à l'usage de la France profonde, « *qui prend les gens pour des cons* », est tellement proche de son sketch sur la publicité qu'il aurait tort de se priver. *Points de vue et images du monde*, l'illustré des grands bonheurs et des petites misères du « sang bleu », lance-t-il une campagne de promotion? Coluche la fait lui-même. Il achète le journal, le jour du passage du message, le lit à l'antenne d'une voix suave, et tombe sur cette phrase : « *C'était l'été de ses seize ans.* » « *L'été de ses seize ans? T'entends ça? Les autres, autour, ils pensaient qu'ils bronzaient. Eh! bien, non! c'était seulement l'été des seize ans du prince Michel de Kent! C'est des trucs qu'il faut savoir, sinon tu meurs con, merde!* »

« C'était la plus formidable de mes émissions, explique Martial Courtois, mais aussi la plus difficile nerveusement. Michel me regardait du coin de l'œil, à travers la vitre. S'il lisait sur mon visage, un signe de crainte, il en rajoutait un peu plus. Je prenais alors l'air sérieux, détendu, et ça passait, de justesse. » Au fil des émissions, Coluche dévoile tous les petits secrets de la radio. Les cadeaux reçus, pour qu'on flatte le produit à l'antenne. La bonne entente systématique du monde du spectacle, où tout le monde dit du bien de tout le monde. « *Bon, de qui on pourrait encore dire du mal?* », demande-t-il sans cesse.

De Gonzague Saint-Bris, écrivain et journaliste. L'auteur a adressé son livre sur le nouveau romantisme à Coluche. Celui-ci, en introduction à l'émission du 1er décembre 1978, se met à réciter les éloges appuyés des confrères romanciers, Jean Dutourd, Jean d'Ormesson, fournis avec l'ouvrage. « *C'est formidable! Un mec dirait de tels trucs sur moi, je m'dirais : ça y est, je suis mort!* » Robert Willard lui fait des signes désespérés. Gonzague Saint-Bris anime une émission nocturne à Europe 1. « *Il travaille ici, Gonzague Saint-Bris? C'est lui qui fait* Les Routiers sont pédés, *le soir? Accrochez-vous au poste!* » Quelques minutes, plus tard, Robert Willard relance le sujet dans la conversation :

– *Dis donc, si j'écrivais un bouquin, je sais pas si je te l'enverrais...*

– *Si t'écrivais sur un papier plus fin, et qu'y avait un truc pour l'accrocher aux chiottes...*

Coluche sent très bien que l'équipe souhaite l'entendre apaiser l'incident. Il insiste donc. « *Les mecs des radios, ils sont tellement contents qu'on leur envoie des cadeaux, qu'ils disent du bien de tout. Tu leur enverrais un seau de merde, ils diraient : C'est formidable!* » Puis, soudain, il devient plus sérieux. Presque grave. « *Le romantisme de Gonzague Saint-Bris, de Poivre d'Arvor, de Frédéric Mitterrand, c'est un truc où y'a pas assez de pauvres pour que ça m'intéresse. Moi, j'suis pas tellement romantique, vous avez remarqué? Je suis plutôt hyperréaliste, comme genre. J'ai jamais lu d'livres. J'vais pas lire celui-là!* » Il est en rogne. Il marmonne encore, « *roman-toc* », s'énerve de ne pas retrouver ses feuilles. Blanc. Le silence lui rend envie de rire. « *Dis donc, qu'est-ce qu'il y a comme trous dans cette radio!* »

Des annonceurs se plaignent, les flatteurs se font renvoyer leurs présents par les ondes. Pour alléger René Cleitman de quelques soucis, Coluche invente alors la contre-publicité : sur le répondeur de l'émission, quelques producteurs de vin, quelques entrepreneurs ont eu l'idée d'enregistrer leur petit message. Le principe en sera généralisé. « *Mais, je vous préviens, si c'est dégueulasse, je le dis!* », précise Coluche. Beaucoup tenteront leur chance, dans le jeu de quille proposé. Coluche devient testeur pour les consommateurs.

Le directeur des chaussures de ski Garmont prend un jour rendez-vous à Régie 1. Son entreprise traverse une crise. Sa dernière chance, dit-il, c'est Coluche. Les spécialistes de la publicité haussent les épaules. Coluche l'apprend. Il commande une paire de chaussures, l'essaie à l'antenne. Dix minutes de délire. Dix minutes de promotion. Des chaussures, il en offrira ainsi des dizaines, au rythme d'une idée décapante par émission. A Amin Dada, à l'Empereur Ier Jean-Bedel Bokassa, « *Roi des cons en second* ». A des étudiants, passés à tabac dans un commissariat. Aux enfants des policiers dudit commissariat. L'entreprise Garmont se retrouve rapidement en rupture de stock. « Il possédait l'incroyable logique des gens simples, note Martial Courtois. Un bon sens au carré. Ce qu'il faisait paraissait audacieux, mais, en même temps, c'était l'évidence. » Coluche rend la radio plus familière encore. Lui-même l'apprivoise sans inhibition. Il mange en parlant, et l'auditeur participe à son repas. Il n'en fait pas un truc. Il mange à l'antenne, c'est tout. « *Il est 9 h 12, vous êtes toujours à l'écoute d'Europe 1.* » Avec Coluche, il est toujours 9 h 12. L'heure officielle est annoncée avec le concours-payant-d'une marque. Alors, il donne la sienne, gratuitement. Ce « gimmick » revient tous les jours. 9 h 12, parce que 9-1-2 est le code de la malette que Coluche à offert à Martial Courtois.

Comme il plaint les sourds, qui ne peuvent l'entendre, il propose des numéros visuels, et ce silence, sur les ondes, déclenche les rires dans le studio. Il joue à la pétanque en direct, pour tester les boules Obut. Il lit son courrier personnel à l'antenne. Ainsi, il découvre une contravention, pour stationnement interdit, tôt un matin, près de la gare de l'Est. « *Mais y sont gelés ! J'ai jamais eu de Renault, moi ! A la gare de l'Est ! Bon, j'vais faire un geste pour la police. Approchez !* » On entend distinctement le bras d'honneur. « *J'suis désolé, vous vous êtes trompés d'erreur ! Tiens, le v'là, vot papelard !* » On entend Coluche déchirer sa contravention.

Tout lui est bon pour alimenter son émission. Il voit, un après-midi, les ouvriers d'un chantier, dans la cour d'Europe 1, regarder la fenêtre du studio. En parlant, il va ouvrir la fenêtre. « *On avait déjà les groupies, maintenant, on a les feignants. Les mecs qui bossent en face, ils foutent rien. Allez-y, criez !* (des cris sont perceptibles). *Pour qui vous travaillez ? Qui ? Ah, bon, je voudrais dire aux entreprises Demange que leurs ouvriers ne foutent rien !* »

Le mercredi, jour de congé scolaire, Coluche raconte parfois des contes pour enfants. Il utilise comme matériau de base des blagues salaces, qu'il livre, crues, aux adultes. Le mercredi, il les propose sans une allusion ni une grossièreté, les étire en longueur, les charge d'une poésie naïve. Coluche se révèle, à l'antenne, un merveilleux conteur, touchant, aux intonations et au vocabulaire très proches de ceux de l'enfance. Il aurait pu enregistrer *Le Petit Prince* de Saint-Ex. Dans ses archives, Europe 1 possède encore une douzaine de ces petits chefs-d'œuvre.

« Coluche avait aussi une forme de génie, un don, propres aux autodidactes, note Philippe Gildas, alors responsable de la tranche d'information 6-9 heures. Il n'avait aucune référence culturelle, rien à justifier par ce qui avait été fait avant lui. Il n'avait ni les réflexes de la connaissance, ni la peur d'en manquer. Tous les autres auraient cherché à imiter ce qui se faisait à la radio. Pas lui [4]. » Et comme il le dit lui-même Coluche ne fait, à la radio comme ailleurs, que ce qu'il « sait faire ». Son fond de commerce de blagues, d'égrillardises, d'insolence, de franchise. Quand il répond à une question sérieuse du répondeur, sur le racisme, ou le prix des places au Gymnase, il y consacre dix minutes, sur le ton de la conversation. Puis, il replonge. Une femme regrette de ne pouvoir l'écouter depuis le Canada. « *Quoi, elle m'entend pas du Canada! J'me casse! Je ne veux pas travailler dans une radio française ordinaire!* »

Son émission est à peine préparée. Il se place volontairement sur le fil du rasoir, parce qu'il s'y sent bien, et il improvise, selon son humeur, panachant, simplement, les effets, les chutes de mots drôles, les propos graves. *On n'est pas là pour se faire engueuler* ressemble progressivement à une assiette anglaise. A une émission généreuse, où l'on offre à manger et à boire avec variété.

A Europe 1, Coluche obtient très vite la preuve que sa pugnacité passe. Que son réalisme placide, bonhomme, met les rieurs de son côté. Forcer ainsi la porte est moins difficile qu'il ne s'y attendait. Il fait montre aussi d'une présence d'esprit, d'une rapidité de réaction que lui-même n'avait pas encore eu l'occasion d'expérimenter en public. « Sa qualité première : sa qualité d'écoute, explique encore Philippe Gildas, qu'il doublait instantanément de la réplique appropriée. »

C'est vrai que Coluche est parfois surpris, une seconde, par les questions du répondeur, qu'il lit, en butant, des dépêches d'agence dont il a à peine pris connaissance avant l'émission. Il confond les charges des ministres, les noms, les dates. Il se trompe parfois, et il offre, à l'antenne, ses hésitations, la limite de sa culture sur l'actualité et sur l'histoire. Mais, dès qu'il a achevé sa lecture, tombe une phrase terrible. Un trait de moraliste. Comme celui-ci, au détour d'une démonstration hasardeuse : « *La liberté, c'est un mot qui a fait le tour du monde, et qui n'en est pas revenu.* » Cet autre : « *Qui prête aux riches, prête à rire.* » Ou encore : « *Les hommes politiques, on devrait les faire souffler dans le ballon pour savoir s'ils ont le droit de conduire la France au désastre.* » Tout n'est pas de lui. Coluche emprunte parfois à San-Antonio, à d'autres, mais dans ces cas-là, c'est comme s'il redécouvrait ces phrases en les prononçant à l'antenne. Content, il les note. «*Attends, c'est pas mal, ça.* »

En quelques mois, il a dépassé Philippe Bouvard, quadruplé ses indices d'écoute. L'émission est prolongée. Coluche n'est plus rétri-

indices d'écoute. L'émission est prolongée. Coluche n'est plus rétribué à la semaine. « Très vite, grâce au répondeur automatique (...), expliquait René Cleitman en 1978, nous avons décelé deux clans très distincts parmi les auditeurs. Ceux qui n'aiment pas Coluche et ceux qui l'aiment. Parmi ces derniers, trois catégories, le grand public qui tient Coluche pour un raconteur de belles histoires; les gens qui apprécient son côté satirique; une frange très étroite qui s'identifie à lui comme à un être un peu marginal [5]. »

Dans cette liberté toute neuve, au milieu des querelles qui naissent entre ses admirateurs et ses détracteurs, piqué au jeu, surtout par ces derniers, Coluche propulse de plus en plus fréquemment, à l'antenne, une irrévérence directement politique. Un peu comme si l'équipe d'*Hara-Kiri* prenait d'assaut la rue François-Ier. Aucun détour. La ligne droite, dans la station la plus surveillée par le régime et son opposition, « *Jacques Chirac a déclaré que le budget de 1979 péchait par pusillanimité. Ça, mesdames, messieurs, c'est vraiment prendre les gens pour des cons! (...) J'ai regardé dans le dictionnaire. C'est synonyme de couardise. C'est sa manière, à lui, de dire faux cul!* »

Coluche n'a pas de préférence. La distribution est générale. Jean Lecanuet, bien sûr, dit « *la pauv'canuche* », et le CDS, « *le dortoir des grandes* ». Le gouvernement, l'Élysée, Mitterrand et Rocard, tous les partis. Les syndicats, notamment à l'occasion du licenciement de la moitié de son personnel par le Groupe Creusot-Loire, et l'annonce, en réaction, d'une grève des salariés de cette entreprise. « *Ça, ça me troue le cul! C'est fabuleux! L'usine va virer la moitié des effectifs et qu'est-ce qui font les syndicats? Ils font la grève! Les patrons n'ont déjà plus à payer les ouvriers, mais, en plus, à partir de maintenant, ils gagnent la différence. Soyez gentils, faites la grève le plus vite possible quand on vous parle de licenciements! Comme ça, les patrons gagneront la différence!* »

Après la politique intérieure, les faits divers – 1978 est l'année de l'évasion de Jacques Mesrine et des rebondissements de sa cavale –, Coluche, comme dans toute revue d'actualité passe à la politique étrangère. A Bokassa ou au général Pinochet. « *Qu'est-ce qu'il est bien, Pinochet! Ils ont interviewé sa femme, et tu sais ce qu'elle a dit, sa femme? Elle a dit : il est un petit peu dominateur. Dominateur commun, sans doute, car tout le monde y a droit!* »

Deux thèmes semblent particulièrement irriter les détracteurs de Coluche. Son antimilitarisme acide et son ironie à l'égard de l'Église catholique. Le sabre et le goupillon. Europe 1 lui suggère d'éviter au moins ces deux sujets, pour désamorcer la grogne d'une partie de l'auditoire. Très maladroit. Bien sûr, il en rajoute, double la fréquence de ses assauts. Le 27 septembre 1978, le monde apprend, en fin d'après-midi, le décès du pape Jean-Paul Ier, élu depuis un mois à peine à la succession de Paul VI.

La station dépêche ses envoyés spéciaux à Rome, bouscule ses programmes. Elle réunit aussi sa hiérarchie. Comment empêcher Coluche de s'emparer de l'événement qui plonge les catholiques dans la stupeur? Lorsque celui-ci, le lendemain, arrive rue François-Ier, en milieu de journée, des émissaires se succèdent dans le bureau de l'équipe. Le seul à avoir gagné un peu d'influence au fil des mois est Martial Courtois. Celui-ci se dévoue, s'offre aux coups de gueule de l'humoriste. Il a une idée : dans l'actualité de la journée, il y a une autre mauvaise nouvelle, la disparition du mensuel *Pilote*, pour cause d'interdiction à paraître, par le ministère de l'Intérieur. C'est une bonne cause : Coluche a des copains à *Pilote*. Martial Courtois, d'habitude si réservé, force son tempérament pour convaincre celui qui est devenu son ami. Surtout, il redoute une éviction de l'artiste, dans l'air, ces dernières heures.

Coluche finit par accepter en bougonnant. Il s'enferme deux heures dans son bureau, commande des marches funèbres à la discothèque, appelle en secret ses amis d'*Hara-Kiri*, enregistre leurs réponses. A quinze heures, pour la prise d'antenne – à la rentrée, René Cleitman a octroyé une demi-heure supplémentaire à l'émission –, ils sont plusieurs dizaines dans le couloir menant au studio. Les directeurs sont à l'écoute, dans leurs bureaux. L'inquiétude naît très vite. Coluche a obligé Martial Courtois à remplacer le générique par une musique de circonstance. Coluche se lance, sur le ton faussement retenu des directs de grands drames.

Aujourd'hui n'est pas un jour comme les autres. En effet, ce matin, alors que le monde entier était encore couché (...), les téléscripteurs, crépitant de partout, annonçaient cette nouvelle qui allait bouleverser le monde entier : E morto, il Piloté!

Le journal Pilote *n'est plus (...) beaucoup de gens aimaient son sourire lumineux qui restera gravé dans le souvenir de chacun (...) Le directeur du journal* Pilote, *qui résidait en Italie, va recevoir des amis venus du monde entier, ainsi que des télégrammes (...) Nous avons les premières réactions des grands de ce monde, celle de Jacques Chirac qui s'associe au deuil. M. Mitterrand exprime sa stupeur et sa tristesse devant l'événement qui vient de frapper ce journal tant aimé des jeunes. Attendez ! Nous avons en ligne le révérend père Gébé. Bonjour mon Père, ici Coluche, l'ancien comédien, un futur ancien d'Europe 1 : quelles sont les réactions que vous pouvez avoir à chaud (...)?*

Toute la station s'est fait avoir. Évidemment, Coluche, sur fond de marche funèbre, ne commente que la mort de *Pilote*, mais avec toutes les allusions possibles au décès de Jean-Paul Ier. Le couloir est partagé entre l'embarras et le fou rire. Coluche a contourné la censure, trouvé un moyen beaucoup plus fort de s'approprier l'événement qu'on lui refusait. Il n'abandonnera l'Italie en deuil qu'après dix minutes d'un numéro à la Zitrone. Martial Courtois a décroché le téléphone de la régie, pour ne pas risquer d'entendre l'ordre de couper l'antenne à l'iconoclaste.

Puis l'émission paraît retrouver un cours normal. Quelques brusques montées de tension, comme lorsque Robert Willard fait référence au quartier de la Part-Dieu, à Lyon, dans un message publicitaire. « *Dieu n'y est pour rien?* » Retour au menu habituel, presque rassurant, ce 28 septembre, pour les responsables de la radio. Pourtant, Coluche ne tient pas sa parole jusqu'au bout. Ils n'allaient quand même pas y croire! C'était mal le connaître! Il leur a réservé un autre effet, à double détente. Le b-a-ba du comique laissé en liberté. Ils ont trop montré leur crainte. « *Bon, à part ça, dans les journaux, y a pas grand-chose... Hein? Quesque que c'est ça? Le pape aussi est mort? Ah! merde! Et vous me l'avez pas dit? Il était tout neuf celui-là. D'où y sort? Il est déjà mort? Faut pas y aller, à Rome, ça pue le sapin sec, là-bas! Alors, ça y est, les sept cent millions de catholiques ont perdu leur chef de file? Tu me diras, sur quatre milliards, ça fait encore trois milliards six millions qui s'en foutent!* »

C'est reparti pour dix autres minutes de pure dérision et d'incroyable audace sur un sujet tabou. Coluche explore le Sacré-Collège – « *sacré collège, va!* » –, s'interroge sur le stock disponible de fumée blanche, sur l'âge des pages. Il s'engouffre, personne ne peut plus le retenir. Il est certain d'avoir, à l'écoute, tous les auditeurs. Il imagine leurs têtes. Surtout celles de ses détracteurs. Des annonceurs. Il lit une autre dépêche sur la production exceptionnelle de pruneaux d'Agen. Il s'étouffe de rire. « *Une bonne année pour les pruneaux d'Agen, une mauvaise année pour les papes!* » Il va être 17 heures. A l'antenne, Coluche prévient Martial Courtois qu'après cette émission, « *le réalisateur va probablement être viré de la taule* ». Les dernières secondes, il reprend « la méthode Jean Yanne ». Il se déchaîne pour empêcher tout licenciement discret à l'équipe. « *Ça va bien le standard? C'est les catholiques qui téléphonent? Hé! oui, mesdames, messieurs, c'est pas drôle! C'est bien pour ça qu'on se dépêche d'en rire!* »

III

Viré? Pas viré? Coluche doit aimer, au fond, ces incertitudes sur son présent, car, depuis le Café de la Gare, il les multiplie à plaisir. Les attire, volontairement. Voilà quatre ans qu'il ne trébuche plus, qu'il n'a plus de raisons de se plaindre de ses employeurs ou de ses partenaires. Il commence à comprendre ce que voulait suggérer Romain Bouteille : le succès est suspect.

En quittant le studio, ce 28 septembre, Coluche menace tous ceux qu'il croise. Préventivement. Il pense avoir provoqué l'irréparable, et doit en être secrètement ravi. René Cleitman a pourtant déjà sauvé la tête de l'iconoclaste. Paul Lederman, accouru, souvent présent en régie les jours de grosse actualité, a convaincu le directeur des programmes que le gag du pape resterait un grand moment de l'histoire de la radio. Les annonceurs confirment : l'indice d'écoute s'est emballé. Une décompression progressive est cependant nécessaire. Coluche irrite la rédaction. Ivan Levaï, Étienne Mougeotte apprécient son talent de commentateur, mais ils sont las de devoir défendre le saltimbanque auprès de leurs interlocuteurs politiques. Et puis, Coluche brouille les genres. L'actualité doit demeurer affaire de journalistes. Et sur ce point, les défenseurs de l'humoriste au sein de la maison, Maryse, Philippe Gildas, Christian Morin, Stéphane Collaro, Jacques Martin, René Cleitman, manquent d'arguments.

Un incident aggrave la situation de Coluche. Le 1er décembre, après avoir annoncé, dans sa revue de presse, l'organisation d'une journée d'action des policiers avec cortège, trois jours plus tard, pour protester contre la maigreur du budget de leur ministère, le bateleur, à l'antenne, suggère aux étudiants disposant de temps libre de se rendre sur place pour contenir la manifestation prévue. «*Avec des manches de pioche et autres choses attrayantes...* » Le 4 décembre, quelques jeunes iront chercher querelle aux policiers descendus dans la rue. Ils ont pris la blague pour un appel à la mobilisation.

Viré? Pas viré? Europe 1 garde son camelot, mais lui retire l'antenne en semaine. *On n'est pas là pour se faire engueuler* devient une émission hebdomadaire, le dimanche matin, à 10 heures. Un jour, un horaire impossible, mais à l'heure où les militaires, les catholiques sont censés être à la messe. Coluche accepte de mauvaise grâce, convenant que ces mois de double activité, la station et le Gymnase, l'ont fatigué. Hebdomadaire, l'émission perd de sa spontanéité, de sa magie. Son manque de préparation, son style bricolé deviennent des défauts. La seule invention notable de cette seconde période qui débute le 7 janvier 1979 est un jeu idiot, un pastiche déclaré de la tradition radiophonique : *Le Mille boutroux*, en référence à la rue Émile-Boutroux, de Montrouge, où Coluche habita.

Dans ces concours de définitions, tous calqués sur le *Schmilblick* de Guy Lux, le nombre de renseignements diffusés au micro diminuent les gains potentiels du vainqueur. L'art consiste donc à trouver l'objet très vite. Coluche impose une règle contraire, absurde. Plus il faut aider l'auditeur, apporter de précisions, plus celui-ci augmente son pactole. Les lots, il est vrai, ne sont pas vraiment des cadeaux. Au fil des définitions, l'auditeur double ses chances d'empocher des centaines de bottes de foin, des milliers de clous, des dizaines de tubas de plongée sous-marine, etc. Exemple délirant : le *boutroux* du jour est un mégot de cigarette. Premier renseignement : « *comme le petit navire* » (il était un... ou, il est éteint), pour 12 mégots. Un quart d'heure plus tard, nouvelle précision : « *il reste immangeable* », 24 mégots. Pour 384 mégots, une heure plus tard, « *il est fraîchement goudronné* ». L'heureux vainqueur se verra offrir 768 mégots de cigarettes.

Coluche s'amuse de ce jeu, de ses blagues belges et de ses tirs au bazooka quelques mois encore. Puis, il s'en va, à l'amiable. Le 24 juin 1979, il salue ses auditeurs. «*A partir de maintenant, je me tais* (...) *La guinguette va fermer ses volets.* » Il quitte Europe 1 sans trop d'esclandres, sans régler vraiment ses comptes avec la presse. Officiellement, il est viré parce que des associations d'anciens combattants ont protesté pour cette phrase : « *Les veuves de guerre utilisent leurs pensions pour entretenir des gigolos.* » Propos banal, après toutes ses volées d'irrespect. Des lettres de plaintes sont parvenues rue François-Ier, mais guère plus qu'à l'ordinaire.

La vérité, c'est que Coluche a malmené la radio, et que celle-ci réclame un peu de répit. Au fond, elle a tenu bon. Un an et demi. Il n'a pas à rougir de ce partenaire-adversaire. La souplesse d'Europe 1 l'a même épaté. Il s'en va, pour une fois, sans amertume. Ce tendre teigneux s'est même trouvé une nouvelle famille. La station a fait son entrée dans sa bande. Et puis, il lui doit une certaine reconnaissance, à cette radio. Grâce à la compréhension, un peu forcée, des

« 807 directeurs », avec la complicité de Willard, Courtois, Jean-Jean et Lanvin, il a découvert en lui une particularité mystérieuse qui le trouble encore. Il peut, s'il le désire, être un média à lui tout seul. En prise directe sur la réalité, en communication avec un public à surprendre, lui est révélé son don de « décodeur social ». De porte-voix.

Il a compris qu'il avait, désormais, la capacité d'obtenir un impact plus profond qu'un simple comique de music-hall. Que ses mots, ses jugements, son insolence emportaient une adhésion d'une autre nature. Que beaucoup commençaient à voir en lui un catalyseur. Tout au long de ces mois d'antenne, des auditeurs avaient insensiblement fait glisser leurs plaisanteries vers des questions plus graves, des points de vue plus existentiels. Au répondeur automatique, il y avait eu des confidences de chômeurs, de motards, d'homosexuels, de marginaux, simplement de gens malheureux, et Coluche n'en avait pas ri. En tout cas, pas avec méchanceté.

IV

Il tente, quelques mois plus tard, une autre expérience radiophonique. Mais sans vraiment y croire. Plutôt pour retrouver ses vieilles provocations. Appliquer, cette fois avec moins de sensibilité, « la méthode Jean Yanne ». RMC n'est pas Europe 1. La station de la principauté monégasque, propriété de l'État français, prise une culture populaire, sans aspérités. Très méridionale. Coluche et Europe 1, comme leurs publics respectifs, sont du Nord. L'humoriste accepte pourtant. RMC diffuse ses sketches, sans restriction. Michel Bassi, alors directeur de la station, cherche une star pour la tranche 10-13 heures, en difficulté. Coluche veut bien jouer la star. Cette radio, très giscardienne, prend aussi, honnêtement, le soin de ne pas restreindre la liberté de parole de l'animateur de luxe qu'elle espère faire adopter par ses ménagères et ses auditeurs des plages. On expose simplement à Coluche les subtiles frilosités de la famille princière. Au moins, celui-ci sait d'entrée où frapper.

RMC a bien fait les choses. Une campagne publicitaire de plus de cent millions de francs. Un car spécial de liaisons longues distances, car Coluche est en tournée. Il s'empare du micro matinal le 21 janvier 1980. Il est obligé de le rendre le 2 février. Michel Bassi a perdu son pari. Les lettres d'indignation affluent dès le lendemain de la prise d'antenne. « Je me suis trompé, c'est tout, reconnaît le directeur. Il y a une sorte d'inadéquation entre les formes d'expression de Coluche et le ton de notre radio[6]. » Paradoxalement, Coluche est remercié sans avoir réellement irrité le pouvoir, princier ou élyséen. Personne n'a tenté de l'empêcher d'évoquer, à sa manière, « l'affaire des diamants », révélée en octobre par *Le Canard enchaîné*, et qui commence à compromettre les chances de réélection de Giscard pour 1981. Coluche ne s'est pas privé, à l'antenne, de d'agiter la bimbeloterie africaine.

Coluche n'est pas chassé au sens propre. Sa programmation a été une erreur, on s'en est vite rendu compte, et lui-même avait prévenu que RMC, plus que lui, allait au-devant d'ennuis, en l'engageant. Il s'en va presque pour éviter un licenciement à Michel Bassi, pour méconnaissance coupable de la société que celui-ci dirige.

Coluche n'est pas en cause, en tout cas pas plus que d'habitude. Même la plaisanterie la plus attendue – *« T'as vu Monte Carlo? Non, mais j'ai vu monter Caroline »* – et qu'il n'a pas pu s'empêcher de lâcher n'aurait pas suffi à l'évincer. La raison en est à la fois plus simple et plus profonde : l'incompatibilité d'humour.

NEUVIÈME PARTIE

GROSSIER OU VULGAIRE?

I

En 1980, les « affaires », ces scandales à répétition qui ternissent la fin du septennat, et que Coluche appelle « la grande quinzaine du linge sale », impliquent des personnages éminents de la vie politique. Robert Boulin, membre du gouvernement, retrouvé noyé dans un étang : un suicide, mal cerné; Michel Poniatowski, ancien ministre de l'Intérieur, pour l'ambiguïté de son attitude après l'assassinat du prince de Broglie; Giscard, lui-même, pour les diamants, le sacre et la destitution de Jean-Bedel Bokassa, les étranges relations de la République avec le Centre-Afrique, rebaptisé « centre-à-fric » par Coluche.

En 1980, les « affaires » concernent des sujets sérieux. Et pourtant, Coluche va avoir la sienne. Une « affaire » à son nom, rien que pour lui. Un petit scandale, mais un scandale tout de même. Une affaire de style.

Elle éclate brutalement, impromptue, presque sur un point de détail : curieusement, l'anicroche de son éviction monégasque. Le long siège d'Europe 1 par Coluche n'a pas provoqué d'autres réactions que des correspondances d'auditeurs. Et le court séjour sur les ondes de RMC n'est, en fait, qu'un prétexte.

Il se trouve bien quelques titres, dans la presse, pour s'étonner que le comique ait pu manquer de respect à la jeune princesse Caroline. La vague est cependant plus générale, plus insidieuse, et si elle naît de l'incident de Monaco, c'est surtout par effet retard. Le feu couvait. Coluche l'a consciencieusement attisé pendant des mois, sur scène et à la radio. La presse conservatrice réagit sur le registre des valeurs et des bonnes manières. Une campagne commence, avec pour cible « la vulgarité » de l'humoriste. Attaquer de front ses positions sur l'église, l'armée, la police ou le gouvernement serait revenu, en ces mois de pré-campagne présidentielle où la France se recoupe en deux, à renvoyer Coluche dans le camp de la gauche. Difficile, car les traits assassins de l'irrévérencieux visent aussi l'opposition, les syndicats, Georges Marchais. Délicat, aussi, parce que le bonimenteur, laissé à lui-même dans les pesanteurs de cette fin de septennat et les « affaires » des autres, dit souvent tout haut ce qu'une large partie de l'opinion pense tout bas.

S'en prendre au fond est trop dangereux. Ses détracteurs s'attachent donc à la forme. A ses allusions scatologiques, ses pets, ses rots, ses grossièretés. « On aime ou on n'aime pas, écrit Dominique Jamet, dans *Le Quotidien de Paris*. Et moi je n'aime pas [1]. » On regrette désormais ouvertement que ce clown célèbre, aux verdeurs de langage connues depuis six ans, puisse représenter « l'esprit français », et attirer autant de monde pour l'écouter débiter ses obscénités.

Un an plutôt, déjà, *Le Figaro* avait montré en termes acerbes le peu d'estime que lui inspirait l'humoriste. Dans un article virulent, Renaud Matignon avait stigmatisé Coluche, « (...) contestataire comme il se doit, gras, grasseyant pour plaire à l'image qu'il se fait de la jeunesse ». « Il est le Rimbaud, écrivait le journaliste, du pipi-caca. (...) Bricoleur des toilettes, Coluche vit des mauvaises odeurs, de peur de perdre son emploi. Il remet de la saleté partout [2]... » Puis la réprobation avait reflué de la presse, pour un temps. Coluche, malgré son succès, ne méritait pas encore ces hommages.

Un an plus tard, la mise en cause parvient à maturation. Son succès chronique au Théâtre du Gymnase, son intrusion tonitruante dans le débat politique et social lui valent la fureur des défenseurs du bon goût. L'incident de RMC est d'abord exagérément grossi, mais comme ni Michel Bassi, ni Coluche ne paraissent vouloir en faire un différend sérieux, c'est une condamnation pour trivialité qui s'abat, d'autant plus vive qu'elle est restée longtemps enfouie. « Or, que nous révèle la personnalité de Coluche, interroge *Le Dauphiné libéré*, sinon du sexe, du bruit, du rot, des pets, et des épisodes scatologiques en prime? [3] »

Des avis autorisés sont sollicités. Coluche est-il ou non vulgaire? Doit-on le laisser continuer à insulter les honnêtes gens, les institutions, et même l'humour? Les auteurs de ces avis manifestent surtout leur embarras. Les questions sentent trop l'inquisition. « Bien sûr, il est très vulgaire, remarque l'écrivain Geneviève Dormann. Après tout, il n'est pas plus vulgaire que les trois quarts de l'humanité [4]. » Un peu plus tard dans l'année, Simone de Beauvoir répondra à la même interrogation : « Je n'ai rien à dire. Je ne le connais pas et je ne voudrais pas le connaître [5]. »

Raymond Devos, Guy Bedos, d'autres confrères du malappris refusent de participer à une polémique qui tourne parfois au procès en sorcellerie. Pierre Desproges prend la défense de Coluche : « Dire “ pipi-caca ” à la radio, c'est vulgaire. Alors, on se bouche les oreilles. Ce qui revient à inverser l'ordre des choses, et à proclamer que ce n'est plus la bêtise qui est vulgaire, mais le verbe [6]... »

Dans cette cabale, Coluche, désormais surnommé « l'Attila des ondes », ou encore « le hors-la-loi des ondes », connaît vite la consécration grâce à un article définitif et cinglant de Louis Pauwels dans le *Figaro-Magazine*, en date du 16 février 1980. Sous le titre : « Le snobisme de l'avilissement », l'éditorialiste écrit notamment : « D'une grossièreté inégalée, il incarne avec naturel, non le peuple, mais la canaille. C'est un condensé de lie. S'il y a une fascination de l'abject, Coluche fascine. Et enfin une mode le porte, fait sa fortune. Cette mode est celle de toutes les décadences. Cette mode inverse les valeurs, elle met le bas en haut. Cette mode veut que l'inculte, le laid, le bête, le méchant soient dans une nation ce que l'histoire produit de plus libérateur. Coluche libère. Il libère l'égout. »

Coluche, à en croire ces pamphlets, serait devenu le symbole de l'effondrement de l'Occident, le bradeur de la nation. C'est beaucoup pour un seul homme, trop pour un amuseur, qui a le droit de déplaire, qui s'en fait même une ardente obligation. Mais c'est ainsi : il attire à lui une aigreur nostalgique du « sursaut national », comme on disait autrefois, les foudres d'un conservatisme-ultra qui ne lui sont que partiellement destinées. Coluche paie pour l'époque, pour une société épuisée où une vieille droite chauvine, marginale, ne parvient plus à ancrer ses credo ancestraux. Sociologiquement, la France a sans doute manqué son rendez-vous, longtemps retardé, avec une expérience socialiste, lors des dernières législatives, mais elle ne le sait pas encore. Une couche minoritaire de la population, déjà distancée par le libéralisme giscardien, redoute une « chienlit » plus grave, comme en 1968. Alors, elle se raidit, et désigne Coluche à l'opprobre, car celui-ci, en détroussant quelques signes de l'ordre ancien, l'armée, l'église, vise consciemment au cœur.

L'amuseur goûte même aux salves vengeresses de Jean-Marie Le Pen, qui a été le premier à déclarer sa candidature à la prochaine élection présidentielle de 1981. « Si vraiment, a lancé le leader du Front national, la France se reconnaît dans ce grossier personnage, sans talent ou presque, c'est que vraiment la France est engagée dans une décadence irréversible [7]. » Voilà Coluche désigné à la vindicte rédemptrice.

Début février, Paul Lederman reçoit une lettre du président de la section de Montpellier de l'Union nationale des parachutistes (UNAP), à l'occasion du passage, quelques jours plus tard, du comique dans cette ville. « Sa venue ne nous gêne pas, écrit l'ancien para. En accord avec d'autres associations d'anciens combattants, nous vous demandons de bien vouloir inviter Monsieur Coluche à ménager ceux qui ont lourdement payé nos droits à la liberté sans omettre ceux qui poursuivent cette tâche. Plusieurs d'entre nous assisterons à cette soirée qui sera sans nul doute très bonne [8]... » Coluche est prévenu, comme l'avait été avant lui Serge Gainsbourg, menacé par cette même association, pour avoir repeint *La Marseillaise* aux couleurs du reggae.

Les retraités de l'armée n'oseront pas intervenir, le 13 février, lors du spectacle de Coluche à Montpellier. Ils avaient déjà sagement écouté Gainsbourg, en concert à Strasbourg, et s'étaient levés d'un seul homme lorsque celui-ci, pour les narguer, avait entonné, a cappela, la *Marseillaise* d'origine. Coluche était prêt à tout. Même à insulter en scène ce public réprobateur en béret vert. L'adversité avive sa dérision. Il adore la provocation des autres. L'année précédente, il avait longuement commenté sur les ondes d'Europe 1 le procès pour injure à l'armée intenté à *Charlie-Hebdo.* Et bien sûr, il en avait encore rajouté.

Marie Bell, propriétaire du Gymnase, redoute que la réputation de celui qui remplit son théâtre depuis de si longs mois ne soit entachée. Elle se porte à son secours : « Il n'est pas du tout comme l'on croit. C'est l'être le mieux élevé, le plus délicat que j'aie rencontré [9]. » Tendre soutien, mais inutile. Car Coluche et Paul Lederman se lovent dans cette campagne de critiques. Ils réagissent en publicitaires vindicatifs. La haine va bien au succès de leur commune entreprise.

On se rend au théâtre, le soir, pour voir en chair et en os, comme dans l'arène, celui dont on dit tant de mal. Pour le soutenir, moralement, par les rires, ou pour se faire peur, pour se persuader que Louis Pauwels a raison. La tournée d'hiver qui a immédiatement suivi l'incident de RMC a connu des records de fréquentation. Les auteurs des lettres indignées tenaient à toucher le diable dans sa cage.

Dans la tourmente, Coluche adopte la philosophie confiante de son impresario. Les polémiques donnent des armes à la promotion. Il ne s'est pas fâché avec Europe 1. Certains veulent le faire croire? Désormais, Coluche confirme. Il a bien été victime de la censure. Paul a mis en vente un album 33 tours : *Les Interdits de Coluche,* que personne, au départ, n'avait songé à interdire. Il est vulgaire? Il opine et invite sans cesse le public à venir juger par lui-même. Les adversaires désignés de Coluche assurent le succès du disque : plus de 500 000 exemplaires sont écoulés en quelques mois. Coluche est devenu un sujet de discussion générale, de désaccord dans les familles, même dans les partis politiques, les syndicats, où se posent régulièrement la question d'éventuelles poursuites en diffamation.

Dans la presse, Coluche quitte le ghetto des rubriques « spectacles » pour les carrefours, ouverts à tous les vents, des pages d'actualité. Il est l'hôte, le 10 mars, du journal de la mi-journée d'Antenne 2. Comme il a droit à un invité, il choisit d'être accompagné de Claude Angeli, rédacteur en chef du *Canard Enchaîné*, qui parle librement de l' « affaire » des diamants. La rédaction oppose aussi à l'humoriste un contradicteur, bien sûr, un militaire. Coluche aurait été déçu du contraire.

Autre signe, il accepte le principe d'un entretien avec un journaliste du *Monde*. « Louis Pauwels, qui a eu la gentillesse, la grâce d'écrire sur moi un article injurieux, explique-t-il, m'a fait une publicité monstrueuse. Moi, je le connaissais pas, Louis Pauwels. Il a écrit *Le Matin des miliciens,* il paraît que c'est un homme d'extrême droite... A mon avis, Pauwels a commis une seule erreur : il a mis sa photo. Il aurait mis la mienne, il aurait eu plus de lecteurs [10]... »

Pour Coluche, c'est effectivement l'époque de la popularité à tout prix. Tout peut, tout doit pouvoir lui profiter. Son succès, il est vrai inégalé en ce début de décennie, le rend, croit-il, intouchable. Même son détour par les comptes rendus d'audience des tribunaux correctionnels doivent provoquer les mécontents, et donc gonfler encore sa gloire.

Un an plus tôt, il avait comparu pour outrage à agents devant la 16e chambre du tribunal correctionnel de Paris. Cela aurait pu donner lieu à un joli gag, quelques aphorismes et un clin d'œil. Mais ce procès n'avait pas été drôle, Coluche avait raté ses effets. Et la presse cessé d'en rire. Anti-flic à la française, Coluche avait toujours expérimenté ses jurons sur les gardiens de la paix en faction aux carrefours de la capitale. A moto, en effet, il roule souvent sans casque, grille les feux rouges. Les bras d'honneur avaient été nombreux, mais, le reconnaissant, les policiers le saluaient plutôt que de le siffler. Ce jour-là, le 2 janvier 1979, un jour sans doute où les fonctionnaires de la Préfecture ne trouvaient plus du tout Coluche sympathique, trois policiers avaient voulu contrôler les papiers d'identité de ce motard, après un autre feu rouge dédaigné. Goguenard, Coluche avait tendu ses cartes, mais vite lassé de la procédure administrative, il avait planté là les gardiens de la paix.

Au carrefour suivant, les policiers, en voiture, l'avaient rattrapé... pour lui rendre ses précieux papiers. « Connards, salauds, tordus ! » Cela avait été ses seuls remerciements. Les magistrats, pour l'exemple, parce qu'ils avaient une star sous la main, avaient instruit l'outrage.

Le 10 avril 1979, Coluche s'était présenté à la barre, juste après un jeune homme qui venait d'écoper de quatre mois de prison ferme pour un motif voisin. Rébellion à agents. Les explications de l'artiste avaient été proches de la mauvaise foi, celui-ci assurant que les policiers le reconnaissaient bien évidemment au premier coup d'œil, et que c'était pure provocation que de le prier de décliner son identité. Le président avait rétorqué, avec toute la courtoisie due à sa célébrité, que la loi était la même pour tous. Coluche s'était bien sûr récrié. Le président, apaisant, avait cherché à réduire l'outrage à un geste de simple agacement. « Les agents ont une tâche difficile, vous savez... » « Oui, c'est vrai, avait répondu le contrevenant, ils doivent arrêter les gendarmes ! » Après un bref délibéré, Coluche avait été condamné à trois mille francs d'amende. A sa sortie, devant les photographes, il avait lancé : « Ça va, c'est dans mes prix, ça vaut la peine de se payer un flic, à ce tarif ! »

Non, vraiment, la presse n'avait pas apprécié. Surtout *L'Aurore*, pourtant son premier soutien à la scène, au début des années soixante-dix. *L'Aurore* avait changé à son égard, car, estimait ce quotidien, Coluche n'était plus le même. Le compte rendu du procès avait été plus qu'un article au fiel. « (...) Son évidente vulgarité, avait écrit le quotidien, pourtant, n'a pas remporté dans ces lieux les succès qu'elle remporte – on se demande bien pourquoi – au Gymnase où, paraît-il il fait salle comble tous les soirs. Plus que vulgaire, Coluche est ordinaire [11]... »

Un autre facteur a sans doute eu son importance. En 1980, les relations d'incompréhension entre Coluche et la presse sont parvenues à leur apogée. Six ans déjà de malentendus, d'humiliations pour les quémandeurs d'interviews, d'irritation constante pour l'artiste. Même *Télérama*, à ses côtés depuis *Mes Adieux*, s'était fait éconduire sans ménagements. *Télérama* avait raconté la scène à ses lecteurs. Avec la réussite, Paul Lederman avait considéré que les journalistes pouvaient attendre, qu'ils n'étaient plus indispensables. Le public accourait tout seul. Coluche oubliait les rendez-vous. Il rompait à la première question, refusant même de livrer des réponses toutes faites. Dès que l'entretien l'indisposait, il s'en allait. Plus honnête, mais plus agressif.

Tout au long de ces années, beaucoup de questions lui avaient paru ennuyeuses, voire lénifiantes, mais Coluche, à la surprise de la presse, avait rejeté la loi non écrite du show-biz, qui veut qu'on fasse alors semblant de rien... Beaucoup de journalistes n'avaient pas compris ce qui leur valait de ne pas pouvoir se compter parmi ses amis. Et ils avaient, inconsciemment, attendu l'heure des comptes.

« Si la presse l'a raté, il a aussi raté la presse, explique Danièle Heymann, journaliste à *L'Express* pendant la carrière de Coluche au music-hall. Il disait des journalistes que c'étaient des cons. Je crois qu'il se sentait surtout complexé, qu'il prenait la presse pour un univers intellectuel et qu'il préférait attaquer que se défendre [12]. » Danièle Heymann, comme beaucoup de ses confrères, a multiplié les demandes d'entretien, contrainte, d'abord, de faire admettre à Coluche que tous les titres de la presse n'étaient pas à sensation. Son insistance a duré plusieurs années, à chaque retour sur scène de Coluche. Paul acceptait, organisait la rencontre.

Alors Coluche la toisait, dès son entrée. « Hein, que je suis vulgaire ? Tu veux que je pète ? » Interview coulée. Une autre fois : « Paul Lederman m'avait fait entrer dans la loge, raconte encore l'envoyée de *L'Express*. Puis, comme s'il craignait une explosion, il s'était esquivé. J'avais l'air ridicule. Coluche me regardait d'un œil féroce, dans la glace. Il s'était tout de suite emporté : " Qu'est-ce que vous foutez-là ! Vous êtes d'une grossièreté épouvantable ! Moi, je viens de faire sur scène un truc que personne n'arrive à faire, et vous, vous osez entrer dans ma loge ! " Je n'ai eu la force que de lui répondre : Je ne sais pas comment je suis entrée, mais je sais comment je vais sortir. »

II

Si Coluche avait entretenu des relations plus sereines avec la presse, celles-ci se seraient certainement dégradées en 1979 et 1980. Le comique critique, en effet, désormais les médias sur scène. En tout cas, les présentateurs des journaux télévisés, aux « tronches de premiers de la classe ». Roger Giquel, « cocker triste ». Et bien sûr, *Le Figaro* et *L'Aurore*, que Coluche appelle « l'horreur ». Il débute même souvent son spectacle, exemplaires sous le bras, par une démonstration des similitudes entre les deux quotidiens. Le Groupe Hersant a en effet racheté son vieux concurrent, et avant de le condamner à disparaître, sa direction imprime des pages identiques sous les deux titres. Coluche s'en amuse beaucoup. Il a aussi cette réplique : « J'ai lu ça dans un journal à grand tirage. Très pratique pour allumer le feu. »

Son spectacle s'est profondément transformé. *Le Schmilblick, Gérard, Le flic, Le Blouson noir*, lorsque Coluche les reprend, donnent l'impression de surgir du passé. Non que ces sketches aient perdu de leur force. C'est plutôt lui qui a évolué. Il ne prend plus d'accent, ne joue plus vraiment. Il livre tout à peu près sur le même ton hilare ou sarcastique. Il délaisse ses personnages épars, ses « gueules » si familières, pour offrir un conteur unique. Lui-même. Coluche s'est réapproprié son univers. « Avant, je me contentais de brosser des personnages existants, explique-t-il, de faire des caricatures. Maintenant, il y a Coluche qui est un ramassis de personnages-types du Français, le râleur, le raciste, le jeune, le pédé, le drogué – et qui traite de tous les sujets en général [13]. »

Il offre au théâtre du Gymnase et en province ce qui le passionne désormais : une permanente revue de presse. Une prise directe sur le réel. Coluche fait de la radio sur scène. Il donne son avis sur tout ce qui nourrit les titres de la presse. Il mêle sa voix à celles des acteurs des institutions, des partis politiques. Il milite pour le bon sens et le retour de l'intelligence. Pour le réveil des cocus, les autres et lui-même, grugés par tous les pouvoirs.

Il doit penser que son public est dupé, dans la vie, car l'essentiel de son spectacle se résume à une sorte de mise en garde délirante et obstinée. Il tire joyeusement sur tous les tabous, les interdits nés de l'habitude et de la paresse. Coluche entend la France penser, et il accouche sa parole douloureuse. *Les riches auront de la nourriture, les pauvres de l'appétit.* Son passage sur scène est une suite d'aphorismes mordants, livrés en vrac, avec ce ton de liberté qui l'avait émerveillé à Europe 1.

Coluche se livre à ce qu'il appelle « une campagne de désintoxication ». Il allège la politique de son poids de convenances. *Canuet a obtenu le premier prix à un concours de circonstances. Alors qu'on lui demandait son avis sur la bombe à étrons, il a répondu : je suis ni pour ni contre, bien au contraire.* L'humoriste, sur scène, devient le porte-voix des phrases toutes faites, et véridiques, des pensées plates, des évidences prétentieuses. Il traque la bêtise dans les discours, dans les interviews à la télévision. *Une déclaration de M. Raymond Barre : il faut mettre un frein à l'immobilisme.* Coluche dit la vérité. Le soir, il raconte souvent ce qu'il a entendu ou lu dans la journée. Il ne manque jamais le journal télé, avant de se présenter sous la lumière des projecteurs. Bref, au théâtre du Gymnase, prospère, le soir, un laboratoire d'observation de la société.

Et comme ses détracteurs lui reprochent sa vulgarité, Coluche ponctue ses phrases d'allusions scatologiques. *Monsieur Raymond Barre, prout...* Les anciens combattants en ont fait leur cible favorite? Il ne peut pas les décevoir. *Un militaire qui meurt dans son lit, ça fait? Un de moins!* On le dit méchant? Il malmène aussi davantage son public. L'agresse pour obtenir sa réaction, même sa répugnance, pour parer ce théâtre d'un ring permanent, pour installer une tension plus forte que lors de ses spectacles passés. *Vous êtes cons, c'est avec vot' pognon!* Toute la presse a relevé son aisance matérielle? Il calcule la recette sur scène. *Mesdames, messieurs, c'est trop tard, vous êtes venus.*

Plus violent, moins protégé par son art du jeu et ses compositions, c'est Michel Colucci qui désormais guerroie en scène. Qui livre sa révolte intime. Un raccourci saisissant sur quatre concerne les pauvres. L'humour tient encore aux jeux de mots, aux chutes des phrases, de plus en plus pourtant, à la lucidité du propos, celle qu'hier, il réservait à ses amis. Grossièretés, intelligence, douleur agressive, bon sens et blagues de potache, il jette tout en vrac, à la figure des spectateurs.

Il ne compose plus un numéro, il se déshabille moralement, s'expose, aboie, sa sensibilité d'écorché toujours à vif. Spectacle vertigineux d'imprudence. Après deux métaphores approximatives, drôles au premier degré, simplement « marrantes », comme au bistrot, survient, sans la moindre respiration, une vérité cruelle. *Y'a des gens qui ont des enfants parce qu'ils n'ont pas les moyens de s'offrir un chien.*

III

Coluche, en 1979 et 1980, exacerbe aussi son goût, très anar, de l'insolence. Il fait même un bout de chemin avec ses « potes » de l'équipe d'*Hara-Kiri* et de *Charlie-Hebdo*. Cavanna, Reiser, Wolinski, Choron, Gébé, Cabu, il les connaît depuis des années, certains même depuis la fin des années soixante. A l'heure du bouclage, comme Eddy Mitchell, Jacques Martin, Serge Gainsbourg ou Romain Bouteille, il est venu régulièrement fêter, comme il se devait, les parutions hebdomadaires de l'équipe de la rue des Trois-Portes, dans le Ve arrondissement. Il participait aux séances de romans-photos-pornos d'*Hara-Kiri*, assurant même parfois, financièrement, le recrutement des actrices de films X engagées comme modèles.

Le Professeur Choron, de son vrai nom Georges Bernier, et Cavanna avaient su entourer leur épopée rebelle d'amitiés fidèles, paillardes, bruyantes qui avaient assuré, dans Paris, la réputation des lundis soir d'impression. On ne touchait pas aux filles rétribuées. « Baiseurs, mais gentlemen », assure Georges Wolinski. Coluche manquait rarement ces ripailles, et une fois célèbre, il avait continué à les retrouver, et parfois, à prêter sa popularité, en posant pour le photographe, avec les dames. Pendant les années montantes, *Charlie* avait toujours défendu Coluche. Il le leur rendait bien.

Il était devenu l'ami intime de Reiser. Ses personnages de scène s'associaient volontiers au « gros dégueulasse » imaginé par le dessinateur. Le 16 décembre 1978, l'équipe lui avait décerné Le Prix Bête et Méchant, générique de la production maison des deux journaux qui avaient ouvert la voie, dans la presse, à une virulente liberté d'expression, en échange de bon nombre de procès pour diffamation, et de quelques mémorables interdictions à paraître.

Pour le prix, on avait organisé une autre fête, et comme Coluche sévissait alors sur Europe 1, Robert Willard avait assuré le direct de cette remise de décoration. Coluche, en présence de son épouse, d'une bande d'insurgés rigolards et d'une fanfare, avait reçu pour présent un fusil de chasse et un faux « permis de tuer ». Dans son allocution, Georges Bernier avait bien sûr salué Coluche à la manière de Jean-Marie Le Pen : « Vous êtes, en un mot, exactement ce dont vous vous efforcez d'avoir l'air : une parfaite ordure ! »

A l'automne 1979, *Charlie-Hebdo* connaît des problèmes financiers. Coluche éponge quelques dettes pressantes, mais ce parrainage ne suffit plus. *Charlie*, dont les ventes ont baissé, est en péril. Contre l'avis de plusieurs collaborateurs, dont Cavanna, redoutant que *Charlie* soit considéré comme l'appui promotionnel de l'humoriste, Georges Bernier convainc Coluche d'apparaître chaque semaine à la « une » du journal. Une manchette et deux pages d'un roman-photo très politique. Une revue de presse en images découpées. Chaque semaine, Gérard Lanvin – parfois relayé par Nono, un ami musicien – joue le rôle d'un présentateur bonasse de télévision qui reçoit sur son plateau un éminent personnage. Coluche déguisé.

Dans le numéro de *Charlie* du 3 octobre 1979, la rubrique, intitulée « Les pauvres sont des cons », accueille M. Blanc-Bonnet, ministre de l'Intérieur. Coluche s'est dessiné la moustache d'Hitler. Bien sûr, l'entretien tourne rapidement à l'interpellation. Entouré de deux gardes du corps, le ministre demande ses papiers au journaliste. *Tant que nous serons au pouvoir, nous ne nous laisserons pas envahir, comme ce fut le cas en Mai 68, par des provocateurs venus de l'étranger pour semer la chienlit au sein d'une jeunesse étudiante résidu d'une bourgeoisie déchue...* Le ministre s'énerve, frise la crise cardiaque. Il pète.

Deuxième semaine : Coluche est un syndicaliste en casquette Ricard. *Ma devise est : luttons pour le minimum, l'espoir fera le reste.* Il pète. Troisième semaine : un général deux étoiles :

– Cher Général, en quoi consiste votre métier ?

– Il s'agit de protéger les riches contre les agressions éventuelles des pauvres (...) Je pense que les pauvres sont indispensables à la société, à condition qu'ils le restent !

Ainsi se succèdent, rotant ou pétant, les hauts personnages de l'État et du monde. Le pape, l'empereur « *Jean-Bredouille Bon-Kaça* », « *l'Harrêtela Tékonneries, chef franchement spirituel de la Révolution islamique* », Robert Boulin, en direct du ciel, le chef de l'État, Grand Jacquot, directeur du RPR, etc. Adepte de la rentabilité, Coluche replace ses aphorismes de la scène ou de la radio. Parfois, c'est la rubrique qui nourrit le spectacle du Gymnase. *Compromis, chose due.* Ce petit chef-d'œuvre servira trois fois.

Dans son « Journal des sourds et des mal-comprenants », rubrique qui remplace, début 1980, « Les Pauvres sont des cons », Coluche toujours déguisé, dans le rôle d'un présentateur de télévision devant son micro, développe systématiquement le parallélisme de ses moyens d'expression. *Charlie* est devenu l'hebdomadaire du spectacle, ou le contraire. Certains admirateurs de l'humoriste ont l'impression de le voir, le soir, mettre en scène les mots imprimés du journal. Coluche « colle » à l'équipe de Cavanna, il y puise une bonne part de son inspiration. Dans son numéro du 23 avril, *Charlie* propose ce titre : « Parmi les couvertures auxquelles vous avez échappées : La dernière pétition de Sartre. Contre la mort ! » Cela pourrait être de Coluche. Le philosophe est décédé quelques jours plus tôt. Cabu est allé croquer les obsèques. Coluche figure parmi les personnalités dessinées.

Écrits avec Gérard Lanvin, égayés de coupures de presse, les textes de la double page sont parfois proposés à la collaboration des auteurs de la rue des Trois-Portes. Reiser, Wolinski prêtent volontiers leur plume et leur délicat sens de l'humour. Les chutes sont toujours de Coluche, car les chutes sont sa signature. Ainsi : *Douze millions d'enfants mourront cette année de malnutrition. Vous avez jusqu'au 31 décembre, dernier délai, pour inscrire les vôtres !* Ou cette autre : *La police évacue trois radios libres : il faudra penser à les appeler autrement !*

IV

Comment est-ce arrivé? Paul Lederman assure, qu'au désert, ce n'était qu'une blague. « Le coup le plus gonflé du music-hall! » Encore un moyen d'attirer le public, de gagner des mois de prolongation au Théâtre du Gymnase. Rien qu'un autre clin d'œil. Le saltimbanque dans l'arène. L'éléphant dans un magasin de porcelaine. Coluche candidat. Coluche président.

A force de se mêler des affaires de la réalité, de se laisser emporter par elle, d'être lui-même devenu sujet de polémiques, entre le triomphe à la scène, l'engagement militant à la radio, ou avec *Charlie-Hebdo*, et les campagnes de calomnies, Coluche n'avait sans doute plus qu'un pas à franchir. Comme Paul, il n'avait pas oublié son passage à la télévision, le soir du second tour de l'élection présidentielle de 1974, le vertige éprouvé à savoir un comique au milieu du gratin de la société politique. « C'est vrai, explique l'impresario, cette envie avait quelque chose d'irrésistible. Quand l'idée est née, ce n'était encore qu'un rêve. Nous nous disions que ce serait extraordinaire de se présenter à l'élection et d'avoir le droit de participer aux émissions officielles. Coluche se serait débrouillé pour passer après Mitterrand ou Giscard, et aurait improvisé sur ses adversaires. Quel score! »

Paul Lederman aurait sans doute connu là le sommet de toute carrière de producteur. Placer un humoriste en situation de rire des habits neufs de l'Empereur dans des temps d'antenne contrôlés par des magistrats, et soumis au chronomètre démocratique! Un rêve, bien sûr. D'autres proches de Coluche se souviennent, eux, que l'idée avait surgi aussi, un soir, rue Gazan, au milieu des plaisanteries habituelles de la famille.

Dans l'entourage de Coluche, ils sont quelques-uns, comme Jean-Michel Vaguelsy ou Romain Goupil, qui a été son assistant, durant son court séjour à RMC, à mesurer le poids social, le crédit amassés ces derniers mois par le comique. De ce succès, de cette force de dérision échappée du music-hall, il doit être possible de faire autre chose, pensent ces jeunes gens politisés. D'aller jouer dans la cour des grands, de se moquer du système de l'intérieur, à l'heure du plus prestigieux des rites de la République. Plus largement, les amis de Coluche constatent que celui-ci bénéficie désormais d'un soutien affirmé parmi tous ceux qu'il venge par son insolence, les jeunes, les homosexuels, les motards, les marginaux. Et beaucoup de pauvres, à force.

Coluche, lui, a pris, comme il le répète, « le parti d'en rire ». Un joli pari, assurément, songe-t-il. Le pied de nez suprême. Une candidature serait, à coup sûr, le plus passionnant des spectacles. Pourquoi pas, puisqu'il s'ennuie à faire ce qu'il « sait faire », qu'il ne voit pas, après dix-huit mois au théâtre du Gymnase, comment continuer? Et puis, il a envie d'en découdre avec ceux qu'il poursuit de son ironie cuisante. Michel Debré, Georges Marchais, quelques-unes de ses têtes de Turcs vont entrer en lice pendant les élections. Il serait déraisonnable de les laisser sortir seuls.

Ce n'est encore qu'une idée, un défi de producteur, un record à battre dans la provocation. Coluche, comme Paul et Jean-Michel, estime que le système ne se laissera sûrement pas avoir aussi facilement. Pour se présenter aux élections, des signatures d'élus sont nécessaires, garantie de crédibilité, justement pour évincer les plaisantins. Cinq cents signatures. Qui donnerait autant de lettres de recommandation à Coluche? Les maires, les conseillers généraux ne doivent pas se compter en masse parmi les admirateurs du comique...

En attendant d'y voir plus clair, de savoir s'il s'agit d'une idée de mégalo – de l'idée cumulée de plusieurs mégalos –, ou si une opportunité plus sérieuse peut se présenter, Paul conseille à Coluche de laisser l'opinion trancher elle-même. On verrait bien si, à force d'être répétée comme une perspective éventuelle, une candidature Coluche a une chance de prendre. « Je vais probablement me présenter aux élections présidentielles, confie-t-il au *Monde*. Comme candidat nul, pour faire voter les non-votants. Mon argument principal sera de ne pas être élu. Mais j'ai bien peur que ma candidature ne soit pas recevable [14]. » « Ah!, si je pouvais passer entre Giscard et Chirac, avec le nez rouge, explique-t-il au *Matin-Magazine*, dans le quart d'heure! Le mec qui serait élu, il l'aurait été contre un clown, c'est ça qu'est embêtant, on pourrait toujours lui dire, historiquement : ce jour-là vous avez gagné contre un imbécile au nez qui clignotait [15]. »

Toute l'année 1980, alors que s'enflent les querelles préparatoires des partis, que Michel Rocard va sans doute devoir renoncer et laisser le champ libre à François Mitterrand, que Jacques Chirac va se présenter contre Giscard, que Michel Debré, sans doute Marie-

France Garaud vont être candidats contre Jacques Chirac, et que le chef de l'État va certainement briguer un second mandat contre tous les autres, monte lentement la voix rigolarde de l'humoriste. « Je vais probablement me présenter... ». Mais personne, longtemps, ne le croira. Coluche est un farceur.

DIXIÈME PARTIE

RETRAITE ANTICIPÉE

I

1980 est décidément, pour Coluche, l'année de tous les dangers. Car il annonce aussi qu'il s'en va. Il arrête. Il envoie tout promener. Met fin à sa carrière au music-hall. Un peu de cinéma, et il prend sa retraite. A trente-cinq ans. Il l'a confié au quotidien *Sud-Ouest*, dès le mois de février, mais on ne l'a pas entendu. Avec tout le bruit qu'il fait, Coluche donne plutôt l'impression de souffrir d'une boulimie de célébrité.

Pourtant, il s'en va, c'est vrai. Il a craqué. Tout est arrivé tellement vite. Le succès, puis le triomphe, et leur cortège d'ambiguïtés. Il pourfend ses détracteurs, mais leurs accusations l'ont touché plus profondément qu'il ne l'a d'abord admis. Le dire vulgaire, c'est faire renaître le doute. Le renvoyer à Montrouge, le décor, pour lui, de la vulgarité par excellence. Le dire vulgaire, c'est l'amener à s'en persuader.

Coluche éprouve un complexe d'infériorité aussi violent que son orgueil. Au plus fort de ces mois de diatribes, il a souffert de son manque d'études, de culture. On l'a soupçonné d'agiter un humour non dépourvu de relents poujadistes. Il a répondu : « Poujadisme? Ah! ouais! Je ne sais même pas ce que ça veut dire! » C'est vite devenu une relance à la dérision. Une boutade de plus. Mais c'était exact. Coluche s'est tenu, ces deux dernières années en état de surtension intellectuelle, et il a dû beaucoup lire, beaucoup écouter, poser sans cesse des questions, même à ses « secrétaires », et il s'en est senti humilié.

Tous les journaux ont raconté son enfance difficile, la zone, la prédélinquance. Lui-même a beaucoup insisté sur le sujet, inventant pour outrer son passé. Il est trop tard pour corriger le tir. Et puis, il assume sa jeunesse, Bouboule et Monette, mais il sait que sur les hauteurs sociales qu'il malmène désormais, ce passé-là pèse. Il a fait beaucoup rire, et attendrir, avec ses récits sur sa mère. « On peut arriver à n'importe quelle heure, avait-il affirmé à l'antenne, on est sûr de la trouver à quatre pattes en train de nettoyer. » Maintenant, il en est gêné. Monette l'irrite souvent, par ses économies, sa psychologie cancanière, sa fierté d'être devenue Mme Coluche mère auprès des voisines, à Montrouge. Sa famille est restée ce qu'elle était. Sa popularité, l'aisance matérielle n'ont rien changé. Il en déduit qu'il doit en être de même pour lui. Il doit leur ressembler. Il les trouve – il se trouve – vulgaire.

Lui-même supporte de plus en plus douloureusement son physique. Ce ventre qui l'avait si bien servi. Il a dit à Josiane Balasko : « Imagine, c'est comme si tu vivais en permanence avec un sac de pommes de terre sur le dos. » Longtemps, il s'était traité sans égards, négligeant sa tonsure, sur le haut du crâne, son poids, sa trogne. Pas gênant pour les amis. Indispensable pour la scène. Mais il se balade maintenant dans des milieux où la plastique est arrogance, et ce corps lui paraît faire obstacle. Il a l'impression que les filles le perçoivent comme une star délicieusement monstrueuse. Alors, dans ses rapports, de plus en plus dédaigneux, il affaiblit sa propre réserve de tendresse. Et comme il ne connaît d'autre technique que de correspondre, en apparence, à ce que les autres désirent qu'il soit, il en « remet » un peu plus. Plus vulgaire donc, plus violent, obstinément bigarré au milieu des vêtements conventionnels, star sexuelle dans un univers de groupies aux relations factices. Il pète, moralement, beaucoup parce qu'il en a la réputation. Mais derrière les rires ou l'indignation qu'il provoque par ses tours de gamin, il surprend aussi des réactions de discret mépris. Sa méthode de la surenchère permanente fait sa première victime : lui-même. Il se sent de plus en plus asphyxié par ses propres contradictions. Pris dans un cercle vicieux. Coluche est fatigué de lui.

En 1980, il donne secrètement raison à Romain Bouteille. Il n'y a rien à voir derrière la gloire. Il est un peu comme ces alpinistes dont il se moquait au micro d'Europe 1 : « *Les mecs, y montent en haut de l'Éverest, et en haut, y a rien!* » Un soir d'hiver de 1976, dans une chambre d'hôtel strasbourgeois, il avait confié à Jean-Michel qu'il voulait absolument devenir le premier. Le meilleur. Qu'il y épuiserait son ultime goutte d'énergie. Il est le premier. Il s'est beaucoup dépensé. Il est vidé. Il découvre, comme le dit Patrice Blanc-Francquart, « l'horreur d'être en haut : quand vous êtes le numéro un, il n'y a pas de numéro zéro ». Depuis l'automne 1977, six cent mille spectateurs l'ont applaudi au théâtre du Gymnase. Cette performance figure même dans *Le livre des records*. De quoi rendre la dérision de soi aussi vive que celle que Coluche destine à la bêtise universelle et aux vanités de la puissance. Au fond, il est comme ceux dont il dénonce les travers. Sa propre soif de pouvoir lui paraît suspecte. Pouvoir sur qui, de quoi?

« Chaque fois que je décris un imbécile, c'est moi », avait-il déclaré. Et c'est épuisant. Pour rendre ses caricatures authentiques, il a dû déballer ses propres médiocrités. Trop tard pour les rappeler. *Le Flic, L'ancien combattant, Papy Moujot* l'encombrent. Inconsciemment, il redoute une perte d'identité. Le personnage de Coluche a étouffé l'homme caché derrière la salopette. Il aimerait s'en dépêtrer, le rejeter, mais c'est justement l'autre Coluche qui avance toujours plus vite. Qui songe même à se présenter à l'élection présidentielle. Michel Colucci, pour la première fois, a du mal à suivre ce train d'enfer. Il se sent éparpillé, emporté par les traits les plus appuyés de sa personnalité. D'autres parts de lui s'insurgent : sa pudeur maladive, sa timidité secrète, son cœur d'artichaut.

« La popularité, avait-il confié, c'est comme un parfum. Un peu, c'est agréable. Faut pas tomber dans le bocal. Sinon, ça devient vite une odeur. On la trimballe. » Il a la sensation de trimballer la sienne. Au fond, il est assez d'accord avec ses détracteurs : tout cela est un peu déplacé. Ses règlements de comptes avec la vie se sont déchaînés, ces derniers mois. Coluche n'a cessé de compenser, en un temps de plus en plus court, lavant des offenses trop récentes, se perdant dans les priorités.

Terrible confusion ! Depuis des mois, il n'a cessé de critiquer le show-biz, tous les confrères, ou presque. Et ils sont tous à sa table. Le triomphe chronique du Gymnase a fait de Coluche le sommet du snobisme noctambule. Les dîners chic perdent leur clientèle au profit de la gargote de la rue Gazan. Ils y viennent tous, tous ceux dont on n'imagine pas qu'ils aient l'habitude du baby-foot. Michèle Morgan avec Bouboule : il y a forcément là quelque chose de déréglé. Un gros contresens.

Un soir, en rentrant du théâtre, Coluche tombe nez à nez, dans sa cuisine, sur Jean-Paul Belmondo. Il a l'air d'un gosse surpris à marcher sur une pelouse interdite. Belmondo, son idole ! Bebel dans sa cuisine ! C'était à peu près comme si Johnny Hallyday était venu chanter spécialement pour ceux de la Solo. Ce que Belmondo lit, ce soir-là, dans les yeux de Coluche, c'est l'effroi de la gloire. Un éclair, proche des larmes, que lui-même connaît bien. Ils ne sont qu'une poignée à en avoir parfois le regard brillant. Adjani, Deneuve, Delon, Romy Schneider... Au moins, Belmondo joue au baby-foot. Ils font donc une partie, sans dire un mot.

Coluche ne connaît même plus tous ceux qu'il accueille. La maison est livrée aux amis d'amis. Un autre soir, il arrive bon dernier. Il fuit. « Je vois pas un pote, viens, on va au restaurant ! », dit-il à son compagnon. La population des boîtes de nuit a pris pension, avec ses filles aux yeux vides et ses personnages de voyous insomniaques. Coluche en proie aux vertiges du show-biz. Lui qui, longtemps, piquait des colères effrayantes lorsque l'un de ses collaborateurs goûtait à la drogue, a découvert la cocaïne, et surtout l'herbe et le haschisch. Il n'arrête plus de fumer d'énormes joints, gros comme des barreaux de chaise. « Ça a commencé avec le Gymnase, ces longs mois statiques à Paris », dit Claude Martinez. Coluche est devenu une trop grosse vedette, inquiète et fascinée par les dangers des sommets, qui recherche la vénération du Tout-Paris le soir, et s'en dégoûte à l'aube.

La famille entreprend doucement son repli. Claire Nadeau, Martin Lamotte, les autres se sentent moins bien, rue Gazan. Ils restent dans leur coin, vite énervés par ces invités de la dernière heure. Ils sont las de faire nombre, près de la piscine, comme les copains de *Charlie-Hebdo* ou les amis d'Europe 1. Les soirées du dimanche soir ne sont plus ce qu'elle étaient. Les fêtes dégénèrent. Coluche sent bien que ses intimes le perdent. Les nouveaux adeptes font barrage entre eux et lui. Romain Bouteille passe, une fois encore. Il se jure de ne plus revenir. « On ne peut pas quitter le complexe d'avoir été un enfant de la Solo, explique-t-il. On passe son temps à imiter la culture des autres, en les méprisant et en se méprisant. »

Et comme Coluche n'est toujours pas dupe de la cour que lui vaut sa renommée, et de sa propre usure, il a choisi de s'en aller. On a du mal à le croire car il a fait des adieux au music-hall le générique de sa carrière. Longtemps, la seconde partie de son one-man-show a été consacrée au départ – à reculons – d'une star qui radote en regrettant, jusqu'à son « come back » déjà programmé, les feux de la rampe. Les mauvaises langues flairent encore une invention de Paul Lederman, comme pour ces rumeurs de candidature à l'élection présidentielle, une nouvelle campagne de promotion pour la rentrée.

Alors Coluche proclame sa décision. Il y consacre une longue interview accordée au *Matin-Magazine*, le 27 septembre 1980. « J'arrête parce que j'ai envie de plus rien branler. Je comprends pas pourquoi ça paraît toujours effarant aux gens auxquels j'en parle. Stopper en plein succès, c'est le meilleur moment. Ça semble délirant et pourtant, c'est tout ce qu'il y a de plus normal. Le travail, c'est pas un but dans la vie : le but, c'est quand même d'arriver à rien foutre. (...) Les mecs bossent tous onze mois dans l'année et, le douzième, ils essaient d'aller au soleil. Ben moi, j'essaie d'aller au soleil onze mois de l'année : je fais comme eux sauf que j'inverse les proportions. J'ai trouvé par hasard une combine pour me faire du pognon. J'en ai fait. J'en ai placé un peu pour avoir une petite rente, et ciao ! Elle n'est pas grosse ma retraite, mais elle me suffit. J'ai acheté une maison dans les îles, et voilà... Je pars avec des copains, et puis on va rien branler, on va avoir un bateau, on va faire les cons, tout ce qu'on a envie. Je vais aussi m'occuper de mes enfants, j'avais pas le temps, avant. Ils m'ont surtout vu à la télé, mes gosses ! C'est une vie de fou que je mène depuis dix ans (...) Aujourd'hui, je suis arrivé à trente-cinq ans, c'est-à-dire en principe à la moitié de ma vie, j'ai bossé jusque-là et, maintenant je vais redescendre vers la mort [1]... »

Coluche s'échappe comme un loubard de banlieue. Son retrait ressemble à une virée clandestine, grâce au butin d'un larcin. Il applique à la lettre les promesses faites, à la Solo, de se la couler douce, après avoir trouvé « la combine » Il est revenu aux conversations de Montrouge. « Moi, quand je serai grand... ». Le bonheur peut commencer, puisque le bonheur, pour les gamins des cités d'HLM, c'était la retraite le plus tôt possible, justement avant la mort. Une maison pour les copains, les pieds dans l'eau.

II

Les vraies vacances de rêve, Coluche les a connues tard. Longtemps, il a considéré que c'était du temps perdu, une trêve offerte à l'adversité. Il a fallu l'insistance des amis pour qu'il se laisse tenter. L'influence des Antillais de la bande, Alain Pellet, Jean-Jean, ou même Julien Clerc, qu'en vertu de ses aïeux d'outre-mer, Coluche surnomme Julien Foncé.

Pendant l'été 1978, enfin, il a pris l'avion pour les cocotiers. Il est parti en Guadeloupe. Pas seul, surtout pas seul ! Il a réussi, après bien des palabres, à persuader Claire Nadeau, Philippe Bruneau, Patou et sa compagne, Patounette, à les accompagner, Véronique et lui. A ses frais. Il a réservé plusieurs bungalows à l'Hôtel Hamac, sur la plage de Saint-François, tout au bout de la Grande Terre. « Il était très drôle, raconte Claire Nadeau. Il était tellement évident qu'il n'était pas fait pour les vacances. Nous nous demandions pourquoi il avait fait tout ce long voyage pour rester dans sa chambre. »

Dès son arrivée, Coluche exige, en effet, la télévision, et il passe des heures à la regarder. Il peste très vite contre les moustiques, la chaleur ou la pluie. Il n'a pas appris à se détendre. Il parle tout le temps, ordonne un changement d'activité immédiat, a soudain envie d'aller voir Basse-Terre, à l'autre extrémité de l'île, puis renonce en chemin. Il surgit dans les chambres voisines à 5 heures du matin, pour proposer un tour à la plage, puis se lasse du sable. Il ne s'apaise qu'à table, devant des langoustes grillées. Évidemment, dans les *lolos* de campagne, restaurants-épiceries de fortune, il propose à la patronne de lui apprendre à faire cuire les pâtes. Coluche se fera très vite des relations parmi les grosses et tendres doudous de la gastronomie créole.

Le rythme lent des tropiques, la vie délétère des alizés ne lui conviennent pas, mais il mettra des années à l'admettre. Coluche s'ennuie plus que d'habitude, râle, plus insupportable et plus attendrissant qu'à Paris. Très vite, il s'est senti hostile aux « métros », blancs d'importation qui prennent la Guadeloupe pour l'eldorado des bonnes affaires rapides. Il leur préfère, d'instinct, les Antillais. Il épouse, sans rien en savoir, la cause indépendantiste. Anar en exil. Ses amis tentent de lui faire admettre que son tempérament volcanique s'accommode mal des léthargies environnantes, et que pour se sentir en vacances, il lui faudrait un peu se laisser aller. Coluche n'écoute pas. La Guadeloupe est forcément le paradis, puisque Montrouge en rêve. Et lui est un peu ici pour ceux qui sont restés là-bas. Alors, la Guadeloupe, ça doit être bien.

Il a des réactions d'heureux gagnant d'un concours radiophonique. Huit jours, tous frais payés, dans l'Éden. Les émerveillements de celui qui découvre tard les mers chaudes. Et, juste après, presque instantanément, les colères de celui qui a touché du doigt l'escroquerie. « Je suis venu parce que tout d'abord je ne connaissais pas, explique-t-il au quotidien *France-Antilles*. Et puis, avant qu'on en parle en métropole, je ne savais même pas où c'était ni où ça se trouvait. Tenez, puisque vous êtes là, la Martinique, c'est où? (...) Après la flotte, c'est le vent ouais, car, après, avec les potes, on est allés se balader vers la Côte sous le vent et bien je peux vous dire que là-bas, y'en a! C'est marrant ça, du vent à droite, à gauche, devant, derrière, quelle merde! C'est chouette, mais ça me plaît pas [2]... »

C'est pourtant au bout de la côte sous le vent qu'il achètera sa petite maison de retraité précoce. Durant ce premier séjour, il entraîne ses amis dans des repérages de sites. Dans les îlots et les dépendances antillaises. A Saint-Barthélemy et aux Saintes. Pas terrible, juge-t-il. Il s'obstine néanmoins. Si le paradis existe, il doit être visible au premier coup d'œil. Si un tour de la terre est nécessaire, l'Éden est une fumisterie. La Guadeloupe, sinon rien. Un second voyage, en compagnie, notamment, de Bouboule, est cependant nécessaire à Coluche pour être mis en contact avec des « békés », les blancs créoles de la bourgeoisie insulaire. On lui propose une affaire. La propriété d'un autre béké, Blandin, qui doit bien avoir un prénom mais que tout le monde, dans l'île, a toujours appelé Blandin, est à vendre.

La petite maison de Coluche est une jungle. Ancien colonial ayant beaucoup roulé sa bosse, d'Afrique en Amérique du Sud, Blandin est pépiniériste. Sa propriété, *Les Rocailles*, véritable forêt tropicale de six hectares, n'est, à vrai dire, qu'une vaste plantation. Les serres voisinent avec les grands arbres en liberté, les poinsétia, les ibiscus géants, les papayers, les manguiers de Madagascar, les flamboyants, les cocotiers. La vue est imprenable. La propriété occupe le sommet d'un morne, *Le Morne-au-Fou*, en surplomb de la plus belle baie des Antilles. Deshaies. Une longue plage en arc de cercle, un bourg de cases aux toits de tôle, un fer à cheval de massifs boisés.

Blandin s'est construit une maison sur la plantation en pente. En lisière de la forêt, juste avant l'a-pic de la baie. Un gros et banal pavillon de ciment et de briques, comme aurait pu en dessiner un colonial avec ses seuls souvenirs de l'Ile-de-France. Coluche adopte d'emblée ce lieu étrange, artisanal, très bricolé, livré à la nature. La propriété, tout à l'ombre, traversée par un chemin, comprend aussi des cabanes à outils, des entrepôts de bois. Coluche se persuade que c'est le lieu idéal pour faire venir les amis, ouvrir un restaurant, creuser une piscine. Vivre heureux. La bonne « combine ». En bas, le Club Méditerranée possède un village de vacances. Deshaie est le meilleur mouillage de cette côte sous le vent. Des copains artistes et navigateurs y passent fréquemment. Le chanteur québécois Robert Charlebois, le comédien Roger Van Hool vivent presque à l'année sur les pentes. On ne s'ennuiera pas.

Coluche veut en faire la surprise à Véronique. Cette maison est pour elle, affirme-t-il. Sa femme, à en croire ses proches, refusera d'y mettre les pieds. *Le Morne-au-Fou* est tout sauf une résidence exotique. Le soleil n'inonde que la terrasse. La maison rappelle les pavillons de la banlieue parisienne. Et, à moins de se lancer dans la culture des plantes...

Coluche, sans en avertir Paul Lederman et Claude Martinez, signe pourtant une promesse de vente. Blandin est vieux, il est pressé, croit-il, apitoyé. Blandin s'est surtout couvert de dettes. Les créanciers du pépiniériste, en rencontrant Coluche, ont enfin trouvé le moyen de se rembourser sur une propriété réputée invendable. Surtout, Blandin fait accepter à Coluche des clauses très rigides. Il conserve la jouissance de l'eau, le droit de prélever des pousses de plantes et d'entretenir les serres. Il occupera la maison jusqu'en 1981. Bref, il vend, mais reste dans ses meubles.

Lorsque à Paris, Coluche montre l'acte à ses imprésarios, c'est la consternation. Claude veut contester cette promesse irrecevable. Coluche est furieux de sentir son envie contrariée par des problèmes terre à terre. Il a des projets pour Le Morne-au-Fou. Il a gardé la servante de Blandin, adepte du vaudou, qui assure entendre, de la terrasse, les conversations des commères, plusieurs centaines de mètres en contrebas, dans le cimetière de Deshaies. Et Robert, le gardien, un ancien légionnaire, resté trop longtemps au soleil et dans les effluves de rhum. Coluche expédie, en Guadeloupe, Roland, puis Danny, ses potes-collaborateurs du Potager des Halles avec mission de lancer les premiers travaux. Une seconde maison, à cinquante mètres de celle de Blandin, sur la baie. Les fondations d'un restaurant. D'autres locaux pour les amis.

Mais Blandin est entré en résistance. Les envoyés de Coluche se plaignent de le rencontrer sur le chemin, armé de son fusil et accompagné de ses chiens. Les algarades éclatent vite. Blandin ne veut rien concéder. Il déménage plus de plantes que prévu. Il a tendu une chaîne, pour interdire les abords du pavillon. Il s'oppose à la réfection de l'allée. « Nous couchions dans nos voitures, se souvient Danny. Blandin nous faisait peur. Il ramassait ses plants, traficotait dans la propriété. Et, puis, les travaux avançaient trop lentement. Coluche, à Paris, appelait sans arrêt, s'impatientait. »

Un jour du printemps 1980, Coluche téléphone à Claude Martinez :

– Blandin fait chier ! Si tu ne m'aides pas, je lui casse les jambes !

Claude et Coluche s'envolent pour la Guadeloupe. Ils déjeunent avec les Blandin sur la terrasse du pavillon. La diplomatie de l'imprésario paraît atténuer les malentendus. Puis, Blandin se met à raconter son passé de planteur, celui de sa famille, les surveillances à cheval des ouvriers. A ce récit, Coluche explose et traite Blandin de négrier. Les négociations sont rompues. Claude devra faire intervenir la justice, réviser l'acte de vente, prévenir les gendarmes pour que Coluche trouve un peu de paix dans son paradis.

III

Il s'est aussi trouvé « un job pas cassant » pour entretenir sa retraite. Le cinéma. A l'écouter, cela n'a rien d'un art. Cela tiendrait plutôt de la rente de situation, presque de l'escroquerie, idéale pour qui a décidé d'abandonner le travail à ceux qui veulent continuer à s'épuiser.

« J'ferai peut-être encore un peu de cinéma, un film de temps en temps, explique-t-il au *Matin-Magazine*. Le ciné, oui, ça m'amuse. C'est-à-dire qu'on y fout rien surtout, et on est très bien payé. C'est un rêve. Être vedette de cinéma, c'est un conte de fées, c'est formidable ! Le matin, t'arrives, ils te mettent un costume qu'est pas à toi, faut pas le salir mais tout le monde s'occupe du costard à ta place, après, ils te maquillent, ils te mettent des Kleenex en attendant que tu tournes, on te rend ta chaise et c'est bon, tu t'assois. Tout d'un coup, on te dit : " c'est à toi ! ", tu dis trois mots, ça dure trente secondes ce qu'on tourne, et la chaise, tranquille... [3]. »

Il y a dans cette déclaration de quoi inquiéter les milieux du cinéma. Si Coluche choisit cette activité pour accompagner son farniente des îles, le risque de banalisation guette le septième art. D'une franchise indécrottable, le saltimbanque s'apprête à épouser une seconde carrière, bien qu'à mi-temps, en lui refusant, d'entrée, tout mystère. Il n'a pas toujours parlé ainsi du cinéma. Tout au long de ces années passées, ses amis ont même souvent cru comprendre que Coluche était au moins autant attiré par les plateaux, et cette chaise d'acteur au repos.

Il en a eu l'envie, et si le music-hall l'a emporté, c'est surtout faute d'occasions pour satisfaire l'autre versant de son ambition. Faute, aussi, de l'adhésion de Paul Lederman à ces projets cinématographiques. De toutes les prises de bec entre le producteur et le comique, les plus violentes ont toujours concerné les projets de film. Paul estime que les détours par les studios sont parfois braderies du talent.

De 1974 à 1980, il n'a cessé d'essayer d'en persuader Coluche que le cinéma fascinait, comme tous les jeunes comédiens. Chaque film a été une période de discorde, des semaines de scènes de ménage. Claude Martinez a développé, durant ces crises, des trésors de patience. Paul, lui, voyait rouge, quand le spectre du grand écran se rapprochait. Le cinéma, les deux producteurs l'ont combattu pied à pied, et la carrière de Coluche au music-hall n'aurait sans doute pas connu la même réussite si, régulièrement, les films étaient venus se superposer à l'image offerte en scène. Mais, en 1980, ils sont à bout d'arguments. Coluche, à l'entendre, ne place plus la moindre ambition artistique dans cette autre occupation. Le cinéma n'est qu'un petit boulot d'appoint, entre deux siestes. Une position plus suicidaire, et donc plus difficile à combattre.

Ses impresarios auront réussi à repousser ce terme six ans durant. Le cinéma, parallèlement au music-hall, n'aura été qu'une suite d'alertes, vite oubliées par l'effet du succès à la scène. Coluche revenait à la charge, s'échappait pour quelques semaines, mais les spectacles et les tournées occupaient trop sa vie pour qu'un autre mode d'expression puisse y prendre appui. En 1974, après l'épisode du film de Patrice Leconte, *Les Vécés sont fermés de l'intérieur*, Coluche est revenu voir Claude Martinez en lui annonçant qu'il avait accepté un rôle dans *Le Mariage* de Claude Lelouch. Le réalisateur tournait dans la région d'Étretat. Il proposait de mettre des avions à la disposition de l'artiste pour que celui-ci soit à l'heure au théâtre. Le producteur a protesté. Coluche a insisté, puis s'est ravisé. « D'accord, je le fais pas, mais t'as pas intérêt à te gourer ! » Nouveau coup de téléphone : « T'avais raison, le film a l'air nul, et puis ça sera crevant. J'ai refilé le rôle à Rufus. T'aurais pu me prévenir plus tôt ! Avec toi, je risque toujours de faire des conneries ! »

En mai 1976, Coluche opère un revirement, il décide de tourner dans *L'Aile ou la cuisse*, de Claude Zidi, une comédie produite par Christian Fechner, avec Louis de Funès pour vedette. Il reprend le rôle initialement proposé à Pierre Richard. Paul Lederman est plus embarrassé. Il a confiance en Christian Fechner. Et puis, comment s'opposer à l'envie de donner la réplique à Louis de Funès, qui revient au cinéma, après une attaque cardiaque, un an plus tôt ? « Travailler avec de Funès, a confié Coluche, ça me fait la même impression que si j'allais tourner avec Chaplin. » En retour, l'acteur rend un hommage appuyé au saltimbanque : « Il peut tout faire. Moi, d'ailleurs, je n'aime jouer qu'avec les grands. Coluche, c'est un grand. » Le film connaît un succès populaire. Plus d'un million d'entrées parisiennes.

Quelques mois plus tard, Paul Lederman doit affronter une nouvelle foucade. Plus rude encore. Car, cette fois, Coluche choisit de mettre en scène lui-même un film dans la tradition du café-théâtre. *Vous n'aurez pas l'Alsace et la Lorraine*. Une entreprise familiale, une promenade à l'écran des copains. Une réplique aux grosses comédies qui sévissent dans le cinéma français, depuis les scores des films des Charlots. Coluche veut faire la preuve qu'on peut faire mieux que Claude Zidi et Louis de Funès. Il a besoin de Claude et de Paul, car il s'agit d'une entreprise liée à leur aventure collective. Une façon de rendre ce que le café-théâtre lui a donné, et que ses producteurs, comme lui-même, ont pris. Beaucoup d'amis seront du film, Gérard Lanvin, dans le premier rôle, Anémone, Dominique Lavanant, Gérard Jugnot, Michel Blanc, Putterflam, Giraud, Rego, Lhermitte, Philippe Manesse, Marie-Anne Chazel, ainsi que Véronique.

Il n'y manque guère que Josiane Balasko. « Il avait voulu me punir », dit celle-ci. Même Martin Lamotte et Philippe Bruneau sont au générique. Et pourtant, en vertu d'une pratique désormais habituelle, la présence de ces deux compagnons a encore pour origine un détournement. Coluche, sans vergogne, s'est largement inspiré d'une pièce écrite par Martin Lamotte et Philippe Bruneau, *La Revanche de Louis XI*, qui a assuré les recettes de La Veuve Pichard pendant des mois. Bien sûr, Coluche signe seul le scénario. Furieux, les deux autres lui ont demandé un rendez-vous. « Je ne vois pas la ressemblance », a assuré le metteur en scène. Mauvaise foi. Coups de gueule. Bouderies. Réconciliation. Routine d'une chronique tribale.

Coluche fait ses débuts de réalisateur, mais refuse d'en convenir. Il sait tout, mais n'y connaît rien. La place de la caméra, le découpage, les raccords, tout cela n'est que détails encombrants. L'histoire délirante de *Gros-Pif*, roi tyrannique et fainénant opprimant ses sujets, se prête d'abord, pour la famille, à des grandes vacances bruyantes et indisciplinées.

La plus grande partie du tournage a lieu dans la région bordelaise, du côté de Saint-Macaire. Coluche a loué une grande maison. Le film n'est pas vraiment fauché. C'est plutôt affaire de style, entre engueulades générales et fous rires. Des coups sont échangés, Coluche renvoie des membres de l'équipe technique, dirigée par son conseiller, Marc Monnet. Il se fâche avec Coco. Le pastiche des histoires de mousquetaires tourne à la débandade. Mais Coluche est heureux, seul maître à bord, passionné et négligent.

Il montre surtout une ambition nouvelle. Au cinéma, l'intéresse d'abord le pouvoir de l'homme-orchestre. Il ne cessera de le répéter : un jour, il sera metteur en scène. Faire l'acteur est secondaire. Ce film, aussi bricolé soit-il, lui tient à cœur. Dans les semaines précédant sa sortie nationale, à l'automne 1977, il se montre inquiet. Et bien sûr, décide de prévenir les réactions par l'agression. Il s'en prend aux critiques. « Ils servent juste à nourrir leurs familles, lance-t-il. Et moi, les critiques, je suis assis dessus [4]... » « Les critiques sont de vieux imbéciles, incapables de faire un autre métier alors que la majorité des artistes sur le retour pourraient très bien devenir critiques [5]. »

Les journalistes spécialisés dans le cinéma ne se laissent pas impressionner. A la sortie du film, ils n'épargnent pas Coluche. Le film est quelconque. La magie du café-théâtre y est absente. Les malheurs de Gros-Pif – joué par Coluche –, souverain paranoïaque qui doit convaincre son cousin le roi des Belges de concocter une fausse guerre contre la France, pour l'aider à reprendre son trône à ses ministres félons, paraissent patauds. La musique de Serge Gainsbourg, la prestation de Gérard Lanvin dans le rôle du Chevalier blanc, qui chante comme Luis Mariano dès qu'il doit se présenter, ne sauvent pas cette *Alsace-Lorraine* du dédain général. Les critiques, même de journaux favorables à Coluche, comme *Télérama*, mettent en évidence le côté « lourdingue » de l'œuvre. Le public boude le film.

Coluche en est mortifié. Personne dans son entourage n'avait pris ce projet pour autre chose qu'une lubie. Coluche, curieusement, est profondément touché de cet échec. Comme s'il avait cherché à conquérir une indépendance, à formaliser son emprise sur les autres, et qu'il se voyait contraint d'accepter les compromis avec ses proches. Il prend souvent les événements pour des pièges. La résistance de Paul à ces expériences cinématographiques le renvoie à ses vieilles craintes de l'embrigadement. Il est sourd à l'argument du music-hall : à chaque fois qu'il est à l'affiche d'un film, assurent ses producteurs, on note une baisse de fréquentation du public au spectacle, et une chute des ventes de disques. Coluche en même temps dans toute la France! Il devient donc inutile de se déranger, d'attendre sa tournée, de l'écouter sur microsillons.

Coluche n'en convient pas, il se résigne. On ne le verra plus au cinéma jusqu'en 1980. Mais il continuera à chercher sa voie de ce côté. Surtout en direction de Claude Berri, son producteur fétiche depuis *Le Pistonné*. Tout au long de ces années, les deux hommes se sont souvent revus, à la grande crainte de Paul Lederman. Celui-ci a compris que Coluche acceptait de faire les choses à l'influence, en confiance. Qu'il avait besoin d'un père professionnel, auquel s'opposer. Il est celui-là. Il pourrait cesser de l'être, au profit d'un autre. Sa chance, c'est que jusqu'en 1980, Claude Berri n'a pas trouvé le moyen d'utiliser Coluche au cinéma, qu'il n'aime pas les scripts que celui-ci lui adresse. Que Coluche se défie des comédies françaises, et qu'il ne veut pas faire de peine à son impresario.

Cela tient à un fil, toutes ces années. Le fil casse. Prévoyant un changement de vie prochain, de plus en plus intime avec Claude Berri, Coluche, dans cette année des bouleversements, s'engage par contrat à tourner, aux côtés de Gérard Depardieu, un film de Claude Zidi, produit par Claude Berri : *L'Inspecteur La Bavure*. Pour Paul Lederman, c'est l'affront. Après tous ces longs mois de compagnonnage chaotique, le partage obligé de son influence.

« Coluche voulait surtout tourner dans un film que je réaliserais, assure Claude Berri. Longtemps, je ne savais pas comment prendre son impatience. Au début, il ne m'écoutait pas, je lui avais déconseillé de jouer dans *Les Vécés sont fermés de l'intérieur*. Il n'en avait fait qu'à sa tête. Il me demandait à chaque fois quand j'allais me décider à produire *Rendez-vous au tas de sable*. Puis nous avons été plus en confiance. Il ne voulait pas tourner avec Zidi. J'ai réussi à lui faire accepter *L'inspecteur La Bavure*[6]. »

Coluche, pendant l'été 1980, semble vouloir abandonner le music-hall à tout prix, car il se met plus systématiquement encore sous la tutelle de Claude Berri et du cinéma. En plus du film de Claude Zidi avec Gérard Depardieu, il insiste pour signer quatre contrats en blanc. Cachet officiel : sept millions de francs pour le lot. Mais certains proches de Coluche estiment que les gains de leur ami sont plus conséquents encore. Une très grosse rétribution, en tout cas. « Dans l'ordre de grandeur, précise Claude Berri, à peu près ce que pouvait espérer percevoir Pierre Richard à l'époque. Ce contrat de quatre films montrait bien le côté pratique de Coluche. Il avait refusé toute idée de participation à la production, de pourcentage. »

Le cinéma annonce bruyamment qu'il a gagné une star de plus. Le septième art va prendre sa revanche sur le music-hall. Paul Lederman plaint Coluche. Il est malheureux de cette dérive, de cet essoufflement à la scène, plus furieux encore de la médication prescrite. « Le cinéma, c'est une machine à récupérer le music-hall, déplore-t-il, le travail solitaire, le face-à-face existentiel. » Les hommes de cinéma, bien sûr, comprennent mieux l'évolution du saltimbanque. « Bourvil a quitté un jour la chanson pour le cinéma, déclare Christian Fechner. C'était un départ définitif. Quand on a la chance d'être sollicité par l'écran et d'y conquérir un public, le music-hall n'apparaît plus que comme un bagne. Montand lui-même, après mûre réflexion, s'est rendu compte qu'un spectacle exigeait trop d'efforts pour un rapport relativement modeste[7]. » Deux écoles. Deux visions du spectacle. Coluche va tenter de se guérir de l'une par l'autre.

IV

Coluche arrête! Il s'en va. Il va faire du cinéma. Il part à la pêche, dans son île. Il continue le music-hall, pour cent dernières représentations au Gymnase et une ultime tournée. Il veut se présenter à l'élection présidentielle. Les effets d'annonce, à la fin de l'été 1980, se brouillent, trop nombreux, trop contradictoires. On parle beaucoup de Coluche, mais à peu près à propos de tout.

Il est vrai que le comique s'est engagé auprès de Paul Lederman à revenir une dernière fois au théâtre. Vrai aussi qu'il vient de tourner *L'Inspecteur La Bavure* et que d'autres films vont suivre. Il possède bien une maison, en Guadeloupe. Pour sa candidature aux élections, c'est selon les jours. Oui, non, peut-être. L'opinion réclame quelques éclaircissements. Coluche en convient, plus que jamais ballotté lui-même entre des envies contraires. Il a besoin de faire le point, avant de tourner la page.

Il choisit *L'Express*, et Danièle Heymann. L'hebdomadaire a eu raison de s'obstiner car elle rencontre Coluche au moment le plus déconcertant de sa carrière. Celui du jet de l'éponge. Le saltimbanque, sonné, baisse sa garde. Cinq ans après la couverture du *Point*, Coluche se livre comme jamais il n'avait accepté de le faire. Il ne plaisante pas. N'agresse personne. Il ne se dissimule pas derrière l'insolence. Ce présent ouvrage doit quelques-unes des confidences de Coluche sur son enfance à cette longue interview, publiée le 11 octobre 1980 et intitulée : *Les Adieux de Coluche*.

Danièle Heymann s'est rendue rue Gazan. Après un accueil embarrassé, Coluche lui a simplement dit : « Vas-y, ma poule. » Le signe de l'accord, le gage de sa sincérité.

« Pourquoi faites-vous vos adieux au music-hall?

– Le véritable artiste, c'est celui qui dure. Parce que, dans le métier, pour avoir du génie, faut être mort; pour avoir du talent, faut être vieux, et quand on est jeune, on est des cons. Voilà. »

Voilà. Sur près de dix pages, Coluche à confesse. Montrouge et la Solo. Le Café de la Gare et la gloire. La Rolls, les copains et l'argent.

« Pas un nouveau riche, un ancien pauvre », qui estime, en toute honnêteté, que « c'est bonnard comme retraite pour un mec qui aurait jamais cru arriver jusque-là ».

– Le public ne va pas vous en vouloir un peu de l'abandonner?

– Je ne vois pas pourquoi il commencerait à me détester. Ils vont commencer à m'oublier, c'est autre chose. »

ONZIÈME PARTIE

LE CANDIDAT-NUL

I

Représentation unique au Gymnase. Le 30 octobre 1980, Coluche donne une « matinée » exceptionnelle, pour un parterre choisi. Il vient de s'asseoir derrière un guéridon posé sur le devant de la scène. Il porte sa salopette, mais pas le nez rouge. Il a ajouté à sa tenue une chemise à carreaux jaunes et noirs, un foulard et des mocassins jaunes. Coluche est en civil.

Il ne propose pas non plus son spectacle habituel. Ce qu'il a à dire aux journalistes, aux équipes de télévision qui occupent les premiers rangs, tient en peu de mots. Il est officiellement candidat à l'élection présidentielle. Il vient « semer la merde ». Précipiter sa « plaisanterie à caractère social » dans le débat national.

Coluche n'allait tout de même pas laisser les hommes politiques s'amuser tout seuls, après les avoir chouchoutés comme il l'a fait trois ans durant! Et puis, il les a trop menacés de son compagnonnage pour se débiner au dernier moment. La Guadeloupe peut attendre quelques semaines. Le cinéma aussi : *L'Inspecteur La Bavure* ne sera dans les salles qu'en décembre. Il doit occuper le théâtre du Gymnase trois mois encore, puis partir en tournée. Il ne se voyait pas, simple saltimbanque, commenter la grand-messe républicaine, le soir, devant quinze cents spectateurs. Il a envie de s'en mêler.

L'idée l'en a longtemps démangé et il s'est finalement décidé. Ses proches l'ont poussé à se présenter, partagés entre le gag et le raisonnement. Jean-Michel, Romain Goupil, Maurice Najman, journaliste à *Libération*, les amis de *Charlie-Hebdo* se comptent parmi les réfractaires à cette élection, pour eux sans enjeux, puisqu'à l'automne 1980, la gauche passe pour avoir manqué toutes ses chances de victoire. Depuis des mois, l'Union de la gauche a volé en éclat. Michel Rocard risque de déplaire au PS s'il persiste à vouloir se présenter, et François Mitterrand, candidat plus probable, paraît marqué par l'échec. « Moi, j'ai raté le certificat d'études, explique Coluche, mais j'ai pas essayé de le passer trois fois. » Les copains de la rue Gazan, d'ailleurs plus anars que socialisants, ont perdu leurs dernières espérances. Valéry Giscard d'Estaing est donné partout gagnant, pour une répétition sans surprise de son premier mandat.

Restaient la dérision, l'éclat de rire pour éviter l'ennui, et Coluche leur semblait le mieux placé pour s'immiscer dans cette campagne qui s'annonçait morose. Paul Lederman était favorable, aussi, à une candidature. La simple transposition du succès de la scène à la vie devait pouvoir assurer à l'humoriste davantage d'intentions de vote qu'à la trentaine de « petits candidats » déjà déclarés. Selon l'impresario, Coluche avait même une chance sérieuse de se retrouver devant ce peloton de perdants d'avance qui, au mieux, monnaieraient leurs voix au second tour. Assez près, peut-être, de « la bande des quatre » pour faire la nique au PC, au PS, à l'UDF et au RPR. Coluche, plus sincèrement, précisera, un peu plus tard : « le public m'a donné une position de vedette, de révélateur de la connerie humaine et si j'en profite pas pour ouvrir ma gueule avant de me barrer dans mon île, pour tourner en ridicule cette sinistre campagne électorale, je serais un vrai salaud [1] ».

D'un commun accord, Coluche et Paul Lederman ont aussi décidé, sans se l'avouer, de s'offrir un dernier tour de piste. Une extension du music-hall, peut-être pour se laisser quelques bons souvenirs, avant de s'installer dans la plus longue de leurs séparations. Coluche a vu pleurer Paul, un soir, encore un soir de scène. Depuis des semaines, l'impresario traînait son air d'homme trahi, de fée qui aurait transformé la citrouille en carrosse, et qui verrait le carrosse s'échapper sans un salut. A sa manière, sentimentale, Paul Lederman, pour maudire le sort, mêle ses embarras professionnels à ses drames personnels. Sa femme est morte, trois ans plus tôt, et Coluche est malheureux du récit répété de cette longue maladie. Rétrospectivement, de l'impuissance de Paul, de la sienne, pendant l'hospitalisation, en 1976. Des heures passées sur le trottoir, à attendre l'impresario, parce que lui-même refusait d'entrer dans la clinique. A chacune de ces visites désespérées, Coluche avait inventé un prétexte à dispute pour que Paul reprenne quelques forces.

Ils vont se manquer, dans les années à venir, se braquer sur leurs refus respectifs. Pour compenser, inconsciemment, ils se font le cadeau mutuel de plusieurs semaines de rigolade. Et puis, Coluche, à son habitude, a déclaré publiquement qu'il tenterait ce projet fou, à condition que Paul l'approuve. Que Paul mette son talent médiatique au service de sa candidature. Le producteur a donc pris les choses en main. Invité des experts, rue Gazan comme le publiciste Michel Lunean et Maurice Siegel, directeur de *VSD*. Qui ont prévenu : les élections sont affaire sérieuse, les partis puissants, les grands candidats prêts à tout. En République, surtout sous la Ve du nom, s'en prendre au mandat présidentiel équivaut à toucher au sacré. Pierre Bénichou, consulté, a exprimé les mêmes mises en garde.

Alors, la rue Gazan s'est animée. Une amie, Laurence Guindollet, dite Lolo, a été préposée au tri du courrier. Danny à l'intendance. Jean-Michel, Romain Goupil ont été priés de réfléchir et de proposer des thèmes de campagne. Louis-Auguste Girault de Coursac, un aristocrate, ami de Jean-Michel, prêtera son carnet d'adresses. Maurice Siégel a promis la sympathie de *VSD*. Maurice Najman, le soutien de *Libération*. Serge July, le directeur de ce quotidien, Jean-Louis Péninou, son rédacteur en chef, conviés un soir, devront, cependant, tempérer cette affirmation. *Charlie-Hebdo*, malgré quelques réticences internes, sera le journal – officiel – de l'opération.

Comme Michel Debré a publié une liste de soutien forte de cent cinquante noms, Coluche s'est dit qu'il ne pouvait faire moins. Avec Jean-Michel, il a impliqué dans un texte, à peu près sans les prévenir, tous les « courants » de sa bande. Et un peu au-delà, car figurent aussi dans sa liste France Gall, Sylvie Vartan, Sheila, Roman Polanski, Michel Sardou, Lino Ventura, Jean-Claude Brialy, Michel Drucker, Léo Ferré, ceux dont il a estimé les réactions négatives improbables. D'office, il y a inscrit les garagistes complices, les vendeurs de motos ou d'autos, les actrices de porno familières de *Charlie*, le père de Sotha, celui de Véronique, Daniel Cohn-Bendit, Georges Moustaki, Pierre Bénichou, Jean Yanne, Robert Willard. Seuls Serge July et Jean-Louis Péninou, membres involontaires des *150*, protesteront par voie de presse contre la filouterie.

A partir de la mi-octobre, la presse a publié les premières déclarations de Coluche. Trop caricaturales encore pour être tout à fait crédibles. « Les hommes politiques, c'est quatre mousquetaires des cinq doigts de la main : un pour tous, tous pourris ! » Le 29 octobre, Cavanna a fait paraître dans *Charlie* un entretien dans lequel le futur candidat expose ses motivations. « Je me présente pour tous ceux, affirme-t-il, qui subissent la politique, qui bossent toute leur vie, sont exploités jusqu'à la moelle, et n'ont que le droit de regarder de loin comment ça se passe (...) [2]. » Son programme ? « Faire un bras d'honneur à tous, aux malfrats de la droite, aux rigolos de la gauche. » Pour l'avoir trop attendue, il en veut d'ailleurs plus à la gauche qu'à la droite. Cavanna s'inquiète qu'on puisse détecter dans la croisade coluchienne des relents poujadistes. Coluche ignore toujours le sens de ce mot, et apprend l'existence, à cette occasion, de Pierre Poujade, parti en guerre, en 1956, contre l'impôt et l'État, avec, précise Cavanna, « un paquet de petits commerçants et de vieux fachos ».

Leurs deux noms seront souvent réunis, dans les semaines à venir. Celui du gosse de Montrouge et celui du papetier de Saint-Céré.

« J'en ai rien à foutre, répond Coluche, j'étais pas né. J'ai pas besoin de Poujade pour savoir qu'en France, on ne demande qu'à bosser, mais (...) qu'on en a marre de payer des impôts pour nourrir des flics qui nous regardent comme si on était des étrons de chien et qui nous tapent sur la gueule. » Suit un rêve étrange : « Un flic, ça devrait être un pote qui te ramène à la maison quand il te trouve bourré dans la rue. (...) On devrait se dire : chouette, voilà le gars (...) qui va me dépanner, qui va me sourire et sécher mes larmes. Un flic, ça devrait être la Providence. » Cavanna opine, quand même dubitatif.

Coluche réaffirme qu'il s'adresse aux abstentionnistes, aux non-inscrits, aux mal-aimés du système électoral et social. Il devrait réaliser un score supérieur à 2 %. Au second tour, il conseillera à ses électeurs « d'aller tirer un coup ou d'aller à la pêche ». Il ne se désistera pas. Pas même pour le candidat socialiste. Cavanna s'inquiète encore : ne dit-on pas que cette candidature de la dérision serait « un moyen de diversion, un pipe-voix manipulé en sous-main » ? « Leurs magouilles, rien à foutre, tonne le candidat. Mon seul objectif : leur fourrer le doigt dans le cul à tous ! »

C'est encore un peu court. En dernière page de son numéro, *Charlie* publie l'appel solennel du candidat. Un « avis à la population », sur fond jaune, encadré de tricolore. « J'appelle les fainéants, les crasseux, les drogués, les alcooliques, les pédés, les femmes, les parasites, les jeunes, les vieux, les artistes, les taulards, les gouines, les apprentis, les Noirs, les piétons, les Arabes, les Français, les chevelus, les fous, les travestis, les anciens communistes, les abstentionnistes convaincus, tous ceux qui ne comptent pas pour les hommes politiques à voter pour moi, à s'inscrire dans leur mairie et à colporter la nouvelle. Tous ensemble pour leur foutre au cul avec Coluche ! » Un peu juste, toujours. Plusieurs journaux ont donné l'information, mais cette déclaration tonitruante et très libertaire fait, pour quelques heures encore, figure de blague.

II

Juste pour quelques heures, car le jeudi 30 octobre 1980, vers 15 heures, Coluche provoque le brusque réveil de la campagne électorale. Il est arrivé dans sa Buick 1956 – l'année du poujadisme – rouge et blanche. Paul Lederman a réuni la presse, des journalistes incongrus au théâtre : les spécialistes de la politique. Chez lui, sur sa scène, l'artiste s'est assis derrière le guéridon qui supporte quelques notes. « Je sais ce que vous voulez savoir : c'est sérieux ou c'est pour rigoler? Aura ou aura pas les cinq cents signatures? » Dès son entrée, Coluche fait rire la plus difficile des salles. En coulisses, Paul se frotte les mains. Ça prend!

« Je m'adresse à ceux qui ont voté à gauche pendant trente ans pour rien (...) Je m'adresse aussi à ceux qui ont voté à droite pendant trente ans pour rien non plus. Vous en connaissez, des promesses tenues? » Il se présente pour « rappeler qu'on existe aux marchands d'espoir et de courants d'air ». Il invite à peu près tous les exclus à le rejoindre. Il sera le candidat « des faiseurs de patins à roulettes, des pédés, des nègres, des vieux qui ont une retraite de merde, des chômeurs qui sont un million et demi, des crasseux, des chevelus, des consommateurs de politique, ceux qui la subissent et pour qui on ne fait rien ». Comme prévu, Coluche brasse au plus large, à gauche, et à droite, loin derrière les partis de gauche et ceux de droite. Effectivement néo-libertaire et populiste, démagogue et généreux. Il renvoie, ce jour-là, tous les camps dos à dos. Il cingle ses futurs rivaux : « Marchais fait rire, comme moi. » Le gouvernement : « Les dessous de table sont si pleins qu'ils ne savent plus où les mettre. » Giscard : « Il ferait bien d'aller voir Madame Soleil, parce qu'il n'y a dans l'histoire de France aucun président qui soit sorti vivant d'un deuxième mandat. » Marie-France Garaud est appelée « Garaud-gorille ».

Coluche n'a pas de programme. Il attend qu'on le lui souffle. Il ouvre un cahier de doléances, il sera le porte-voix de tous les groupes, de toutes les opinions qui se porteront sur son nom. Des idées? Quelques-unes, pour rigoler. Réunir la flotte anglaise à Mers-el-Kébir, pour la couler, attaquer l'Albanie parce que ce pays est une proie isolée et facile à prendre. Il préconise aussi la création de « bordels nationaux » où mettre les femmes. Pour rire, bien sûr... De toute façon, ajoute Coluche, Giscard va repasser. En attendant, la France peut s'amuser un peu. En quittant le théâtre du Gymnase, un éditorialiste confie : « Depuis De Gaulle, c'est la première fois qu'on rigole à une conférence de presse. »

Cela aurait pu n'être qu'un spectacle d'improvisation, une autre salve de raccourcis sur la politique, comme hier, à Europe 1, pour détendre des journalistes qui allaient manquer d'occasions de s'esclaffer dans les mois à venir. C'est l'embrasement. La plus forte couverture de presse qu'un homme politique puisse espérer. Les radios, les journaux télévisés, le soir même. Tous les quotidiens, le lendemain. Puis les hebdomadaires. Bruno Frappat, dans son billet, à la « une » du *Monde* invente une formule que Coluche reprendra immédiatement en l'affinant. « Avant la candidature de Coluche, les Français étaient déjà partagés en quatre : socialistes, communistes, gaullistes et giscardiens. Pliés en quatre en quelque sorte [3]. » Coluche lit et conclut : « Avant moi, la France était coupée en deux. Elle va être pliée en quatre ! »

Il y a bien sûr les réactifs affligés, ceux qui crient à l'outrage, au manque de respect dû aux institutions de la République. Les pince-sans-rire, comme Hector Rolland, maire RPR de Moulins. « J'ai entendu dire à la radio que Coluche veut devenir président d'une île déserte. » Tous ceux qui refusent le bouffon, lors du sacre du roi.

Mais la plupart des commentateurs profitent du coup d'éclat de Coluche pour critiquer l'usure des institutions elles-mêmes, la rigidité de ce système présidentiel qui exclut de plus en plus de citoyens, les condamnant à des « candidatures de fantaisie ». Ces dernières sont déjà près d'une trentaine, dûment déclarées, dont celles de Michel Debré et de Marie-France Garaud. Aucune n'a soulevé le moindre intérêt. Le « coluchisme » naît, spontanément, parce, comme le notera *L'Express*, « Coluche doit avoir une tête de symptôme ». Il a pointé son gros doigt sur la première tare de la démocratie formelle : son cynisme mathématique. Coluche en lice, les éditorialistes saisissent l'occasion d'expliquer que la France s'ennuie dans une fausse campagne, « une première partie de spectacle », « les clowneries », avant l'entrée en scène des quatre grands.

Les candidats ayant une chance au second tour laissent volontairement pourrir la situation, naître les querelles, s'exprimer les fourmis, avant d'apparaître comme le seul recours face à ce désordre médiatico-social, et de condamner, au besoin, « les candidatures de division », comme si les ténors possédaient leur électorat à vie, et qu'ils étaient las de l'anarchie ambiante. A croire qu'en se déclarant, ils font d'abord œuvre de civisme. Ils patientent, laissant les citoyens croire quelques semaines à la liberté de leurs choix. Coluche n'est plus seulement l'affreux gouailleur, l'iconoclaste, l'anti-flic qui peut plaire aux deux bords des lassés de la politique. Sur son dos, qui est large, la presse peut rappeler que Giscard, dont on murmure qu'il n'est pas fâché de la candidature du plaisantin, trouvera, le moment venu, dans cette agitation, matière à justifier un deuxième mandat de rassembleur du pays divisé. « Toute une France qui se tenait à l'écart des élections ouvre l'œil », écrira Guy Sitbon, dans *Le Nouvel Observateur*[4]. Grâce au saltimbanque.

Comme il est plus représentatif, plus percutant que l'ensemble des « petits candidats » réunis, Coluche sert de pôle à une analyse sans complaisance pour cette Ve République apparemment exsangue. Tous les titres, quelle que soit leur tendance, y vont de leurs éditoriaux. « L'exécutif règne sans partage, écrit Edmond Bergheaud dans *Le Figaro*. Si bien que le citoyen moyen estime n'avoir d'autre moyen de contester l'omnipotence du pouvoir que de recherche d'autres intermédiaires, quitte à tomber sur un Coluche[5]. » Dominique Jamet, dans *Le Quotidien de Paris* : « Malheur aux petits partis en voie de constitution ou d'extinction ! Malheur aux pauvres ! Malheur aux individus ! Est désormais décrété marginal dans la vie politique tout ce qui n'appartient pas aux grandes formations. Tout a été délibérément, froidement, cyniquement organisé pour assurer la perpétuation de la bande des quatre[6]. »

Alain Duhamel, dans *Le Provençal* : « C'est probablement que les Français ont le sentiment d'assister en spectateurs à un match trop bloqué dont ils devraient au moins être co-acteurs[7]. » Enfin, Ivan Levaï, dans *Le Journal du Dimanche* : « Nous devons nous demander si son irruption ne traduit pas les désarrois d'un électorat choqué par la retraite du PCF, la division des socialistes et l'émiettement des gaullistes. Un électorat qui ne voit plus très bien comment M. Giscard d'Estaing, sur deux septennats, pourra tout à la fois continuer et changer[8]. »

Quatre commentateurs, d'opinions fort diverses, qui n'approuvent pas la candidature de Coluche. Quatre commentateurs, pourtant, qui la justifient, au-delà de ce que lui-même avait envisagé. Toute société figée, relève la presse, au lendemain de la réunion du Gymnase, a ses candidatures de dérision, actes de survie de citoyens que les programmes électoraux des Grands laissent à l'avance désabusés. On rappelle les cas de Marcel Barbu, en 1965, celui de Ducatel, en 1969.

Les fantaisistes amateurs étaient six en 65, sept en 68, douze en 74. Ils sont déjà plus de trente, six mois avant la clôture des listes officielles de 1981.

On juge désespérée la candidature de Roger Garaudy. On rit, par habitude, de celles des derniers gauchistes, derrière Arlette Laguiller. Des écologistes, avec Brice Lalonde. On craint la mort prochaine pour le PSU, emmené par Huguette Bouchardeau. On rappelle qu'aux précédentes « Européennes », en 1979, le pays n'avait pas été très fier de laisser Jean-Jacques Servan-Schreiber, Solange Fernex, Jean Edern-Hallier s'aventurer seuls, sans troupes ni moyens. On plaint tous ces courageux, contraints d'aller mendier auprès des quarante mille grands électeurs, détenteurs des sacro-saintes 500 signatures minimum, de quoi décrocher leur droit à la parole. On condamne un système qui permet aux principaux partis, et plus encore aux Préfectures, de verrouiller les soutiens des maires, des conseillers généraux, au besoin de les monnayer.

En se présentant ainsi, sans programme ni ambition, simplement pour « semer la merde », Coluche, involontairement, vient de libérer une charge politique muselée. Qu'on aime ou non le comique, qu'on ait ou non envie de le voir continuer à donner des coups de pied méchants dans les institutions, l'opinion publique s'empare de cette opportunité offerte dans des éclats de rire.

On le compare à Ferdinand Lop, qui voulait prolonger le boulevard Saint-Michel jusqu'à la mer. Au Pétomane, à Candide, au héros des *Lettres Persanes*, ou aux Croix-de-feu antiparlementaristes de 1934, qui rêvaient de jeter les députés à la Seine. En quelques jours, Coluche retrouve ses détracteurs et se découvre quelques provisoires et indirectes sympathies. Beaucoup de positions, à gauche comme à droite, montrent qu'en attendant, hélas la campagne sérieuse, Coluche est proclamé seul boute-en-train salutaire de cette grise fin d'année. « Dans toutes les cultures, écrit Catherine Clément, il existe des bouffons, des lutins, des dieux à l'envers dont la fonction sociale est d'inverser les valeurs et d'en faire surgir d'autres [9]. »

Coluche a donc déjà réussi son pari. La France accepte qu'il soit, pour les semaines à venir, le catalyseur de ses insatisfactions. Toutefois, comme lui-même l'avait espéré, comme Paul Lederman l'avait parié, il draine aussi, réellement, des mécontents de tous bords. A gauche, comme l'écrira *l'Express*, « les feuilles mortes du printemps de 68, les exclus du PC, les rogatons du gauchisme, les déçus du socialisme, rocardien notamment, les fatigués de tous les " ismes ", les anars et les amers [10] ». A droite, il reçoit très vite le renfort de Gérard Nicoud, le tribun du Cid-Unati, les mouvements des petits commerçants, qui vient de renoncer à sa fonction, après douze ans de règne. « Je soutiendrai Coluche parce que je préfère voter pour un comique professionnel que pour un comique de circonstance [11]. » Voilà les poujadistes tant annoncés. Coluche ne rejette pas ce soutien populiste et franchouillard. Il est en pourparlers avec des écologistes dissidents, des royalistes, des associations d'homosexuels, des motards, des immigrés. Ce n'est pas l'heure des sectarismes. S'il est une caisse d'enregistrement, il l'est pour tous.

Enfin pour presque tous. Des membres des Faisceaux nationalistes européens, un groupuscule d'extrême droite, sont venus le voir. Son cahier de doléances a quand même ses limites. Les ultras sont remerciés. Dans l'entourage de Coluche, certains amis, très impliqués dans la campagne, comme Romain Goupil, exprime leur désaccord avec la caution de Gérard Nicoud. Mais la machine s'est emballée. « La plaisanterie à caractère social prend comme une mayonnaise », comme le note un journaliste.

A la fin de son spectacle du Gymnase, tous les soirs, Coluche, au moment des applaudissements, réapparaît en queue de pie, ceint d'une écharpe tricolore. La salle crie : « Coluche, président ! » Sur la scène de l'Olympia, Eddy Mitchell brandit une pancarte. « Votez Coluche. » La salle crie : « Coluche président ! » Gérard Depardieu, Renaud, Jean-Paul Belmondo annoncent qu'ils voteront pour le comique au premier tour. *Charlie-Hebdo* multiplie ses appels. Les comparses de la rue des Trois-Portes reçoivent le courrier, expédient, contre un chèque de soutien, des tee-shirts, des briquets et des badges à l'effigie du « candidat-nul ».

Libération publie chaque jour une phrase, « une petite phrase à répercussions multiples », de Coluche. Un aphorisme. Le premier paraît le 4 novembre : *J'arrêterai de faire de la politique lorsque Marchais arrêtera de faire rire.* La rédaction en chef n'en censurera qu'un, au long de ces semaines. La petite pensée du 22 novembre : *Les trente-deux manières d'interpréter une candidature : Marie-France Garaud refuse d'être à plat ventre, elle n'a qu'à se mettre sur le dos, comme d'habitude.*

Des comités coluchiens, parfois même coluchards, pour les plus libertaires, se créent un peu partout dans le pays. Souvent en marge des milieux écologistes, ou dans la sphère d'influence de la CFDT. Mais on y trouve aussi des commerçants. Parfois, ces associations de soutien butent sur les contradictions évidentes de cette candidature. Un ancien gaulliste de Rouen refuse de marcher avec l'ex-communiste. Les motards de Belfort quittent leur comité, animé par des gauchistes. Mouvement spontané, n'ayant comme tradition que de se recruter parmi le public du saltimbanque au music-hall et comme seul ciment ses récriminations sociales, ce courant de sympathies éparses réclame à Paris des affiches, des badges, des mots d'ordre. Coluche promet simplement de faire un gala pour chaque signature de notable arrachée. Dans certains villages, la population menace son maire de ne pas le réélire si celui-ci ne donne pas sa voix à l'auteur du *Schmilblick*. A Gimont, un bourg du Gers, le comité Coluche compte vite plus de cent membres, sur deux mille habitants.

Le 17 novembre, *Le Nouvel Observateur* donne, plus ou moins volontairement, un sérieux coup de pouce à cette campagne fourre-tout. La semaine même où François Mitterrand se déclare « candidat à la candidature », coupant définitivement l'herbe sous les pieds de Michel Rocard, l'hebdomadaire, connu pour sa sensibilité de gauche, offre à Coluche sa couverture. Avec ce titre : *La France de Coluche.* Jean Daniel, son directeur, explique dans son éditorial que la semaine où le chef du PS se déclarait, les journalistes de *L'Obs* et lui-même « ont été comme portés à mettre Coluche à la " une ", en couverture ». « C'est que, écrit-il, ô stupéfaction, dans sa candidature, faite de dérision contestatrice, ils sont nombreux, même parmi nos propres lecteurs, à avoir vu le signe éloquent de l'impatience devant le creux, la béance, le vide, le néant. »

Jean Daniel paraît prendre le phénomène qui prive François Mitterrand de la « une » du bout de la plume. « Il est permis de refuser le choix entre les impuissants et les bouffons », conclut-il. Quelques pages plus loin, Guy Sitbon décrit avec retenue l'étendue des ravages déjà causés par le saltimbanque dans le jeu de quilles. Autre précaution : pour les confrères, le numéro de l'hebdomadaire a été accompagné d'une notice de promotion, précisant que le journal avait voulu « s'offrir et offrir à ses lecteurs un moment de récréation ».

Pourtant, malgré ces prudences, la France ne voit dans cette fastueuse présentation que la preuve de la percée du « candidat-nul ». Surtout que *Le Nouvel Observateur*, dans sa livraison, donne les premières indications chiffrées de ce succès. Non un sondage, simplement un test téléphonique auprès de cinq cents lecteurs de Paris et de la région parisienne. Cela suffit, toutefois, à faire applaudir l'artiste. 27 % de ces lecteurs déclarent voter, au premier tour, pour Coluche.

La campagne de Coluche vient de faire un nouveau bond en avant. Les réactions hostiles reprennent de plus belle. L'analyse des fatigues du système constitutionnel s'affine. Les amis commencent à croire que le gag devient réalité. Les comités de soutien sont dopés. La célèbre journaliste Flora Lewis prépare un article pour la première page du *New York Times*. Coluche dicte à *Libération* la formule du jour : « *27 % des pouilleux, des Arabes et des crasseux du* Nouvel Observateur *voteraient pour moi. Ils sont les bienvenus. Plus on est de pouilleux, plus on se gratte.* »

Cette euphorie provoque aussi le brusque réveil de la Bande des quatre, jusque-là somnolente, ou simplement ironique devant la guérilla du « héraut du ras-le-bol ». L'Élysée et Matignon envoient des télex – paraît-il chiffrés – dans toutes les préfectures, avec ordre de faire pression sur les élus qui se laisseraient aller à donner leur voix au saltimbanque. Unique consigne : Coluche est un dangereux agitateur qui ridiculise les institutions de la République. Le délégué général de l'UDF, Michel Pinton, confiait volontiers, quelques jours plus tôt : « Coluche n'entre même pas dans nos calculs. » Il accepte désormais les micros pour critiquer « ce candidat de cabaret ».

Michel Poniatowski déclare à RTL : « (...) M. Coluche a l'apparence d'un gros bête, mais en réalité, c'est un petit malin parce que cet acteur a trouvé, par ce biais, la possibilité de se faire une publicité absolument gratuite qu'il n'a jamais eue. Ceux qui le soutiennent favorisent, au fond, le montage d'une opération qui est largement financière [12]. » Au nom du parti républicain, Jacques Blanc espère également que les maires ne participeront pas « à cette campagne de show-business ». « Il ne faut pas dévoyer à ce point les institutions de la République. »

A gauche aussi, l'alerte a été donnée. Le PC, dès les premiers jours, a prévenu les travailleurs contre la campagne démagogique de ce complice objectif de la bourgeoisie. Les jeunes communistes voient même, en Coluche, un « archimilliardaire » déguisé. Mais, c'est surtout au PS, que l'inquiétude paraît gagner. François Mitterrand n'a, bien sûr, pas pris parti. Claude Estier, dans un éditorial de *L'Unité*, se charge de la réplique : « C'est faire injure aux millions de Français que le pouvoir actuel exploite et méprise que de prétendre qu'ils attendent d'un comique professionnel une réponse aux problèmes qui les angoissent [13]... »

Jean Poperen, autre proche de François Mitterrand, exprime aussi son indignation : « Des gens se sont battus longtemps pour acquérir des institutions démocratiques. Je suis écœuré de les voir galvaudées. Coluche? C'est bon pour Giscard, c'est bon pour les adversaires de la démocratie. Moi aussi, j'aime bien rire, mais la lutte politique n'est pas une plaisanterie. C'est la vie des gens. Il y en a qui en meurent [14]... »

Plus étonnante est cependant la réaction du Centre d'information civique (CIC), instance neutre, en théorie, mais très influencée par les présidents du Parlement et du Sénat. M. Barbé, son directeur a rédigé ce qui pourrait passer pour un pamphlet : « Il est inadmissible – nous sommes même aux limites du tolérable – de voir se multiplier les candidatures ouvertement placées au service d'intérêts particuliers ou plus exactement sectoriels. A la limite, n'aurons-nous pas bientôt un candidat des bouilleurs de cru? (...)C'est l'importance de l'élection qui rend dérisoire et attristante la candidature de Coluche. Il faut y voir, indépendamment de l'opération publicitaire, une manifestation du goût à la fois destructeur et ordurier que nourrit, en un coin caché de son inconscient, une fraction – quelle en est l'importance? – du peuple tenu pour le plus spirituel du monde. Il est vrai que, vers 1900, le pétomane attirait les foules [15]... » Coluche aura au moins réussi à faire la preuve que la commission chargée, notamment, d'inciter les jeunes à s'inscrire sur les listes électorales n'était, cette année-là, qu'une officine partisane.

III

Les experts en communication politique assurent désormais que Coluche, malgré l'intervention du CIC, et les inévitables pressions préfectorales, n'aura aucun mal à recueillir ses cinq cents signatures. D'autant qu'il a été rejoint, dès le début du mois de novembre, par une poignée d'intellectuels et que cela fait aussi quelque bruit dans Landerneau. Maurice Najman a ramené, un soir, rue Gazan, Félix Guattari, l'homme de l'antipsychiatrie, l'auteur, avec Gilles Deleuze, de *L'Anti-Œdipe*. Le philosophe de l'après-68, sympathisant des « autonomes » italiens jusqu'à l'assassinat d'Aldo Moro, favorable à la dépénalisation du haschisch trouve immédiatement, à travers Coluche, l'exutoire de ses dernières désillusions politiques. En adhérant spontanément à un phénomène confus, que Coluche croit être encore une plaisanterie, l'intellectuel ne peut s'empêcher de parer cette campagne au nez rouge d'une dimension dialectique.

« Dans ce que j'appelle la révolution moléculaire, explique-t-il, les luttes de désir, comme on voudra, les gens ne se séparent pas forcément en droite et gauche. Les chauffeurs de taxi, le bistrot sont pour Coluche ? Le degré zéro du politique n'est pas forcément stupide. Il révèle quelque chose. Déjà, du temps de la gauche prolétarienne, au début des années soixante-dix, les petits commerçants et les révolutionnaires s'étaient retrouvés. Coluche est un homme de média, un professionnel. A côté de lui, Marchais et Mitterrand sont des amateurs. Ce mouvement un peu populiste, il vaut mieux le voir à gauche qu'à droite. Autrement, c'est le fascisme. Aider Coluche, c'est ce qu'on peut faire de moins con [16]. » Les copains de Coluche comprennent de ce raisonnement un peu hautain que le psychanalyste se dévoue pour faire contrepoids à Gérard Nicoud. Renvoyer le plateau de la balance à gauche. Ils sont plutôt pour. Coluche n'a rien à y redire : il est, comme il le répète, « une boîte vide », et la remplit à peu près qui le souhaite. Mais sa première rencontre avec l'intellectuel laissera quelques souvenirs amusés, rue Gazan. « Je pige pas tout ce que tu dis, a répondu Coluche, mais je suis d'accord. Amène tes potes. »

Félix Guattari amène ses potes. Gilles Deleuze, bien sûr, mais aussi le sociologue Pierre Bourdieu, les universitaires Gérard Soulier et Jean Chesneaux; Maurice Nadeau, Jean-Pierre Faye. Un soir, Yves Lemoine, membre du syndicat de la magistrature, vient dîner lui aussi. « Je n'en reviens pas, lâche Coluche, un juge... qui condamne. » Le juge se lance dans un beau discours : « Coluche, comme d'autres, a vocation de représenter le pays. Tout le problème avec sa candidature est de savoir si le pays réel l'emportera ou non sur le pays légal tel qu'on le trouve notamment dans la réglementation qui préside à l'élection du président de la République [17]. » Les copains, à table, se regardent. Coluche devrait s'énerver, ou pousser son fameux « cri du cochon ». Or, le candidat ne bronche pas. Il opine, gravement, de la tête. Pour l'ironie, il sera toujours temps. Il a décidé de respecter tous ceux qui viennent à lui. Mais les plissements de son front laissent deviner un gros rire intérieur.

Il est aussi flatté, au fond. Lui, l'exclu du certif, le théoricien de l'anticulture, reçoit à sa table le Gotha de l'intelligentsia parisienne. Il vient de s'offrir des conseillers bardés de diplômes, des auteurs de livres qu'il ne lira jamais. Ces déçus des utopies refont, rue Gazan, la révolution, pour se consoler de la défection de Michel Rocard, de l'agonie du PSU, de leur jeunesse perdue. Il faut fédérer les comités, assurent-ils, lancer un journal, organiser un gala au Larzac. Pourquoi pas servir, clés en main, à Coluche un groupuscule néo-gauchiste? Celui-ci refrène leur fougue d'adolescents retrouvés. En plus, il ne calera pas sur Nicoud. Il est bien trop tard pour se soucier du moral de Billancourt.

Un appel paraît tout de même dans la presse. Les amis de Félix Guattari demandent aux maires et aux conseillers généraux d'accorder leurs signatures à Coluche. « C'est une élémentaire question de démocratie », écrivent-ils notamment. Des avocats, comme Jean-Pierre Mignard et Marianne Merleau-Ponty, des écrivains comme Françoise d'Eaubonne et Jean-Jacques Lebel, des psychanalystes, des journalistes de *Libération* se joignent à cet appel.

Ce renfort du « beau linge », selon l'expression de *L'Humanité*, s'il donne envie au Tout-Paris de retourner le soir au Gymnase, s'il permet aux mieux introduits de dîner rue Gazan, fait sourire la presse. Le mérite de Coluche n'est pas mince : attirer à la fois une poignée d'intellectuels et les petits commerçants constitue une « première » nationale. Le printemps de 68 y avait échoué. Mais cette alliance historiquement contre-nature provoque l'éclosion de quelques phrases caustiques. *L'Express* juge « bizarre » « ce rassemblement de France profonde et de France pensante ». « Guattari et Nicoud derrière

Coluche : la réconciliation du hasch et du beaujolais », écrit Guy Sitbon, dans *Le Nouvel Observateur*.

Le soutien de ces théoriciens au candidat-nul ne se concrétisera pas. Coluche ne rencontrera ces maîtres du savoir qu'une fois, le 3 décembre, au restaurant *Le Procope*, rue de l'Ancienne-Comédie, à Saint-Germain. Il pourra mesurer les contresens de cet appui, sa propre différence, leurs illusions fiévreuses. Il ne comprendra pas tout à fait leur exégèse savante de sa candidature. Dans les rires, il les priera de bien vouloir s'exprimer simplement. Il aura même un bref échange de mots avec une féministe.

Coluche ne verra pas plus les poujadistes présumés. Il dînera avec Gérard Nicoud, placé à table aux côtés de Georges Moustaki. L'ancien président du Cid-Unati n'essaiera pas de chasser les intellectuels de la campagne. Sa seule préoccupation déclarée : que Coluche lui donne sa parole de ne pas se désister au second tour. Il répète : « Je préfère voter pour une salopette que pour un salopard. » Gérard Nicoud propose d'envoyer un tract à ses militants, les invitant à voter pour Coluche, et une lettre aux trois mille élus locaux, membres de son organisation.

La jonction des intellectuels parisiens et des petits commerçants restera phantasme pur. Qu'importe ! L'idée seule de cette perspective redonne à la presse l'envie d'écrire sur celui que ses amis n'appellent plus que « le cinquième candidat ». Même en mal. Paul Lederman est comblé. Les jours passant, son protégé reste le point de mire de ce début de campagne. Un article quotidien dans la presse du matin. Les hebdomadaires. Des couvertures à profusion. Les hommes politiques de la majorité, sur ordre de l'exécutif, ont déclenché une contre-attaque visant à démontrer que le coluchisme, phénomène déprimé, protéiforme et incisif, n'est pas autre chose qu'une opération commerciale de promotion. Si c'est vrai, tous les médias y contribuent.

Coluche est convié par Pierre Bouteiller sur *France-Inter*. Naturellement, Coluche parle surtout de politique. Il reprend ses torpillages tous azimuts. Mais, sur l'antenne officielle du pouvoir, il a cette phrase, à l'adresse du chef de l'État : « Il va gagner les élections, mais la France va les perdre [18]. » Pierre Bouteiller, courageusement, a accompagné jusqu'au bout son irréductible invité. La direction n'a pas osé couper l'antenne. Mais, au grand embarras de Coluche, l'animateur est convoqué cinq minutes après le générique de fin...

Égaré loin de ses traditionnels terrains de jeu, Coluche fera d'autres vraies rencontres durant ce mois d'omniprésence médiatique. Philippe Tesson, directeur du *Quotidien de Paris*, et Dominique Jamet, éditorialiste, l'invitent à leur rendre visite. Histoire, au moins, de voir par lui-même ce journal, de sensibilité « anar de droite » à l'époque, qui dépense beaucoup d'énergie à critiquer sa candidature et son sens de l'humour particulier. Philippe Tesson, un après-midi, propose à Coluche d'accorder un long entretien à Dominique Jamet, qui, comme l'écrit le quotidien, « n'éprouve aucune sympathie particulière pour le comique ». Le saltimbanque et le journaliste politique se mettent dans un coin. Comme la confiance règne, intervieweur et interviewé ont chacun leur magnétophone, mais celui de l'éditorialiste tombe rapidement en panne, et Coluche prête le sien.

Coluche est longuement, méticuleusement passé à la question. Poussé dans ses retranchements. Contraint de se contredire. Dominique Jamet a compris que le candidat avait le cœur à gauche et qu'il prenait soin d'éviter la personne de François Mitterrand. Trois fois, Dominique Jamet tente de le persuader qu'il dessert les chances du chef du PS. Coluche lâche ce qu'il n'avait encore jamais déclaré : « Si Mitterrand m'assurait qu'à cause de moi, il va pas passer et que, sans moi, il aurait une chance de passer, peut-être que je m'arrêterais, mais il ne m'a pas appelé. Mettons parce qu'il me déteste et qu'il trouve ma candidature détestable [19]... » Derrière la carapace et le goût de l'insulte, le journaliste met peu à peu à nu la fragilité, l'incertitude, une certaine errance même de Coluche dans le tourbillon de la campagne. Le comique se contredit, bute sur l'analyse politique, se réfugie dans le bon sens, sa connaissance des gens. Derrière les salves de provocation, l'insolence, Coluche laisse percevoir ses limites, ainsi qu'une sensibilité d'écorché vif qui, malgré les aphorismes et les formules, manque de mots.

Dominique Jamet ne lâche pas prise. Mais, honnêtement, il livre en première page, le jour de la parution, l'impression qui a été la sienne durant l'entretien. Le journaliste paraît conquis. Non par le discours, trop tâtonnant. Par l'homme. C'est donc un hommage qu'il rend en introduction : « Avec cela, une verve, un sens de la formule, une sorte de lyrisme qui touchent. Et, au fond, c'est-à-dire pas bien loin, il n'y a pas beaucoup à gratter, une sorte de tendresse, de fragilité inavouée, une amitié vraie pour les petits, pour le peuple, qui est l'autre face du complexe de celui qui n'a jamais eu son certificat d'études. » En quittant les locaux du *Quotidien de Paris*, Coluche se dit qu'il s'est sans doute fait un copain de plus, mais un copain qui a dû le lire à livre ouvert.

Le candidat-nul oubliera vite, happé par les servitudes de sa candidature de star. Quelques jours plus tard, c'est ce même journal qui donnera la première véritable indication de la percée de Coluche. *Le*

Quotidien de Paris du 2 décembre, sur toute la largeur de sa « une » annonce que, sur la foi d'un sondage *Indice-Opinion*, de 10 à 12,5 % des Français se déclarent prêts à voter pour le saltimbanque au premier tour. C'est une bonne nouvelle. Elle sera fêtée dignement, rue Gazan. Et aussi une terrible nouvelle : elle signe le début des ennuis. La politique va se défendre.

DOUZIÈME PARTIE

LES LARMES DU CLOWN

I

Le 25 novembre, vers 7 h 30, les employés d'une entreprise de maçonnerie découvrent le corps d'un homme gisant dans la boue d'un chantier de Gournay-sur-Marne (Seine-Saint-Denis). L'identification du cadavre, abandonné sans papiers, porte le premier coup à la campagne de Coluche. L'homme assassiné de deux balles de calibre 5,5 mm dans la nuque s'appelait René Gorlin. Il avait trente-cinq ans. Employé de Paul Lederman, il était régisseur de tournées et, fatalement, collaborateur de Coluche.

Les policiers de la brigade criminelle sont chargés de l'enquête. Les premiers constats laissent penser que le technicien a probablement été la victime d'une exécution, peut-être conduite par plusieurs personnes. Les investigations s'orientent vers le passé de la victime. René Gorlin avait été condamné, à l'âge de dix-neuf ans, pour un cambriolage. Les policiers ne paraissent pas y attacher d'importance. Vers sa vie privée, aussi. Cette piste sera privilégiée : le régisseur vivait entre deux domiciles.

Rue Gazan et au siège des Productions Lederman, c'est l'abattement. Mais plus que la peine, l'inquiétude va vite dominer. Épuisé nerveusement par sa performance de novembre, survolté par l'écho inespéré qu'il rencontre dans les premiers sondages, Coluche voit dans ce décès brutal le premier signe d'intimidation du système. Et autour de lui, son équipe est loin de le rassurer. Avec lui, elle bascule dans le roman noir. Les amis militants se demandent même si des tueurs auraient pu être lancés contre leur équipée, preuve, à leurs yeux, que leur candidat gênerait trop, désormais, les puissants pour que ceux-ci aient encore le temps d'utiliser des moyens de réplique légaux. En une journée, la parano s'empare d'une aventure qui a fini par se prendre au sérieux.

Deux jours plus tard, Coluche, Paul et Jean-Michel se rendent dans les locaux de la police judiciaire, au 36, quai des Orfèvres. Ils sont entendus par le commissaire Olivier Foll, adjoint au directeur de la brigade criminelle. Ils n'ont rien à déclarer. Ils ne savent rien.

René Gorlin, d'ordinaire si ponctuel, n'était pas venu travailler, la veille du meurtre. Paul Lederman confie cependant ses craintes quant à la sécurité physique de son candidat. Il demande une protection, rue Gazan.

Dehors attendent les journalistes. Coluche dit sa tristesse. Il annule sa représentation, le soir même, au Gymnase. « Je me fous s'il a été assassiné, ce qui est con, c'est qu'il est mort. » Le passé de son régisseur? Il hausse les épaules : banal. « Il y a vingt ans, il a été un peu voleur, comme moi, c'est tout. J'ai jamais braqué personne, hein! Il a fait comme tout le monde dans les banlieues pour essayer de ne pas aller à l'usine. » Phrases anecdotiques, que Coluche a toujours prononcées, mais qui vont vite se retourner contre lui. Fataliste, le comique pense que Gorlin a été détroussé par des truands, « pour lui piquer son blé ». Il dément que l'homme liquidé ait été son garde du corps.

Il dément... C'est le mot. La mort du régisseur renvoie brutalement « le cinquième candidat », l'affreux jojo aux 10 % d'intentions de vote à la rubrique des faits divers, aux titres sulfureux des manchettes. Coluche n'en sortira pratiquement plus. Plusieurs journaux ont annoncé à la « une » : « le gorille de Coluche assassiné ». *Le Point* s'interroge : « Crime crapuleux? Règlement de comptes? Coluche ne sourit plus » [1]. Bien sûr, René Gorlin, que l'humoriste ne côtoie qu'en tournée, n'est pas son garde du corps. Coluche, trop entouré depuis des années, n'en a pas besoin. La plupart du temps, dans ce tourbillon de la campagne électorale, c'est Jean-Michel, plus petit de taille encore que son ami, qui l'accompagne.

Lorsqu'on apprendra, plusieurs semaines plus tard, que René Gorlin a été tué par sa femme, que le crime n'était qu'un drame de la jalousie, l'information n'intéressera plus personne. La rumeur, le sous-entendu, la mauvaise foi vont désormais imprégner bien des comptes rendus et détourner les analyses. La suspicion tiendra souvent lieu d'investigation. Un lent processus de dégradation, imperceptible encore, s'est mis en marche. Coluche aura beau faire. Toutes ces tentatives, ses effets d'annonce, la réalité de sa candidature se heurteront désormais à une incrédulité croissante. Phénomène inconscient, ou recherché, les événements et leur transcription dans la presse auront pour principal effet d'évincer le comique du débat politique, de le minimiser, de le renvoyer à son milieu d'origine : le ghetto du music-hall.

II

Le 29 novembre, dans le courrier reçu rue Gazan, Coluche découvre un message anonyme. Une lettre de menaces. Quelques majuscules découpées dans un journal. « Inspecteur La Bavure. Dernier avertissement ». L'auteur fait allusion à la sortie, la semaine suivante, du film de Claude Zidi, annoncé à grands renforts de panneaux publicitaires. Banal, encore. Prévisible, en tout cas, en raison de l'omniprésence de Coluche dans les médias. Sans doute un mauvais gag. A la signature près : « Honneur de la police ». Le groupe mystérieux qui a déjà revendiqué plusieurs attentats, dont l'assassinat de Pierre Goldman, le 20 septembre 1979. La rue Gazan s'alarme. L'impresario et le candidat retournent à la police judiciaire. Les inspecteurs comparent le message avec les lettres déjà en leur possession. Probablement un faux. Coluche s'emporte devant les questions administratives sur son identité. « Je vous ai déjà dit tout ça, avant hier ! » Il s'agit d'une autre procédure, s'excuse-t-on. Hors de lui, Coluche reprend la missive, retire sa plainte et claque la porte.

Dès le lendemain, l'incident, plutôt que la menace, est rapporté dans plusieurs quotidiens. La loi est la même pour tous, rappelle-t-on, insidieusement. Coluche a commis une erreur. Il va les accumuler. On ne le lâchera plus. Plus cette pression s'accentuera, plus il réagira maladroitement, fournissant, à chaque nouvel écart, chaque nouvelle mésaventure, des raisons supplémentaires à ses adversaires de dénigrer une candidature excentrique et envahissante.

Le 27 décembre, *L'Express* lui consacre un dossier très critique. Un article explore les analogies entre le clown et Pierre Poujade. Albert du Roy, dans un autre article, mesuré, remet Coluche à sa véritable place statistique. Les premiers sondages paraissent suspects au journaliste, notamment celui du *Journal du Dimanche*, le 14 décembre, qui crédite le trublion de 16 % d'intentions de vote. L'institut Ifres n'a pas demandé : pour qui allez-vous voter ? Mais : avez-vous envie de voter pour Coluche ? Nuance importante.

Plus surprenant : le dossier de *l'Express* s'ouvre sur une enquête, très policière, de Jacques Derogy, « sur les faits et gestes du citoyen Michel Colucci ». Le titre, « La vraie nature de Coluche », accompagné d'une photo disgracieuse, fait même la couverture de l'hebdomadaire. L'intention est avouée. « Mais maintenant qu'il pousse le bouchon en direction de l'Élysée, écrit le journaliste, on s'interroge sur la vraie nature du personnage. Est-il bon? Est-il méchant? » « On »? Derogy? L'hebdomadaire? L'Élysée? L'enquête paraît n'avoir qu'un but : alerter les lecteurs de *L'Express* sur les défauts du clown. Sa tyrannie, ses coups de gueule à la vie. Ses démêlés avec la police, la justice. Les procès sont déroulés, les rixes rapportées, dont cette descente de Coluche, Lanvin et Jean-Jean, en 1979, chez un installateur de sanitaires. Coluche était mécontent des travaux effectués chez lui, par l'artisan. Les faits relatés sont exacts, mais désagréablement enfilés les uns après les autres, alors que l'article prétend à l'exploration biographique.

Pendant son investigation, Jacques Derogy n'a visiblement rien découvert de positif pour sauver cette « vraie nature ». Il ironise même sur ceux qui ont pu concéder quelques qualités à un tel personnage. « Les autres thuriféraires de Coluche dans la presse le montrent, eux, plutôt malin et gentil, très lucide et très tendre, insolent et généreux, écorché vif et proche du commun des mortels. » Les qualificatifs employés par Dominique Jamet, dans *Le Quotidien de Paris*. Ceux de Danièle Heymann dans *L'Express*, quatre mois plus tôt.

Ce dossier provoquera de nombreuses réactions de lecteurs, dont l'hebdomadaire se fera l'écho. Si certains se réjouissent, d'autres s'étonnent du retournement de *L'Express* à quelques mois d'intervalle, et de son objectif réel. « Tant de dénigrement vis-à-vis de Coluche m'amène à me poser des questions », note un abonné de Nantes [2].

Évidemment, faire passer Coluche pour un premier communiant aurait relevé du pari désespéré. Le comique n'a jamais caché son adolescence de loubard. Sur le chapitre des bonnes manières, c'est une ambulance sur laquelle tout le monde peut tirer à son aise. Mais on feint de le dévoiler. *Minute* s'engouffre dans la brèche ouverte par Jacques Derogy et publie le fac-similé de la fiche de police de Coluche, lors de ses ennuis de Dinard avec Bouboule, en 1963. A dixneuf ans. Deux photos anthropométriques complètent l'affreux tableau. « En guise de portrait officiel, ça la ficherait mal dans les mairies », écrit l'hebdomadaire d'extrême droite [3].

En janvier 1981, alors que des policiers se relaient pour assurer la protection de l'antiflic, rue Gazan, les nouvelles sont franchement moroses. L'équipe de Coluche commence à douter. Les chanteurs qui devaient enregistrer l'hymne reggae que Serge Gainsbourg a composé pour la campagne se décommandent, sous des prétextes divers. L'atmosphère médiatique sent le rejet ou l'embarras. Le candidat nul voit gonfler le nombre de ses comités de soutien en province. Ses supporters s'expriment. On en discerne mieux les contours : des exclus de l'opulence, des marginaux, les victimes des crises économiques régionales. Moins d'anciens militants, de contestataires solitaires, de plaisantins que les premiers jours. On voit toujours Coluche sur le front de la campagne, c'est-à-dire partout, sauf où cela compte. Sur les médias.

Après lui avoir largement ouvert ses « unes », peut-être pour cela même, la presse lui témoigne un agacement plus marqué. Il est même censuré. Europe 1 lui interdit le *Club de la presse*, malgré les interventions des amis que Coluche compte dans la station. Plusieurs journalistes extérieurs à la radio, dont le socialiste Claude Estier, habitués de l'émission du dimanche soir, se sont opposés à sa venue. Et la rédaction n'a pas insisté.

Il devait être aussi l'invité de Radio 7, station « thématique » destinée à la jeunesse, et relevant de Radio-France. La présidence de la chaîne impose son veto. « Dans un souci d'harmonisation des programmes, l'émission est inopportune [4]. » Le jeune directeur de Radio 7, Patrick Meyer, refuse cette censure qui n'ose pas dire son nom et présente sa démission.

Le soir du réveillon de fin d'année, Stéphane Collaro avait préparé une séquence spéciale avec Coluche, dans le cadre du *Collaro Show* d'Antenne 2. La séquence est supprimée, sur ordre de la direction. Coluche, en jaquette, la poitrine ceinte de l'écharpe tricolore, devait présider un Conseil des ministres, entouré de l'équipe du producteur, habillé de la fameuse salopette bleu et blanc. Un imitateur, le visage caché derrière un masque représentant le chef de l'État, exhibait, par la fenêtre, une pancarte : « Votez Giscuche. » C'était bête ou innocent, selon les points de vue, mais inoffensif. Dans la tradition des émissions de Stéphane Collaro. Au cours de ces mois où la campagne électorale cherche sa respectabilité, on ne plaisante plus, désormais, avec les gaudrioles de chansonniers. « Ce n'est pas le gouvernement qui m'interdit, veut se rassurer Coluche. Ce sont les directeurs de la télévision qui sont des pétochards de métier [5]. » Paul Lederman, de son côté, juge « scandaleuse et inquiétante cette décision ». « On met Coluche dans un ghetto ! [6] »

Il ne peut s'en échapper. Depuis le mois de novembre, il porte très loin l'étendard de la dérision. Trop loin, sans doute, pour une société qui a déjà épuisé son courage de rire de ses propres travers. On lui sait encore gré, ici ou là, de favoriser un ricanement collectif salutaire, refoulé depuis 1968. « Coluche est une crise d'urticaire », avait noté Albert du Roy. La France ne veut plus se gratter. Retour, triste, au rite, au décorum électoral. Fin, lugubre, de la récréation.

Jean-Yves Lhomeau, qui avait suivi avec bienveillance, pour *Le Monde*, les flâneries de Coluche dans ce champ de mines, s'était interrogé, quelques semaines plus tôt, sur la capacité de l'humoriste à assumer la seconde phase de la campagne, celle où il ne suffit plus de lancer des pétards, où la cohérence du propos devient nécessaire, un programme indispensable. L'implacable sablier de l'élection donne raison au journaliste. Coluche se répète. Ses anathèmes lassent. Ses attaques, accueillies avec plus de recul par les observateurs, paraissent plus grossières que précises. Hier, il éructait avec talent. Aujourd'hui, il radote. Ses trucs sont connus, et perdent de leur force. Il fait, jour après jour, la preuve que la censure n'est pas morte en France? On en est plus gêné que révolté.

Coluche prend trop de place dans le morne paysage d'un pays en attente incertaine et qui, par peur du vide, se fige à nouveau sur ses vieilles recettes. Il obstrue la vue sur les grandes manœuvres des coulisses. Il brouille les sondages. Giscard? Chirac? Mitterrand? Les instituts de mesure préféreraient que le clown s'abstienne. On l'oublie dans les comptes. Lorsque, par chance, il figure encore dans un questionnaire d'intentions de vote, il est loin des 16, voire des 10 % qu'on lui avait imprudemment promis. Coluche recueillerait encore de 5 à 7 %. Score honorable, plus élevé que celui de n'importe quel autre petit candidat. Insuffisant pour le considérer encore comme un phénomène politiquement perturbateur. La « candidature nulle » ne mène nulle part.

Retour du réalisme. Extinction des lampions. Le Cid-Unati n'appellera pas à voter pour celui qui, décidément, ne peut être pris pour un disciple de Pierre Poujade. Le nouveau secrétaire général du mouvement des petits commerçants, Pierre Forestier donne tort à Gérard Nicoud. Le poujadisme, en 1981, se veut « d'un apolitisme absolu ». Il laisse ses adhérents libres de leurs choix.

Du côté des intellectuels, c'est aussi la débandade. Félix Guattari n'est pas parvenu à mobiliser plus de têtes pensantes que son carré initial. Dans la revue *Tumulte* de janvier, le sociologue Jean Baudrillard a appelé ses chers confrères à moins d'infantilisme. « En fait, explique l'écrivain, Coluche, c'est vraiment cette crise des intellectuels qui veulent se recycler désespérément dans quelque chose. Avant, c'étaient les dissidents, maintenant c'est Coluche! Tous les effets de subterfuge possible pour pouvoir, quand même, échapper à cette disparition du sens (...) Nous, on a encore besoin d'un bouffon pour se rappeler qu'on a été la patrie de l'esprit critique, de l'intellectuel critique. Tout ça est mort avec Sartre [7]... »

Coluche n'a été qu'un bon bol d'air, pas une réserve inépuisable d'oxygène. D'autant que sa démarche, aux yeux de beaucoup, se superpose, avec ambiguïté, à une promotion tonitruante en faveur du Gymnase. Comme le relève encore *Tumulte*, l'humoriste « se balade quelque part entre le commerce et la subversion ». Paul Lederman et lui-même ont trop répété, pour rire, que seuls leurs meetings, au théâtre, étaient payants, et que cette campagne leur rapportaient gros. Six millions de francs, à croire Coluche, pour une mise initiale de 17 francs : le premier télégramme à l'AFP.

C'est devenu trop visible. *L'Inspecteur La Bavure*, une comédie moins incisive que les discours du candidat sur la police, connaît de véritables records de recettes : plus d'un million d'entrées en quinze jours. Le spectacle du Gymnase, prévu pour cent représentations collectionne les prolongations. Pour ceux qui n'y trouvent pas de place, reste le disque : 350 000 exemplaires en quelques semaines. 1980, pour le saltimbanque et son impresario, aura été une année fructueuse : plus d'un million et demi de 33 tours vendus. Et tous les anciens succès ont été réédités. La campagne, comme le proclame Coluche, est une pub juteuse.

Et, justement, les publicitaires involontaires refusent dorénavant de travailler gratis. La presse boudera donc Coluche. Qui le prend fort mal. Paul perd un peu de son prestige d'alchimiste. La politique, rappelle-t-on, ne se conduit pas comme une opération de show-biz. Le candidat, lui, s'est trop pris au jeu du débat public pour faire, lucidement, la part des choses. Il croit sincèrement avoir une dette envers ses sympathisants, qu'il imagine pauvres, maltraités par l'État et la collectivité nationale. Comme celui-ci, écrivant à *Libération* : « Coluche, pour des mecs comme moi, c'est un exutoire. Une fois qu'on aura ri, on se retrouvera un peu plus dans la grisaille. C'est une avance sur paiement sur les années noires qui vont venir [8]. » Les moyens de défense que Coluche aimerait mettre à la disposition de ses nouveaux partisans paraissent, cependant, marqués par la confusion. Star prenant le peuple pour son public ou Saint-Bernard? Jusqu'à présent, il a placé l'une au service de l'autre. Mais, visiblement, ça coince.

Coluche et son entourage ne savent plus comment raviver un intérêt qui s'émousse. Aldo Martinez, ancien musicien du groupe Les Chaussettes noires et collaborateur de Paul Lederman, enregistre de plus en plus de demandes d'interviews de médias étrangers. Presse et télés de tous les continents font la queue, rue Gazan. On filme la Buick rouge et blanche. Les motos, la maison. Un clown à l'assaut de l'orgueilleuse politique française. La salopette, après les sans-culotte. Sacrés « Frenchies »! Même le *Time* prépare une couverture sur cette incongruité hexagonale.

C'est peut-être le moyen de se passer des journaux nationaux. Paul propose une rencontre avec l'Association de la presse étrangère. Puis, avec l'Association de la presse anglo-américaine. Le 9 février, dans les salons de l'hôtel Hilton, Coluche se présente devant les correspondants parisiens, coiffé d'un chapeau pointu de cotillon, le nez maquillé de rouge à lèvres, et, sous le bras, un paquet de lessive. La poudre à laver sera remise en cadeau au journaliste qui posera la meilleure question. La seule qui puisse encore intéresser : « Avez-vous les cinq cents signatures? »

Coluche se lève pour embrasser l'auteur de l'interrogation. « Bravo, vous avez gagné un paquet de lessive! » Puis il répond : « Des signatures, j'en ai 628! » Jean-Michel rectifie : « 632, depuis ce matin. » C'est faux. Le dialogue entre Coluche et son secrétaire a été réglé le matin même. Par crainte que la presse ne se contente pas de cette affirmation, Coluche a fait confectionner un gros paquet de feuilles au format, soigneusement ficelé. N'est visible, sur le dessus, qu'une promesse de signature authentique. Les autres feuilles sont des pages blanches. Sa candidature n'a recueilli jusqu'ici qu'une dizaine d'engagements de soutien, et encore, administrativement non définitifs. Un autre collaborateur du comique tient le paquet derrière son dos. A tout hasard.

La presse se satisfait des explications de Coluche, passe à une autre question. Personne n'y a cru. Encore un gag. Plus laborieux. De cette rencontre, les correspondants étrangers ne retiennent qu'une comptabilité, qui met mal à l'aise. Coluche répète qu'il sera le seul, de la meute électorale, à pouvoir se sortir de cette aventure, « avec les honneurs, c'est-à-dire avec du pognon ». Maladroit, éperdu, Coluche paraît vouloir absolument se faire passer pour un escroc cynique.

Comme toujours, il confie aux autres le soin de traduire sa propre psychologie des contraires. Il se moque bien sûr de ces recettes financières sur fond de campagne. Dans cette arène hostile, rude pour les tendres, il cherche encore à se faire aimer, quête une légitimité plus civile, plus générale qu'artistique, et comme la sympathie s'éloigne, en ce début d'année, il s'échine, avec rage, à correspondre, trait pour trait, à ce que les criminologues nomment « le regard social ». On le dit intéressé ? Il l'est donc ! Scatologique, à nouveau ? Toujours en tricolore, il pose dans *Lui* entouré des filles nues du Crazy Horse Saloon et expose longuement, dans une interview, sa passion du sexe. Compliqué, Coluche. Mais, en février 1981, l'opinion publique n'a pas, de cette fragilité surblindée, la même expérience que ses amis.

III

Un embarras croissant le place également en porte-à-faux. Contrairement à ce qu'il proclame, Coluche n'a pas totalement désespéré de la gauche. Il éprouve même une curiosité marquée pour François Mitterrand, « *le pauv' vieux* ». L'obstination du dirigeant socialiste à refuser l'échec l'intrigue. A plusieurs reprises, depuis le début de la campagne, le candidat-nul a voulu tendre des perches, suscitant, de ce fait, de nouvelles incompréhensions quant à ses intentions réelles. Qu'espère-t-il? Bien sûr, convaincre le PS de lui rétrocéder quelques centaines de signatures. Les centristes aident bien les écologistes, en sous-main. Le RPR a toujours laissé filer quelques promesses vers les groupes d'extrême gauche, pour disperser les forces de l'opposition.

Plus secrètement, Coluche aimerait simplement rencontrer François Mitterrand. Comme un groupie. Mais cela ne se confie pas, lorsqu'on a momentanément fait vœu de déstabilisation générale d'une vie politique sclérosée. Le leader historique du congrès d'Épinay a, pourtant, très bien saisi le message, perçu, sans doute le premier, l'envie candide de son expéditeur. Il a sermonné Jean Poperen et Claude Estier, après leurs critiques dédaigneuses du début de campagne. Il a aussi pris connaissance de l'indélicate tentative d'intimidation de deux de ses collaborateurs, Gérard Collé et Jean Glavany.

Le premier avait appelé Coluche, en novembre. « Au nom de qui vous savez. » Coluche s'était esclaffé devant les craintes d'écoutes téléphoniques émises par son interlocuteur. Rendez-vous avait été pris. Gérard Collé était venu, dans l'antre du parc Montsouris, en compagnie de Jean Glavany. Les deux hommes, aux dires des familiers de la rue Gazan, avaient tenté de faire admettre à Coluche que sa candidature nuisait à la gauche. Naïf. Comment réjouir davantage l'humoriste, alors en pleine ascension médiatico-politique, qu'en lui fournissant la preuve de son pouvoir nouveau sur la réalité? Le gosse de Montrouge rendant soucieuse la moitié du pays! Coluche avait grogné, réclamé aux socialistes le don de ses cinq cents signatures. Il avait aussi averti qu'il avait discrètement enregistré la conversation sur un magnétophone dissimulé sous la table. Paul Lederman devra le dissuader de publier la transcription de l'entretien.

François Mitterrand a donc décidé de sortir de son mutisme, pour refréner l'ardeur de ses propres troupes. « Je jugerai Coluche sur ses propositions et sur sa politique, a déclaré le Premier secrétaire à l'AFP. En attendant, j'estime qu'il a le droit en tant que citoyen de se présenter à toutes fonctions, y compris la présidence de la République, s'il le désire, et que les Français ont le droit de voter pour ou contre lui s'ils le veulent. Je n'ai pas à critiquer sa profession et la façon dont il l'exerce [9]. » Un message diabolique qui contient sa part de rappel des règles démocratiques, une discrète suggestion à l'intention des électeurs socialisants, et un hommage indirect. A distance, François Mitterrand a compris que ce furieux déballage de l'artiste sur la place publique cachait un profond besoin de reconnaissance. Se moquer du clown, c'est blesser l'homme.

Aussi le premier secrétaire a-t-il prévenu ses proches : « Prenez-le très au sérieux. Un homme qui met une énergie vitale dans une candidature ne peut pas renoncer facilement. Il pensera toujours qu'on le méprise en lui suggérant de se retirer, et s'acharnera. Parce qu'il ne peut pas faire autrement. »

L'état-major du candidat socialiste envisage d'abord de passer par un artiste pour toucher Coluche. Par Guy Bedos, Eddy Mitchel ou Gérard Depardieu. Mais un homme se propose. « *Une tête de premier de la classe.* » Jacques Attali, déjà « conseiller spécial » du futur chef de l'État, l'éternel jeune homme pressé de l'entourage rapproché.

A priori, Coluche devrait croire aux martiens, devant une telle apparition. Rugir, face à un envoyé qui représente, en un fort concentré, tout ce qu'il exècre. Culture universitaire, diplômes, excellente éducation. Pour incongrue qu'elle soit, l'idée peut aussi paraître séduisante. Les insolences coluchiennes à l'égard de la classe politique sont aussi la preuve d'une certaine fascination. D'une incompréhension de classe. Son rejet éventuel peut se transformer en curiosité d'entomologiste. Autant lui présenter le plus archaïque des spécimens. L'archétype du sérail. Brillant, séduisant, incollable et sûr de lui. Polytechnicien et énarque, enseignant et écrivain. Éminence grise, surtout. En plus, Jacques Attali ne cache pas son intérêt pour le spectacle. A ses congénères, par ennui ou complexe de supériorité, par goût du paradoxe, il préfère la fréquentation des artistes. Depuis plusieurs semaines, il suit avec délectation les effets du savoir-faire de Coluche et de Paul Lederman.

Une première rencontre est organisée. Le 3 décembre, France Gall et Michel Berger ont convié à dîner, après le spectacle du Gymnase, Jacques Attali et son épouse, Véronique et Coluche, Jean-Michel, Paul Lederman et le journaliste Jean-Paul Enthoven. Comme prévu, Coluche explose, lorsque son interlocuteur tente de lui faire admettre que le programme de François Mitterrand contient bon nombre de ses propres propositions. « Vous mentez! Vous êtes pareil aux autres! » Jacques Attali tient bon. « Monsieur Coluche, je vous demande de ne pas me traiter de menteur! »

Commence un formidable duel d'orgueils. Coluche déploie ses grossièretés et son intelligence d'autodidacte. L'envoyé du candidat socialiste assène les arguments précis, chiffrés, balaie les contradictions. Les convives s'attendent à un incident. Coluche devrait se tirer sans remercier France Gall. Engueuler Michel Berger pour la nullité de ses fréquentations. Il est bientôt 5 heures du matin, et Coluche écoute toujours le premier cours magistral de sa vie.

Jacques Attali doit prendre congé, car l'avion qui emmène François Mitterrand à Washington, où le chef de l'opposition a été invité, décolle très tôt, et le conseiller est du voyage. Ils se disputent toujours dans les escaliers. Se promettent de se revoir. Ils sont quelques-uns à avoir assisté à la naissance d'une étonnante amitié.

Au début de l'année 1981, François Mitterrand est toujours donné battu, au second tour, par l'actuel président de la République. Mais, au premier tour, la cote de Giscard s'effrite dans les sondages. Et on murmure déjà qu'en cas d'échec, c'est-à-dire, s'il ne reste pas en lice, le 10 mai, Jacques Chirac, tout en appelant ses électeurs à voter pour le chef de l'État, pourrait en détourner discrètement quelques-uns pour épargner au pays un second septennat giscardien.

La responsabilité de Coluche devient aussi plus importante. Un sondage publié dans *Le Point* révèle que plus de 50 % des sympathisants de l'humoriste s'apprêtent à voter pour François Mitterrand au second tour, 25 % se prononçant en faveur de la droite, 25 % s'abstenant. Les socialistes reprennent espoir, mais leur candidat répugne toujours à faire exercer la moindre pression sur Coluche. Pourtant, tous les indices le montrent, le clown, en se maintenant, peut encore faire obstacle à une possible victoire. « L'élection se joue au premier tour, confie François Mitterrand à Pierre Bénichou, venu lui parler de Coluche. Toute candidature de dérivation est un coup de poignard, car dans ce pays, la droite fait 45 %, 46 % quand elle détient le pouvoir. La gauche, 44 %. »

Jacques Attali poursuit donc son apprivoisement de Coluche sans mandat, à titre personnel. Presque par intérêt personnel. Coluche lui demande bien, à chaque nouvelle rencontre, ce que deviennent ses cinq cents voix. Le conseiller fait dériver la conversation, plus attaché à dépeindre les mérites de son candidat, à faire admettre que les socialistes, une fois au pouvoir, ne décevront pas le saltimbanque. Ses amis se souviennent qu'au fond Coluche aimerait entendre ces promesses de la bouche même de François Mitterrand. Mais à chaque fois qu'on lui propose d'être reçu par le premier secrétaire du PS, il refuse, ou fait mine de ne pas avoir entendu. Au fil des semaines, les sondages secrets, réalisés à la demande des états-majors, confirment la probabilité d'une élection de François Mitterrand.

IV

L'amertume, le malaise sont devenus les compagnons de Coluche. Comment sortir de cette campagne, qui tourne court? Comment la relancer? Le candidat nul ne sait plus ce qu'il veut, et à ses côtés, Paul Lederman est à court d'idées pour prolonger la plaisanterie. Depuis le début du mois de février, la fréquentation du Gymnase baisse. *Libération* ne publie plus ses petites phrases quotidiennes. Coluche a des jours de déprime. Il retourne voir Thierry Lhermitte, avec qui il s'était querellé. Le comédien s'était, comme d'autres proches, déclaré très tôt hostile à l'aventure. Coluche a son air « pâté de foie ».

« T'as le bonjour d'un has been. Je suis fini...

– Qu'est-ce que tu racontes?

– Vous vous souviendrez, hein, plus tard, de ce que j'ai fait pour vous? »

Il lui arrive de faire n'importe quoi. Même de suggérer qu'on organise un faux attentat contre sa voiture. Car toutes ses initiatives sérieuses prennent l'eau. Coluche n'y est plus. Son équipe et lui proposent aux autres petits candidats une alliance pour des signatures tournantes. Brice Lalonde, Alain Krivine pour la Ligue communiste révolutionnaire déclinent l'offre. Coluche n'obtient l'accord que d'inconnus. Que faire avec eux? Un show, au Gymnase, pour tenter de réveiller la presse. Spectacle sinistre.

Le 2 mars, les vrais candidats ne sont pas assez nombreux pour tenir la scène. Ils paraissent ridicules. Joseph Rennemann, défenseur des détenus des quartiers de Haute Sécurité, Christiane Loretz, favorable à un nouvel ordre économique mondial, Claude Blanchard, porte-parole des « consommateurs » de maisons individuelles, Jacques Vecker, auteur d'un projet de société pour « l'homme universel » vont dire trop rapidement le peu qu'ils ont à dire. Pour sauver les apparences, Coluche a transformé au dernier moment en farce de potaches cette tentative d'événement qui se voulait partage sérieux des miettes abandonnées par les grands partis. Des copains tenant les rôles de faux candidats s'intercalent entre les vrais. L'écrivain René Fallet, candidat des ivrognes. Georges Bernier, candidat des « coqs attachés par une patte sur la scène du Gymnase ». Les musiciens du groupe Odeurs, pour la défense, successivement, des intérêts des « maigres suicidaires », du rock français, des supporters de football, des homosexuels.

La presse s'ennuie de cette succession de monologues quand survient Coluche, éclairé par le seul projecteur de poursuite. Il entre nu en scène, un bob sur la tête, chaussé de ses fameux brodequins. Un « truc en plumes » dans les fesses. Un nœuf autour du sexe. Tricolores, évidemment, le plumet et le ruban.

A bout d'arguments, le clown repasse par la dérision. De lui-même, d'abord, avec un courage ou un abattement tel, une impudeur ou l'offrande d'un désarroi, que le pays est bien obligé de regarder cette homme dépouillé qui s'expose aux rires et au dégoût. Un bras d'honneur n'aurait pas suffi.

Comme au soir de ce 2 mars, le chef de l'État vient de se porter officiellement candidat à la magistrature suprême, les journaux, le lendemain publient, face à face, les photos du roi et de son bouffon. Pour avoir ainsi montré que le roi était nu, Coluche signe symboliquement son retrait.

Il le confirme, par courrier, le 15 mars. « Je ne suis plus candidat, écrit-il à l'AFP. J'ai voulu remuer la merde politique dans laquelle on est, je n'en supporte plus l'odeur. J'ai voulu m'amuser et amuser les autres dans une période d'une très grande tristesse et d'un grand sérieux. C'est le sérieux qui vient de gagner. (...) Je me demande comment j'ai pu croire que ma candidature ferait rire les médias et les hommes politiques. Mais quand les uns font bloc et les autres font silence, ils créent un gros trou entre le public et le candidat, le meilleur moyen d'étouffer le candidat (...) Messieurs les hommes politiques de métier, j'avais mis le nez dans le trou de votre cul, je ne vois pas l'intérêt de l'y laisser. Amusez-vous bien, mais sans moi. »

V

Il n'a pas osé prévenir ses amis de cette décision attendue. Le jour même, un dimanche, il retrouve le dessinateur Siné, de *Charlie-Hebdo*, qui a préparé une vingtaine d'affiches de campagne. Coluche a la lettre dans sa poche, mais n'en dit rien. Les dessins ne sont pas achevés. Siné va devoir veiller toute la nuit. « Lessivé mais heureux », écrit-il, le dessinateur revient le lendemain au matin, pour apprendre que Coluche arrête tout. Siné traite l'artiste d'une vingtaine de noms d'oiseaux. « Dire que j'y ai cru à Coluche (...) Coluche incarnait tous mes espoirs. Il allait me venger, nous venger, sauver notre honneur, leur foutre au cul... D'ailleurs, il avait promis, cette crapule! Jusqu'au bout, j'irai, clamait-il! »

A *Charlie-Hebdo*, quelques-uns ont été mis, in extremis, dans la confidence, tard dans la soirée. Ceux qui s'apprêtaient à publier le premier numéro de *Charlie-Matin*, tentative de quotidien destinée à relayer *Libération* qui a pris ses distances. Tentative désespérée, car *Charlie* sombre financièrement. Cette campagne ressemble aussi à un chant du cygne pour les copains scribouillards. Les errements de Coluche sont parvenus à les brouiller les uns avec les autres. Ils s'engueulent, en vidant quelques bouteilles. Ce soir-là, ils ont insulté Coluche. Celui-ci s'est défendu comme il a pu. « Vous êtes sympas, les mecs! Mais fallait le faire de se présenter à ma place et de recevoir les coups. » La rédaction de *Charlie-Matin* obtient magré tout de Coluche qu'il lui réserve l'exclusivité de cette sale nouvelle, pour son premier numéro. Mais Paul Lederman, de son côté, donne l'information dans la nuit.

Lorsque *Charlie-Matin* parvient dans les kiosques, le 16 mars, bourré de dessins amers de Reiser, Cabu et Wolinski, toute la France est au courant. Le « scoop » est un flop. *Charlie-Matin* se saborde. Le deuxième numéro sera le dernier. Nouvelle tournée générale. L'équipe de *Charlie* pose pour la photo. Bras d'honneur à la France, à Coluche. A elle-même. « Réflexion faite, c'est trop de boulot », lira-t-on sur la manchette. Dans un éditorial, Cavanna exprimera son dépit, le lendemain : « Combat de chiens autour d'un os disparu, écrira-t-il au sujet de ses collaborateurs. Car il n'y aura pas de numéro 3. Plutôt crever. Ils se déchirent à pleins crocs, se jettent à la tête leurs vérités haineuses [10]. »

Quelque chose s'est vraiment détraqué, car ce même 16 mars, après avoir semé la zizanie parmi ses fidèles, Coluche recommence son tour des amis en sens inverse. En quelques heures, Paul Lederman et l'ex-candidat ont décidé, par dépit, d'annoncer que Coluche restait... candidat. En tout cas, qu'il allait tenter un autre pied de nez. Après sa mise à nu du Gymnase, après la lettre de retrait, après toutes ces déclarations désabusées, Coluche a du mal à abandonner la scène politique.

La presse qui, décidément, fréquente beaucoup le Gymnase, est convoquée, l'après-midi, à 15 heures. Il y a foule, car, en principe, on doit entendre Coluche confirmer son jet de l'éponge. On espère le trouver marrant, une dernière fois, ou sonné, selon le capital de sympathie dont dispose encore le comique dans ces médias. Plusieurs journaux ont préparé des articles de synthèse sur cette campagne unique qui aura beaucoup troublé. Des articles qui ressemblent aussi à des nécrologies.

Il accueille ses hôtes sur scène, assis, cette fois, derrière une table surchargée de victuailles. Pizza et spaghettis. « Je vous ai pas beaucoup vu ces temps-ci, lâche-t-il. Il suffit que je dise que je ne suis plus candidat pour que vous soyez tous là. Y'a même trois chaînes de télévision. Maintenant, ce que j'ai à dire, c'est que ma campagne ne fait que commencer. » Murmures divers dans la salle. Beaucoup réagissent comme Siné : « Cette girouette commence à faire chier. » L'AFP n'a plus qu'à démentir sa dépêche de la veille. Coluche a retrouvé un auditoire. Il reprend ses commentaires. « Si j'ai déclaré que je me retirais, c'est que c'est la seule information qui vous intéressait. » Et comme il dispose d'un public, il décoche quelques flèches. Il en veut surtout à Giscard : « Il a dit pendant un an qu'il n'a pas eu de diamants, et puis après qu'il les avait vendus. J'en ai marre de passer pour un con auprès des Belges. Si Giscard est réélu, je demande l'asile politique à la Belgique. »

Toutefois, s'il a réuni les journalistes, ce n'est pas pour quelques phrases de plus. La presse, pour les avoir collectionnées, frise l'indigestion. Il annonce son intention d'entamer une grève de la faim. C'est le dernier moyen, dans ce pays, assure-t-il, de faire lever la censure. Il avale donc son dernier repas devant témoins. Un huissier, un médecin sont en coulisses, qui vont enregistrer son poids. 83 kilos. « J'ai entre 5 et 11 % dans les sondages, explique-t-il en mastiquant avec l'application du condamné à mort. C'est pas normal que Crépeau, Lalonde, Garaud et Debré, qui obtiennent respectivement 1, 2, 3, 4 % dans l'ordre que vous voulez, aient droit à la radio, et pas moi. »

Il boit un verre d'eau. Finit ses pâtes dans un soupir navré. « A la fin de ce repas, je commence une grève de la faim jusqu'à ce qu'on ait fixé une date pour que je fasse deux émissions; le *Club de la presse*, d'Europe 1, et *Cartes sur table*, d'Antenne 2. »

Un mois et demi plus tôt, Jean-Pierre Elkabbach, directeur de l'information de la deuxième chaîne, avait invité Coluche au journal de la mi-journée. Celui-ci avait refusé, prétextant qu'il se rendrait sur une chaîne que lorsque ses sketches seraient programmés à nouveau dans les émisions de variétés. En fait, il souhaitait être l'hôte, comme d'autres candidats, d'une grande émission politique. On le lui avait vaguement promis *Cartes sur table*, puis on avait oublié cette promesse. Lorsqu'il s'en était inquiété, plus de réponse.

« On ne se rend plus compte aujourd'hui, explique Jean-Pierre Elkabbach, à quel point son coup des plumes dans les fesses, au Gymnase, avait été violent, à quel point Coluche avait une grande capacité à choquer. Il était trop imprévisible pour la télévision de ces années-là. C'est vrai qu'Alain Duhamel et moi, nous avons refusé de le faire venir à *Cartes sur table*. C'était risquer d'affaiblir l'image, déjà malmenée, de la politique. Aujourd'hui, bien sûr, je m'empresserais de prendre Coluche. Moi aussi, j'ai fait des progrès en face d'invités imprévisibles. J'ai dû avoir peur, à l'époque [11]. »

Jean-Pierre Elkabbach reconnaît bien volontiers que Coluche avait fait, à peu près tous les jours, la preuve de la frilosité des médias, à la fin du giscardisme. Le soir du 10 mai 1981, après la victoire de François Mitterrand, la foule, place de la Bastille, conspuera le nom du directeur de l'information d'Antenne 2. Celui-ci paiera injustement, simplement parce qu'il était le plus connu, pour tous les autres rédacteurs en chef qui n'avaient pas pris Coluche pour un candidat sérieux, pour tous ceux, qui, par habitude, muselaient encore l'insolence sur les ondes ou le petit écran.

Ce 16 mars, après un café et un dernier rot, Coluche indique qu'il est déjà en train de maigrir et qu'il ne s'arrêtera qu'à la radio et à la télévision. Si on refuse de l'inviter? « Ça m'emmerderait, parce que je serais obligé de crever là. » En attendant, le spectacle continue. Celui du Gymnase, que Coluche promet d'honorer tant que ses forces le lui permettront. Pour la campagne, il reste plus flou. Le jeûne sied mal aux candidats.

De cette journée, la presse et les partis politiques retiendront que

Coluche accepte enfin de remettre son épée de cinéma dans son fourreau. On prononce quelques éloges funèbres. « (...) Reste Debré, écrit Dominique Jamet, mais c'est à la fois tellement moins drôle, et tellement moins sérieux [12]. » Dans *Le Figaro*, André Frossard note : « Après tout, ce n'est pas rien, pour un phénomène de foire, d'avoir passé quelque temps pour un phénomène de société [13]. » Claude Weil, dans *Le Matin*, constate que le retrait, même non formel, de Coluche fait pousser quelques soupirs de soulagement dans les états majors. Quant à la grève de la faim, préoccupante chez un homme qui mange tant, on la banalise. Encore un canulard. Sans doute un gros mensonge. En ce mois de mars, Coluche se serait jeté du haut de la tour Eiffel, on aurait hésité à le croire.

Après quelques jours, l'équipe de la rue Gazan publie un premier bulletin de santé. Coluche a perdu cinq kilos. Le soir, il est en scène. Il a acheté un lot de salopettes trop grandes et prend les spectateurs à témoin de sa chute de poids.

Bien sûr, sa grève de la faim est fausse. Des bananes, des œufs durs, des régimes vitaminés, des gâteaux sont cachés partout, au théâtre ou à la maison. Il se relève la nuit, pour dévorer un rôti. Mais tous ses familiers n'ont pas été mis dans la confidence. Ils défilent, s'inquiètent. Carlos, Eddy Mitchell, Renaud, Daniel Balavoine. Coluche les rassure par des blagues : « Hé! Mange pas dans mon verre! » Il s'applique à rester à table, devant une assiette vide, en racontant des histoires de bouffe. Michel Sardou proteste publiquement, pendant une émision, contre le fait qu'on lui ait refusé d'inviter l'humoriste. D'autres artistes songent à alerter l'opinion, au moins le soir, pendant leurs concerts, effrayés de voir leur confrère préoccupé, le teint gris, portant toute la journée ses bouteilles d'eau minérale.

Félix Guattari, lui non plus, n'a pas senti venir le sinistre gag de fin. Il a pris le jeûne pour un dernier combat désespéré. Sur le chapitre des grandes causes, le psychanalyste ne plaisante pas. Il rameute donc les intellectuels, et soixante-neuf personnalités signent un appel pressant en faveur de la levée de la censure que *Le Monde* publiera, le 28 mars. Dans la liste, figurent les noms de Jacques Attali et de Pierre Bénichou.

Le jour même, Paul Lederman s'isole avec Coluche. C'est allé trop loin. Le comique, cette fois, joue avec des valeurs plus profondes, avec les armes des martyrs. Ailleurs, de par le monde, des hommes luttent pour des idées au prix d'une agonie non factice. En meurent parfois, comme les Irlandais, dans les prisons anglaises. En Afrique du Sud, en URSS... Si jamais la supercherie s'ébruite, c'est tout l'impact de cette campagne électorale qui vole en éclats. Au-delà même, sûrement.

« Les conneries, ça suffit ! », tonne Paul Lederman. Celui-ci prend les choses en mains. Il se charge de trouver une sortie honorable. Il a une idée. Le 30 mars, Coluche se plaint de vertiges. Paul et Jean-Michel ont préparé son admission dans une clinique de Neuilly. Officiellement, Coluche a été victime d'un malaise, consécutif à son abstinence. Paul convoque même un photographe de Sygma, autorisé à prendre le cliché du malade sur son lit d'hôpital. Lorsque le photographe entre dans la chambre, Coluche paraît sous perfusion. Mais l'aiguille a été discrètement plantée dans l'oreiller.

VI

Tout n'est pas tricherie dans cette perte de poids, ces vertiges, cette entrée en clinique. Coluche est victime d'une vraie dépression nerveuse. Ce n'est ni la censure, ni la fatigue des médias à son égard ou sa propre confusion : sa femme, Véronique, met fin à leur vie commune. Trop de copains, trop de folies, les arguments de lassitude de tous les couples, mais multipliés par dix. « Véronique et moi, confiera-t-il plus tard, on n'a pas dû passer plus de deux soirées seuls ensemble en deux ans. » Depuis 1979, Coluche avait senti le danger d'une possible séparation. Il avait aussi rêvé de la Guadeloupe pour sauver leur histoire. Il avait pris conscience que ses enfants voyaient trop peu leur père. Il avait promis, et sincèrement désiré, un changement d'existence. Il en a été incapable. La campagne électorale, sa déprimante conclusion, surtout, n'ont fait qu'accélérer cette autre fin. Et lorsque, quelques semaines plus tôt, sa femme lui a dit que le terme était arrivé, Coluche a craqué nerveusement. Affectivement.

VII

Il sort de clinique le 5 avril. L'honneur, effectivement, est sauf. Le système a eu sa peau, c'est tout. Celle de l'homme, non du clown. Le bouffon a démontré qu'il pouvait déranger le prince et ses rivaux. Ce n'est déjà pas si mal. Il a été dépassé par le phénomène qu'il avait lui-même provoqué. Il a réussi bien au-delà de ses espérances, bien au-delà de la plaisanterie, ou de la promotion. Il est désormais davantage qu'un saltimbanque. Un agitateur social. Il a voulu soigner une France malade avec son violon d'enfant et ses gants de boxe. Il est un peu comme le héros de ce récit de Raymond Devos : *J'ai fait un rêve. J'ai rêvé que le vent de la révolte s'était levé, que la révolution était en marche, et que j'en avais pris la tête dans un moment d'étourderie.*

Les représentations du Gymnase ont été arrêtées, presque un an après que Coluche eut annoncé son intention de quitter la scène. « Il n'y arrivait plus, explique Paul Lederman, Jamais, il n'aurait pu croire que sa femme s'en irait. Je lui ai rendu ses contrats. J'ai annulé toute la tournée prévue. Il était malheureux, et j'étais malheureux pour lui. » Jean-Michel se souvient de l'une des dernières représentations : « Un soir, il était effondré sur sa chaise, dans sa loge. Il se demandait : “ Qu'est-ce que je fais? Je pleure, je meurs ou je joue? ” Il a joué, et jamais il n'a été aussi génial. Il a tout fait à la rage. »

Coluche se rapproche un peu plus de Jacques Attali, affirme qu'il votera pour François Mitterrand. Il avait déjà rédigé, quelques semaines auparavant, un « point de vue » pour *Le Monde*. Un texte sur « l'état de la France », férocement hostile à Giscard. Il prend maintenant du plaisir à observer la fin de la campagne du candidat socialiste. « Il est de mieux en mieux, estime-t-il, son truc de la force tranquille est bien trouvé. Il va gagner. » Un soir, il dit même au conseiller du futur président : « J'ai fait ce que j'ai pu, maintenant c'est à vous de jouer. Faites pas les cons! »

Coluche a quitté la rue Gazan, pour un appartement de la rue du Temple, à dix mètres du Café de la Gare. Il part pour la Guadeloupe. Il a promis à Jacques Attali de revenir voter, le jour du second tour.

Le 10 mai 1981, de retour à Paris, il se rend à son bureau de vote, mais il a oublié sa carte d'électeur et ses papiers d'identité. Il renonce en fulminant. Deux heures avant la clôture du scrutin dans la capitale, Jacques Attali lui annonce au téléphone que François Mitterrand est élu président de la République. « Tu vois, ma poule, j'avais raison ! », répond-il. Coluche déambule au milieu de la fête des vainqueurs. On le voit même rue de Solférino, au siège du PS. « Le 10 mai, c'est pas une bonne date pour les rois, lâche-t-il aux journalistes. Y'en a deux qui sont morts ce jour-là : Louis XV et Giscard d'Estaing. » Son dernier bon mot.

Tard dans la soirée, il est légèrement blessé à la main, au cours d'une rixe provoquée par une bande de jeunes, à la terrasse d'un café des Halles. A la première heure, le lendemain matin, il reçoit un mot par porteur spécial. « Cher monsieur, je suis navré de l'agression dont vous avez été victime hier soir et j'espère que vous serez bientôt rétabli. Croyez en mes sentiments cordiaux. » La signature est très lisible : François Mitterrand.

TREIZIÈME PARTIE

« M'AIDE PAS, J'Y ARRIVE DÉJÀ PAS TOUT SEUL ! »

I

Beaucoup le pressentaient, à observer, avant, sa frénésie de vie : Coluche a un sens impressionnant du malheur. Magnétique. Aussi pesant que sa masse au sol, aussi « physique » que son rire. Lui-même ne se confie pas. Seuls quelques amis le verront pleurer, furtivement. Mais son corps, ses yeux sont éloquents. Son incroyable force de vie s'est retournée contre lui, et les autres en sont gênés, plus gênés encore qu'avant, lorsque tout son être pouvait évoquer un bonheur brutal et enfantin. Les autres s'écartent, conscients de risquer d'être écrasés par cette lourde détresse muette d'ours blessé. Pour reprendre une expression de Coluche, commencent les années « m'aide pas, j'y arrive déjà pas tout seul ! ».

Coluche a fait le vide autour de lui. Les amis ont été pris à témoin de sa séparation et craignent de devoir se prononcer entre leur ami et Véronique. Certains lui ont reproché les dérapages de la fin de sa campagne électorale. D'autres se seraient de toute façon lassés des fêtes de la rue Gazan. Et puis, il a trouvé un moyen sûr de tenir ses proches à distance. La drogue. Non la cocaïne, ce champagne de salon, mais la poudre qui tutoie la mort : l'héroïne. Il a choisi seul ce mode d'abrutissement, cet éloignement assuré, peut-être pour en finir, en tout cas pour se mettre entre parenthèses, et avec son application habituelle, son goût de l'extrémisme, il s'y est engagé totalement.

En cette fin d'année 1981, on l'a même vu aligner, un soir, des lignes d'héroïne sur une table des *Bains-Douches*, devant des dizaines de convives. Morbide envie de se faire arrêter par les policiers souvent présents dans la foule des noctambules. Il fréquente ostensiblement des « dealers ». Aboie quand on s'inquiète pour sa santé. Impossible, pour ceux qui l'aiment, d'en discuter avec lui. Il répond : « J'arrêterai quand je voudrais. » Ou bien : « C'est juste pour maigrir un peu. » Ou encore : « C'est pour faire comme tous les cons ! J'suis un con ! » Renaud a tenté de le distraire, l'emmenant dans l'île de Formentera, aux Baléares. Il est venu avec un revendeur. « Comment lui dire? s'est demandé Renaud. Comment faire la morale à quelqu'un qui ne supporte pas ça, pour lui ni pour les autres, et qui sait toujours tout mieux que tout le monde? Quelqu'un qui avait toujours eu une attitude si paternelle avec moi? »

Très vite, pour leur éviter tout cas de conscience, il a cessé de prendre sa dose d'oubli en public. Il s'est interdit tout prosélytisme. Le plus souvent, il nie même y toucher. Il prise en cachette. Dans les toilettes des restaurants. Dans sa chambre. A l'extérieur, il utilise un inhalateur de poche, de ceux qu'on achète en pharmacie pour soigner les rhinites. Comme il est souvent enrhumé, certains écartent leurs inquiétudes. Et puis, ils le croient indestructible, doué d'une grosse capacité à en découdre avec l'existence. La drogue devrait passer, comme les autres lubies, comme d'autres caprices. Coluche devrait supporter cet autre choc. Ce hâbleur donnait tellement l'impression, hier, de tout maîtriser! Ne fume-t-il pas sans dommage, depuis des mois, d'énormes cigares d'herbe ou de haschisch? Les plus conscients se rassurent, plus prosaïquement, en constatant que Coluche, très hypocondriaque, déteste les piqûres et les injections par intraveineuses.

Sa mauvaise foi le sert encore. Pendant des semaines, il poursuit de ses reproches Patrick Dewaere, lui aussi égaré dans une toxicomanie du désespoir. Un soir, Coluche blesse, d'un coup de tête, le dealer de son vieux compagnon. Coluche ne supporte pas cette lente dérive, fraternelle pourtant de celle qu'il entame. Lorsque Patrick Dewaere, à son tour, interroge, il dément, s'énerve encore.

Ceux qui n'ont rien remarqué ou qui minimisent le danger sont toutefois très troublés en le voyant. Coluche, en quelques mois, s'est « défiguré de l'intérieur », comme le dit Aldo Martinez. Il s'est muré. N'oppose que son gros visage triste et larmoyant aux événements. Il paraît endolori. Amorphe. « Je ne pouvais plus pénétrer, vous comprenez ça, plus pénétrer, se souvient Paul Lederman. Je lui parlais, et je sentais que ça n'entrait plus. Lui qui réagissait au quart de tour, si prompt à l'engueulade! »

Paul Lederman sait qu'il a perdu Coluche. Momentanément, pense-t-il, pour le music-hall. Avant même l'élection présidentielle, il s'apprêtait à attendre que son protégé ait épuisé son besoin de cinéma. Il reviendrait, comme ses autres « artistes »! Lui-même l'attendrait. « C'était mon ami. Il était en perdition. Nous n'étions pas d'accord, c'est tout. Il avait été ma révolte. Il était aussi mon chagrin. » Paul tente de se rassurer en remâchant ce proverbe arabe, qu'il a ressassé lors des départs de Claude François, puis de Thierry Le Luron : « Celui qui n'a pas été rassasié à la table du père ne sera jamais rassasié. » Mais ce désespoir brutal... Ces yeux d'enfant abandonné... Les rumeurs d'usage de stupéfiants, surtout. Paul ne supporte pas, physiquement, les drogués. Sur ce chapitre, il bloque, avec le sentiment d'être lui-même agressé. Pendant des mois, il insulte les alarmistes, dédaigne l'évidence. Pas Coluche! Pas lui, pas le sien!

Dès qu'il apprend, en septembre, qu'RFM, l'une des premières grandes radios libres, propose à Coluche d'animer l'émission de son choix, Paul Lederman s'empresse de soutenir cette initiative. Il suit Coluche et Jean-Michel Vaguelsy en studio, plusieurs semaines durant. Il ne demande rien, ne suggère plus aucun contrat. Il veille, simplement. Mais le cœur n'y est plus. Coluche ne reprend l'antenne que pour remercier Patrick Meyer, le responsable de cette station, d'avoir démissionné de son poste de directeur de Radio 7, pendant la campagne. Coluche a perdu sa flamme, sa généreuse insolence, et Paul comprend que son pouvoir d'impresario ne peut rien contre l'exigence de la perdition. Il le laisse aller.

II

Sale période. Coluche n'a pas ouvert ses cartons, dans son refuge du 44, rue du Temple. « L'appartement ressemblait à la chambre d'hôtel d'un roi déchu, se souvient Dominique Séchan. Avec une cour qui ne savait plus où se mettre. » Pièces sombres, peu éclairées, sauf par quelques néons fluorescents. Dans la chambre de Coluche, une lampe de chevet et, accroché au mur au-dessus de son lit, le blouson de cuir et la petite guirlande lumineuse de Boby Bouillon, le triste héros de *Ginette Lacaze*.

Des télévisions, des gadgets électroniques. Une tente a même été dressée, dans une pièce. Patrick Olivier, l'un de ses musiciens, a accepté de le suivre dans ce squat poussiéreux. Il s'y est aménagé un petit studio d'enregistrement. Un copain canadien passe aussi ses nuits dans l'appartement.

Mais pour les amis, c'est un lieu maudit, aux odeurs de souffrance et de poudre blanche. Une cellule, dont Coluche, de temps en temps, brise lui-même les carreaux, à coups de lance-pierres. Quelques-uns s'y rendent encore, Reiser, qui dessine sur les murs, Jacques Higelin qui vient jouer de l'accordéon. Daniel Balavoine. Les proches n'ont d'autre choix que de laisser Coluche digérer le départ de sa femme, le choc en retour de la campagne électorale, son usure du music-hall, et aussitôt après, son manque. « Plus qu'à l'héroïne, il était accro à ce tourbillon autour de lui, ce succès, tout ce travail, confie un ami de Coluche. Très vite, il s'est senti privé de la matière de son énergie. » Le chagrin, les méprises professionnelles, la solitude, le dégoût de soi lui sont tombés dessus.

A-t-il songé à se suicider? Quelques-uns ont conservé le souvenir de récits confirmant cette hypothèse, rapportés par Coluche lui-même. Claude Martinez raconte qu'il a, un jour, rendu visite à Coluche, rue du Temple. « Il s'est approché d'une fenêtre, déclare l'impresario. Il m'a fait signe de le rejoindre. Il m'a montré une fourgonnette garée dans la rue. " Tu vois cette bagnole, m'a-t-il demandé. Un soir, j'ai voulu me balancer par la fenêtre. Tu sais ce qui m'a arrêté? Le break de l'épicier. Je ne pouvais tout de même pas lui enfoncer sa caisse, au mec. " » D'autres amis estiment plutôt que Coluche désirait continuer à vivre « mais qu'il ne savait plus comment ». « Il avait perdu toutes ses références d'un seul coup. »

Un discret cordon sanitaire a été mis en place, dans le quartier de la rue du Temple. Les fidèles du Café de la Gare proposent à Coluche de garer ses motos dans la cour. Il passe parfois, et s'assied dans l'ombre, au fond de la salle. Il donne son avis, négatif. Sotha, Patrice Minet, les autres n'en ont cure : au moins, c'est la preuve qu'il respire.

Coluche n'a pas choisi cet appartement. Il était à la rue, ayant laissé la roulotte de Montsouris à sa femme et à ses enfants. Le Café de la Gare avait déjà logé d'autres sans-abri au 44 de la rue. Le logement était libre. Deux ou trois fois, Coluche emmène Romain Bouteille boire un verre, dans l'un de leurs vieux bistrots. L'heure des aveux? Enfin, d'une confession libératrice? Coluche n'y parvient pas. Alors, ils s'engueulent ou réécrivent l'histoire de leur théâtre, dans des numéros d'anciens combattants.

« On s'est quand même plantés, tranche Coluche.

– T'es con! C'était formidable!

– Oui, c'était formidable. N'empêche qu'on s'est plantés... »

Conversations sans but, juste pour laisser s'écouler les heures jusqu'à l'aube. Coluche résiste, plus que jamais, à la simplicité. Romain Bouteille attendra. Pendant ces mois de gros malheur, Romain Bouteille ne sera jamais très loin. Josiane Balasko non plus. La « petite sœur » habite aussi le quartier. Coluche débarque souvent à 7 heures du matin avec des croissants, réveille la maisonnée, prépare le petit déjeuner. Il esquive les questions. Reste assis dans son coin. Massif, faussement gai, ou silencieux. Qu'espère-t-il? Des mots, sans doute. Mais comme Romain Bouteille, Josiane Balasko redoute le flot de larmes qui pourraient suivre. « J'avais peur d'être emportée par ses confidences », dit-elle.

« J'ai essayé, confie, lui aussi, Jean-Michel Vaguelsy, mais personne n'aurait pu endiguer toute cette douleur. Je sentais qu'il pouvait m'en ouvrir toutes les portes, remonter à l'enfance, et alors j'aurais dû le prendre dans mes bras. » Et puis, comment réconforter un clown, même un clown diminué? « C'est vrai, on accepte difficilement des gros marrants qu'ils soient malheureux », convient Renaud. Beaucoup des amis de Coluche partagent cet avis. Même à terre, Coluche donne encore envie de rire. Il paraît offrir une sorte de caricature acérée de la déprime. Mimer l'abattement, après avoir joué tous les autres sentiments. « On ne pouvait pas le consoler, dit encore

Dominique Séchan. Sa lucidité même nous en empêchait. On ne pouvait pas lui raconter d'histoire. »

« J'ai tout perdu », répète-t-il, lorsque l'un ou l'autre insiste. Il a toujours un chagrin d'avance sur les paroles de réconfort. Tenter de lui prouver le contraire, le persuader qu'il n'a perdu qu'un mariage, c'est encore l'aimer mal ou trop peu, ne pas le comprendre. A l'écouter, il a échoué partout. Dans sa vie privée, dans son métier. Bientôt au cinéma. Il confond le départ de son épouse avec ses adieux à la scène. « Ils m'ont déjà oublié », dit-il, à propos d'un public qui ne lui a pas ménagé son admiration pendant tant d'années. Rien ne l'empêchait de continuer? « Non, ça ne marchait plus. Ça n'aurait plus marché... » Il lui reste le cinéma? « De la merde! Un boulot de con! » Il ne téléphone plus à Jacques Attali, se défie des amis cultivés, retourne à son complexe d'infériorité. Tout rate. D'habitude ponctuel jusqu'à l'obsession, il arrive en retard à ses rendez-vous ou les oublie. En voiture, il multiplie les accrochages. Il vit avec son dictaphone, l'emporte toujours avec lui. Mais il n'a plus rien à dicter.

A la rentrée 1981, Coluche se croit sincèrement démuni. Il envisage vaguement de partir pour le Canada. Il a entendu dire que les bûcherons du Grand Nord étaient bien payés. A un proche, il explique aussi qu'il ferait mieux de retourner habiter Montrouge. La zone l'a rattrapé. Il est prêt à cesser son vieux combat contre la banlieue. Il pourrait ouvrir un garage, ou travailler le cuir... Psychologiquement, Coluche se compte à nouveau parmi les pauvres.

Lui-même, par dépit, s'est volontairement dépouillé. Durant le cours de la procédure de divorce, il a décidé de tout abandonner à Véronique et à ses enfants. Les droits d'auteurs et les royalties de tous ses sketches, sur disque, à la radio et à la télévision. Une maison de vacances à Molières, dans le Tarn-et-Garonne. Des studios, dans le XVIIe arrondissement. Il ne conserve que la maison de Deshaies, en Guadeloupe.

Bien sûr, c'est cette même année que le fisc lui réclame des comptes. Il doit plusieurs millions de francs aux impôts, et désormais, l'administration ne le laissera plus en paix. Ses cachets d'acteur seront saisis à la source – parfois à hauteur de 80 % –, dans les services comptables de Claude Berri. Dès ses débuts de star à l'écran, Coluche perd donc toute latitude par rapport au cinéma. Il doit tourner, d'abord pour rembourser. Il va donc devenir boulimique de films, plusieurs par an, sans grand discernement. Sans grand intérêt non plus, pour cet « actif à 200 % », qui, hier, encore, ne concédait rien. Il presse Claude Berri. Le contrat prévoyait que les quatre films signés par Coluche seraient réalisés en trente mois. « Il m'a imposé un train d'enfer, explique le producteur, et ces quatre films ont été réalisés en deux ans [1]. »

Le premier est un film tendre, produit et mis en scène par Claude Berri lui-même. *Le Maître d'école*. L'histoire d'un instituteur débutant et maladroit qui découvre sa vocation par amour des enfants. Coluche a demandé à jouer avec quelques amis. Roland Giraud, et deux de ses « femmes préférées », Charlotte de Turkheim et Josiane Balasko. « Claude Berri m'a appelée un jour, se souvient cette dernière, me disant qu'il avait un rôle pour moi. Comme nous étions encore brouillés, à l'époque, Michel et moi, j'ai demandé : “ Oui, mais Michel, il sera d'accord ? ”. Berri m'a répondu : “ Il vient de m'expliquer qu'il n'était pas certain que tu accepterais de travailler avec lui. ” »

Malgré la présence de ses complices, Coluche se montre très irritable sur le tournage, en région parisienne. Comme il se drogue sans retenue, il maigrit, cet été-là. « Il a perdu près de douze kilos pendant le film, note Roland Giraud. Il n'était plus “ raccord ”, d'une scène à l'autre. » Coluche se querelle vite, même avec Claude Berri, lorsque celui-ci défend son point de vue auprès de Josiane Balasko. Il supporte difficilement la turbulence des enfants recrutés comme figurants.

Ses propres enfants lui manquent. Il voit souvent Romain et Marius. Définitivement prononcé en décembre 1981, le divorce ne le privera pas d'eux. Mais il se sent, moralement, coupé de ses deux garçons, coupable aussi, à en croire certains de ses proches. Il paraît avoir pris soudain conscience de leur vie commune chaotique, toutes ces années passées. Il aimerait revenir en arrière. Comme il ne peut l'avouer, il commence, inconsciemment, à se montrer attentif aux enfants des autres.

Le jour de la naissance de Lola, la fille de Dominique et de Renaud, il se précipite à la maternité. Il exige des heureux parents la signature d'un papier officiel le décrétant parrain sur l'heure, car, dans son pessimisme noir, il a appris qu'un double décès ferait de lui le tuteur de la petite fille.

Coluche découvre trop tard ce qu'il se reproche d'avoir négligé. Son trio familial, malmené par sa tribu trop nombreuse. Sa famille, au sens hexagonal, et non italien. La seule famille dont il pouvait se prétendre le chef. Les copains, sa frénésie d'entourage, un rythme trépidant les ont séparés. En secret, il espère encore le retour de Véronique. Il exige de Claude Berri que celui-ci engage sa femme sur le tournage du *Maître d'école*. Véronique occupe d'abord la fonction de régisseur-adjoint, puis celle d'attachée de presse. Mais, avant la sortie du film, elle reprend son nom de jeune fille, figurant au générique sous deux patronymes différents.

Cette preuve de la séparation l'abat un peu plus, puis, curieusement, le réveille. Il n'attendra plus, n'espérera rien. Pendant l'automne 1981, il se laisse flotter, au gré des événements. Il paraît ne plus demander à la vie qu'un vertige plus violent, une accélération permanente du temps. Il largue, psychologiquement, ses dernières amarres. Il ne veut plus rester en place. Habiter quelque part. De Claude Berri, il espère des films aux tournages lointains, des voyages sans répit. Il privilégie de nouveaux compagnons-secrétaires. Deux techniciens de cinéma, Ludo, Ludovic Paris, coiffeur de plateau, et Didier Lavergne, maquilleur, qu'il a rencontrés pendant son film, *Vous n'aurez pas l'Alsace et la Lorraine*. Deux « potes » prêts au mouvement perpétuel, admiratifs et tendres, deux motards, deux beaux gosses, pour les filles. Deux frères, pour les mauvaises années à venir. Claude Berri est aussi prié de les engager, film après film. De les loger avec lui, dans de grandes maisons louées, aux fêtes obligatoires.

Coluche s'aventure, sans retenue, dans le malheur. Il l'explore, en observateur minutieux. Lui, l'homme des couleurs vives, il avance désormais dans un film en noir et blanc, mais avec la même qualité d'engagement vital. Puisqu'il est au fond, il en fera le tour, méthodiquement, témoignant du même courage ou de la même inconscience qu'en surface. Il ne trichera pas. La drogue, le sexe, et dans le sexe, les tabous, les idées sombres, et les courses éperdues, la moto, mais plein gaz. Des jouets, tous les jouets, jusqu'à la nausée.

Pour cette quête morbide, il s'est donné une compagne à son image présente. Une fleur de poison, une gosse de dix-huit ans, qui sous le poids de la drogue et des égarements, conserve une insouciance, une sorte de rectitude morale dans le bal sinistre du bout de la nuit. Frédérique, surnommée La Grande Fred, parce que ses trois amies des Bains-Douches s'appellent aussi Frédérique : La Petite Fred, Fredo, Frédérique, et la Grande Fred. Quatre copines, délurées et miraculées, dopées et infatigables, qui paraissent être nées sous la lumière artificielle des boîtes de nuit.

La Grande Fred erre depuis plusieurs années, après des fugues d'enfant battue, aux marges hallucinogènes. Mais elle a trouvé le temps de faire des études, par plaisir, lit énormément, écrit. Elle a pris la vie à toute vitesse et sans prudence, avec une santé inébranlable qui rappelle celle de Coluche. « Un jour, aux Bains-Douches, sourit-elle, il s'est esclaffé à mon passage : " La belle gonzesse ! ". Je n'étais pas une fanatique de Coluche. Je le trouvais populo. J'étais jeune, je ne devais pas tout piger [2]. »

La Grande Fred tient un sex-shop, avec son compagnon de l'époque. Cela amuse Coluche. Ensemble, ils décident de se lancer dans la collecte de phantasmes d'amateurs, afin de préparer un documentaire porno. Un jour, la jeune fille débarque rue du Temple, ses sacs pleins de bandes magnétiques. Le film restera à l'état de projet déprimé, mais elle pose ses sacs, sous le regard indifférent de Coluche. « Qu'est-ce que tu me veux ? », aboie-t-il. « Il se disait : elle en veut à mon fric. Il me prenait pour une groupie. Il avait eu trop de filles de dix-huit ans. Et moi, j'avais peur que mes copines croient que je faisais la pute, à l'abordage d'un type pas beau et en sale état. »

Elle se met dans un coin de l'appartement de la rue du Temple, dans un coin de la vie de Coluche. « Il donnait l'impression d'être destroy depuis des années, alors qu'il n'était à l'héroïne que depuis quelques mois. Il accélérait un processus d'auto-destruction. Je suis restée. Je ne pouvais plus partir : c'était terrible de voir ce type se taper si fort la tête contre les murs. Impressionnant de voir comment il avait trouvé quelque chose qui marchait bien pour se foutre en l'air et qui s'y employait. »

Fred le suit dans ses frasques. Les lui facilite. Le précède, parfois. Elle réveille son insolence pour quelques heures, le regarde s'enfoncer à nouveau dans sa léthargie. Elle l'écoute déverser son amertume. Coluche rabroue cette fille qui, comme elle le confie elle-même, « tient beaucoup de place ». « Il était paumé. Ça m'allait : je l'étais aussi. » Elle s'accroche, accepte les plaintes, d'autant plus facilement qu'elle n'a pas connu le temps des splendeurs. « Petit à petit, dit-elle joliment, on était encore ensemble. »

III

Dans ses tourments, la Guadeloupe lui rend un peu de paix : Coluche donne l'impression d'avoir partiellement réussi à préserver ses rêves de vacances, cette idée de retraite anticipée, refusée à ses copains d'enfance, et si longtemps caressée. A Romain Bouteille, il affirmait : « Le premier de nous deux qui réussit, on se tire ! » Il tient sa promesse. Malgré son affliction, il applique à la lettre son plan d'avenir paradisiaque, retardé par l'élection présidentielle. Il a même davantage de raisons de revenir au Morne-au-Fou, d'y tenir, entre deux films, ses quartiers d'hiver ou d'été. Personne ne l'attend plus à Paris.

Il y a même des jours où il paraît gai, en tout cas plus serein, empressé et inventif. Le visage adouci par les coups de soleil, vêtu de son éternel caleçon multicolore, le ventre à l'air des alizés, Coluche gentleman-farmer déborde de projets farfelus et généreux, toujours bricolés, additionnés d'un zeste de nonchalance tropicale. La rue Gazan paraît avoir été transférée en surplomb de Deshaies. Il a fait repeindre le pavillon de Blandin à ses couleurs. Rose indien, bleu et vert.

Ses copains contremaîtres, emmenés par Roland, sont parvenus à obtenir des corps de métier locaux qu'ils dressent une seconde maison sur la crête. A l'entrée de la propriété, près de la case en bois de Robert Dandé, le gardien, ont commencé les travaux d'un bungalow que Coluche destine à Patrick Dewaere. Sous les arbres, une autre construction, bigarrée, entourant un rocher : selon les semaines, un restaurant à claire-voie, ou la cabane de Renaud.

Coluche a commandé une cuisine entière. Dans les branches d'un gommier géant, on a aménagé une plate-forme de bois : un futur bar en hauteur, Le Tarzan. Si les amis insistent, on fera un peu de place du côté des ombrières, pour le tennis. Il a acheté des machines à coudre chinoises, car il envisage de chausser la maisonnée de mocassins indiens. Il entrepose des scies électriques, et bien sûr, du matériel de mécano.

Les premiers mois, les proches obtempèrent à ses ordres enjoués. Ils se succèdent pour quinze jours de vacances, surtout pour les congés scolaires de fin d'année. Ils se comportent comme si rien de grave n'était arrivé, « jouent », effectivement, « à la rue Gazan ». La détresse de leur hôte est plus masquée. Il a tellement besoin d'eux ! Il multiplie les attentions délicates, prépare d'immenses plats de pâtes pour la table de la terrasse. Le matin, on le voit aller d'une maison à l'autre, portant les plateaux des petits déjeuners décorés d'orchidées. Les amis sourient, amusés, de cette « commune » à la fois « baba » et « nouveau riche », attendris par le comportement de Coluche, Robinson maladroit et propriétaire comblé.

Il vient les chercher à l'aéroport du Raizet, à Pointe-à-Pitre, dans des voitures d'occasion. Ils évitent soigneusement de lui demander des nouvelles de son moral. De toute façon, dans ses îles, comme il nomme les Antilles, Coluche donne le change. Il veut paraître dégagé. Paris est loin. Sur la route menant à Basse-Terre, il leur raconte Deshaies et la Guadeloupe, comme s'il avait toujours vécu là et accueillait des cousins de métropole. Il ne parle plus de Véronique. Simplement, le mal, toujours en lisière, est sensible à quelques signes : Coluche répète son admiration des couples unis de son entourage. Celui de Sotha, ou de Balasko, ces veinards de Nadeau et de Bruneau, Renaud et Dominique. A leur égard, il est prodigue de conseils.

C'est vrai que son désespoir, sur fond de mer bleue, paraît atténué. Les prises d'héroïne semblent s'espacer, compensées par un excès de canabis, que Coluche roule dans des feuilles de bananier, dès son lever. Il donne l'impression, en deux ou trois séjours, de s'être fait accepter du bourg. Il présente Lelette, qui tient un *lolo* sur la plage, « la mère Racine », l'épicière, et Mimi, à qui il a déjà suggéré une association, pour l'ouverture d'un restaurant créole à Paris. Il a proposé au maire de Deshaies de subventionner une salle de jeux pour les jeunes. Il tutoie tout le personnel du Club Méditerranée, achète en gros les champignons hallucinogènes qui poussent sur les bouses de vaches des pelouses, tout autour du village de vacances. Le premier 25 décembre, il s'est déguisé en Père Noël. Il a frappé à toutes les portes des cases du village, déposant des cadeaux ou des confiseries.

Il entretient même des relations cordiales avec les gendarmes locaux, qui viennent lui rendre visite, à la suite de plaintes du voisinage pour tapage nocturne. Il fume ses joints devant l'adjudant-chef, que la Préfecture a dissuadé de toute curiosité vis-à-vis des habitants du Morne-au-Fou, lui offre des régimes de bananes ou des pousses rares. Quand il ne réveille pas la propriété, et le village en contrebas, au son d'un clairon, il enfourche l'une des motos, ou son scooter rose, pour une balade matinale. Il roule avec un casque de pompier sur la tête.

« Il était comme Pierrot le Fou, dit Fred, fou, heureux et malheureux. » Éperdu. Il se déguise sans cesse, improvise des numéros de clown, certains soirs, pour les « gentils membres » du Club, ravis de le trouver là, en attraction villageoise. Il a envie d'aimer les créoles, apprend des rudiments de langue, rivalise d'accent avec les Antillais. Il s'oublie, il cherche à effacer le passé proche dans cette « ambiance un peu moite sous les aisselles », selon l'expression de sa jeune compagne. « Le genre : chercher à prendre du poisson, puis trouver ça trop fatiguant, et aller rêver du poisson devant un verre. » Des îles, il apprécie le côté fripon et fraudeur. Jamais tout à fait en règle avec des lois inventées par des Blancs. Indolent et optimiste. Coluche passe des heures avec Michel, un grand pêcheur noir qui connaît par cœur les plants d'herbe, dans la montagne et l'art d'accommoder les champignons hallucinogènes avec du miel ou des omelettes.

Lors de ses premiers séjours, Coluche déroule son programme méthodiquement. Des plaisirs et des jouets. Il tient le malheur à distance par des achats somptueux et mal appropriés. Un catamaran qui subira la tempête dès son acquisition. « C'est impossible, ce truc-là, conclura Coluche, ça bouge tout le temps. Impossible de se rouler un joint sans tout renverser. »

Puis, un bateau plus confortable. Une grosse vedette, pour la pêche au gros, avec couchettes et cuisine, du genre de celles qui, aux Antilles, servent aussi à tous les trafics possibles. Coluche a acheté ce raffiot ventru saisi par les Douanes à un contrebandier. Un navire sans âge, mais pourvu d'une âme, qui a déjà coulé une fois, devant le carénage des Saintes. N'importe! Il a droit à une seconde chance, à un destin de « camion », comme l'appelle Coluche. Le bateau est rebaptisé : *Johnny Be Good*. Immatriculé à Anguilla, îlot des mirages fiscaux, où Coluche crée une société : la Capt'ain Cool Limited. Les pratiques financières des Tropiques, la morale approximative des affaires dans cette région séduisent Coluche, qui, certains jours, rêve même de devenir pirate. Lors d'une escale, il faudra même le convaincre de renoncer à l'acquisition d'un vieux cargo-bananier, qu'il a, soudain, l'idée d'armer en station-radio clandestine...

Le *Johnny Be Good* est vite très célèbre dans les mouillages environnants. Coluche a fait repeindre le rafiot aux couleurs rastas. Il l'a doté d'un puissant projecteur et d'une batterie de haut-parleurs, et cette roulotte flottante entre dans les ports, la nuit comme le jour, au son du *Bolero* de Ravel. Jappy, le skipper, est surtout un spécialiste des voiliers, et Coluche tient à se mêler lui-même des manœuvres. Ils abordent, éborgnent de magnifiques voiliers, se querellent avec des plaisanciers. On les prend parfois pour des détrousseurs de yachts.

Coluche déteste cette courtoisie maniérée de la navigation de plaisance, ces mythologies, ces règles de la bourgeoisie des mers. Le *Johnny Be Good* est un navire braillard et bohème, qui prône la fête à bord, s'ancre n'importe où, néglige souvent son ravitaillement en carburant. Il est souvent nécessaire de lui prêter main-forte. Coluche s'énerve, dans les ports, à vouloir réparer lui-même son moteur. Il se prend pour un loup de mer, ses passagers, Fred, Didier, Ludo et sa femme Pegguy, d'autres amis inconscients du danger, pour de simples terriens en balade nautique. Autour de lui, s'égaie une « gentry » de yachtmen que Coluche juge salutaire de choquer.

Il reste indifférent aux obligations sociales de l'insularité blanche, la parfaite maîtrise du ski nautique, de la planche à voile, ou de la pêche. Pour lui, l'océan n'est qu'une autre espérance de bonheur de gosse. Son navire, une cuisine et une salle à manger ambulantes. Un pont, au soleil, pour que les filles puissent y bronzer gratis. Le moyen de se déplacer vite, d'une baie à l'autre, pour tromper l'ennui. « On s'ancrait dans des criques, pour éviter les ports où Coluche avait trop d'ennuis, raconte Jappy. Il nous réveillait à 5 heures du matin, alors qu'on avait fait la bringue très tard. Il fallait repartir. Il s'emmerdait. » [3]

Consciemment, au milieu de navigateurs prônant l'élégance, Coluche paraît vouloir se faire prendre pour un « beauf » enrichi et vulgaire. Il traque les couchers de soleil romantiques, pour les perturber à coups de décibels. Porte les tenues les plus invraisemblables, lors des invitations à dîner sur les bateaux voisins de ponton. Il teste aussi les contradictions de ces paradis. A Union, un îlot de la petite République de Saint-Vincent, dans les Grenadines, il remonte à pied la seule rue marchande de ce port de la misère noire et du confort blanc, un sac de dollars à la main. Il achète tout ce qu'il trouve, des machines et de la nourriture, des vêtements et de l'alcool. Deux taxis le suivent, où l'on entasse ces trésors. Bien vite, Coluche est entouré d'enfants. L'émeute monte. L'équipage doit précipiter son embarquement, laissant le butin provocateur à terre.

Coluche épuise en quelques virées maritimes le charme de Saint-Barthélemy, de la Dominique, d'Antigua ou de Sainte-Lucie. Pour lui, toutes ces destinations rapprochées se ressemblent : l'eldorado est insoutenable, saturé d'écrins balnéaires et de bidonvilles. Ces croisières, il les offre plutôt à ses proches. Lui-même reste à l'ombre, à bord ou à terre. Son moral s'effrite au bout de quelques jours de navigation. L'herbe manque souvent à bord. Il impose des changements de cap pour cause de réapprovisionnement. Il n'aime pas l'eau, et le dinghy du *Johnny Be Good* est trop instable pour son poids. Les Antilles sont aussi le paradis des corps. Elles ne donnent le pouvoir qu'aux physiques harmonieux, minces et bronzés. Gare à la graisse! Gare aux complexes! Pour ne pas céder à ses vieilles peurs, Coluche en rajoute encore dans le mauvais goût, l'exhibitionnisme.

Il éprouve pourtant, parfois, dans ces escales incertaines, de vraies émotions. Comme cette rencontre, à Békoué, avec une petite fille créole qui joue d'un youkoulélé de fortune – un morceau de bambou soudé à un bidon d'huile –, son père, ses frères menant la pauvre barque familiale entre les yachts luxueux. Coluche reviendra voir la gamine à son séjour suivant, et lui offrira le plus cher des youkoulélé, acheté à Paris, chez Paul Beuscher.

Mais la plaisance lui tape maintenant sur les nerfs. Trop hypocrite, comme les paysages idylliques. Il délaisse bientôt le rafiot, lui préférant l'avion de Jacquot, un pilote de Saint-Barthélemy, dont il loue fréquemment les services. L'eldorado lui donne même l'idée d'un film, *Croisière confort*, qui relaterait le voyage d'un couple de Français moyens, escroqués par leurs propres illusions et les réalités insulaires. Mais ce n'est plus le temps de la création. Coluche raconte, simplement, quelques scènes inventées à table, que Fred, prudente, prend en notes.

Dès le milieu de l'année 1982, le paradis s'assombrit. Les vieux amis se font plus rares. Renaud a préféré aller naviguer. Patrick Dewaere vient encore, mais il n'a pas achevé sa maison, à l'entrée de la propriété. Il a suivi Romain Bouteille et Sotha, dans le Massif central, a acquis avec eux une ruine de moulin. Quant à Romain, il n'a pas mis les pieds en Guadeloupe. « Il nous tannait, Patrick et moi, explique Romain Bouteille, pour qu'on construise nos maisons là-bas. Mais on savait bien que ça aurait l'air d'une mauvaise colonie de vacances. J'étais bourré de remords de le voir déçu, mais j'avais vraiment pas envie de jouer les Robinson sur le dos des Antillais. Il se doutait bien, au fond, que les gens dont il était vraiment amoureux viendraient peu. »

Les travaux, dans la propriété, n'ont pas été poursuivis. Coluche a renvoyé quelques-uns de ses collaborateurs. Les notes impayées s'accumulent chez l'épicière. La tribu initiale est repoussée par les pique-assiettes. La quiétude gâchée. Trop de drogue, de sexe, d'embrouilles, pour des intimes qui en sont revenus. Les autres prennent parfois Coluche pour une poire. Vient le tour, comme rue

Gazan, des amis d'amis, des inconnus à l'abord sympathique mais aux scrupules douteux. Des filles à consommer, puis à remettre dans l'avion. Fred et Christian Spillemaecker, un compagnon de route du Splendid, avec lequel Coluche s'est associé pour gérer sa comptabilité déficitaire, répètent que Le Morne-au-Fou revient trop cher.

Pour le bourg, Coluche est le bailleur de fonds idéal. Les pompistes, les artisans présentent des notes gonflées, et comme les rapports se tendent, comme les invités des Rocailles se croient, parfois, en pension complète, et en terrain conquis, les premières susceptibilités indépendantistes se manifestent. Deshaies critique le gâchis de la « commune », ces voitures abandonnées, au bord de la route ou dans le centre du village. « Un jour, un piston est passé à travers le moteur de la Toyota camionnette, raconte Robert Dandé. Elle a été laissée sur place. Coluche m'a dit de la balancer à la mer, pour nourrir les langoustes. Moi, j'ai rien dit, et je l'ai revendue 800 francs. » [4] Les vols, sur la propriété, sont fréquents. « On nous a piqué une cuisinière neuve, confie encore le gardien. J'étais ennuyé, j'ai prévenu Coluche. Il m'a dit : « T'en fais pas, Robert, le type devait en avoir plus besoin que nous. »

Oublié l'élevage de porcs, de poulets. La rouille des tropiques attaque les machines à coudre, le petit atelier de réparation. Les mauvaises herbes asphyxient les plants rares des ombrières. Sur ordre de Coluche, Robert ne cultive plus que du cannabis. Christian Spillemaecker conseille de concéder un bail agricole à un pépiniériste local, pour réduire le train de vie de cet eldorado qui perd de sa magie.

IV

Le 16 juillet 1982, deux gendarmes se présentent à l'entrée de la propriété. Coluche est sorti faire des courses, et les messagers, porteurs d'une sale nouvelle, préfèrent attendre son retour dans la case de Robert. A trente-cinq ans, et après vingt cinq films, Patrick Dewaere s'est suicidé quelques heures plus tôt, apparemment dans la cave de sa maison parisienne. Il s'est tiré une décharge de plombs dans la bouche, peut-être, selon certains proches, avec un petit fusil que lui avait offert Coluche.

Patrick était rentré de Guadeloupe quinze jours plus tôt, plus confiant que d'habitude, laissant sa jeune épouse, Elsa, et sa fille Lola, au Morne-au-Fou. Ces vacances semblaient lui avoir fait du bien. Coluche et Dany avaient supervisé son entraînement physique, jogging, musculation, longues siestes, car leur ami s'apprêtait à tourner le rôle du boxeur Cerdan, dans *Édith et Marcel*, de Claude Lelouch. Il avait tenté, une fois de plus, de décrocher de l'héroïne, et paraissait y avoir réussi. Discret, timide, très aimé dans Deshaies, Patrick avait passé des heures à lire, dans la case délabrée de Robert.

Lorsqu'il arrive sur son scooter rose, et que les deux gendarmes lui annoncent la mort de son vieux comparse, Coluche ne dit rien. « Ses épaules, simplement, se sont voûtées », raconte le gardien. On prévient Elsa, qui, accompagnée de Dany et de sa fille, part prendre le premier avion pour Paris. Coluche ne rentre pas avec eux.

Il reprend son scooter et file, plein tube, sur la route de Pointe-Noire, puis sur celle du col des Deux Mamelles. La nuit antillaise est tombée depuis longtemps. Coluche soliloque toujours, dans le restaurant désert de la crête, noyé dans la brume. Au patron, il répète pour la dixième fois que « ces cons » ont laissé partir le meilleur acteur de France. Il allume un joint après l'autre. Il imite, pour les deux serveuses effrayées, le jeu fiévreux de Patrick Dewaere.

Quelques heures plus tôt, Romain Bouteille était rentré au Moulin, sa maison de Haute-Loire. Il avait donné, la veille, une représentation de son spectacle à Lyon, et ne s'était pas soucié des nouvelles. Avec mille précautions, on lui a dit que Patrick était mort. Il a d'abord répondu : « Ça y est, il l'a fait... ». Il a ajouté : « Quel con ! ». Puis, il est parti seul. Il a marché des heures dans la montagne. Dans le bistrot sombre d'un hameau, il a bu pratiquement tout ce que supportaient les étagères du comptoir. Devant quelques paysans perplexes, il a repris son cours sur la vanité des choses. Il a interrogé : « Y a-t-il une vie avant la mort? » Pour mieux faire comprendre à son assistance, peu familière du cinéma, quel acteur était Patrick Dewaere, il en a imité le jeu fiévreux, au milieu de la salle enfumée.

Dans sa montagne, Romain Bouteille pouvait se dire, avec amertume, qu'il avait eu raison. La gloire était une garce. Sur sa crête, Coluche devait se rappeler les interminables discussions du Café de la Gare. Maintenant, il avait peur.

Patrick Dewaere, d'eux tous, était certainement le plus fragile. Le plus inquiet. Accablé de son propre talent, lui qui hésitait à entrer en scène, passage du Départ, convaincu de sa nullité. Depuis qu'ils le connaissaient, depuis qu'il avait épousé Sotha, puis vécu avec Miou-Miou, puis épousé Elsa, ils l'avaient toujours entendu évoquer un possible suicide. Il avait écrit des pages entières sur ce sujet. Il se croyait mal aimé, plus encore que Coluche. Dans la spirale du succès, il n'avait pas l'assurance de façade du « gros ». « Patrick négociait mal la célébrité, explique pudiquement Serge Rousseau, qui a été son agent. Il n'assumait pas le fait d'être inconsciemment le porte-parole d'une génération au cinéma. »

Comme Coluche, plus que lui, il revenait sans cesse vers le Café de la Gare. Il s'asseyait au fond de la salle pendant les répétitions. A la différence de Coluche, il applaudissait, jugeait tout génial. Lui mis à part.

La France, après celles de Romy Schneider, lui fit des obsèques de star. De la star qu'il refusait d'être. Deshaies célébra un office spécial, dans la petite église. Gérard Depardieu, dans ses *Lettres volées* publiées aux éditions Jean-Claude Lattès en 1988, écrivit les plus belles lignes, en guide d'épitaphe : « *Tu supportais mal les duretés de ce milieu. Tu étais sensible, sans défense, presque infirme devant le monde. Je te voyais venir avec toutes ces mythologies bidon autour du cinéma, de James Dean; cela te plaisait, ce romantisme noir et buté. Tu la trouvais belle la mort, garce, offerte (...) Je te le dis maintenant sans gêne et sans en faire un drame, j'ai toujours senti la mort en toi. Pis, je pensais que tu nous quitterais encore plus vite. C'était une certitude terrible que je gardais pour moi. Je ne pouvais rien faire. J'étais le spectateur forcé de ce compte à rebours. Ton suicide fut une longue et douloureuse maladie.* »

Au Morne-au-Fou, on laissa en état la maison inachevée de Patrick Dewaere. Cette carcasse de planches et de tôle ne fut plus appelée autrement que « le mausolée ».

V

Après la mort de Patrick Dewaere, la propriété, pour Coluche, a définitivement perdu son charme hypnotique. Les souvenirs remontent. Son environnement antillais se dégrade, et lui-même prend de plus en plus en grippe cette société étroite, provinciale. Ses séjours en Guadeloupe s'espacent. Il laisse souvent la maison et le domaine boisé à ceux qui veulent y venir, ou qui y vivent à demeure. Il l'a prêté à Jacques Attali, pour de courtes vacances. Cet autre jouet s'est cassé. « Tout était à l'abandon, note Robert Dandé. Il s'en foutait. Un jour, je l'ai vu tirer au lance-pierres sur les vitres ».

Deshaies le rejette. Entre 1983 et 1984, en moins de quinze mois, le Morne-au-Fou est la cible de trois incendies criminels. Le premier frappe la plus récente des maisons. Des indépendantistes? Les clandestins de l'ARC (Alliance révolutionnaire caraïbe) ont bon dos. Dans le bourg, on parle plutôt de la vengeance d'artisans locaux. Les gendarmes enquêtent et découvrent des plants de cannabis sur la propriété... Puis, c'est au tour des agents des Douanes de s'intéresser au domaine. Robert, en catastrophe, brûle les carrés de plantation. Coluche a cessé de plaire, même à la préfecture.

Durant l'hiver, une autre explosion endommage le pavillon, vide, de Blandin. Robert, ivre, s'y était endormi la veille. Enfin, dans la nuit du 23 au 24 juillet 1984, les indépendantistes guadeloupéens commettent plusieurs attentats dans l'île. L'architecte Jack Berthelot, un intellectuel connu pour ses positions séparatistes, est tué par la bombe qu'il s'apprêtait à amorcer. Plusieurs explosions détruisent des cibles officielles. Et pour faire un compte rond, chez Coluche, le mausolée.

« Ce soir-là, raconte le gardien, j'avais laissé mon chien dans la maison de Coluche. La propriété était déserte, et quand il n'y avait personne, j'avais pris l'habitude d'être sur mes gardes. J'avais laissé toutes les lumières allumées. Ils ont sans doute pris peur et se sont rabattus sur la maison de Patrick, dans l'obscurité. »

Écœuré de ces marques d'incompréhension, saturé des moiteurs tièdes du paradis, revenu du plaisir de la possession matérielle, Coluche abandonne aussi, définitivement, ce refuge des temps difficiles. Il ne reviendra plus aux Rocailles. Le pépiniériste pourra prendre ses aises dans cet eldorado trompeur. Fred et Christian Spillemaecker passeront, une dernière fois, récupérer ses affaires. Le *Johnny Be Good*, oublié dans le port de Saint-Barthélemy, coulera, en septembre 1984, sous les rafales du mini-cyclone Klaus.

QUATORZIÈME PARTIE

LENNY

I

Il a fait de Lenny son modèle. Son héros tragique. Il est fasciné par les analogies entre lui et Lenny Bruce, entre sa propre histoire et celle de l'artiste de music-hall américain trop en avance sur son temps, que relate le film de Bob Fosse. Une destinée – authentique – de clown irrespectueux et incompris, des mots qui choquèrent le puritanisme des années soixante aux États-Unis, qui précipitèrent les procès pour outrage à la morale ou aux bonnes mœurs, et le rejet d'une société. Une vie sentimentale tourmentée, une déchéance implacable, entre les poursuites pénales, les interdictions, la toxicomanie et, au bout, la mort. A l'usure.

Coluche évoque souvent Lenny Bruce, assure qu'il finira, sans doute, comme ce confrère maudit de l'humour censuré. Coluche, en 1982, broie du noir, exacerbe un pessimisme de roc. Il parle parfois de mourir, mais pas brutalement, pas de lui-même. A doses homéopathiques, au fil du temps, par trop d'excès, encore par trop de vie. Ludo l'entend souvent prédire que « quarante ans sera la limite ». « Ça lui trottait sans cesse dans la tête. Ça l'obsédait. Il disait qu'il ne vivrait pas longtemps, et qu'il fallait se dépêcher. » [1]

Avec son dernier carré de fidèles, Coluche impose aux journées, aux nuits, un rythme plus effréné encore qu'auparavant. Des sports mécaniques plus violents, le stock-car et le dragster. Des records du tour du périphérique à moto. Des fêtes tristes, des soirées d'abrutissement. Une errance perpétuelle. Au printemps 1982, il emmène ses amis en Tunisie, sur le tournage de *Deux heures moins le quart avant Jésus-Christ*, le film de Jean Yanne dont il est la vedette aux côtés de Michel Serrault, de Darry Cowl et de Jean Yanne. La production a loué pour sa vedette une maison de l'ancien Premier ministre, près de Monastir. Le film se veut pastiche de péplum, satire de *Ben-Hur*, mais, en plus d'un script médiocre, personne ne s'entend sur les décors égypto-romains, et les semaines de travail se transforment en grandes vacances de gamins qui auraient découvert les vertus de l'alcool de figue et de l'indiscipline.

Puis, Coluche emménage pour quelques semaines au Lutétia, le palace du boulevard Raspail, dont il perturbe avec application le calme tranquille. Un sas, pour se donner le courage de retourner rue Gazan, dans une maison qui a perdu ses cris d'enfants. Véronique, Romain et Marius se sont installés de l'autre côté du parc Montsouris. Il a accepté de revenir chez lui à la condition que les autres y logent avec lui. Fred, Ludo, des copains musiciens. Le vieux refuge paraît désormais trop grand.

Coluche est prodigue, d'une opulence financière dont il n'a plus qu'irrégulièrement les moyens. Il presse Claude Berri de lui octroyer des avances sur ses cachets des films à venir. Il y a, pour la première fois, des semaines de dèche. Son producteur lui conseille de mieux gérer ses rentrées d'argent et ses dettes, mais, dès qu'il retrouve un peu d'aisance matérielle, Coluche dépense plus encore. Plus qu'avant. Les congélateurs, les réfrigérateurs de la maison doivent être remplis en permanence, même si les invités sont rares, et comme Coluche ne supporte pas de voir jeter la nourriture, il gave, le matin, tous les chats du quartier.

Ses cadeaux, plus désespérés, sont aussi plus somptueux qu'au temps du music-hall. Les motos plus chères. Les voitures américaines plus nombreuses, et plus rapidement délaissées. La générosité de Coluche s'est déréglée. Elle témoigne de failles béantes, d'une urgence moins camouflée. Elle est suppliante. Ludo, Didier, Christian Spillemaecker, surtout, qui s'inquiète de ses comptes bancaires toujours au rouge et multiplie les prouesses diplomatiques vis-à-vis du fisc, ne parviennent plus à endiguer cette frénésie d'achats pour rien, juste pour occuper des journées trop vides.

Ceux-là aiment Coluche dans le malheur. Peut-être à cause de ce malheur. Ils restent pour lui, mus par une tendresse plus maternelle que celle des vieux copains. Ils se passeraient bien de ses cadeaux. Ils savent qu'on les critique, dans la bande, qu'ils passent parfois pour des infirmiers intéressés. Mais ils sont les rares témoins de cette crise intime qui continue à donner le change, à l'extérieur.

« Michel ne vivait plus que pour l'instant »[2], explique Didier Lavergne. Il a adopté le slogan des punks : no future! Les jours où il sort de sa somnolence, il lui faut les sensations fortes du danger. « Toutes les conneries, les dépenses, un abandon total, ajoute Christian Spillemaecker, pour compenser la perte de la violence de son effort au music-hall ou à la radio. Il n'y avait jamais de ligne d'arrivée, de répit. Il lui fallait toujours aller plus loin.[3] » Même à plusieurs, les amis sont impuissants à dresser des barrières devant la course éperdue et suicidaire. Manquent un père autoritaire, un grand frère brutal. Manque, sans doute, Paul Lederman. Claude Berri éprouve une réelle estime pour cette masse d'énergie débridée, cette prise de risque permanente. Mais il est sans doute plus solidaire qu'exigeant. Il découvre Coluche et son art incroyable de la séduction, à une époque où il avance en somnambule, où le rire ne masque plus la détresse et l'urgence. Comme Paul Lederman, Claude Berri offre d'abord ses propres meurtrissures que Coluche, même affaibli, sait manipuler, comme il tentait d'utiliser à son avantage celles de son impresario.

Les films s'additionnent, un peu mécaniquement. Ils connaissent plutôt le succès en salle. Coluche a expliqué, en bougonnant, qu'il voulait tourner des films drôles. Il critique mollement l'absence de comédies bien écrites, la mauvaise utilisation chronique des tempéraments comiques dans le cinéma français, l'incapacité des réalisateurs à faire oublier, sur l'écran, le Coluche du music-hall. Mais, de toute façon, il ne lit pas les scénarios qu'on lui soumet. Charge Ludo de ce travail. Fait confiance à Berri. Pour *Banzaï*, de Claude Zidi, dont le tournage commence à l'automne 1982, il n'a retenu que sa localisation : l'Afrique, Hong Kong, New York.

Coluche embarque, aux frais de la production, son bric-à-brac existentiel. Ses « potes » et sa petite amie. Exige une limousine aux vitres fumées, comme les stars américaines. Se balade dans des villes étrangères, avec ses dollars, ses drogues et ses jouets. Il achète tous les gadgets électroniques du Nouveau Monde ou du port-franc oriental, impose des fêtes à des équipes techniques épuisées. Il lit son texte au dernier moment, dérègle le tournage, indifférent et génial. Comme il s'ennuie, comme il n'attend que le soir pour reprendre ses expériences sexuelles ou les bouffes fraternelles, il édicte en règle son amateurisme apparent d'acteur de plateau. Il lui faut ne rien savoir d'une scène, ou presque, pour pouvoir « jouer la situation ». Lui improvise. Les autres répètent un art du tâtonnement progressif. Forcément, des désaccords surgissent de cette contradiction.

Du tournage de *Banzaï*, qui accumulera les recettes, à sa sortie, les amis ne retiennent que les séances de rigolade, les courses-poursuites dans les hôtels. Aussi la capacité de Coluche à aller au-devant des autres, dès lors qu'il n'est pas reconnu comme une vedette. Il se lance dans de grandes discussions avec des Chinois ou des Américains, dans un sabir ahurissant qui lui assure la sympathie immédiate de ses interlocuteurs.

A Hong Kong, malgré l'interdiction de Claude Berri, il fait marquer son corps de tatouages. Sur un coquelicot, la fleur préférée, selon les amis, de Véronique, il fait graver un serpent. La cicatrice suinte encore. Quelques mois plus tard, en Thaïlande, au-dessus de l'autre sein, une petite sirène, pour Fred, et un youkoulélé. Viendront ensuite, toujours au désarroi des réalisateurs et de son producteur, des tatouages de motards, à la gloire de Harley Davidson.

Privé des mots de l'insolence, Coluche offre son corps, son ventre à son besoin profond d'engagement et d'expérimentation. Comme pour l'artisanat ou l'humour, la politique ou l'improvisation radiophonique, il force au maximum sa nécessité de comprendre et de restituer. Simplement, désarmé, son esprit d'à-propos en exil, il n'a plus, en ces années d'absence, à sa disposition que ses chairs. Leur faiblesse et leur force. Ce sont elles qu'il met désormais en avant, qu'il malmène, ou sublime.

Ce corps, il le veut bouffon. Vulgaire, comme on le lui a reproché. Coluche s'habille de plus en plus souvent de déguisements que les autres n'oseraient pas porter. « Beauf » d'abord, en short, plus souvent en caleçon, en n'importe quel endroit. Puis il se pare de signes vestimentaires féminins. Il se travestit souvent. Se maquille les yeux et la bouche. Se peint les ongles. Cet hétérosexuel avéré jette volontairement le trouble par un détail de l'autre sexe. Un bas, en guise de foulard. Comme les pilotes de la RAF, qui conjuraient le danger de leurs raids aériens, durant la Seconde Guerre mondiale, en emportant avec eux l'un des atours intimes de la dernière femme respirée, il roule à moto, un porte-jarretelles autour du coup.

Il impose à ses compagnes de jeu une lingerie suggestive. Il aime les femmes voyantes, provocantes. Pour son plaisir; aussi, peut-être davantage, pour les observer, en imiter les gestes, et l'effet que provoque ces scènes de transgression des tabous sociaux. Ces années-là, que Fred qualifie de « bonheur noir », Coluche va très loin, du côté des femmes. Il dépasse son apprentissage des films de Liz Taylor au contact de travestis. Il fouille en lui sa part féminine, l'expose, guette la gêne chez les autres. Profite de sa détresse pour témoigner, par sa graisse fardée, de la beauté et du pathétique des femmes grosses.

Encore un acte de clown, chargé par la société de tester, derrière le maquillage et les faux-nez, les laideurs, les ambiguïtés de l'âme. Un autre dialogue, douloureux, usant, avec la mort et l'universel. « Coluche (...) était un véritable poids lourd de la langue, posé là, incontournable, ne mâchant aucun mot, ne gardant rien pour lui, note le psychanalyste Gérard Miller. Aucun filtre, aucune censure, pas de déchet. Tout était matière à... Son corps lui-même, ventru, fessu, semblait une excroissance de la vérité : ses rots valaient messages. Coluche se montrait comme il parlait : sans fard (...) Coluche dévoilait la même faille, celle que la psychanalyse a pris l'habitude d'appeler la castration [4]. »

Coluche tourne ensuite *La Femme de mon pote* de Bertrand Blier. Un projet plus sérieux, que Coluche, pour une fois, avait lui-même suggéré. Une envie ancienne, qui remonte aux *Valseuses*, l'une des rares manifestations de jalousie professionnelle chez le comique. Ses copains, Gérard Depardieu et Patrick Dewaere avaient eu le bonheur, grâce au cinéaste, et avec Miou-Miou, de révolutionner le schéma classique du trio amoureux. Coluche avait donné carte blanche à Claude Berri pour un film avec Bertrand Blier, pour une autre histoire de trio. Pour un film avec Patrick Dewaere.

Lorsque commence, à Courchevel, le tournage de *La Femme de mon pote*, Patrick Dewaere a disparu. Thierry Lhermitte le remplace, aux côtés d'Isabelle Huppert. Film maudit, marqué, d'entrée, par la mort. Par les mauvais souvenirs. Coluche s'était-il inconsciemment senti responsable de cette mauvaise histoire? Avait-il regretté d'avoir laissé Patrick partir de Guadeloupe, sans sa femme Elsa? Certains proches le croient. Le cinéaste reconnaîtra que ce film, par le comportement de Coluche, fut l'un des plus pénibles de sa carrière. « C'était un grand acteur, explique Bertrand Blier, mais qui refusait de jouer le jeu. D'apprendre son texte par exemple. Or, chez moi, les films sont très écrits [5]. » A l'écran, Coluche se tire très honorablement de ce film douloureux, mi figue-mi raisin, sur les pièges des sentiments et les rivalités de l'amitié et de l'amour. Il a déjà ce pathétique retenu qu'on lui connaît parfois dans la vie. Cette gêne de son corps, cette déception voilée de ne pouvoir montrer l'apparence physique d'un amoureux.

Mais il imposera, plusieurs semaines de tournage durant, début 1983, une humeur de dogue, blessé à vif. « Blier est hyperdirigiste, raconte Thierry Lhermitte, il a besoin qu'on lui fasse confiance. Coluche était incapable de donner ça. Ça a explosé le premier jour. » Plus Bertrand Blier s'enferme dans une attitude de metteur en scène monacal, plus Coluche multiplie les caprices ou les farces de gosse. Ou les prises d'héroïne. Après un week-end de repos, l'acteur revient, le visage orné d'un magnifique coquard à l'œil. Faux, bien sûr, maquillé par Didier. Le réalisateur n'apprécie pas.

Thierry Lhermite se rappelle pourtant les moments heureux du tournage. Les soirées de tranquille détente, comme au temps de la rue Gazan, avant 1981. Mais ce ne sont qu'accalmies. La morosité revient le lendemain. Coluche paraît « mort dans sa tête », explique un autre ami. Son agressivité a perdu de son panache, surtout de sa précision. Il retourne contre lui ses coups, s'enlaidit à plaisir. Reviennent, comme autant de rengaines, les métronomes du passé, l'outrance et les pertes de confiance.

Pendant le tournage, Valéry Giscard d'Estaing, en vacances de neige à Courchevel, manifeste l'intention de le rencontrer. Coluche, quelques années plus tôt, s'en serait montré flatté ou aurait réagi en décochant les flèches du hâbleur. C'est un autre que le « Candidat-nul », fatigué, amoindri par les stupéfiants, qui se rend à l'hôtel où loge l'ancien chef d'État. Au point que Giscard s'inquiète de sa santé. Quelle revanche, pour le saltimbanque, que ce thé partagé, sans témoin, dans un hôtel de montagne, avec celui qu'il avait largement contribué à faire tomber de son trône! Coluche n'éprouve qu'un banal sentiment de dérangement. Avec élégance, le perdant de 81, tient à rendre hommage au clown, à l'interroger sur sa force médiatique. Coluche répond par des propos désabusés. Giscard cherche à comprendre les raisons de son échec. Il prend Coluche pour un expert. L'acteur en a oublié le rôle.

II

Il sort parfois de son abrutissement. Interrompt son égarement psychologique. Il annonce qu'il renonce à la drogue, et y parvient, sans aide extérieure, pour quelques semaines. Alors, remontent à la surface, incertains, boiteux, tous les projets qui l'habitaient, trois ans plus tôt. Dans ces cas-là, signe de convalescence, il appelle Jean-Michel Vaguelsy, son complice de « la perversion sociale ».

Coluche reprend, quelques jours, son combat en faveur des radios libres. Depuis les poursuites du fisc, il cherche aussi le moyen de détourner ce système d'obligations fiscales, rêve de distribuer ses dettes aux pauvres, de le faire savoir à la presse, et d'attendre la réaction de l'administration. Mais la constance lui manque. L'autodérision est trop forte, ces années-là, pour qu'il prenne lui-même au sérieux ces subversions.

Il gâche, moralement absent, inconséquent, les effets persistants de ses activités passées. Enfin, il a la joie de rencontrer François Mitterrand. Il ridiculise lui-même ce rendez-vous tant attendu : il a demandé à sa compagne de porter une robe des plus provocantes, parce qu'il attribue au chef de l'État un goût très sûr en ce domaine. Pendant le repas, chez Jacques Attali, son amie allume un joint. « Vous savez ce que c'est, Monsieur le président ? », demande-t-elle; François Mitterrand lui répond d'une phrase faussement naïve, remettant la provocation à sa place de farce enfantine. Les convives n'osent sourire de la scène. Le président a de l'estime pour Coluche. Sans connaître les affres de la vie actuelle du saltimbanque, il est conscient du malaise, du changement survenu chez le comique et conduit la rencontre avec bienveillance. Il ne privera pas Coluche de sa sympathie.

Tout va ainsi. Chacune de ses tentatives « pour revenir ». Tout est bancal, faussé. Velléitaire. Le 19 juin 1983, Coluche est invité à participer à *Droit de réponse*, l'émission de Michel Polac. Il y a longtemps qu'il n'a pas été convié à la télévision. Une aubaine. Coluche confie régulièrement à Jean-Mi son envie de reprendre pied dans les médias, qui ne lui consacrent plus que des critiques cinématographiques perplexes. Plus encore : son besoin de mesurer son impact dans la société, de se rendre un peu de sa confiance perdue.

L'émission devait mettre en présence des hommes politiques et les faire discuter de la qualité du débat public national. Comme Michel Polac se heurte à quelques fins de non-recevoir, Paul Lederman persuade l'animateur de consacrer ce samedi soir à Coluche, l'horrible libertaire de la dernière campagne électorale, et de lui opposer quelques-uns de ses anciens détracteurs, pour un tonique règlement de comptes. Le titre de l'émission est particulièrement alléchant : « Faut-il se débarrasser de Coluche? » Un honneur rare. La preuve d'un pouvoir que la télévision n'a pas oublié. L'homme seul, sous l'anathème.

Plusieurs journalistes sont chargés de la mise à mal. Jacques Derogy, Renaud Matignon, du *Figaro*, Dominique Jamet. D'autres invités, comme le publicitaire Jacques Seguela, un sociologue, le Père Di Falco, porte-parole de l'épiscopat, complètent le plateau. C'est Coluche qui refuse le pugilat. Qui le détourne en une caricature tragi-comique, une farce triste. Il a été convenu avec l'équipe de Michel Polac que Coluche quitterait soudain le studio en un pied de nez, histoire de pimenter un magazine qui, depuis son lancement, prise les effets inattendus.

Coluche apparaît déguisé, en smoking blanc à short, une cape sur les épaules, coiffé d'une écharpe de mousseline rose. Fardé. Entouré d'une poignée de jolies filles très dénudées. Peu sûr de lui, il a préparé un texte, il subit les assauts amusés ou cruels sans y répondre par ses réflexes habituels. Il est à la peine. Embourbé. Son comique trébuche. Conscients de leur avantage, les autres font mouche, à leur propre surprise. Jacques Séguela doit défendre Coluche. Et lorsqu'il s'en va, comme convenu, après un simulacre de suicide, lorsqu'il veut signifier, selon son vœu, qu'on a tué le clown, il y a comme une impression de vérité sans distance dans cette conclusion.

Le soir, Coluche, Jean-Mi et Paul Lederman se congratulent. L'émission a atteint des records d'audience. Le lendemain, comme prévu, la presse reparle de l'affreux jojo. Mais comme d'une mise à mort légitime. Dans *Le Monde*, Jean-François Lacan écrit : « A l'apogée de son volume, Coluche est une baudruche gonflée par tous ceux qui lui prêtent une fonction subversive. Sommé d'exister par lui-même, ce mythe fabriqué par les médias n'est qu'un pétard mouillé [6]. » Jacques Martin, qui n'avait pas été mis dans la confidence de la fausse sortie, exprime son indignation devant le sort fait à son ami. Il alarme les autres comiques de la profession, crie sa propre détresse de ce crime contre l'humour : victime, lui aussi, du malaise ressenti devant Coluche désarmé.

Coluche est incapable, en 1983, de s'amarrer à son charisme passé. Il lui faudrait, comme il lui fallait auparavant, la mise en mouvement de toute sa formidable énergie. Preuve terrible qu'il n'existe pas, sur scène ou à la radio, dans ses interventions sociales, dans sa particularité de commentateur acerbe, sans engager, et mettre en danger, ses raisons de vivre. Coluche à l'économie n'aurait jamais été Coluche.

Coluche est en vacances de Coluche, en danger, justement, pour s'être beaucoup donné, sans mesure. Acteur presque normal, au cinéma. Homme paradoxal, mais un homme, comme dirait Sartre, qui les vaut tous. Père, époux malheureux. Une réalité qui permettrait à tant d'autres de mener carrière et une existence, espérer même la gloire. Une réalité pour lui paralysante. Coluche flirte avec une autre force, aussi prenante, aussi possessive, pour laquelle il montre autant de dons : la mort. La Grande Faucheuse, son seul public, plus exigeante que tous ceux qu'il a connus sur la qualité de la prestation.

Parfois, il revient vers Paul Lederman. Il parle, à mots couverts, de reprendre la scène. Il n'en aurait pas la force. Paul le sait. « Il ne pouvait résumer, dit l'impresario, que son désappointement. Il était tout à son malheur, et il ne pouvait pas y puiser ce qui faisait sa dimension. Il ne s'agissait pas de revenir pour revenir. Cela aurait été pire encore. Je n'avais pas ce dont il avait besoin à cette époque. Il n'y avait rien d'autre à faire qu'attendre, et pour moi, espérer de toutes mes forces. »

Coluche téléphone régulièrement à Philippe Gildas, devenu le directeur d'antenne d'Europe 1. Il propose même, depuis la Guadeloupe, une revue de presse quotidienne. « C'était impossible, explique le journaliste. Mais il était aussi impossible de l'en dissuader. Il disait qu'il s'ennuyait dans le cinéma, que seule la radio comptait pour lui. Mais, il n'était pas en état de refaire ce qu'il avait fait. Il fallait attendre. »

Attendre. Le maître-mot de ceux qui ont travaillé avec Coluche, et qui ont mis leur confiance en suspens. Durant cette période, ses partenaires le retrouvent parfois, avec l'impression que le mal n'est peut-être pas irrémédiable. En février 1983, Xavier Thibault lui propose de remplacer pour quelques soirs Jacques Delaporte, épuisé par des mois de représentations du spectacle du Grand Orchestre du Splendid, *La Salsa du Démon*. Conscient de pouvoir montrer à cette occasion qu'il n'est pas l'artiste fini que certains imaginent, Coluche s'astreint à un nouveau sevrage et à de rudes répétitions aux Bains-Douches.

Porte de Pantin, beaucoup d'amis se pressent pour mesurer les progrès de sa convalescence. Coluche se livre sans retenue dans le costume rouge du diable. Xavier Thibault, les musiciens soutiennent avec une rare tendresse ce professionnel qui, au fil des chansons, retrouve d'anciennes sensations. Boby Bouillon, pour son dernier rock. Coluche, lui-même, au temps des blues de ses *Adieux*. Pour quelques minutes, une supplique au passé. Minutes rares, magiques, dans une carrière qui cherche sa suite avec anxiété. In memoriam. Autre clin d'œil, à le vider de toute énergie, adressé à ceux qui doutent.

Avant la « première » de cet intérimaire, Paul Lederman veut lui confier son émotion. Alors qu'il s'approche, Coluche le regardant avancer, allume ostensiblement un énorme pétard. Paul tourne les talons, père, grand frère, comme on voudra, qui refuse un rapport de force avec un enfant se voulant devenu grand. Ce même soir, Coluche a guetté Philippe Gildas. Celui-ci vient. Pour rien. Il a aussi trouvé Martial Courtois, son réalisateur à Europe 1. Longtemps, dans l'arrière-scène, tous les deux se sont parlé. Coluche a supplié. Martial, bouleversé, a promis. Il préparera le retour de Coluche à Europe 1.

III

Claude Berri a rempli son contrat avec Coluche. Quatre films à la vitesse de la lumière. Trois films à succès. Un échec commercial, *La Femme de mon pote*, mais une étape cinématographique passée trop inaperçue. Deux gros films comiques, deux œuvres tendres, les réalisations de Bertrand Blier et de Claude Berri. Une honnête moyenne, sans plus. Poussé par les tracas du fisc, lucide sur son état, réconforté aussi par la patience de son producteur à son égard, qui n'a pas ménagé son assistance financière officieuse, et hors cachets, Coluche souhaite voir cette association reconduite. Claude Berri s'y déclare favorable, même si le montant du cachet prévu dépasse les prévisions de la production.

Cette perspective inquiète Paul Lederman. Le cinéma va mal à Coluche, paraît le maintenir en état de dépendance psychologique. L'acteur, lui-même, le répète assez. A peu près à chaque interview. Rarement, star de l'écran aura autant craché dans la soupe, démonté les fausses magies de tournage, conté l'emprisonnement du comédien dans les textes, l'imaginaire des autres, la lenteur même de cet art. Un retour sur scène est prématuré. Les années passant, Coluche, désormais, manifeste de la peur à cette perspective. Paul Lederman envisage de soustraire son protégé à ce qu'il pense être l'emprise de Claude Berri. Avec Christian Fechner, il surenchérit sur le nouveau projet de contrat.

« Mais ça ne pouvait pas marcher, reconnaît l'impresario. Avec Christian Fechner, je lui proposais de travailler vraiment. Moi, je lui apportais du boulot, ce qu'il ne pouvait pas accepter à cette époque. Lui faire tourner de vrais films. Le faire écrire, le faire suer. Lui n'avait envie que de laisser aller, de faire du cinéma comme les autres, dans la tradition. En paresseux. J'ai essayé de lui expliquer qu'il fallait montrer la même exigence au cinéma qu'au music-hall. Tu ne sais jamais si tu vas faire un chef-d'œuvre, mais si tu n'en prends pas le chemin, si tu ne t'y attèles pas, c'est impossible. Condamné dès le départ. Il m'a écouté. Il a dû me donner raison, mais encore une fois, c'était, alors, au-dessus de ses forces. »

Coluche donne raison à son ami. Depuis deux ans, il cache sa déprime, son dégoût parfois, derrière le label avantageux d'une star de cinéma. Il n'y met guère d'ambition. Assure, simplement. « Il se laissait porter par les tournages, admet aussi Christian Spillemaecker, qui s'échine, alors, à maintenir au moins la carrière de Coluche dans une honorable moyenne. Mais c'était surtout une façon de tuer le temps, de se guérir. » En 1983, Coluche doit se dire que le malheur n'a pas lâché prise.

Le 1er juin 1983, il signe un nouveau contrat avec Claude Berri. Un film par an, pour les cinq années à venir.

QUINZIÈME PARTIE

LAMBERT ET COMPAGNIE

I

Un homme tourne le dos à la caméra. A ses épaules, sa nuque, à sa large tonsure, on se dit qu'il a l'air usé. Il parle d'une voix atone, pose une question sans curiosité. Long plan insistant. Enfin, il se retourne : Coluche. Enfin, presque, Coluche-Lambert, le pompiste sans espérance de *Tchao Pantin*.

Coluche, la bouche soulignée d'une fine moustache, les pattes taillées en biseau, bas sur les joues, le cheveu gras et ondulé. Coluche et son désespoir à éclabousser l'écran, prêté à Lambert, l'ancien flic qui a trouvé refuge dans l'anonymat du prolétariat nocturne. Lambert, patronyme sans prénom, qui ne converse plus qu'avec sa bouteille de rhum Négrita, ou alors pour lui-même, bouche cousue, tout à l'intérieur, qui a dû se détruire il y a longtemps et n'a laissé ici bas qu'une enveloppe vide. Lambert aux paupières lourdes d'avoir abusé des larmes. Coluche et ses yeux saturés de détresse.

« C'était le premier plan, le premier soir, de notre plan de travail, raconte Claude Berri. Presque le premier plan du film. Coluche de dos, dans le bureau de la station-service. Lorsqu'il s'est retourné vers nous, vers la caméra, j'ai compris qu'il allait être formidable. Le lendemain, j'ai téléphoné à AMLF, le distributeur, pour avancer la date de sortie du film. Avec ce que je venais de voir, Coluche avait toutes ses chances pour le César du meilleur acteur. »

Tchao Pantin, c'est la rencontre entre un personnage à l'abandon et un acteur à la dérive. Leur fusion troublante, toute au profit du comédien, tant Coluche dévore son héros, le gomme, le nie, tant la caméra de Claude Berri paraît privilégier, détailler avec insistance le désarroi du saltimbanque. Rarement film aura été ainsi réduit à une succession de gros plans, d'un dos, d'un ventre, d'un regard. Presqu'un non-film de fiction. Pour l'essentiel, une sorte de documentaire, à peine décalé, sur un malheur authentique. Ce n'est pas Lambert que le producteur-réalisateur ausculte, avec tendresse et impudeur, mais Lenny-Coluche. Un ancien comique noyé d'amertume et de drogue, dans la peau diaphane d'un personnage sur mesure, sonné et alcoolique.

Christian Spillemaecker a acheté, un jour, par hasard, le roman d'Alain Page. Il a lu, dans le train qui le menait à Limoges, l'histoire de cet homme qui recherche l'oubli dans la solitude de la nuit parisienne et qui voit soudain le passé remonter au contact d'un jeune dealer « beur », déjà condamné par ses pourvoyeurs arabes du quartier de Belleville. Son nouvel ami, Youssef Benssoussan, est tué, sous ses yeux, par les trafiquants. Lambert délaisse sa station-service, et, avec l'aide de Lola, une jeune punk, à peine entrevue par Benssoussan avant de mourir, il va consciemment vers sa propre mort pour venger l'ami.

Car Lambert, c'est son lourd secret, n'a pas toujours été pompiste. Dans une autre vie, il était inspecteur de police. Il avait une femme, un fils, mais ce fils se droguait, et il n'avait pas su l'aimer. Le gosse avait succombé à une overdose, sa femme l'avait quitté, et depuis, Lambert, payait ses remords au prix du litre de super.

Canevas type du polar existentiel. Ingrédients obligés de poudre et de peur, humanité de « loosers », le prolo volontaire, la fille en cuir, l'immigré de seconde génération et les méchants Arabes, malmenés par la violence nocturne de la grande ville dévoreuse de destins trop précaires... Mais Christian Spillemaecker cherche depuis des mois à freiner l'errance de la carrière de Coluche au cinéma. Arrivé à Limoges, il s'excuse auprès de l'amie qui l'attend sur le quai de la gare, et il reprend aussitôt le train pour Paris. Claude Berri doit s'envoler le soir même, pour l'Afrique. « Spill » arrive juste à temps. Le producteur quitte la cour de Renn-Productions. Claude Berri lit le roman dans l'avion. Achète les droits du livre, depuis le Kenya. Perplexe.

Le polar ne le séduit pas totalement. Le réalisateur subit le siège de Coluche, désireux de tourner à nouveau sous la direction de son ami et protecteur. Mais l'acteur montre fort peu d'intérêt pour le choix des sujets proposés. Berri le sent mal à l'aise dans les contradictions de leur aventure commune, ballotté entre l'obligation du succès pour conserver son statut de star, son scepticisme vis-à-vis des films comiques engrangés, son dédain, même, de cet art. Et puis, sur ce projet précis, Coluche n'a pas d'idée. Il n'a pas lu le roman, se l'est fait raconter.

Un autre argument, pourtant, l'emporte. L'étonnante proximité de Lambert et de Coluche. La fascination exercée par la fragilité de l'acteur en perdition sur un réalisateur lui aussi assailli de problèmes affectifs. « J'éprouvais une réelle souffrance, reconnaît Claude Berri, et Coluche avait la sienne. Elles étaient proches, transposables dans le personnage de Lambert. C'est ça la force du film, la véracité de cette souffrance [1]. » Le réalisateur se met au travail, écrit l'adaptation du roman. Inconscient mimétisme? Les références à la réalité sont nombreuses. La jeune punk, qui sera jouée par Agnès Soral, rappelle Fred et s'appelle Lola, comme les enfants de quelques amis de Coluche. Morceaux de dialogues, aussi, empruntés à la vie : « Tire-toi! J'peux rien pour toi! » dit Lambert à Lola. « J'suis plus rien... J'veux pas qu'on m'emmerde! », « Tu comprends pas que j'suis déjà mort? »

Coluche, d'abord, pressent un piège. Il hésite. Ce qu'on veut de lui, ce n'est plus le bouffon, à l'étroit dans les rôles comiques. Mais lui. Ce que ses proches et son producteur savent de lui. Sa déprime, tellement expressive! Pressenti pour le rôle de Youssef Benssoussan, Richard Anconina presse Coluche d'accepter. Il voue une profonde admiration au « gros » et sait de quelle qualité d'authenticité cinématographique ce désarroi si photogénique peut irradier l'écran. Richard Anconina, comme beaucoup de jeunes acteurs, reproche au cinéma français de ne pas valoir la vie, à la différence de ce que proposent les films américains. De ne pas traduire toute une violence d'époque, le métissage social, l'absence de perspectives. C'est lui qui proposera à Coluche, revenant dix fois à la charge, de faire le cadeau de son magnétisme cru, dans ce film-brassage des douleurs contemporaines. Drogue, immigration, solitudes urbaines, degré zéro de l'optimisme, ambiance fin de siècle, sans le dandysme de la décadence des âges précédents.

Lorsque débute le tournage, à la fin du printemps 1983, dans les mornes décors de Belleville et du métro aérien, Coluche fait, effectivement, don de son propre naufrage. Mais, lucide, révoquant l'ambiguïté proposée, il se livre jusqu'à l'insupportable. Ils en ont à ses chagrins, à ses doutes? Il n'en masquera rien. Ils le souhaitent émouvant? Il sera bouleversant.

Ludo et Didier ont inventé Lambert. Un samedi après-midi, rue Gazan, ils ont fait à Coluche la tête de Dario Moreno, dessiné un personnage au physique d'avant-guerre. Fine moustache, pattes et cheveux gominés, tirés en arrière pour accentuer les calvities, vieillir leur ami. Lambert, c'est eux deux, encore leur affection, juste un détail de coiffure et de fard pour empêcher le comédien de déborder totalement le pompiste. Pas plus puisque Coluche a décidé de contraindre ce film d'apprentis sorciers à assumer jusqu'au bout sa propre équivoque.

Et comme on organise là, plus ou moins consciemment, un étrange mariage entre la vie et la fiction, l'acteur impose la vie, avec une énergie butée. Il porte du matin au soir la veste sans forme de Lambert et le pantalon de pompiste. Il est Lambert encore, au petit jour, aux Bains-Douches. Il électrise ses partenaires. Agnès Soral va dormir chez des punks, emprunte le blouson d'une vraie fille de la nuit. Richard Anconina, « beur » lui-même, ne parle plus que de ces existences de « beurs » perdues d'avance.

Tchao Pantin, cette œuvre androgyne, se construit dans une atmosphère d'urgence que l'équipe technique reconnaît pourtant avoir peu éprouvée sur un plateau. Autour du tournage rôdent de vrais dealers, et des flics, en protection. Belleville sait qu'on la transpose au cinéma. Elle joue son rôle avec réalisme. Bruno Nuytten, le chef opérateur, réinvente la nuit, ne laissant nulle part la moindre trace d'espoir. La station-service, retouchée par le décorateur Alexandre Trauner, ficherait le bourdon au plus insouciant. Charlelie Couture compose une musique d'après-blues, et une chanson d'agonie :

Quand les nuits sont trop longues, quand le sang tourne en rond (...) Besoin d'un virage, à défaut d'un détour (...) Quand la mort fait trop peur, dans la nuit qui se referme, y'a de l'alcool dans les veines...

« Il régnait une tension incroyable, dit Fred, c'est vrai, comme s'il se jouait là autre chose qu'un film. » « La nuit aidait aux confidences, explique Agnès Soral. La nuit nous appartenait. L'appartement où Lambert vivait, un appartement sans présent, ou au présent arrêté il y a longtemps, me faisait vraiment peur. Je m'y sentais comme un enfant dans un placard [2]. »

Philippe Léotard tient le rôle du flic qui mène l'enquête sur la mort de Benssoussan, découvre la véritable histoire de Lambert et lui ouvre le chemin de la vengeance. Philippe Léotard, sur un tournage, c'est le refus de la triche, le rappel éperdu, inspiré, de l'incapacité du cinéma à égaler la vie.

Philippe Léotard suit Coluche dans sa guérilla et son jeu d'esquive contre la fiction. Lambert commence à inquiéter. Coluche le bourre de plus de souffrance qu'un film ne peut en contenir. Coluche se drogue un peu plus, dans sa caravane, pour que personne ne puisse douter, à l'écran, que Lambert n'est plus qu'un homme en sursis. Davantage d'héroïne et de pétards, pour rendre vraiment insoutenable le ballet de la main de Lambert vers sa bouteille de rhum.

« Toutes les nuits, il était Lambert, confie Claude Berri. Il me faisait cadeau de son cœur, de ses souffrances. Nous n'en avons jamais parlé, mais chaque scène était codée. Je savais comment, au fond de lui, il transposait son histoire d'amour avec Véronique en celle d'un père responsable de la mort de son fils. Il souffrait d'avoir perdu, par ses excès, la femme qu'il aimait, et pourtant il ne l'avait pas perdue. Seulement, il n'avait plus le droit que de l'aimer à distance. Comme un enfant, il le supportait mal, alors il se droguait. Lambert buvait et Michel se camait, mais Michel avait bu aussi : alors, pour lui, Lambert, c'était facile, il n'avait qu'à se laisser aller. Mais Michel, comme tous les vrais écorchés, préférait agresser plutôt que de montrer sa vraie souffrance. Sauf dans *Tchao Pantin*, et encore il prétendait jouer la comédie. " C'est pas moi, c'est Lambert. " Mais Lambert, c'était lui [3]. »

Tchao Pantin dévie son tournage. Coluche paraît l'enclore dans un jeu suicidaire qui imprègne tous les participants. Il les invite à plusieurs fêtes, rue Gazan. Des fêtes à la cocaïne, ou à tout ce qu'ils veulent, à la santé de Lambert. A des petits déjeuners du lever du jour, aussi tristes que ceux de l'ancien flic. A Agnès Soral qui s'étonne de sa gentillesse, il répond : « Tu sais, t'as pas le choix quand t'es gros, vulgaire et petit... » A Soral-Lola, il offre, bien sûr sans l'en avertir, une mini-moto rouge, parce que, comme Lambert devant la petite punk, il est « gros, vulgaire, petit... » Tournage irréel, transfiguré par Coluche, Boby Bouillon et Lenny.

Tournage aux traditionnelles obligations aussi, en apparence, pour celui qui néglige toujours de se prendre pour un acteur de cinéma. Coluche apprend son texte au dernier moment. Grogne, comme d'habitude. Il a l'air de s'en moquer, alors que ses proches savent l'importance particulière qu'il attache à cette aventure devenue polaroïd de son actualité intime. Il se contente, en terme de jeu, de soutenir Anconina et Soral, comme peu de stars envers de jeunes comédiens. Il se laisse filmer de dos, ou en « profil perdu », pour les entraîner, les contraindre à l'engagement sans simulation.

A en croire ses proches, Coluche redoute surtout une scène avec Philippe Léotard. Il doute d'être à la hauteur de son partenaire. Une scène pratiquement sans dialogue, Lambert et Léotard, assis, de part et d'autre d'une table dans l'appartement du pompiste. Un échange lourd de non-dit, par-dessus les bouteilles vides oubliées. Léotard et son éternel mouchoir à essuyer la sueur de l'acteur sont imbattables au terrible jeu du brise-fiction. C'est Léotard qui gagne : il a un peu d'avance sur Coluche pour assumer, offrir à un personnage sa propre fragilité d'homme, sa souffrance de la drogue et de l'alcool.

Dans l'esprit du public et des critiques, une autre scène fera entrer Coluche dans le cercle restreint des plus grands comédiens dramatiques. Le dernier monologue. La confession de Lambert, juste avant d'être abattu, lui aussi, par les trafiquants. Une scène qui bouleversera la France. Couché dans son lit d'oubli, au polochon sans taie, Lambert raconte enfin son histoire à Lola. La jeune punk, blottie contre lui, s'est mise à l'aimer. On se dit même qu'elle pourrait lui permettre l'envie d'un avenir.

Lambert pleure doucement, avec les mots de Coluche :

J'étais un con de flic. Inspecteur Lambert. Tricolore jusqu'au slip (...) J'trouvais pas le temps pour mon fils. Ou alors, pour l'engueuler. J'avais la tête au boulot. J'y croyais... Alors, évidemment, un jour, il en a eu marre d'avoir un père aussi con. A seize ans, il a commencé à se droguer. J'ai voulu le désintoxiquer. A ma façon. Pendant deux semaines, je l'ai enfermé dans sa chambre, avec de l'eau et du pain sec... Comme un flic. Si j'avais pu le foutre en taule, je l'aurais fait. Il hurlait, il était en manque... Alors, un après-midi, ma femme lui a ouvert la porte, et il s'est sauvé... Si j'avais compris que c'était un vrai père qui lui manquait... Huit jours plus tard, on l'a trouvé mort d'une overdose... Il m'a fallu ça pour comprendre... Après, ma femme s'est tirée, et j'ai arrêté d'être con... Et je suis mort. Voilà.

Coluche est, en effet, bouleversant, mais il s'oblige à tricher. Il donne le change. Avant la prise, il plaisante, admire les seins d'Agnès Soral. Il pète. Il rote. Moteur ! Il ne sait pas son texte par cœur. Il le lit de part et d'autre de la caméra. L'équipe n'en revient pas. Une telle nonchalance, pour un résultat aussi magique ! A la fin de la prise, Agnès Soral pique une crise de nerfs. Le plan est bon. On ne le recommencera pas. Forcément : Coluche vient, enfin, de lâcher quelques mots sur sa vie. Ou tout comme.

Tchao Pantin, lors de sa sortie en décembre 1983, connaît un véritable triomphe. La gueule de Lambert s'étale sur les murs, décomposée. Le plus juste portrait de Coluche. Comme décidément, la presse, à son égard, connaît peu la nuance, on évoque *La Femme du Boulanger*. On le compare à Raimu. Et c'est lui qui doit rectifier, empêcher la sympathique méprise. Honnête, jusqu'à être maso, Coluche rabaisse volontairement sa performance. « (...) Pour jouer Lambert, confie-t-il à *L'Express*, il y avait au moins une douzaine de mecs (...) De toute façon, pleurer au cinéma, c'est pas plus difficile que ça [4]. » Raimu ? Encore une fois, il préfère en rire. « J'suis pas un fana, j'connais pas trop, je suis pas un fan de cinéma. Dès que tu dis " chef-d'œuvre ", je ferme la télé [5]... »

Coluche démonte les trucs du film, refrène les superlatifs. Il est même furieux qu'on le trouve génial dans un rôle dramatique, et qu'on n'ait rien dit de ses interprétations de personnages de comédie. Il cite lui-même ceux qui auraient mieux réussi Lambert, à l'en croire le plus tranquille de ses rôles. Galabru, Noiret, Bernard Blier. Des gros, tristes à souhait, dont on aurait fait briller les yeux au menthol. Coluche ferraille, pour éviter le piège. En le consacrant, c'est, inconsciemment, le saltimbanque qu'on cherche à affaiblir. « Dès qu'un comique fait des choses sérieuses, il rassure, confirme Josiane Balasko. Il ne dérange plus l'ordre établi. Michel avait bien compris que ces éloges étaient une façon de l'anesthésier. »

II

Comme pour mieux marquer sa différence, expliquer, encore, que Lambert n'était qu'un gag, un mirage, nullement un exploit d'acteur, Coluche s'applique à être le canard noir de ce qu'on appelle « la grande famille du cinéma », lors de la cérémonie des Césars 83, le 3 mars 1984.

C'est l'année de *Vivement dimanche* de François Truffaut, d'*A nos amours*, de Maurice Pialat, de *Garçon* de Claude Sautet. On rend un hommage bâclé à Gene Kelly et à Max Linder. On sacre Maurice Pialat et l'actrice de son film, Sandrine Bonnaire, Isabelle Adjani pour *l'Été meurtrier*, Ettora Scola pour *Le Bal*. Belles actrices, jolies robes, smokings de circonstance et propos œcuméniques. La plupart des derniers monstres sacrés, surpris par les plans de coupe de la retransmission télé, assurent par leur présence l'illusion de la pérennité du cinéma français. Ceux qui concourent, ceux qui s'ennuient avec distinction. Patrick Dewaere et Romy Schneider ne sont plus là, Simone Signoret et François Truffaut sont en sursis. Gentille ritournelle des Césars.

C'est l'année de *Tchao Pantin.* Bruno Nuyten est récompensé pour sa lumière. Richard Anconina réussit le doublé du « meilleur second rôle » et du « meilleur espoir ». Agnès Soral est deux fois nominée. Le César du « meilleur acteur masculin » attend Coluche.

Les téléspectateurs l'ont compris bien avant que Pierre Richard et Marlène Jobert n'ouvrent l'enveloppe devant départager Gérard Depardieu, Yves Montand, Michel Serrault, Alain Souchon... et Lambert. Dans son fauteuil, Coluche, depuis plusieurs minutes, s'évertue à enfiler un smoking, à fixer à son cou un nœud papillon. A l'appel de son nom, histoire de montrer que les résultats sont connus d'avance, il est prêt.

Il est défait, enroué, vieilli. Il a les cheveux jaunes. Il est ému, mais personne ne doit le savoir. Il est venu leur dire, en quelques plaisanteries imprécises, que le cinéma s'est trompé sur son compte. Que le pantin demeure dangereux.

« Franchement, je croyais m'emmerder en venant là, explique-t-il au micro, après avoir reçu son César. Puis je me suis vachement marré, j'ai pas dormi parce que j'étais à côté de Gainsbourg (...) C'est dommage que les spectateurs étaient pas tous à côté de Gainsbourg. » A ses côtés, Marlène Jobert a figé son sourire sur ses dents blanches. La caméra explore les réactions de la salle. Michèle Morgan paraît s'attendre au pire. Patrice Chéreau offre le visage de celui qui croyait être entré dans un salon raffiné et se retrouve dans un bouge.

« Je me croyais franchement à l'abri, vu que je faisais du cinéma qu'on ne récompense pas, mais qui fait des entrées quand même (...) Le cinéma français vit surtout des succès populaires que font des gens genre Belmondo et récompense surtout ceux qui font pleurer, dans le genre que je ne nommerai pas. » Voilà les comiques vengés, les grosses farces enfin au tableau d'honneur. Coluche s'est simplement égaré, le temps d'un film, dans les prétentions culturelles. La salle pense en avoir fini de cette charge hilare et nerveuse. Le malaise dure encore quelques minutes, le temps pour l'affreux jojo de prier les ministres présents « de lâcher la grappe à la censure », et de recommander un peu plus de compréhension pour les jeunes cinéastes fauchés. « Ceux qui n'ont pas de combine. Parce que, hein, c'est combine, quand même, le cinéma ! »

Va-t-il s'arrêter ? S'en aller ? Ne voit-il pas qu'il dérange ? Toute la salle le sait drogué, diminué. Pourquoi s'exhibe-t-il ? Justement ! Ils ont voulu applaudir Lambert, pour faire taire Coluche ? Ils auront Lenny, dans la version de Boby Bouillon.

Fausse sortie. Préparée d'avance avec les organisateurs. Xavier Thibaut et les musiciens du Grand Orchestre du Splendid attendent sur scène. Coluche sort, le temps de quelques accords, le temps de jeter ce smoking de la convention. Il réapparaît dans la peau de son cher rocker désespéré. Boby et ses lunettes noires, son jean trop large, le blouson, avec « Maman », clouté dans le dos, et la petite guirlande d'ampoules multicolores. Et surtout, Coluche et son ventre nu. Dérisoire, et implorant. Pathétique.

Coluche chante d'une voix éraillée, appuyant les effets les plus grossiers du rock, multipliant ses « cris du cochon » devant une salle pétrifiée.

Non, non, non, non...
Non, laissez-moi seul !
Non, non, non, non...
Je veux rester dans le noir !

Il s'interrompt, s'adresse à cette assemblée qui supporte mal l'agression de cet aveu. « Hé! réveillez les morts! Bousculez vos voisins, y'en a peut-être qui dorment seulement! »

Que veut-il leur dire? Quel message adresse-t-il, dans ses imprécations? C'est *a capella*, déchiré, crachant, hurlant qu'il attaque le fameux couplet annonciateur de la fin promise de Boby Bouillon :

Je ne veux pas voir la lumière
Je veux chevaucher une dernière fois
Mon cheval d'acier vers la mort
Je veux monter là-haut, tout là-haut
Sur la colline de mon malheur
Et me jeter dans le précipice
De mon destin.

III

A l'écouter, il finira « clodo », aux crochets des amis. Garagiste, ou ferrailleur, à Porto Rico. Des enfants surveilleront le mûrissement de ses plants de cannabis pendant la sieste. Christian Morin, d'Europe 1, l'entendra, un jour, répondre à une petite fille qui lui demandait ce qu'il ferait, lorsqu'il serait plus grand : « Je serai un vieux clown, dans un vieux cirque. Les gens viendront me voir, et j'enlèverai mon nez rouge. Je leur dirai : " Mais si ! Rappelez-vous, j'étais Coluche ! " »

Il parle encore de lui au passé, ou se prédit un exil de mécano des *barios*. En attendant, ces « grandes vacances de la tête », selon l'expression d'un ami, se poursuivent au même rythme heurté. Après le tournage de *Tchao Pantin*, Coluche est retourné à ses jeux exotiques, il a mis cap à l'ouest, avec Didier, Ludo et les filles. Plus pour la Guadeloupe. Juste un saut à Saint-Barthélemy, afin de récupérer Jacquot, le pilote, et son Cessna. Officiellement, Claude Berri finance des repérages pour *Croisière Confort*, toujours au stade de projet. En fait, la tribu dérive.

Coluche en excursion. Porto Rico, puis Haïti. A l'hôtel, il demande une chambre « avec vue sur le bidonville [6] ». Il tient deux jours, puis sonne le départ pour la Jamaïque. Il y loue une villa, fournie avec le maître d'hôtel stylé auquel il apprend à rouler les joints. Il ne quitte pas sa chambre, se plaint des moustiques, de la misère, de leur errance. On lui fait visiter Sainte-Anne, le village natal de Bob Marley. Il fume en compagnie du chef rasta, auquel il laisse son poste de télévision.

Baranquilla, en Colombie, puis Santa Maria, patrie des Chevrolet Bel-Air 1956, transformées en taxis. Coluche s'impatiente encore. Ce sera Maracaïbo. Mais, par radio, les autorités locales leur refusent l'autorisation d'atterrir. Dans cette région, entre la Colombie et le Venezuela, les petits avions sont toujours soupçonnés de transporter de la cocaïne. Va pour l'île de Curaçao, plus au large. Coluche, depuis plusieurs jours, est coiffé à l'iroquoise. Ses ongles sont peints. Les douaniers, à l'aéroport, trouvent un drôle d'air à cet équipage bariolé. Ils sont jetés en prison pour la nuit. Coluche a fait provision de gags pour *Croisière Confort*. Il n'y avait rien à voir au-delà de la Guadeloupe. Il peut rentrer.

A Paris, rien n'a changé. Les mêmes retrouvailles avec les amis, qui se risquent à nouveau, depuis *Tchao Pantin*, à quelques dîners. La même gêne à le voir si souvent absent de sa propre personnalité. Coluche peine toujours à retrouver les sensations du temps des conquêtes. Il oscille entre de soudaines exaltations et les longues anesthésies. Il abrite Philippe Léotard qui, enfermé dans la buanderie de la rue Gazan, écrit, puis accroche sur une corde à linge, des poèmes. Tard dans la nuit, tous deux refont le monde des hallucinations. Coluche éprouve une profonde admiration pour ce comédien-écrivain qui n'épargne à personne la violence de son désarroi et de ses abus. « Michel cherchait à se faire une tête de comédien " destroy ", explique Fred, chez Léotard, il aimait le courage de son abandon. » Plus tard, Coluche reconnaîtra que le vrai Lenny, celui de son rêve noir, s'appelle Philippe Léotard. Lui n'en avait pas tout à fait le physique. Son corps gardait trop de signes, même brouillés, de placidité et de santé. « C'était fou de les voir tous les deux, ajoute Agnès Soral. Une sorte de stimulation dans le désespoir. Une déchirure, ça se donne aux autres, comme une dragée, avec le sucre. » Et Philippe Léotard avait appris « le sucre » à Coluche. Un peu plus de simplicité dans la douleur. La confidence d'une meurtrissure.

Il avait veillé sur Léotard, l'avait obligé à écrire les phrases que celui-ci hurlait, à l'aube, de sa voix brisée. « Ne se fier qu'à l'inexplicable. » « S'interdire de s'empêcher [7]. » Lui-même n'avait pratiquement rien rédigé depuis trois ans. Si, une chanson! Encore un gag, avait-il expliqué, un jour que les « potes » s'extasiaient, en présence de Renaud, sur les textes de Jean-Patrick Capdevielle. Coluche s'était fâché, avait juré de leur en donner, du Capdevielle! Il était revenu voir Renaud avec des lignes qu'il affirmait parodiques. Juste pour plaisanter : *Soleil immonde*. La chanson racontait, en mots à peine voilés, son chagrin du départ de sa femme. Pour cela, Renaud avait enregistré le faux pastiche dans l'un de ses albums 33 tours, et Coluche avait chanté avec les chœurs :

Tout l'monde me r'connaît dans la rue
J'ai la boule coincée dans mon flip
Y manqu'rait plus qu'un oiseau me chie d'ssus (...)
J'ai pas aimé comme t'es partie
J'ai senti ma tête écraser l'poteau...

Lorsqu'on le presse de se remettre au travail, il assure n'avoir plus rien à dire. Il rumine, se laisse porter par les films. *Le Roi Dagobert* de Dino Risi, dont le tournage débute à Rome, au début de l'année 1984. Une comédie ratée, avec Michel Serrault et Ugo Tognazzi, qui se soldera par un échec commercial. Puis *La Vengeance du serpent à plumes* de Gérard Oury, dont l'action, échevelée, a au moins le mérite de se passer au Mexique. Un demi-succès. Le cinéma remplit sa fonction de convalescence. Favorise les fuites.

D'ailleurs la rue Gazan ne retrouve pas sa fantaisie d'antan. Reiser est mort, atteint d'un cancer des os. Pour lui, Coluche avait entretenu la piscine où Patrick Dewaere se baignait souvent, obligeant son ami malade à des exercices de natation. Puis, un jour de fin d'octobre 1983, Reiser, peinant à se tenir debout, s'était déplacé jusqu'à Montsouris pour un adieu à Coluche, et à la piscine. Et Coluche avait cessé définitivement d'aimer ce bassin.

Il se rapproche un peu plus de Ludo, au point que pour la première fois, quelques intimes s'interrogent sur la nature de leurs liens. Coluche homosexuel? La question ne choque pas ses proches. « Il y avait en lui quelque chose de croyant mais de non pratiquant », estime Jean-Michel Vaguelsy. Une tendresse plus extériorisée pour ses copains. Les femmes, sans doute, lui font peur, hors l'heure des sens. Il a, pour ses compagnons-secrétaires, les gestes que les hommes ont généralement pour les femmes de leurs amis d'enfance. Une façon de les embrasser sur les joues qui tranche avec tous les autres baisers, d'approche sexuelle ou conjugaux. Une liberté maternelle, une invite câline dans l'amitié virile. C'était vrai pour Jean-Jean ou Gérard Lanvin. Simplement plus net, pour cause de déprime, envers Ludo. « C'était comme une histoire d'amour entre deux mecs pas pédés », confirme celui-ci.

1984 est l'année de l'accélération du balancier. Les moments d'abandon et les envies de se reprendre se succèdent à un rythme plus rapide. Les secondes sont plus fréquentes qu'avant *Tchao Pantin*. Quoi qu'il en dise, Coluche doit à Lambert un peu de baume.

Il voit Jacques Attali plus souvent. C'est, chez lui, un signe qui ne trompe pas. Le conseiller du président le convie même un jour à venir déjeuner à l'Élysée. En attendant le rendez-vous, Coluche prise un peu d'héroïne, allume un joint dans l'antichambre, devant les Gardes républicains médusés. Le chef de l'État les rejoint pour le café, puis entraîne son « groupie » marcher dans le parc du palais présidentiel. François Mitterrand sollicite l'avis de Coluche sur la libération possible des ondes, dans le but de favoriser la création de télévisions privées.

De retour rue Gazan, Coluche rédige dans la fébrilité, avec l'aide de Jean-Michel, un long texte destiné à la réflexion du chef de l'État. « Il était fou de joie, se rappelle Jean-Michel, il m'a obligé à aller porter le pli à 5 heures du matin. » Autre signe : le jeune secrétaire politique se remet au travail sur les nombreux projets laissés en plan. La création d'un quotidien. « Un autre truc sur les impôts. » Une autre idée pour permettre aux chômeurs de longue durée de survivre par les petits boulots. Une sorte de bourse nationale. Mais pour cela, il lui faudrait une radio. Europe 1. Philippe Gildas ne cède toujours pas. Interrogés, Jacques Abergel et les autres membres de la direction de la station maintiennent leur refus.

Privé de la plupart de ses activités passées, Coluche prend conscience que sa véritable ambition s'apparente au journalisme et à l'action sociale. « Michel était obsédé par la finalité de sa gloire, estime Jean-Michel. Pour quoi faire? En fait, il cherchait le pouvoir. Un pouvoir sur le réel, sur la vie des gens. Il y avait des jours où il me donnait l'impression de marcher vers l'Élysée. »

Comment mettre sa célébrité au service d'idées parapolitiques? Comment intervenir? Ils en discuteront tard le soir, les semaines où Coluche paraît avoir recouvré sa boulimie d'action. Il songe même à se réconcilier avec la police. Au fond, il plaint les flics plus qu'il ne les hait. Jean-Michel est chargé de prendre contact avec Bernard Delplace, secrétaire général de la FASP, syndicaliste de choc et socialiste. Coluche rêve d'un « coup », à la veille du congrès de cette fédération. Bernard Delplace vient dîner rue Gazan, mais les filles sont trop déshabillées, et Coluche insiste pour que le policier fume un peu d'herbe. La réconciliation en restera là.

Il reprend goût aussi aux interviews. Accepte de revenir sur l'élection présidentielle de 1981. Jean-Marie Le Pen devient un phénomène politique, et Coluche rêve d'en découdre avec celui dont il reconnaît le talent d'estrade. « Le mec, il improvise : il a tout de suite l'air plus honnête que les autres, explique-t-il aux *Nouvelles*. Alors, il suffit qu'il y ait une crise de confiance dans le pays, que ce soit la merde, que les gens aient la trouille, et voilà... Le mec, en plus, il est culotté : l'autre soir, il s'est mis à chanter *Batling Joe*, la chanson de Montand... Il a tout compris, le mec! Il imite Montand parce qu'il est dans le spectacle [8]... »

Au *Nouvel Observateur* qui lui demande si Le Pen est un nouveau « roi des beaufs », Coluche répond : « Non. Ça serait pas gentil pour les beaufs de dire ça. Les beaufs, c'est quand même plus gentil, plus populaire. Le beauf de Le Pen, il est prêt à taper. Tandis que le beauf français, il ferait pas de mal à une mouche, il est râleur, contre tout, il a une casquette avec écrit Ricard dessus et il va en vacances dans sa caravane. Tous les caravaniers ne sont pas des beaufs [9]... » Coluche met un peu de nuance dans son insolence. Ses amis assurent qu'il est plus attentif au point de vue des autres. Plus perméable, depuis les épreuves traversées. Il regarde tous les journaux télévisés, improvise pour quelques intimes. Il emmagasine, toujours précis, mais ne parvient pas à restituer.

Il aimerait qu'on lui laisse la télévision, la nuit. Il s'en confie à Jacques Attali, à l'équipe de Canal Plus. Il a des idées qui font d'abord sourire, ou frémir ses interlocuteurs. Du porno. Un journal permanent, avec les images américaines, toujours en décalage horaire. Une autre émission où tout le monde dirait du mal de tout le monde. De grands magazines de société. Avant beaucoup de spécialistes français, Coluche invente CNN, le câble, l'irrespect médiatique qu'expérimenteront, quelques années plus tard, de jeunes animateurs.

En 1984, quelque chose revient. Quelque chose s'affaisse : le cinéma. Claude Berri se fatigue à financer la tribu et ses jeux dérisoires. Le producteur est sensible à la difficulté d'utiliser le magnétisme du saltimbanque à l'écran. Le miracle de *Tchao Pantin* ne s'est pas reproduit. Les proches jugent navrante l'aventure du *Serpent à plumes*. Coluche paraît s'être à nouveau abandonné aux bons gros films français. Il a voulu faire confiance à l'Italien Dino Risi, au *Roi Dagobert*, à un script de Gérard Brach. Le résultat est décevant. Coluche envisage de monter avec Christian Spillemaecker, peut-être avec Alain Sarde, sa propre société de production, Radis rose. Peut-être même d'acheter un studio, à Malakoff. Pour résister un peu mieux aux poursuites fiscales. Aussi pour soutenir les projets de jeunes cinéastes qui auraient une chance de dépoussiérer le cinéma comique hexagonal.

Pour la première fois aussi, Coluche résiste à Claude Berri. Au plus important des projets de son producteur. L'œuvre de Marcel Pagnol en deux parties, deux films : *Jean de Florette* et *Manon des sources*. Yves Montand et Gérard Depardieu ont donné leur accord de principe. Le nom de Coluche complèterait la plus fameuse des affiches nationales.

Coluche est par nature indifférent à ces problématiques méridionales et paysannes. Ce fils d'Italien n'a vraiment jamais compris le Sud. Un premier dîner réunit Coluche, Berri et les Montand chez François Perrier. Le saltimbanque passe sa soirée à exprimer, maladroitement, son admiration pour Simone Signoret. Dès le lendemain, il lui envoie des gerbes de fleurs.

Quant au gigantesque projet sur Pagnol, il n'en voit que les inconvénients. Neuf mois de tournage dans le Midi, pour Ugolin, un rôle à accent. Pathétique, émouvant, une chance pour Coluche, après Lambert. Mais avec accent. Les semaines passant, Coluche manifeste son scepticisme. Jacqueline Pagnol aussi. Le bouffon dans un rôle si cher à son défunt mari? Un déjeuner est organisé chez le scénariste Gérard Brach, fin mars. La veuve de l'écrivain succombe au charme de celui qui n'a jamais lu une ligne de Marcel Pagnol. Le veto familial est levé.

Yves Montand prête sa maison d'Auteuil pour les traditionnels essais. Coluche est impressionné par le cadre, par Montand lui-même, embourbé, une fois encore, dans son vieux complexe. Montand joue le Papy « à la générosité », pour faciliter la tâche de son partenaire d'un après-midi. Sans forcer, l'acteur paraît parfait, rural, méridional à souhait. En face, Coluche reste un titi parisien déguisé. Lui qui imite tous les accents, belge, suisse, antillais, africain ou arabe, semble ridiculiser les collines de lavande et le pastis.

Il sent parfaitement qu'Ugolin n'est pas pour lui. Pour le faire admettre, pour rompre, puisque Claude Berri tient tant à *Jean de Florette*, il exige un contrat exorbitant. Dix millions de francs. Après bien des discussions, très orageuses, Renn-Productionsdéclare accepter un cachet de huit millions de francs. De quoi, encore, calmer le fisc. Mais Coluche tient bon. Un milliard, sinon rien. La mort dans l'âme, Claude Berri renonce à son acteur fétiche. Daniel Auteuil aura le rôle, et s'en trouvera très bien. Le producteur-réalisateur aussi. Mais leur aventure commune vient de trébucher. Coluche-Berri, après Coluche-Lederman, des associations rares dans les milieux du spectacle, trop passionnelles, trop efficaces, et donc jalousées, pour ne pas connaître, au faîte du succès, de brutales chutes de tension. Coluche sature une relation par sa boulimie et un formidable besoin affectif. Puis, brusquement, jette ses forces vives en sens contraire.

Il remplit ses contrats. Un petit rôle, à l'amitié, dans *Sac de nœuds* de Josiane Balasko. *Le Roi du gag* de Claude Zidi. Il part pour l'Égypte, à l'automne, tourner *Le Fou de guerre* de Dino Risi. Coluche croit en ce metteur en scène. « Risi est au fond du trou, confie-t-il au fidèle Spillemaecker. Un type au fond du trou est obligé de se défoncer pour remonter. On va l'aider. » Le scénario peut lui permettre de dépasser Lambert dans un rôle de composition, Oscar Pili, un officier-médecin schizophrène, affecté à un hôpital italien de campagne, en Libye, pendant la Seconde Guerre mondiale. Mais le film manque de moyens financiers. Aucune entente ne règne sur le plateau, et pour une fois, Coluche n'y est pour rien. Le tournage est interrompu à plusieurs reprises. Son partenaire, l'acteur Bepe Grillo est victime d'une dépression nerveuse.

Manque de chance : cette fois-ci Coluche connaît son texte par cœur. Il répète le rôle de ce gros personnage névrotique qui s'isole sous sa tente pour danser sur de vieux tangos. Un personnage à la virilité troublée par le souvenir d'une mère, qui se déguise, réclame plus d'affection de la part de ses hommes. Un fou. Enfin un rôle.

Le cinéma se dérobe au moment où Coluche paraît y adhérer. Avec ses copains, qu'il appelle, les mauvais jours, ses « nains », avec les motos et les instruments de musique, il gagne Rome, pour les scènes en studio. D'autres fêtes, plus gaies, parce que Coluche dit des Italiens que ce sont « des Français rieurs ». Il y a encore beaucoup de jours mornes. Certains visiteurs trouvent toujours Coluche amoindri, sans éclat. Il ne parle que de moto, envisage de tenter, les mois suivants, le record du kilomètre lancé. « Il avait l'air débranché, raconte Danièle Heymann, venue le voir à Rome, pour *L'Express*. Adorable, prévenant, mais sans son langage habituel. Il était désabusé, paraissait avoir fait le tour de tout, expliquait qu'il avait partout échoué. Il n'avait pas envie de parler de cinéma. Son obsession de la moto me faisait peur. Il s'est excusé, m'a raccompagnée en ville dans sa voiture. Je n'ai pas publié l'entretien. »

D'autres, le lendemain, peuvent lui trouver meilleure mine. Le moral stabilisé. L'automne 1984, l'hiver suivant plus encore, c'est pourtant le temps des rechutes. Brutales, démoralisantes. Car Coluche livre, en secret, le plus difficile de ses combats existentiels. Il tente de se sevrer. Il a dû admettre que le malheur avait cessé d'être un prétexte. Il se découvre, banalement, toxicomane. Et il enrage de subir l'emprise de la drogue, lui qui, hier, encaissait tout, qui imposait à son organisme des performances physiques hors du commun. Son corps, son ventre l'avaient éloigné de Montrouge, avaient servi de socle à son insolence. Et c'était ce gros moteur qu'il attaquait !

Conscient du péril pour ce corps, dégoûté de ses périodes de perdition, il a entrepris, en août, le plus pénible des come-back. Seul, sans Ludo, sans les autres, mais sous la surveillance de Christian Spillemaecker, il s'est enfermé dans un bungalow de l'hôtel Pansi, dans l'île de Phukhet, en Thaïlande. Quinze jours, sans une prise. La plus moyenâgeuse des méthodes de désintoxication : rien d'autre que de la cortisone pour calmer les douleurs articulaires. Des vacanciers se sont étonnés de croiser, en un lieu si paradisiaque, ce Français vociférant, tournant en rond, qui laissait la lumière de sa chambre allumée toute la nuit.

SEIZIÈME PARTIE

COME-BACK

I

Il a un gros besoin de se confier, de se vider de ces quatre années noires. Une nécessité vitale de revenir dans la mêlée de la société, « là où ça fait mal », comme il le dit, de se retrouver lui-même à la fois exposé et en pleine lumière.

Une occasion, inespérée, à bien des égards, lui est offerte pendant le Festival de Cannes 1985 : Coluche est l'invité, sur la Croisette, du *Jeu de la vérité*, sur TF1, l'émission la plus regardée de la télévision, une tentative de dépassement de l'hypocrite façade heureuse du show-biz, menée par Patrick Sabatier, un jeune animateur qui paraît à contre-emploi pour ces mises à nu, tant il affiche sa bonne éducation derrière un sourire timide.

Après quelques dépoussiérages anodins, après Enrico Macias ou Sophie Marceau, *Le Jeu de la vérité* a pris de l'audace avec des clients plus sérieux comme Alain Delon. Les téléspectateurs se donnent désormais le droit de poser les questions embarrassantes, laissées sans réponse par les services de presse du music-hall et du cinéma. A ces séances de tir, plus ou moins appuyé, à une heure de grande écoute, manque encore le feu d'artifice : pour Patrick Sabatier, la preuve définitive qu'il n'est pas seulement un gentil garçon, et pour le monde du spectacle, sa « grande gueule » : Coluche. Le jeune animateur sait, comme d'autres, le moment venu, pour le saltimbanque, d'une confession et d'un bilan. Sans hésiter, Patrick Sabatier transporte ses équipes techniques sur la Croisette. A défaut d'un studio assez grand, il s'installe dans le salon des Ambassadeurs du palais-bunker du septième art. Espace encore trop restreint, car dès l'annonce du nom de celui qui doit être passé à la question, des milliers de gens se sont mis à chercher fébrilement, en ville, des invitations.

Coluche est dans Cannes, et cela suffit à électriser le festival. Il doit présenter *Le Fou de guerre* de Dino Risi, en compétition pour l'Italie. Lors de la cérémonie d'ouverture, il est arrivé travesti en femme, son foulard de mousseline rose sur la tête, maquillé et parfumé. Il a l'œil allumé, l'air rigolard. On l'applaudit dans la rue. A défaut des professionnels, il amuse les enfants avec ses déguisements. Rien n'a été négocié par Sabatier. Que négocier avec Coluche? Un seul sujet tabou, à la demande de l'invité : Véronique, Romain et Marius.

Lorsque après les pubs, Patrick Sabatier, le 17 mai, vers 20 h 40, introduit l'émission en annonçant que plusieurs milliers de personnes n'ont pas pu pénétrer dans la salle, l'événement est déjà consommé. Le succès garanti. Une chaise de bébé démesurée remplace le fauteuil habituel. « Avec lui, on peut s'attendre à tout », prévient l'animateur. Le public n'est venu que pour cela. Pour une fête, interrompue depuis quatre ans, pour pouvoir dire : j'étais de ce jeu de quilles des retrouvailles. C'est comme si les coluchiens, orphelins, s'étaient donné rendez-vous. L'entrée de l'artiste est un triomphe. Coluche est habillé sobrement : une longue veste de satin rouge, aux revers noirs rehaussés de badges dont la petite main de SOS-Racisme, un tee-shirt et un pantalon gris. Une ceinture dorée et des baskets.

Alors qu'il tente d'enrayer les applaudissements, les caméras scrutent son visage. Il paraît changé, apaisé. Le visage reposé, les traits comme lavés. Seuls les yeux trahissent son inquiétude. Il joue gros. Son retour.

Sa main tremble un peu. Il hésite un peu entre le gag immédiat et la gravité. Il est visiblement pressé de s'y mettre. Il sort quelques notes de sa poche. Le temps de l'à-propos maîtrisé, de l'improvisation incisive n'est pas encore tout à fait revenu. Coluche tutoie Sabatier, mais l'animateur maintient son vouvoiement.

Selon la tradition de l'émission, l'invité doit prêter, bras levé, serment de véridicité. Éclat de rire menaçant de l'intronisé : « Faites bien attention avec vos questions, lance Coluche, hilare, parce que je vais la dire, la vérité! (...) Je suis même assez content de pouvoir le faire parce que, jusqu'à présent, à la télé, on m'a toujours plutôt demandé de me calmer avec cette histoire. C'est même moi qui leur foutais la pétoche. Aujourd'hui, on me demande de dire la vérité, tu penses que je vais pas rater l'occase! » Et comme si l'avertissement ne suffisait pas, Coluche se prive d'emblée des deux « jokers » qui, selon la formule du jeu, lui permettent d'éviter deux questions de téléspectateurs. A la première posée, qu'il n'a même pas laissé formuler, il crie : « Stop, joker! » Aux premiers mots de la suivante : « Stop joker! » Un truc de clown. Un effet préparé. Mais une autre ovation. La salle, frémissante, attendait un funambule sans filet.

Elle l'a.

C'est parti, reparti, faudrait-il dire, pour une heure trente d'insolence à cœur ouvert et, effectivement, de confidence débridée. Instinctivement, Coluche, assis haut sur sa chaise de bébé, retrouve, à la sonorité des voix des Français qui l'interrogent, son goût de l'échange verbal. Leurs accents, leurs mots, familiers, tâtonnants donnent visiblement du courage à ses répliques. Il est à nouveau en famille. En pays de connaissance, après une longue absence. Entre eux et lui, au téléphone, ou dans la salle, l'évidence d'une mémoire mutuelle. Il ne les avait pas oubliés. Eux conjuguent presque leurs souvenirs au présent de l'indicatif.

Alors, par réflexe, Coluche impose peu à peu à l'émission un style radiophonique. Il est sur scène, mais surtout à l'antenne d'Europe 1, non sur le plateau d'un média qui lui a toujours paru trop froid. Il ne cherche pas l'œil de la caméra. Il est tout à l'oreille, attentif à soutenir la question, à cueillir la sympathie, multiplier les signes de courtoisie à l'égard de ceux et celles qui lui ont manqué. On le sent heureux de pouvoir répondre à une voix de vieille dame : « merci, ma poule ».

La vérité sur son soutien à SOS-Racisme, sur la plaisanterie des plumes, et de sa nudité, au Gymnase, en 1981. Sur son enfance. Sur son aversion des armes et des défilés d'Anciens combattants « ces publicités pour la guerre ». Sur sa perception de la langue française : « On ne devient pas grossier comme ça, faut s'entraîner. » Sur son secret : « C'est un réflexe de timidité pour moi de faire le clown. »

Une vérité crue, aussi, sur les maux du pays, qui, dix ans plus tôt, lui aurait valu la porte, et qui fait encore un peu pâlir Patrick Sabatier. Comme cette charge, libérée, en réponse à une question sur la violence : « Il faudrait taper moins fort, approuve Coluche, surtout la police. Pour moi, les gens les plus violents, ceux qui ont des armes, c'est surtout la police. Ils doivent plus avoir à boire, dans les commissariats : ils sont tous dehors ! (...) Si des commissaires de police passaient pas des Arabes à la gégène, si des commissariats entiers ne tabassaient pas des Arabes dans des bistrots, dans le Nord, les Français prendraient pas l'exemple. On entend toujours les hommes politiques dire qu'il faut changer la mentalité des Français. Commençons par changer la police ! »

Il doit être un peu plus de 21 heures, ce vendredi. Coluche a déjà fait exploser le record d'écoute du *Jeu de la vérité*, et Patrick Sabatier, celui de l'audimat de l'année. Les coluchiens devaient être nombreux en 1981, car il en reste manifestement, en cette soirée printanière de 1985, de quoi remplir quelques stades de meeting. Le standard du 787 22 22 est saturé. L'animateur annonce que les questions doivent refluer, que l'heure tourne. Mais ceux qui aiment Coluche paraissent vouloir tenir banquet. A l'audace. Pour la première fois dans l'histoire du *Jeu de la vérité*, des gens soupçonnent ouvertement l'émission d'être truquée. Sabatier pâlit encore, subit l'assaut, et Coluche, grand seigneur, prête sa pédagogie au jeune homme. C'est lui qui explique qu'il faut bien trier, et non sélectionner les questions, vu leur nombre, et la répétition de leur contenu. Coluche calme ses troupes de râleurs, prêtes à l'abordage. Il n'est pas venu régler de vieux comptes avec l'audiovisuel, mais pour, enfin, parler de lui. Faire avaliser une forme d'humilité acquise à l'expérience. Déverser son sac de chimères. Mieux : tout dire de ce que l'on a toujours tu, et surtout à la télé. Le dédain de l'ultime convention : l'aveu de sa toxicomanie.

La vérité des vérités. Au-delà de Gainsbourg, qui n'a confessé, à la télévision, qu'un taux d'alcoolémie chronique. Coluche a décidé de rendre public son mal pour hâter sa guérison, prêter serment de renoncement devant l'opinion. Et, ce faisant, inconsciemment, offrir la plus impressionnante campagne publicitaire à la lutte nationale contre la drogue. Il attendait, il espérait la question. Y a-t-il touché? « J'ai goûté à tout ce qui existe, sauf oubli ou omission. J'ai été alcoolique à peu près quinze ans, après ça, j'ai goûté aux drogues, tout ça. C'est vrai que c'est plus facile d'en prendre que de s'arrêter (...) C'est mal. En tout cas, moi, je trouve ça pas bien! »

Pourquoi s'est-il drogué? interroge Patrick Sabatier. « Parce que je suis une nature excessive et que si je fais un truc, j'le fais trop. Alors, j'ai mis le nez dedans, après j'ai mis la tête, j'en ai eu plein les oreilles. Voilà. Mais, j'en ai pas honte, c'est ça qu'est pire. » Comment s'est-il soigné? « Au début, répond Coluche, c'est horrible! Et puis, petit à petit, ça devient de plus en plus dur. On recraque un petit peu. On s'arrête un peu. On replonge un peu. Moi, j'ai arrêté de boire un jour où j'ai failli me noyer dans un caniveau (...) J'ai arrêté la drogue à un moment où j'allais y jouer ma vie et ma carrière. Et que j'ai pas eu envie de ça... »

La salle n'applaudit plus. La dignité de l'aveu exigeait le silence. Coluche a dit le plus important. La suite sera plus légère, plus facile pour lui. Tout aussi sincère, comme lorsqu'une femme lui demande ce qu'il aurait fait s'il s'était trouvé dans ce wagon de train où une jeune fille a été violée, quelques jours plus tôt, par quatre voyous, sans que les voyageurs n'interviennent. Une plaisanterie vient d'abord à l'esprit de l'affreux jojo : « J'aurais essayer de virer les voyous pour me taper la gonzesse! » Puis, se ravisant : « Non, sérieusement, si les quatre mecs avaient été méchants et armés, je crois que j'aurais fait comme les autres, j'aurais fermé ma gueule (...) Je suis comme vous, je suis révolté que les mecs aient rien fait, mais j'en sais rien de ce que j'aurais fait... »

Il est venu se réconcilier, surtout avec lui-même, et privilégie, au fil des minutes, les propos sérieux, sans le paravent des pirouettes. Il tente encore une fois d'expliquer qu'il n'est « pas très doué pour la vulgarité ». Il confirme ses détours homosexuels. « Pas doué pour ça » non plus. Il réclame des questions, paraît les souhaiter plus embarrassantes encore, plus proches de ces quatre années traversées, et des méprises antérieures.

« Allez-y ! », insiste-t-il. Puisque ce *Jeu de la vérité* est sa thérapie choisie. Puisque Sabatier, ce public, ces voix au téléphone sont sa chance ! Le temps d'antenne imparti est dépassé depuis longtemps. Coluche doit laisser la place, à regret. Sabatier lui propose de revenir à la rentrée. Coluche a juste le temps de poser l'avenir au milieu de ce déballage : « Mon projet le plus important, dit-il, c'est de continuer à vivre. »

Seule la loi des pubs, la suite des programmes le font taire. Le salon des Ambassadeurs n'est plus relié à la France. Les spectateurs s'égaient, dans les douceurs de la nuit cannoise. Coluche s'en va dîner. Coluche est revenu.

Comme dans les familles sentimentales, Coluche et Paul Lederman mettent un temps fou à passer l'éponge.

L'impresario est à Cannes, aux côtés de Coluche. Il a même servi d'intermédiaire, après Christian Spillemaecker, entre Coluche et Patrick Sabatier. Il a très bien compris que l'autoportrait du *Jeu de la vérité* lui était aussi destiné. Mais pour libérer ses propres espérances d'un retour à la normale, il lui faut davantage. Un K.O. Père ou grand frère juif, il croit aux vertus rédemptrices de la mise à genoux pour les enfants fugueurs. Coluche doit prendre encore une dernière gifle, et Paul Lederman en sera le premier spectateur. « Il n'avait plus que quelques kilomètres à faire, raconte l'impresario, et je n'avais pas le droit de ne pas l'aider. » A sa manière, forte, brutale par nécessité. Celle d'un manager hyper-affectif, ombrageux, qui avait eu quatre ans pour comprendre les mécanismes subtils de son saltimbanque préféré.

Le lendemain de l'émission, et alors que la presse vante le score du *Jeu de la vérité* selon Coluche – plus de 44 % d'audience –, *Le Fou de Guerre* est sifflé en projection. Coluche en est atteint : il avait, enfin, apprécié un rôle. Mais le film paraît tellement bâclé que l'acteur passe aux oubliettes d'un Festival pressé d'égrener sa production annuelle. Pendant sa conférence de presse, Coluche s'est montré odieux, aux abois. Son déguisement a semblé ridicule, ses plaisanteries ont été perçues comme autant de dérobades. Paul Lederman n'a pas perdu une minute de cette journée. Le soir, devant témoins, devant les copains de Coluche, et un journaliste, il insulte copieusement son protégé.

Depuis des semaines, les engueulades sont fréquentes. Paul Lederman ne manque pas d'arguments, et Coluche de raisons de laisser passer l'orage. Ces volées de bois vert, c'est lui-même qui les sollicite. A la mauvaise foi, bien sûr. A l'affection : quelques mois plus tôt, Paul Lederman a été hospitalisé à l'Hôtel-Dieu pour une intervention, et Coluche lui a téléphoné tous les jours, sans jamais avouer l'objet de son empressement.

Paul, d'ailleurs, le connaît. L'heure de leurs retrouvailles approche. « Une succession de petits signes lui rendait confiance », explique le producteur. Paul a vu juste : malgré les apparences, Coluche, individualiste insécurisé, se voue, en fait, depuis dix ans, à l'influence prédominante. Pragmatique, mais vagabond au cœur de sa propre carrière, il va, à l'instinct, vers l'autorité morale, plus que matérielle, qui saura canaliser son instabilité, élaguer les déchets de son talent touffu, réguler le va-et-vient de ses défauts et de ses qualités. Claude Berri lui a permis une illusoire reconversion par temps de crise, dupé, au fond, sur le besoin de cinéma d'un comique de music-hall. Le réalisateur a compensé l'inévitable usure des relations de Coluche avec son impresario, retenu sa glissade suicidaire, nourri son orgueil blessé. Au pire moment de la vie de l'humoriste, il a aussi servi, malgré lui, de comparaison.

Claude Berri n'est pas en cause. Coluche a tenté de fuir. Il rentre à la maison, mal en point, mais vivant. En répondant simplement à la loi de sa propre dynamique, il s'immobilise sur le pôle originel. Paul Lederman, en mai 1985, n'en tire aucune gloire. S'il s'est opposé à l'influence du cinéaste, en 1980, il sait désormais, à tant de preuves, que sans celui-ci, l'errance aurait pu atteindre un point de non-retour.

Après l'hôpital, Coluche a retéléphoné, sous un autre prétexte. Paul Lederman, pour accélérer un processus qui risquait de s'éterniser, n'a pas laissé s'échapper, cette fois, son interlocuteur. Il l'a abreuvé d'injures. Passé « toutes les conneries » en revue. Coluche s'est cabré : « Dis donc, qui tu insultes, là? » Mais il n'a pas raccroché. « Il n'aurait pas compris que j'acquiesce, et que j'y retourne sans rien dire, explique l'impresario. Ça lui aurait permis de continuer à se tailler. Et moi, j'étais malade de jouer les durs, avec ce type que j'attendais! »

Coluche a bien retenu la liste des griefs. Il y a ceux pour lesquels il est trop tard : les dérapages finaux de la campagne électorale de 1981, son ras-le-bol enfantin et capricieux en pleine gloire, ses rêves de clochard de luxe que Paul Lederman, bourreau de travail plus constant que Coluche, ne comprendra jamais. Le gâchis du cinéma, et surtout son mépris du public de ce cinéma. Les griefs auxquels il ne peut renoncer. Les « potes », cette vie de tribu, et la moto. Mais ceux sur lesquels il peut agir en 1985 témoignent de ses progrès. La drogue. Les frasques. La mutilation de son talent. L'oubli de l'effort. La gestion de ses dettes. Comme Coluche n'en est pas encore à déposer les armes, et comme la simplicité, décidemment, lui fait défaut, il adresse, des semaines durant, des messages indirects à son imprésario. Christian Spillemaecker fera connaître les souffrances du sevrage de Thaïlande. Ludo, Didier iront expliquer que leur ami s'est remis à l'ouvrage. Coluche a écrit en Égypte, pendant le tournage du *Fou de Guerre*. Réfléchie à *Autodéfense*. Noté des idées de sketches.

Jacques Abergel et Philippe Gildas racontent le siège empressé auquel Coluche les soumet. Les responsables de Canal Plus et de FR3 ont reçu un homme bardé de projets. Christian Spillemaecker a jeté les bases d'une maison de production, fait patienter l'administration fiscale. Jean-Michel Vaguesy se démène dans Paris. Même à l'Élysée, on ne tarit pas d'éloges sur le dynamisme de l'admirateur de François Mitterrand.

La vie de la rue Gazan a retrouvé son calme et ses vieux intimes. Renaud et Dominique veillent. On voit de plus en plus souvent Coluche avec ses fils. Un à un, il est allé rechercher ses premiers compagnons. Et selon les vieux codes, sa présence vaut excuses, ou regrets. Romain Bouteille fait, partout, de grands numéros sur ce music-hall sourd qui refuse, à la sicilienne, le pardon au meilleur de ses libertaires. Paul Lederman n'est pas sourd. Il n'a pas, c'est vrai, le pardon facile. Pourtant, au printemps 1985, la vie de Coluche a changé. Fred est partie, après tant de séparations tapageuses et de réconciliations, noires de romantisme. A leur dernière dispute, toutes les ressources douloureuses de l'amour fou épuisées, elle s'est dépêchée d'épouser un peintre. Pour se protéger, « pour le faire chier », dit la jeune femme. Il y a répliqué en jouant le numéro de l'abandon au premier degré. Dans les cris, l'épuisement, l'aveu de l'impasse. Trop de coups échangés, une côte brisée pour elle, trop de scènes, de valises jetées par les fenêtres. Un attachement trop violent pour attendre leur mutuel apaisement.

Coluche a offert à Fred de gros bijoux achetés chez Chaumette. Christian Spillemaecker avait plutôt recommandé une assistance matérielle, sur un compte en banque. Mais cette relation-là, jusqu'à son terme, échappera aux conventions. Les hostilités, les appels indirects continuent, par-delà l'absence, Fred se fera voler une paire de boucles d'oreilles de prix, dans la cohue des Bains-Douches.

Il a retrouvé une fiancée. Fred, encore. La Petite Fred de la bande des quatre Fred. Il dit qu'il est amoureux, amoureux comme les autres. Il va dîner chez les parents de la jeune fille, a présenté celle-ci à Monette. Il a voulu une chatte, Beauty, et un chien, Arthur, jeune bouledogue qui lui ressemble déjà.

Coluche guette un signe de Paul Lederman, qui guette, lui, la dernière preuve. L'effet cannois. La projection du *Fou de Guerre* au Festival. L'impresario sait que, depuis son refus de *Jean de Florette*, le cinéma boude l'acteur insolent, comme si celui-ci avait commis un sacrilège en dédaignant un rôle-phare pour le septième art national. Un succès du film de Dino Risi aurait pu encore renvoyer le balancier. « Ça pouvait encore lui brouiller les idées, confie Paul Lederman, lui donner l'envie de continuer. Je savais qu'il avait la trouille, il fallait que je lui redonne confiance en lui et en moi, patiemment, mais ce dernier film pouvait tout renvoyer à plus tard. »

Ce 18 mai, au soir de la projection officielle, Paul Lederman a éclaté d'une colère trop longtemps contenue, mais programmée. « J'étais sûr que ça marcherait. Il était touché par le mauvais accueil du film, mais je pouvais enfin lui parler. Avec ces années, nos liens étaient plus solides. Il savait. Il avait payé assez cher pour ça ! »

Ils se revoient le lendemain, et encore le surlendemain. Comme, décidément, Paul déteste la moto, Coluche emmène le producteur se promener en voiture. Ils s'engueulent à huis-clos, puis demeurent longtemps silencieux. Ils épuisent rancœurs et mauvais souvenirs. Ils mangent n'importe où, reviennent à la nuit. Le passé liquidé, ils abordent le présent. Coluche signe un contrat à vie sur une nappe en papier. « Il allait se donner une seconde chance. Ça allait être formidable ! Car il avait la force de ceux qui ont vu la mort de près, la volonté de ceux qui se sont battus contre. »

Paul comprend mieux l'importance, pour Coluche, d'un entourage permanent, d'une vie de bande. Il ne s'y opposera pas. « Ses copains avaient été importants pour lui. Ils lui avaient servi de béquilles. Coluche, je l'admettais mieux, ne vivrait jamais comme les autres. Je ne pouvais détruire sans construire. Et puis, les remplacer par quoi ? Je savais qu'en revenant sur scène, en multipliant les projets ambitieux, tout allait progressivement se remettre en place. » Ludo, Didier, Jean-Michel, Christian pour Radis rose, seront donc de la remontée, rémunérés, s'il le faut. Va, aussi, pour la tentative de record du monde du kilomètre lancé à moto... Coluche oscille encore entre ses instincts contraires de vie et de mort. La convalescence est récente, la boulimie d'action incertaine.

La peur, surtout, et surtout masquée, niée constamment comme l'est la sienne, peut renvoyer subitement Coluche en Guadeloupe ou ailleurs. Le replonger dans la poudre. Car, au bout de cette peur brille le retour au music-hall. La nécessité d'un one-man-show. Coluche en parle avec un empressement forcé. Paul l'évoque seulement, pour plus tard. Dans un an. Ils vont y aller comme une cordée prudente, piton après piton, tester leur forme, à l'un comme à l'autre.

Coluche goûterait bien du Zénith, cette nouvelle salle de tous les succès parisiens. Paul hausse les épaules : il manque de textes, d'heures de labeur. Dans un an, insiste-t-il. D'ici là, ils vont occuper le terrain médiatique, jauger les réactions. *Le Jeu de la vérité* n'est que la première étape d'une longue marche. Plutôt engageante.

II

Ses aphorismes ont soudain pris de la valeur. Coluche est parti trop longtemps, il n'a pas vu pousser la jeunesse. En 1985, lorsque, comme il le dit, il revient pour « lâcher la purée », il est en retard d'une génération. Aucune importance : il avait beaucoup d'avance.

Mais les gosses ont grandi. Ils ont seize ans et des idées généreuses. « Touche pas à mon pote » est leur slogan. Les banlieues, les lycées ont décidé de ne plus attendre les adultes pour lutter contre le racisme. Ils vivent ensemble, et le revendiquent, sans préférence de couleur de peau. Ils sont pragmatiques, tiers-mondistes, pacifistes. Ils s'opposent aux idées courtes de Jean-Marie Le Pen, que les partis politiques, embarrassés ou calculateurs, laissent gonfler dans l'opinion.

Coluche absent, ils ont naturellement pris ses vieilles formules de pourfendeur de bêtise. *Ces Portugais qui viennent manger le pain à nos Arabes. T'aurais vu la gueule de la bavure ! Ce serait raciste de penser que les étrangers n'ont pas le droit d'être cons.* Ses à-propos au vitriol contre les flics, la connerie, la méchanceté rencontrent un écho plus profond. Du répondant. Comme s'ils avaient trouvé un nouveau public, plus proche, par effet retard, leur auteur retenu ailleurs, et que la sève de l'adolescence de 1985 en avait fait son miel.

Au printemps, Coluche rencontre des gamins qui lui récitent des extraits de sketches concoctés, des années plus tôt, à l'intention de leurs frères aînés. Sur la guerre : *Enfin, lui, il a eu de la chance. Il est mort en 14, au début. Comme ça, il a pas vu la suite, qu'était pas beau à voir.* Cette autre : *La guerre de 14, c'était pas des vacances ! Heureusement, dans un sens, parce qu'il a pas fait beau.* (*L'Ancien Combattant*).

Au début de l'année, Coluche a été invité à parrainer, parmi d'autres personnalités, le mouvement SOS-Racisme. Il a accepté, exhibé partout son badge, défendu l'idée du métissage dès qu'on lui a tendu un micro. Mais il n'a pas caché sa surprise. Les « potes » ont vingt-cinq ans de moins que lui. Peu d'entre eux l'ont vu sur scène.

L'élection présidentielle de 1981 est déjà de l'histoire ancienne. Et il n'est pas chanteur... D'emblée, pourtant, ils l'accueillent, le poussent devant eux. Il parle, s'habille comme eux, malgré son grand âge. Ils déroulent leur propre « plaisanterie à caractère social », et ça tombe bien, la leur ressemble à la sienne. Ils l'adoptent, Tonton Coluche.

Il rentre avec l'envie de décocher ses traits à une gauche décevante, qui n'a pas réussi à changer la société, ou qui n'en prend pas le chemin. Les pauvres sont toujours des cons. Pendant son errance, il a quand même préparé quelques vacheries. *Rose promise, chôm'du.* A propos du chef de l'État : *Mimi, y s'est fait la gueule du timbre.* Ou, en version policée : *Il s'est fait la tête de la médaille.* Il interroge aussi : *La droite a gagné les élections. La gauche a gagné les élections. Quand est-ce que ce sera la France qui gagnera les élections?*

Il a préparé tout cela pour lui, espérant que ça pourrait servir, mais il réalise très vite qu'il n'est pas le seul à se désespérer, qu'ils sont nombreux à prendre ses mots au vol, à faire de lui leur champion pour cet autre ras-le-bol. A s'agiter dans le réalisme et à compter sur lui pour le faire savoir. En bas des classes d'âge, où l'argot de Coluche est devenu lexique d'adolescents. A mi-hauteur, du côté des artistes, où sonne l'heure de la « Charity Business », du caritatisme de show-biz. Les saltimbanques se sont lassés des politiques, et en Amérique, en Grande-Bretagne comme en France, se multiplient les concerts collectifs, les disques en faveur de causes nobles et délaissées par les pouvoirs publics de l'Occident.

Daniel Balavoine est parti en croisade en faveur du Sahel. Il a entraîné Coluche. Renaud et Valérie Lagrange persuadent plus d'une trentaine de chanteurs et de vedettes des médias d'offrir une chanson à l'Éthiopie, victime de la famine. Dominique Séchan prend Coluche par le bras, pour la séance d'enregistrement. Autant de stars rassemblées, de Julien Clerc à Alain Souchon, de Michel Berger à Francis Cabrel, cela constitue une jolie collection d'ego. Coluche se dévoue pour dérider l'œuvre généreuse. La famine ne doit pas les empêcher de manger ni surtout de rire. Pour la première fois, il raconte la blague qui, désormais, accompagnera le succès du disque au Top 50. « Qu'est-ce qu'il fait l'Éthiopien, quand il trouve un petit pois? Il ouvre un supermarché! »

A ces entreprises généreuses, il a seulement prêté son concours. Mais c'est lui qui paraît, dans l'opinion et la presse, devoir en endosser la responsabilité. Lui qu'on assimile spontanément à ces initiatives de la société civile. Coluche touche les dividendes inattendus de sa campagne de gueux de 1981. « J'ai considérablement élevé le niveau de la plaisanterie », avait-il alors lancé, avant de tirer sa révérence. Tous n'ont pas oublié.

Le chanteur Gérard Lenorman accuse Renaud de l'avoir oublié dans son recrutement de stars pour l'Éthiopie. Coluche doit calmer l'incident, à sa manière. « Inutile de s'énerver, explique-t-il, y en avait dans les chanteurs, que les Éthiopiens pourraient bien faire un disque pour eux ! » Des voix s'élèvent, doutant que le milliard de centimes rassemblé par ces « Chanteurs sans frontières » parvienne un jour à destination. « Bien sûr, y'a un risque, réplique Coluche. Mais, les baleines, on est sûr qu'elles toucheront jamais le fric. »

Il délire encore, prend les choses par la dérision, mais ses pitreries n'ont d'autre effet, insensiblement, que de le placer, malgré lui, en situation de porte-parole. Comme si l'époque avait besoin de poids lourds de l'agressivité, de bouffons courageux pour porter sa plainte.

Le 15 juin, il anime le concert de SOS-Racisme, avec Guy Bedos, devant six cent mille personnes, réunies place de la Concorde. Les « potes » l'ovationnent longuement. Le public l'entoure, et pour la première fois, il n'invective pas ses admirateurs. Il accepte même, ce soir-là, quelques invitations dans des cités de banlieues. On le presse. On le somme de s'y remettre. Lui ne demande pas mieux. Mais il lui faut un micro.

III

La direction d'Europe 1 rechigne encore à l'engager. « Il est ingérable, explique Jacques Abergel, le directeur général de la station à Paul Lederman. Je n'ai pas envie d'avoir encore des emmerdes comme en 1978 où sa collaboration s'est mal terminée [1]. »

Philippe Gildas, le directeur d'antenne, est, lui, favorable au retour de Coluche, rue François-Ier. RTL file à nouveau en tête des indices d'écoute. Europe 1, entre deux périodes de modernité, est retombée dans sa sclérose. Et puis Gildas a revu Coluche. « J'ai tout de suite compris, en le regardant, que j'allais dire oui. Il était sorti de ses obsessions. Il manifestait un appétit à faire, une pêche physique que je n'avais pas sentie chez lui depuis des années. Longtemps, il n'avait plus rêvé que de ce qu'il avait fait chez nous, et il s'était accroché à ce rêve. Il n'avait plus conscience de la concentration que lui avait demandé sa performance. Là, je le sentais, il pouvait redevenir le décodeur social qu'il avait été. »

Philippe Gildas sonde la station. Les étages se déclarent ravis de retrouver « le gros », ses voitures multicolores garées n'importe où dans la rue, ses éclats de rire à faire exploser les potentiomètres. La rédaction est plus réservée : devoir recommencer à excuser le clown auprès des hommes politiques ne l'amuse guère. Gildas adresse une note aux six premiers responsables de la station, avec une question : est-il intéressant de reprendre Coluche? Une réponse négative, cinq positives. Mais toutes renferment la même inquiétude : pensez-vous pouvoir le tenir?

Le 13 juin 1985, à la terrasse du restaurant de l'hôtel Plazza Athénée, Coluche, introduit par Philippe Gildas, est soumis à un éprouvant examen de passage par Jacques Abergel et Pierre Barret, le président d'Europe 1. On n'ose pas l'interroger directement sur la drogue, mais il y a trop de questions sur sa santé, sa forme physique. Les directeurs de la station souhaitent comprendre pourquoi, cinq ans plus tôt, il s'était tant acharné à déplaire aux veuves de guerre. Sommé par Paul Lederman de s'astreindre à la patience, Coluche explique longuement que l'entretien ostensible des souvenirs de guerre nourrit inlassablement l'instinct de barbarie, et que les commémorations ne font que maintenir la flamme de la guerre en temps de paix. « Je pense qu'on pourait tourner la page, c'est tout, le bordel, peut-être même atomique, viendra bien tout seul. » Pierre Barret acquiesce. Mais pourquoi, au micro, ne pas dire ces choses-là sans s'énerver? « Mais, je ne m'énerve pas! », ment Coluche.

La veille au soir, Paul Lederman a convaincu son protégé de mettre, pour les mois à venir, son orgueil dans sa poche, comme un chômeur envoyé par l'ANPE à un employeur. Du coup, inquiet d'un éventuel refus, Coluche, durant le déjeuner, supporte toutes les défiances, toutes les inquisitions subies. On le prend à l'essai, à la semaine, cet été même, pour remplacer Michel Drucker, pendant ses vacances. Un mois et demi, dans la tranche du matin, de 10 heures à 11 h 30. En 1978, Coluche aurait hurlé, renversé la table, montré ses fesses aux clients du Plazza. Coluche aux heures creuses! Et pour remplacer Drucker, tant apprécié des auditrices! Coluche intérimaire. Europe 1 lui a trop manqué. Il s'incline. Accepte aussi la première offre financière : 150 000 francs par mois.

Il les quitte, certain de s'être tenu correctement, d'avoir séduit Abergel et Barret. Paul l'attend, paraît approuver les humiliantes conditions horaires, mais explose à l'énoncé de la somme proposée. L'après-midi même, l'impresario emmène Coluche à Europe 1, force la porte de Jacques Abergel, son ami, et avec son irrésistible talent de camelot, à la passion, la persuasion, arrache une décision qui fera jaser dans les radios : Coluche percevra 500 000 francs par mois. Dans le couloir, sans un mot, Coluche embrasse son producteur. Il est stupéfait. L'autre joue les modestes : « Fais-moi confiance, on va faire mieux encore! » Ils se retrouvent en 1975, quand ils additionnaient leurs sales caractères, pour « baiser le système »...

« 500 000 francs, cela représentait trois fois le cachet de Michel Drucker, dix fois mon salaire, précise Philippe Gildas. Pourquoi cette décision? Lorsque Europe 1 investit dans une campagne de promotion, cela frise le milliard de centimes. Coluche allait être notre opération de pub. » Jacques Abergel n'a pas tout à fait abandonné sa prudence du déjeuner. Contre cette somme record, d'ailleurs versée à partir de la rentrée si l'intérim s'avère concluant, Paul et Coluche se sont engagés à hisser haut l'audience, à coproduire une campagne d'affichage, en septembre, si le saltimbanque fait toujours partie des troupes à cette date.

Coluche mise sa crédibilité; il le sait, le milieu professionnel s'interroge sur les chances de ce come-back mais, en cet été du retour au pays, l'ex-comique affiche un moral exceptionnel. Il paraît libéré. Rivé à son instinct de vie. « Qu'est-ce qu'on va leur mettre ! » répète-t-il, fiévreux et optimiste, ajoutant pour les amis qu'il n'a pas revu depuis longtemps : « Les vacances sont finies, elles m'ont fait du bien. Je sens que je vais me remettre au boulot. » Il se précipite dans le studio de Martial Courtois pour lui annoncer la bonne nouvelle. Leurs affaires reprennent. Mais le réalisateur pâlit. Il prend chaque année ses vacances en juillet. C'est la promesse faite à sa famille. « Bon, si tu la fais pas avec moi, y'a pas d'émission, je me tire ! » réplique Coluche. Il se calme devant le désarroi de cet ami qui l'a tant défendu. Martial est au bord des larmes, tiraillé par ce dilemme : une parole donnée et un sauvetage par les ondes. Touché, Coluche ! Ému, il insulte le réalisateur, et lui fait promettre de lui envoyer une carte postale par semaine. Il consent à patienter. Mais Courtois est quand même un « enfoiré » ! Des vacances !

Le 8 juillet, un immense tas de sable recouvre le trottoir de la rue François-Ier. Cela ressemble à un bout de plage à la ville. Des chaises longues ont été dépliées, un parasol planté. Coluche, en short, un bob sur la tête, s'amuse à faire des pâtés avec un seau et une pelle d'enfant. 10 heures. La plus invraisemblable des émissions commence, sous le regard ahuri des passants. Coluche a voulu penser à tous ceux qui n'étaient pas au bord de la mer. Une petite tranche de rêve. Sa première phrase ? « *C'est à peine commencé que c'est déjà le bordel !* » Il n'a pas entendu le générique. Il a parlé à micro ouvert. Le b-a-ba de la faute professionnelle. Magique, aussi, pour les auditeurs, pour les spectateurs de la rue qui s'esclaffent. Il est coupé de la régie. « *Y'a rien dans mon casque, mais je suppose que c'est normal ?* » Il s'énerve. Pour n'importe qui, ce serait déjà le bide, au mieux une maquette à recommencer.

C'est un chef-d'œuvre d'assurance et d'insouciance. Coluche « traque » sur un plateau de télévision, mais la radio le sécurise totalement. D'ailleurs, il prévient, d'entrée : « *Ceux qui croiraient que je viens encore pour me faire virer, ceux-ci se gourent ! Cette fois, je viens pour rester un petit peu.* » La fameuse méthode de Jean Yanne, appliquée en 1978, reprise comme une recette éprouvée. Pour son retour à la radio, Coluche refuse d'innover. Encore une fois, il ne fait que ce qu'il sait faire.

Sa comparse, Brigitte, une animatrice de la station, n'a manifestement pas l'expérience de ce naturel de dilletante. Sa voix laisse sans cesse transparaître son étonnement, et Coluche pour la dérider, multiplie les plaisanteries à l'adresse de sa compagne de chaise longue. Le premier disque est la chanson de Renaud pour l'Éthiopie, avec

« ceux qui chantent juste et ceux qui chantent tout juste ». La première agression est pour *Télé-7 jours* qui propose un concours aux auditeurs. « *Ce n'est pas une escroquerie, c'est un jeu* ! » La première revue de presse est consacrée à la police. « *Un CRS qui avait violé une gonzesse : on a décidé de ne pas le déranger. On va juste le muter. Comme ça, il pourra changer de gonzesse !* (...) *La police continue à nous emmerder* ! »

Puis il s'en prend aux fourrières, l'une de ses bêtes noires, en raison des centaines de divergences opposant, depuis des années, ses voitures américaines aux règles du stationnement dans Paris. Aux fourrières concédées par la Préfecture aux entreprises privées. « *On ne citera pas M. Rousselet, il est plus président de la fourrière des taxis G7. Mais il a pas lâché la monnaie !* » C'est l'heure des pubs, et il déteste toujours ça. « *Maintenant, on va manger un peu. La maison va se mettre à table avec un peu de publicité* ! »

Il a invité le comédien Farid Chopel à présenter son prochain spectacle. Brigitte, à ses côtés, a renoncé à faire passer cette liste de motifs de licenciement pour une émission de radio. Saluant les passants, occasionnant un magnifique embouteillage, Coluche est seul au monde sur son tas de sable. Royal.

Il n'est pas « viré ». La provocation avait été pronostiquée. D'ailleurs, l'émission trouve bientôt son rythme. Et son titre : *Y'en aura pour tout le monde*. A la journaliste d'Europe 1, Catherine Nay, qui paraît, au cours de l'entretien matinal, *Parlons vrai*, douter de cette affirmation, Coluche confirme : « Il y en aura pour la gauche, il y en aura pour la droite, il y en aura pour les extrêmes centres, il y en aura pour tout le monde, oui. » Le générique est un mixage de deux chansons des Stars Sisters. Coluche reprend aussi d'assaut la radio avec ses copains. Pas question de continuer seul. L'art, comme la rigolade, est affaire de famille. Ludo, Aldo Martinez, Dominique Esno, dit Nono, et Jean-Michel l'entourent. Le cru 85 ressemble à celui de 78. Des jeux, des blagues, la presse du matin. Une grande balade dans les tares de la société. Une cour de récréation.

Dès les premières émissions de la bande, les interlocuteurs de Coluche, au téléphone, tirent la discussion vers les sujets qui agitent la société. L'égoïsme des pays riches, la gabegie de l'opulence, la crise pour les malchanceux, le chômage, le racisme ordinaire. Entre deux plaisanteries salaces ou poétiques, Coluche répond sur le même ton sérieux. Puis, aussitôt, esquive par une blague. « *Comment on reconnaît le plus riche des Éthiopiens? C'est celui qui a la Rollex autour de la taille.* » Il est troublé : on ne lui parle plus tout à fait comme à un clown. Les auditeurs recherchent la sincérité dépouillée qu'ils ont découverte au *Jeu de la vérité*.

Pour un peu, on le prendrait pour un moraliste, un philosophe voltairien – Coluche répondrait qu'il ne connaît pas – et c'est sa réflexion qu'on sollicite, autant que ses fous rires. Chaque émission apporte sa question existentielle, et Coluche doit livrer le fond de sa pensée, et ce n'est plus tout à fait celle d'un comique de foire. Un immigré lui demande s'il faut rire des Arabes. La réponse est parfaite de subtil bon sens : « *Si on se moque pas des Arabes, c'est que c'est vraiment des Arabes, quoi ! A partir du moment où on peut se moquer d'eux comme d'un con ordinaire, à ce moment-là, y'a plus de racisme.* »

En septembre, il a gagné. Il est engagé pour six mois. Une campagne d'affiches décore Paris. Coluche tenant à la main une tarte à la crème. L'émission est un succès, pas encore la multiplication de l'audience des mois à venir – plus de 144 % –, mais une progression étonnante, au creux de l'été. Il a retrouvé Martial. Il a trouvé Maryse.

Une très jolie femme, mais pas de celles que Coluche fréquente. Pas une minette à éveiller chez lui l'envie d'un câlin expéditif. Une femme très élégante, réservée, pudique. Une mère de famille. La compagne de vie de Philippe Gildas. Un pilier d'Europe 1, la complice matinale, successivement, de Fernand Raynaud, d'Ivan Levaï, de Christian Morin et de Michel Drucker. A l'antenne, une voix claire, nette, tendre.

Philippe Gildas fait à Coluche le cadeau du professionnalisme de Maryse. Il a dit au comique : « Sois agréable ! Fais rire mais sois sympathique. Termine par un sourire, même si tu a été très méchant. Et puis, tu suis Maryse, tu lui obéis ! » « On n'en a plus jamais reparlé, explique le directeur d'antenne. Je n'avais pas besoin de lui rappeler ce qu'il avait perdu. » Coluche obéit à Maryse. Il n'a pas à se forcer. Sa rencontre avec l'animatrice, plus encore avec la femme, est un choc. « Il m'a acceptée au premier coup d'œil, raconte Maryse. Et moi, je l'ai tout de suite aimé. »

Maryse, pour Coluche, c'est d'abord une stupéfaction, comme celle éprouvée, au début, en face de Jacques Attali. Un univers inaccessible, une densité, une assurance de soi, une distinction déduites de l'éducation. S'il ne réagit pas, il va fondre. « Il a cherché tout de suite à me provoquer, se souvient l'animatrice. Il pétait, il rotait. Je lui ai dit que je ne supportais pas ça, et il a commencé à moins le faire. Il pinçait les fesses à toutes les filles. Avec moi, il n'a pas osé. Il voulait me choquer. Tout le monde savait qu'il entraînait des petites amies ou des prostituées dans les toilettes, juste avant l'émission. Ça lui éclaircissait la voix, assurait-il. Et il revenait en me racontant tout. Il avait besoin de se dire qu'il avait un sexe, et j'avais droit à tous les détails. Ce n'était pas drôle, et il en avait conscience. En fait, il m'offrait maladroitement le désarroi de son rapport avec les femmes. »

Maryse, c'est pour Coluche la chance de se confier à une femme. Tentative difficile, comme d'habitude. « Dès qu'il sentait sa propre fragilité trop voyante, il se dérobait et m'entraînait dans les éclats de rire. Ou lâchait une grossièreté, sachant que j'allais rentrer dans ma coquille, ce qui le mettait à l'abri. Il était heureux comme un enfant de me faire rougir. Mais c'était souvent dans les moments où la vie devenait douloureuse, quand il parlait de ses enfants, de ses années suicidaires. »

Très vite, Coluche, au milieu de la fièvre de l'émission, dans les gags et sa vie de tribu, soumet Maryse à son besoin empêtré, enfoui, d'affection. Il s'attarde l'après-midi dans leur bureau et invente n'importe quoi pour que la compagne de son directeur d'antenne ne s'en aille pas. « Je l'ai materné, il était touchant, invraisemblable de manque d'affection. Sa gouaille avait quelque chose qui ressemblait à des larmes. Mais je ne pouvais pas tout lui donner. Je restais trop tard. Il voulait nous entraîner, Philippe et moi, dans sa vie, ses nuits, et ce n'était pas notre façon de vivre. »

A la fin de l'été, Maryse annonce à Coluche qu'elle doit reprendre *Studio 1*, avec Michel Drucker. Elle est sous contrat. *Y'en aura pour tout le monde* passe l'après-midi, émission phare, joyau rigolard d'Europe 1, mais sans son animatrice, dont les rires gênés et attendris à l'antenne, la pondération, le sang-froid canalisent l'impétuosité du saltimbanque.

A cette nouvelle, qu'elle ne lâche qu'au dernier moment, un vendredi, bien sûr, il explose, la joue d'abord à l'autoritarisme brutal. « Tu te démerdes! A lundi! » Malheureuse, Maryse rentre chez elle. Coluche a été plus rapide. La concierge de l'immeuble, affolée, explique à l'animatrice que le palier et l'entrée de son appartement sont jonchés de gerbes de fleurs. Un petit mot, une feuille de cahier d'écolier, une grosse écriture d'enfant. « S'il te plaît, reste! Mimi, le plus gentil. » Comment résister? Maryse appelle Michel Drucker. Elle restera avec Coluche. Sans apprécier, Drucker comprend. « Je n'ai pas regretté, ajoute-t-elle. Coluche était un être rare, il ne faut pas passer à côté d'un être rare. »

IV

Il y avait bien eu méprise, de sa part. La capitale, le pays ne s'étaient pas lassés de lui. Ou alors, lui-même possède le don très particulier de refaire très vite parler de lui. Car, en ce mois de septembre, Coluche envahit à nouveau les gazettes. Son influence doit être bénéfique pour les ventes de magazines et les indices d'écoute des télévisions. La France doit s'ennuyer pour que se reposent, persistantes, les questions de 1981. Pour ou contre Coluche? Va-t-il trop loin? Est-il vulgaire, ou simplement grossier? *Le Point* lui consacre un article, ainsi titré : « Coluchissimo [2] ». Cinq ans après les derniers gags de la campagne électorale, son retour, aussi rapide, témoigne de la capacité, nécessaire ou inévitable, de Coluche à précipiter un mélange médiatico-social. Il attire les rieurs, réveille les réfractaires, ne laisse personne indifférent, à commencer par les directeurs de journaux, qui lui consacrent à nouveau des couvertures sulfureuses.

Et lui, il fait du surf sur ce matelas d'émerveillements ou d'agacement. Il a retrouvé ses chers détracteurs du *Figaro*. Deux ans plus tôt, il se plaignait encore de ne plus être critiqué par le quotidien du matin. Louis Pauwels, Renaud Matignon lui manquaient. *Le Figaro* retrouve sa tête de Turc préférée. Coluche est content. Tout va bien.

Il épouse Thierry Le Luron. Quelques semaines plus tôt, Yves Mourousi a annoncé son prochain mariage avec une jeune fille de bonne famille, Véronique d'Alançon. Un mariage très médiatisé, avec sponsors, vedettes, retransmission en direct depuis les arènes de Nîmes. Il y a de quoi se moquer, et l'idée en vient d'abord à Thierry Le Luron. Pourquoi ne pas singer cette union éminemment show-biz, la ridiculiser par « une action de carnaval? » Paul Lederman s'occuperait de tout, de rameuter la presse et la foule parisienne. Coluche ferait la plus distinguée des mariées. Paul a déjà trois téléphones à la main avant que l'imitateur ait pu achever sa phrase. Il trouve là le moyen de réunir enfin ses deux poulains, ses deux protégés indisciplinés, officiellement rivaux, pour le public, depuis le début de leur carrière respective.

Coluche s'empresse d'accepter le gag. Ravi de se travestir, de faire la nique à Mourousi, et d'amuser Paris. Plus profondément, sans avoir jamais entretenu de relations intimes avec son compagnon d'écurie, il supporte mal la suspicion qui entoure le jeune imitateur, depuis l'arrivée des socialistes au pouvoir. On l'accuse, même parmi le public de Coluche, de promouvoir un humour de droite, de s'en prendre à François Mitterrand, notamment à travers un méchant pastiche de la chanson de Gilbert Bécaud. *L'emmerdant, c'est la rose*. Thierry Le Luron réserve ses traits au nouveau pouvoir politique, et Coluche considère qu'il en a le droit. Pour le prouver, il a chanté, avec Le Luron, le texte lèse-majesté, lors du *Jeu de la vérité*.

Paul Lederman et Coluche ont le cœur à gauche, mais ils refusent toute exclusion, cette interdiction de rire du pouvoir, et aussi les rumeurs de plus en plus insistantes sur l'homosexualité de Thierry Le Luron. Ils vont imposer l'imitateur sur le dos de Mourousi. Paul a vu les choses en grand, cherché le juste point de rencontre entre la dérision et la popularité. Et bien sûr, c'est Coluche qui assumera le ridicule, le pathétique contenus dans cette union qui recherche volontairement l'ambiguïté. Celle de cette fausse cérémonie, mais aussi de la vraie.

Le 25 septembre, deux jours avant les noces de Nîmes, Coluche est une jeune mariée repoussante et touchante. Bravant les tabous, il se donne à Le Luron en blanc. Robe longue en tulle, aux manches bouffantes, collant résille sur son caleçon masculin. Jarretière, chaussures à talons. Chevelure blonde platinée, maquillage appuyé de putain sur le retour qui reviendrait au village épouser le petit épicier de son adolescence. Mariage digne du dessinateur Dubout, lui si mince, en jaquette et chapeau claque, elle si lourde, engoncée dans ses jupons. Lui si sérieux, elle s'excusant de convoler « enceinte de quatre mois », adressant des baisers à la foule, monstrueusement heureuse de ce bonheur qui lui confère une dignité acceptable pour la morale publique. Eux, jouant avec inconscience des sentiments sacrés, dans une France catholique, d'un rite intouchable, frôlant toujours les limites, drôles et inquiétants à la fois, par cette bouffonnerie extrémiste.

La noce prend d'abord pour cadre la « commune libre » de Montmartre et les ruelles entourant la place du Tertre. Le maire, Jehan Mousnier scelle, sous les flonflons des fanfares, cette union « pour le meilleur et pour le rire », assortie d'une promesse d'infidélité permanente. En robe de lamé et perruque argentée, Eddy Barclay est leur témoin moustachu. Carlos, en barboteuse, leur fils illégitime. Coluche a rameuté les travestis du Bois de Boulogne, toutes ses copines poudrées. Quatre calèches attelées attendent dehors, pour entraîner les jeunes mariés tout au long des rues de Paris jusqu'aux Champs-Élysées. Et tout au long, la foule se presse, des milliers de parisiens hilares, ravis, gobeurs ou râleurs, amusés ou indignés.

Devant Le Fouquets' où un vin d'honneur est servi aux époux et à tous leurs convives, Thierry Le Luron, soutenu par sa matrone, déverse ses sarcasmes sur le dos de l'autre mariage, le nimois. « Si notre mariage est aussi bidon, nous au moins nous le disons. » Il parle du « poids du show » et du « choc des homos ». Mieux vaut, à l'entendre, épouser « une fille réussie » qu'un « garçon manqué ». Puis la noce reprend sa marche lente, devancée par des centaines d'enfants, suivie, acclamée ou sifflée, par des motards, des rockers, des smicards-rigolards et des grand-mères stupéfaites, vers les studios d'Europe 1.

Ce 25 septembre, *Y'en aura pour tout le monde* est entièrement consacrée, dans les effluves d'alcool et la bonne humeur, à Coluche, la petite fiancée de la radio. Toute la station se bouscule dans les couloirs pour voir danser, sur la table du studio, cette grosse femme, en caleçon et collant blanc. Le Luron lâche encore une jolie vacherie : « Comme le mariage de Mourousi aura lieu dans les arènes de Nîmes, son épouse est assurée d'avoir au moins les oreilles. »

Cela vaudrait poursuites judiciaires. Mais personne, ce jour-là, n'aurait pu arrêter les deux iconoclastes, et toute plainte se serait sans doute retournée contre son auteur. Le jeune imitateur avait réglé, sur sa victime désignée, tous ses comptes d'un coup avec son milieu professionnel. Il avait su rire de sa propre réputation. Un peu mieux accepter sa propre différence. Et Coluche lui avait tenu la main.

« Chienlit, bouffonnerie, provocation? interroge Dominique Jamet, ravi de reprendre la plume à propos de Coluche. Mais, non, carnaval d'automne, saturnale paillarde et gaillarde, pied de nez à la morosité, à la crise, à la grogne [3]. » Toute la presse ne partage pas cet avis, mais toute la presse relate l'événement. Madame Le Luron, blonde sous son voile de tulle, fait la « une » des quotidiens. Interviewée par *France-Soir*, la Comtesse de Paris, épouse du comte Henri d'Orléans, estime que ce mariage pour rire est « *digne d'un mauvais carnaval* ». *Mais comme dit ma concierge : il faut de tout pour faire un monde* [4].

V

La moto, cette vieille compagne, sa solitude, vaut bien, aussi, un défi. Un pied de nez au sort et à la postérité. Un cadeau à son ventre, son poids. Un record du monde.

C'est resté longtemps parole d'après-boire, une vantardise de gosse pour impressionner les copains. Excellent pilote, Coluche a tout testé, ou acheté, parmi les grosses cylindrées. Il peut rouler très vite, sait reculer les limites de la peur, sur le périphérique, mais préfère le plus souvent jouir d'une moto comme d'une forme d'expression librement baladeuse, en groupe, et à faible vitesse. Il prise les promenades sinueuses et les machines à l'assise confortable. Il aime aussi ces deux roues pour leur légende made in USA, que sa sensibilité de midinette a adoptée dès l'adolescence. Ces derniers mois, il a beaucoup roulé, souvent parlé moto, comme si cet engin familier, partout de ses bagages, avait des vertus bienfaisantes pour son équilibre. Ses derniers voyages pour l'Italie, il les a faits sur l'un de ses vieux chevaux d'acier, mal adaptés à l'autoroute. En mars, il a assisté au Grand Prix de Daytona, aux États-Unis, la Mecque des motards du monde entier.

Mais tout cela reste encore un peu du domaine des loisirs, et ils sont encore nombreux, parmi les fanatiques de la moto, à croire que Coluche, comme tant d'autres vedettes, entretient surtout son image de marque de loubard de show-biz. Éric Courly, journaliste-esssayeur à *Moto 1*, lui raconte, un jour, l'étrange histoire du record du kilomètre lancé, jamais tenté depuis cinq ans, presque oublié, rivé à 250 km/heure de moyenne depuis le décès accidentel de son détenteur, un Anglais, mort, justement, d'avoir cherché à dépasser sa propre performance.

Pour l'Anglais, pour sa réputation de motard, et, enfin, un bonheur qu'il pourrait garder pour lui seul, Coluche, contre l'avis de Ludo, de Didier et de Jean-Michel fait l'acquisition d'un monstre, une Yamaha 750. Une machine de compétition, un ancêtre bientôt retiré de la vente parce que trop dangereux. Une OW 31. Prestigieuse mais maudite. Il s'entoure des meilleurs spécialistes des circuits, Éric Courly prévient la fédération, convoque les commissaires de course, le week-end du 17 juillet, sur le circuit italien de Nardo, dans les Pouilles, car les circuits français ne comportent aucune ligne droite assez longue. Coluche ne sait pas comment caler son ventre sur cette machine peinte en mauve, au design pour pilotes minces.

Il remonte la fermeture Éclair de sa combinaison de cuir, ajuste son porte-jarretelles rose autour du cou, disparaît sous son casque. A cinq reprises, il lâche les gaz. Mais les chronomètres livrent leur sèche vérité : il ne parvient pas à dépasser les 180 km/h. Il agonit tout le monde. On lui conseille de laisser tomber. La machine, surtout son curieux flottement, inquiètent ses proches. Rien de mieux pour qu'il s'obstine. Il recommencera.

Le 29 septembre, sous le soleil de plomb du Sud de l'Italie, Coluche, sur sa OW 31 mieux préparée, pulvérise le record du monde du kilomètre lancé, dans la catégorie des 750 cm^3. 13 secondes 9/100, soit une moyenne de 252,087 km/h. Soit, forcément, une pointe à plus de 300 km/h. « Ça fait vite ! », dit-il simplement, en rentrant à son stand. Il desserre son porte-jarretelles, aère sa combinaison. Il cst cn nage. Rayonnant. Il en danse sur la piste, crevé. Il en pleure doucement, le visage sur sa selle trop étroite. Le fils de Monette vient de réussir son certificat d'études. Pour un peu, il faudrait prévenir François Mitterrand ! C'est toujours ça de pris, pour calmer ses vieux complexes, plaire à Maryse et à Attali. Se plaire un peu plus, à lui.

Les journaux-moto du monde entier annoncent le record. La photographie d'un gros garçon, aux antipodes des physiques de champions, s'étale sur les couvertures.

VI

La plus juste appréciation du nouveau personnage, en cet automne de grâce, est portée par le substitut du procureur de la République près de la 14e chambre correctionnelle du Tribunal de Paris. Coluche « est une institution nationale ».

Bien sûr, ce jour-là, le 19 septembre, M. Jean Grimaldi, le magistrat, paraît regretter cette réalité. Coluche est de retour devant la justice, et ces comparutions ont toujours assuré, jusqu'ici, la publicité de l'artiste. Lui, le plus débridé des adversaires de la police, poursuivi pour outrage à agents. Prévenu, après avoir été condamné le 20 juin à deux mois de prison ferme par défaut, pour avoir négligé de se rendre à la première audience. Pendant son absence, le même substitut avait traité l'effronté dédaigneux de « La Bruyère des vespasiennes ». Réaction de Coluche : « Je connais pas La Bruyère, et les vespasiennes, quand je suis né, ça n'existait plus. Ça doit être une personne plus âgée qu'a dit ça. »

C'était cher payé, la condamnation, non la formule, pour avoir traité un gardien de la paix d'« enculé » et de « tas de merde » à l'occasion d'un autre incident de stationnement, rue Gazan. Mais Coluche risquait la geôle, et il a fait appel de la décision.

Ce 19 septembre, à la surprise de la presse et de tous les râleurs antiflics venus pour entendre quelques plaisanteries sur la maréchaussée, c'est un autre Coluche qui se présente à la barre. Toujours flamboyant, vêtu de framboise claire et chaussé de daim rouge, arborant la médaille de Chevalier des Arts et des Lettres, remise par Jack Lang quelques mois plus tôt, mais une star adoucie, sérieuse, comme on la voit souvent, ces semaines-ci. Coluche s'excuse, d'entrée, auprès du gardien de la paix, sans que cette concession paraisse lui coûter trop. Atmosphère détendue : le courroux de la justice est retombé. Le substitut choisit ses définitions avec davantage de prudence. Coluche écoute sans protester la liste de ses condamnations précédentes – dont celle, prononcée en Guadeloupe, pour avoir poussé un peu brutalement Blandin sur le chemin des Rocailles –, puis un autre cours sur les vertus de la sécurité policière.

Il n'a plus envie d'en découdre. Il aimerait que ce flic vexé lui serre la main, et qu'ils aillent arranger ça devant un verre. Mais la justice, sereine, doit suivre son cours. « Accepteriez-vous une condamnation à un travail d'intérêt général? lui demande le président. Étonné, pas très sûr d'avoir compris, Coluche accepte :

– C'est ce que je fais tous les jours, monsieur le président. Le métier que je fais est un métier de générosité.

– Le samedi? Le dimanche? interroge encore le magistrat conciliant.

– Moi, je veux bien. Un peu de jardinage, dans un jardin public. »

Coluche est condamné à soixante heures de TIG auprès d'institutions charitables. Coluche n'en revient pas. Il en éclaterait de rire, tant le président paraît avoir parfaitement pressenti ce qui anime le saltimbanque en cet automne de tous les tourbillons. Les « potes », les Éthiopiens, ces questions d'auditeurs, tout cela commence à l'obséder. « Je vais leur faire leurs heures, et même plus que ça » explique-t-il simplement en quittant le tribunal sous les applaudissements.

Tout lui réussit, et cette houle du succès retrouvé tourne à la popularité. Un sondage IPSOS pour *Télé 7 jours* du 21 septembre révèle que 51 % des Français se déclarent « pour Coluche ». 35 % contre. 14 % ne se prononcent pas. C'est beaucoup d'honneur. Presqu'un score d'homme politique. Bien sûr, on le juge toujours provocateur à 76 %, vulgaire à 72 %, sans scrupule à 65 %, mais sincère à 54 %, sympathique à 64 %, intelligent à 68 %, drôle à 63 %. Il n'est plus méchant que pour 22 % de personnes interrogées. Les qualificatifs positifs prennent peu à peu le dessus.

Coluche est partout, plus boulimique que jamais, et l'écho lui répond, lui renvoie cette abondance de bonne fortune. Le 27 septembre, il est à nouveau l'invité de Patrick Sabatier, qui a tenu sa promesse. « Il avait encore envie de parler, des choses à dire, explique l'animateur du *Jeu de la vérité*. Il avait trouvé les questions trop gentilles, la première fois. » Toute la presse évoque ce passage *bis*. Autre record d'audience. Et des questions tout aussi « gentilles ».

Il réalise un film publicitaire, soutient Le Luron, les « potes » et les Éthiopiens. Le 7 octobre, il inaugure *1 Faux*, son journal du soir quotidien sur Canal Plus. La chaîne par abonnement, présidée par André Rousselet – critiqué par Coluche quelques semaines plus tôt pour ses intérêts dans les fourrières privées – lui a proposé d'animer un journal parodique, tous les soirs et en « clair », de 20 h 15 à 20 h 30. Une carte blanche, en somme, parce que Coluche a accepté, à son habitude, sans avoir beaucoup réfléchi à la formule éventuelle. « Si c'était un jeu ou une émission très structurée, explique prudemment Pierre

Lescure, le directeur des programmes de Canal Plus, je pourrais vous en décrire le mécanisme. Mais, Coluche, c'est une griffe. Il sera comme il est. Moi, j'attends la première [5]. »

L'annonce de l'intronisation de Coluche à la télé coïncide avec la maturité de cette chaîne très décriée à sa création, et qui fête son 500 000e abonné. Les deux événements se répondent. Lui-même engagé pour présenter un « show d'infos » en mi-journée. Philippe Gildas a entraîné son porte-bonheur sur Canal Plus. Celui-ci y est un peu moins bien payé qu'à Europe 1, car, astucieux, Pierre Lescure a mis dans l'escarcelle le soutien de la chaîne à tous les projets de courses de bateaux à moteurs, de moto, d'auto-cross ou de stock-cars que Coluche veut organiser.

Il a d'abord songé à reproduire *Y'en en aura pour tout le monde* à la télévision. Il envisage de faire promener un car de direct en France permettant aux gens de lui poser des questions à l'antenne. Il a les informations à sa disposition, les reportages, les images d'actualité. Mais Coluche est rapidement dépassé par les exigences techniques de cet outil qu'il connaît mal, les heures de montages, les préparations de commentaires. Ses détournements de documents sont drôles, mais son quart d'heure se résume en fait à une exhibition face à la caméra. Il déchiffre ses notes assis à une table de présentateur. *1 Faux* vaut surtout pour le naturel du comique, ses impatiences devant les impératifs de la régie, son numéro de music-hall.

Beaucoup de téléspectateurs, comme prévu, délaissent les journaux des autres chaînes, après avoir regardé les titres de l'information, et s'accordent quinze minutes de dérision et de bonne humeur, à l'heure des mauvaises nouvelles, Coluche apparaît chaque soir dans un nouveau déguisement. Tous les travestissements possibles, tous les maquillages féminins, toutes les perruques. En Suisse, en Belge, en Noir, en Arabe. En prolo ou en homosexuel. En salopette, même celle des *Adieux*, oubliée depuis cinq ans.

Coluche paraît abonné à la réussite. Ses journées ne peuvent plus contenir la moindre heure de flemme. A 10 heures du matin, il arrive dans les studios de Canal Plus, visionne des reportages, rédige ses commentaires, avec son équipe d'Europe 1. Jean-Michel fouille la presse. Aldo tient prête la vieille DS-Citroën, rose ou tabac selon les semaines. Ils filent à Europe 1 autour de 13 heures, mangent en travaillant, revoient les blagues d'Aldo, les jeux de Ludo. L'antenne à 16 h 30. Une heure et demie plus tard, Coluche embrasse Maryse. Aldo évite les embouteillages. On corrige encore en voiture. Synchro, découpage à Canal Plus. L'antenne à 20 h 15, après les séances de maquillage et l'essai des déguisements. Puis Coluche et ses copains rentrent rue Gazan visionner d'autres images d'actualité, pour le lendemain.

En quelques semaines, ils sont épuisés par ce rythme. Coluche, encore, trouve à ses amis une petite santé. L'abus de travail lui fait oublier ses chimères. Et le métier d'acteur. « Je renonce au cinéma des autres », annonce-t-il. Désormais, quand il en aura le temps, il réalisera et produira ses propres films. Il a des projets plein les vieux cahiers d'écolier qu'il a enfin extraits des sacoches de sa selle de moto...

C'est indéniable : il a gagné en simplicité. Il accepte de parler de lui, en guette même la possibilité comme chez Sabatier ou au micro d'Europe 1. En retard de confidences, Coluche. A Dominique Jamet, il accorde un entretien, pour le numéro de *Play-Boy* d'octobre. Une autre opération à cœur ouvert. « L'absence de succès aigrit, convient-il, mais le succès, finalement, rendrait plutôt modeste (...) Je n'oublie pas qu'un saltimbanque, ça peut toujours retourner clochard, j'ai nourri suffisamment de copains, je sais de quoi je parle. Ça m'est arrivé à moi aussi d'être dans le trou complet, le jour où j'ai quitté le music-hall... »

Cet « ubiquiste qui est partout à la fois », selon la formule de *La Marseillaise* [6], paraît avoir changé de méthode pour se faire accepter. La société lui fait une place de choix, troublée par sa modestie inhabituelle, ses élans. Il se proclame toujours « semeur de merde », mais ses auditeurs, la presse, les téléspectateurs voient désormais plus que cela en lui. L'homme, plus que le clown. Sa fameuse invective, « Enfoirés ! » est désormais adressée sur un autre ton. C'est presqu'un petit mot tendre, qui fait une entrée remarquée dans le langage commun des préaux d'école et des émissions de variétés.

DIX-SEPTIÈME PARTIE

Y'EN AURA POUR TOUT LE MONDE...

I

Y'en aura pour tout le monde! Le titre de l'émission comportait une ambiguïté de taille, et c'était décidément trop voyant. Coluche avait trimballé, des années durant, cette menace qu'il destinait aux « enfoirés » de tous bords. Il croyait avoir enfin réussi à la placer. Mais l'époque, le contexte social national de 1985 arrachent en quelques semaines le point d'exclamation de cette formule, en vide le sens, plutôt en privilégie un autre. Humaniste, humanitaire. *Y'en aura pour tout le monde...*

Coluche, cette fois, ne parvient plus à s'échapper. A fuir plus longtemps la « zone », Montrouge, les images de la dèche et des précarités. Il l'a cherché, personne ne lui a forcé la main. Voilà des mois que, symboliquement, il laisse reposer ses propres contradictions. Il raconte lui-même les dernières heures de ce combat : « J'avais jamais entendu autant de cris de désespoir. Ces mecs qui écrivent " Coluche, sauve-moi ", ou cette gamine qui envoie une lettre : " qu'est-ce qu'on peut faire pour distraire ma maman quand elle est toujours triste? ". Je suis sollicité de partout. Du vrai braquage [1] ! » Il tente encore de s'en tirer, lâchement, en n'ouvrant pas le courrier qui déferle à Europe 1. Ou maladroitement, avec sentimentalité, en envoyant des chèques en cachette. A un père de famille de cinq enfants, chômeur de longue durée, qui annonce son prochain suicide. A des écoliers dont les familles n'ont pas les moyens de les envoyer en classe de neige, avec leurs copains. De la montagne, les enfants adressent des dessins de remerciement à leur bienfaiteur, que celui-ci accroche, faussement bougon, aux murs de son bureau.

Mais cela ne peut plus durer. Il a le cœur en miettes. Il va se mettre à chialer devant Maryse. C'est un auditeur qui le libère. L'un de ceux, de plus en plus nombreux, qui prennent appui, à l'antenne, sur l'opération en faveur de l'Éthiopie, pour dénoncer les injustices hexagonales. Philippe Gildas se rappelle cet après-midi de septembre où Coluche brise ses vieilles murailles. « J'écoutais l'émission de mon bureau. Une voix d'homme lui a dit : " c'est très bien ce que vous faites, mais savez-vous qu'en France, il y a des gens qui ne mangent pas à leur faim? Vous entendez, ici, chez nous, pas à leur faim!" Coluche n'a pas répondu tout de suite. Il a fait un blanc à l'antenne. Ça le laissait sans repartie. Il a ensuite vouvoyé le type, lui qui tutoyait tout le monde. Je crois que c'est là que ça a fait tilt. »

Après l'émission, il s'isole avec Jean-Michel. « Qu'est-ce qu'on fait? On plonge? » La bouffe, voilà le truc! Ils tournaient autour, avec leur envie d'attaquer le chômage, ou le fisc. Trop abstrait. Trop général. La bouffe, c'est le cœur du système. Hautement sensible, tripal. Jean-Michel est chargé d'explorer cette piste : où trouver de quoi manger? Combien sont-ils à vivre le ventre vide, au pays du pain et du fromage? D'autres auditeurs ont entendu le message d'indignation de l'auditeur. Le lendemain, puis, bientôt, chaque jour, reviennent les témoignages sur la malnutrition, sur ces familles, hier normales, qui mangent mal parce que le père ne travaille plus.

Coluche prévient sa bande : « Le premier qui insiste, il y a droit! » Le premier se présente, au téléphone, le 26 septembre. Il y a droit. « Y'a un truc qui commence à m'échauffer sérieusement, répond Coluche, droit dans le micro. C'est qu'on a reçu beaucoup de courrier de chômeurs qui disaient : " Vous chantez pour Médecins sans diplôme, mais tout le pognon s'en va à l'étranger. Quand est-ce que vous allez chanter pour les chômeurs? " Et j'ai une petite idée, comme ça. Si des fois, y'a des marques qui m'entendent : je ferai un peu de pub tous les jours. Si y'a des gens qui sont intéressés pour sponsoriser une cantine gratuite, qu'on pourrait commencer par faire à Paris, puisqu'on étalerait dans les grandes villes de France. Nous, on est prêts à aider une entreprise, comme ça, qui ferait un resto comme ça. Qu'aurait comme ambition de faire deux mille, trois mille couverts par jour, gratuitement. Alors, tous ceux qui sont intéressés, qu'ont des grosses cantines, qu'ont des restos, tous ceux qui sponsorisent, avec des marques d'alcool ou n'importe quoi, qui voudraient nous contacter pour ça, on est prêts à recevoir les dons, de toute la France même. Quand y'a des excédents de bouffe à droite, à gauche, et qu'on les détruit pour maintenir les prix sur le marché, à ce moment-là, nous, on pourrait peut-être les récupérer. Voir ce qu'on peut faire avec les agriculteurs qu'ont des excédents, ou avec les sponsors. Et puis, on essaiera, un jour, de faire une grande cantine, peut-être cet hiver. Gratos. Voilà. Je lance l'idée comme ça... »

L'inconscient! Le provocateur! Ignore-t-il les effets d'une telle annonce, sur les ondes de l'une des premières radios nationales? Non, bien sûr. Mais, s'il avait demandé la permission, c'était perdu d'avance. Après l'émission, il se retrouve dans le bureau de Gildas.

« Tu sais où on va ? On fait comment, maintenant ? demande ce dernier.

– Je sais pas, mais tu me laisses pas tomber ! »

Il a embarqué la station. Si Abergel ou Gildas font les sourds, si l'un d'eux dément, Europe 1 va passer pour une radio indifférente au malheur. Quelle contre-pub ! En 1985, la France ne plaisante plus avec la charité. Des auditeurs appellent déjà le standard, applaudissent l'idée. Un restaurateur de Chantilly, parce qu'il aime bien « l'enfoiré », propose d'ouvrir son établissement, le samedi, pour un service à l'œil. Une vieille dame a téléphoné. Elle ne sait pas quoi faire de ses journées, depuis la mort de son fils et l'éloignement de ses petits-enfants. Si elle peut aider... Dix, vingt offres de bénévolat, dans les premières heures. Les centres Leclerc, qui ont déjà mis en place un système de vente de repas complet à dix francs, demandent un rendez-vous à Coluche. Des cantines, des excédents, ils en possèdent, et dans toute la France ! Pas un instant, comme les autres auditeurs, leurs responsables des relations extérieures n'ont imaginé que le saltimbanque s'était jeté à l'eau sans avoir assuré ses arrières.

Henri Nallet, le ministre de l'Agriculture, invite, le lendemain, Coluche à passer le voir. Il a écouté l'émission. Il peut être utile. Ses collaborateurs et lui-même connaissent par cœur le monde de l'agro-alimentaire, et l'absurde logique des excédents. Depuis sa nomination à ce ministère, Henri Nallet garde sur l'estomac cette histoire de stocks de nourriture qui pourrissent dans les entrepôts ou sont déversés sur le pavé des manifestations paysannes, dans le seul but, Coluche a raison, de préserver les prix du marché.

Paul Lederman sent la nécessité d'intervenir. Une fois de plus, cela risque de partir dans tous les sens. Des chèques arrivent déjà à Europe 1, libellés à l'ordre de la station. Illégal. Même dangereux, pénalement, pour la radio. Les appels abondent. Des syndicalistes ruraux téléphonent pour donner la liste de localisation des réserves de beurre ou de lait en province. Paul n'a qu'un mot : structurer. Coluche a bien retenu le vieil enseignement de son impresario : seule une célébrité maximum permet de faire des choses dans ce pays. Coluche, avec l'appui de la rue François Ier et de Canal Plus, par sa popularité actuelle, peut risquer ce pari de tous les symboles. Mais ils jouent là avec un sentiment profond, un sanctuaire sacré pour les Gaulois. On ne rit pas de la faim, surtout si on la dénonce dans la rue.

« Il me faut un pouvoir, pour donner un peu d'air au ras du sol », expliquait Coluche. Il l'a. Mais son idée, comme le dit Martial Courtois, est « un pétard qui venait de nous exploser à la figure ». Le courrier contient de plus en plus de chèques. Des sacrifices de fauchés qui se pensent encore riches, quinze francs, cinquante francs, cent francs. Et un gros cadeau de Johnny Halliday.

Il faut d'urgence créer une fondation, ne serait-ce que pour dédouaner Europe 1, une association régie par la loi de 1901 et reconnue par la Fondation de France, garante de la régularité de la gestion des dons. Aldo propose pour générique de l'aventure « les cantines du cœur ». Trop misérabiliste, tranche Paul. Condescendant surtout, alors qu'il s'agit de permettre, par une assistance alimentaire, à des gens maltraités par l'existence, de conserver un peu de leur dignité sociale. Ce sera « les restaurants du cœur », bien vite surnommés *Les Restos du cœur*. Aldo, Ludo, Jean-Michel, Paul Lederman se retrouvent, en quelques jours, membres du conseil d'administration d'une œuvre de bienfaisance. Henri Nallet a conseillé à Coluche les noms des trois spécialistes, à la retraite. Paul Houdard, ancien P.D.-G. de Lesieur Algérie, Francis Bour, un polytechnicien et Jacques Marette, un ingénieur des Mines. Coluche les enrôle d'office.

Des bonnes volontés, à Paris comme en province, se déclarent prêtes à distribuer ces repas. Très souvent, des chômeurs eux-mêmes. Mais il faut les coordonner, surtout traquer l'excédent, gérer le prix d'un plateau, obtenir des rabais. Trouver des camions, des chapiteaux, réfrigérer, décongeler, etc. Coluche et Paul ont besoin de managers jongleurs de chiffres. Alexandre Lederman, le fils de Paul, étudiant à l'École Supérieure de Commerce de Paris, (ESCP), Sup de Co pour ses diplômés, leur offre ses fraîches connaissances, et celles des élèves de son école. L'ESCP, contre l'avis des anciens de l'école, qui refusent toute alliance avec des établissements moins renommés, va déclencher le plus étrange des tours de France des Grandes Écoles. De droite, de gauche ou apolitiques, des centaines d'étudiants se mettent à plancher, en grandeur nature, sur le même cours d'enseignement pratique : la redistribution des biens de l'opulence. Un vieux programme libertaire, appliqué, en 1985, par les enfants du capitalisme actif. « C'était incroyable, dit Alexandre, un bouffon et des bébés-managers du cœur ! »[2]

Coluche n'en revient pas de voir ces jeunes gens, souvent issus des meilleures familles, comme il le dit, du XVIe arrondissement, où *« rien que les épiciers ont le Bac et où les Arabes sont italiens »*, se dévouer à sa « combine » d'analphabète. Il appelle Alexandre « Docteur », les autres « Professeur ». Il fait la cour à des filles en jupe plissée et col Claudine.

Stupéfaits, ces étudiants écoutent la star penser la vie, et l'économie, comme un détrousseur pour qui tout est à prendre, à dérober, comme un natif de la pauvreté, incapable, même après la gloire, de croire que les choses puissent lui être dues. « On va les gauler, répète Coluche. On va leur piquer leurs excédents ! »

L'émission de l'après-midi a changé de nature. Coluche fait lui-même de la publicité à des sociétés qui se sont mises au service des *Restos du cœur*. A une chaîne de fast-food qui offre vingt-cinq mille repas. Un syndicat breton d'agriculteurs propose de livrer des œufs par train entier... à condition qu'on lui fournisse des trains. Coluche, à l'antenne s'inquiète du nom du ministre des Transports. Jean Auroux? Jean Auroux, donc, est instamment prié de donner ses trains. Si le ministère n'a pas promis dans la soirée, Coluche reprend le micro, le lendemain.

Une société d'informatique prête des ordinateurs aux étudiants de Sup de Co. Coluche explique, à l'antenne, à quoi vont servir ces ordinateurs. Lui-même est un peu approximatif, sur les quotas laitiers, l'organisation de l'industrie agro-alimentaire, les responsabilités respectives des pouvoirs publics et du secteur privé. Mais, dans l'ombre, des conseillers, de tous horizons commencent à lui faire parvenir des notes. Et comme il comprend vite, *Y'en aura pour tout le monde* devient, au fil des jours, un feuilleton sur la générosité des auditeurs et les complexités juridico-administratives de la rétention nationale des aliments. Au départ, l'idée paraît lumineuse : les stocks existent. On les redistribue.

Bien sûr, pas si simple. Les pièges se dressent partout. Chez les professionnels, dans les ministères, dans les partis, dans les syndicats. Mais la radio est un bon moyen de pression, et la France, en cet automne, s'engage dans une autre campagne électorale, en vue des élections législatives de mars 1978. Coluche distribue les bons et les mauvais points. Vante les mérites de Jacques Chaban-Delmas, évoque souvent, à l'antenne, le nom du maire de Bordeaux comme possible futur Premier ministre de la cohabitation prévisible. Simplement parce que l'ancien président de l'Assemblée nationale a apporté, parmi les premiers, son soutien aux *Restos* et que son épouse collecte les dons parmi les industriels d'Aquitaine. Gaston Defferre, aussi, est à l'honneur. Il donne de la voix à Marseille pour la distribution des repas frappés du logo de l'opération : un cœur, entouré d'une fourchette et d'un couteau.

Sans gêne, Coluche appuie ainsi sur les embarras de politiques en pré-campagne. Valéry Giscard d'Estaing passe un jour, dans le studio, saluer Coluche. Coluche lui demande d'intervenir auprès de ses amis politiques. L'UDF, grâce aux retrouvailles des deux hommes, apparaît en pointe, aux côtés des *Restos du cœur*. Dominique Baudis attribue une subvention aux bénévoles toulousains. Bernard Stasi, dans des interviews, soutient ouvertement la démarche du clown. Les socialistes sentent-ils le danger? En une semaine, quelques ministres font savoir que Coluche peut compter sur leurs experts. Le RPR paraît sourd aux appels de Jacques Chaban-Delmas? L'animateur d'Europe 1 reprend sa revue de presse...

Heureusement pour eux, les responsables politiques trouvent dans les improvisations tâtonnantes de Coluche, à l'antenne, une façon d'intervenir à peu de frais. Depuis quelques jours, il fait ainsi de la retape pour sa cause : « Envoyez vos ronds! Vous pourrez déduire les dons de vos impôts [3]! » De tous côtés, on lui fait savoir que la réalité fiscale des œuvres reconnues d'utilité publique est plus complexe. Ségolène Royale, chargée de mission à l'Élysée, l'invite à rencontrer un haut fonctionnaire... des impôts, qui, avec déférence et précision, lui détaille les méandres de la déduction fiscale. Trop compliqué! Peu incitatif, pour obtenir des dons. Coluche envisage donc tout simplement de changer la loi.

Sur la recommandation de Giscard d'Estaing, il est reçu, en compagnie de Jean-Michel, par le vice-président du Sénat, Pierre-Christian Taittinger, sous les lambris du palais du Luxembourg. Impressionné, Coluche explique qu'il serait normal que les donateurs puissent déduire soixante-dix pour cent des sommes versées de leurs impôts, et non de leurs revenus imposables. Après l'étonnement de rigueur, Pierre-Christian Taittinger présente le comique à ses collaborateurs, juristes ou spécialistes de la rédaction des propositions de lois. Après un déjeuner... à la cantine du Sénat, Coluche et Jean-Michel se congratulent dans la rue. « Tu as vu? dit Coluche, j'ai même pas mon certificat d'études, et ces mecs, ces sénateurs, sont en train de travailler sur une loi qui portera peut-être mon nom [4]! »

II

La machine du cœur est lancée. Personne ne sait encore très bien à quoi ressembleront ces *Restos*, ni s'ils s'installeront sur tout le territoire. Les calculs sont simples, et décourageants : si l'on considère qu'il faut nourrir chaque jour cent cinquante mille personnes – d'autres sources citent des chiffres allant jusqu'à cinq cent mille ventres vides – à cinq francs le repas, c'est sept cent cinquante mille francs qu'il est nécessaire de trouver à chaque fois. Les bénévoles sont au rendez-vous, dans à peu près toutes les régions. Plusieurs milliers, déjà. Les étudiants enquêtent, coordonnent. Plusieurs centaines. Le week-end, Paul et Coluche parcourent la France en avion, se font recevoir dans les mairies, les conseils généraux, qui promettent, pour l'hiver, leur assistance.

Paul s'énerve de ce système progressif, et trop lent, de persuasion. L'hiver commence le 21 décembre. C'est encore par les médias qu'il faut passer. Europe 1 est déjà impliquée totalement dans l'aventure. Bien forcée. Pourtant, le 14 décembre, un samedi, Philippe Gildas accorde six heures trente d'antenne à la cause retenue par l'enfant terrible de la station.

Dès 6 heures du matin, Maryse et Christian Morin attendent leurs invités dans le studio. Philippe Gildas et Coluche sont postés dans le hall. Qui espère-t-on? La rue et le show-biz. Les âmes généreuses, ceux qui peuvent donner confiance ou mauvaise conscience. Les « potes » et les enfants. Le premier à se présenter, à 6 heures 30 est le chanteur Daniel Guichard. Un lève-tôt. Puis, ballet bien réglé par Paul, Johnny, Lanvin, Patrick Sébastien, Enrico Macias, Sardou, Carlos, etc. Des messages ont été enregistrés. Montand : « (...) lui n'est pas récupéré par un parti ». Drücker : « Je vous demande pas grand-chose depuis que je fais ce métier. » Belmondo : « Michel, je suis à ta disposition. » Dans le hall, Coluche remercie par des pirouettes. « Y'a le p'tit Manuel qui est venu nous apporter sa tirelire. On lui a vidé! »

Harlem Désir, responsable de SOS-Racisme, arrive pour témoigner au nom de ceux que Coluche a aidés. « La p'tite main qu'il m'a fait porter se rapproche du cœur », dit Coluche. Il plaisante toujours, mais, en direct, on le sent ému. « Y'a une dame qui est venue me donner son temps de vacances. » Maryse irrigue cette tendresse bourrue qui encaisse trop de sourires et de signes à la minute. « C'est quand même vachement sympa de faire plaisir », avoue Coluche. Martial Courtois quitte un instant sa régie pour voir son ami recevoir une autre tirelire des mains d'une petite fille, la vider devant les photographes, puis, tournant soudain le dos, enfouir rapidement quelques billets dans la fente, avant de restituer la caissette à sa jeune propriétaire.

Snobé, Coluche. Le show-biz étant ce qu'il est, mais d'abord un milieu fragile et sensible, l'humoriste voit venir à sa cause, dans ce hall où ils sont des dizaines à se presser, bien des vedettes dont il s'est toujours moqué. Les femmes, surtout, qui ont fait les frais de ses plaisanteries et de celles d'*Hara-Kiri*. Rika Zaraï, Dalida, Mireille Mathieu ne sont pas rancunières.

Cette journée de lancement rapporte la somme de cinq millions de francs. Trop peu encore pour fournir plus de quelques semaines de repas. Mais Coluche affiche une étonnante assurance. « La France, explique-t-il, c'est quand même un pays de bouffe. Ça fout les boules que des gens soient obligés de faire les poubelles pour se nourrir [5]. » La cause est imparable, consensuelle, et lui va tellement bien. « Verrait-on un maigrichon étique à la tête d'une campagne pour les restaurants du cœur? demande Bruno Frappat, dans *Le Monde*. Suivrait-on au doigt et à l'œil les ordres d'un prophète revêche, ascétique et hargneux, quand ce rondouillard nous explique si bien que manger à sa faim est l'un des droits de l'homme? Et nourrir les autres, un moyen de digérer plus aisément. Là est le coup de génie de Coluche : dans la parfaite adéquation entre son personnage et son combat [6]. »

Bien sûr, Coluche et la bouffe. Deux synonymes. « Parce que c'était le moyen le plus symbolique, pour lui, de rendre, de rembourser à la vie », estime Jean-Michel Vaguelsy. Parce que Montrouge, et Bouboule. Parce qu'il est des réussites, des fortunes qui restent illégitimes, quoi qu'on fasse, des dilapidations d'argent, des dépenses somptueuses, des cadeaux de prince qui ne vous lavent jamais de la première privation. Des graisses de déguisement qui ne masquent pas les malnutritions de l'âme. Rondeurs de la pauvreté, ou de sa peur. Transparent, évidemment. Coluche rend la monnaie, et tout le pays y est sensible, car il n'y a qu'une attitude que tout le pays ne pardonne pas aux « anciens pauvres » : les pertes de mémoire.

« Originaire, pas solidaire », avait-il affirmé jadis. Vrai, encore, en 1985. Ou plus nuancé. La colère célinienne a pris un drôle de détour. Il les critique, les malmène toujours, mais les préfère convenablement nourris, ses « beaufs ». Il n'est plus certain que Papy Moujot ait beaucoup fréquenté les restaurants, que son « flic » ne se soit pas précipité vers l'uniforme pour l'assurance de la cantine. Y aurait-il autant de racisme, semble demander Coluche, tant de cons, si le dessert était toujours servi avec le fromage?

Mettre ainsi, sur la table d'une société excédentaire, la hantise du manque, c'est une autre façon, aussi, de revisiter ses personnages de music-hall. Même l'*Ancien Combattant*, sketch beaucoup plus tendre que ne l'ont cru les associations de veuves de guerre. «*Alors, nous, on leur a jeté nos boîtes de corn-beef, pleines,* racontait le survivant de 14-18. *On en avait plein! C'étaient des petites boîtes, kaki dehors, vous savez, caca dedans. On en avait beaucoup, c'étaient des boîtes qui nous restaient de la guerre de 1870, déjà. Mais il en est resté assez pour faire toute la guerre de 40! C'est seulement arrivés en Algérie qu'on leur a dit : voilà! on vous laisse l'Algérie, mais vous nous prenez le corn-beef! Alors, ils sont partis avec, c'est plus tard seulement qu'on l'a vendu à Jacques Borel, m'enfin ça...* »

Pierre Richard le confie, le 14 décembre : « comme toutes les idées simples, il fallait la trouver ». L'opinion – on ne parle plus de public, désormais, lorsqu'il s'agit de Coluche – voue au moins, au « gros » la reconnaissance de l'évidence des *Restos du cœur*. On le range dans une autre galerie de portraits, du côté de Mandrin ou de Zorro, avec les redresseurs de tort. Car il ne fait pas la charité, et il éprouve même du mal, lors d'une réunion, à en persuader les œuvres caritatives nationales : il tire inlassablement, en ce début d'hiver, sur l'une des failles béantes de la société. Ces repas à trouver sont propriété collective. Les chômeurs qui commencent à faire la queue pour un plateau à 5 francs, à Lille, à Toulouse ou en banlieue parisienne, ont payé d'avance, aux impôts, à l'assurance sociale pendant leurs années d'emploi. Coluche dénonce encore, et personne sur ce sujet ne peut lui donner tort. Les stocks ont été réglés, à la sueur. Mouvement unanimiste de râleurs qui devine vite que « l'Enfoiré » a mis le doigt sur une sale vérité.

Et comme il le dit à l'antenne, comme il démonte les mécanismes du secret alimentaire, menace les industriels qui jouent le beurre ou le sucre en Bourse, comme il rappelle sans cesse que l'hiver 1984 a vu des Français mourir de froid et que l'hiver revient, le comique emporte l'adhésion de tous ceux qui se sentent cocus, et qui reportent leur aigreur sur la bouffe. Quand les gens viennent à Europe 1 déposer un chèque, ou prêter leurs bras, ils l'appellent de plus en plus souvent « Monsieur Coluche », ou « Michel Coluche ». Mal à l'aise que seul un sobriquet préside cette « combine » de salut public.

III

Heureusement, il dérape avant d'être sanctifié. Une bourde, comme celles qui jalonnent sa carrière, un coup de sang de star soupe au lait. Il a accordé à Christine Clerc, journaliste au *Figaro-Magazine*, un entretien, après l'émission d'Europe 1, dans les bureaux de son équipe. Projet doublement maladroit. De sa part à lui, car, à force, il devrait connaître son tempérament, son intolérance de la presse, et sa hargne chronique contre le Groupe Hersant.

De sa part à elle, aussi. Christine Clerc a rédigé, quelques semaines plus tôt, un article au vitriol qui débutait ainsi : « En écoutant Europe 1. Coluche, encore lui ! Sa vulgarité, sa dérision, son mépris de la langue française – qui n'a d'égal que son mépris des êtres humains (une femme, pour Coluche, ce sont des mamelles, un ventre, un c...[7] » C'était sa liberté de journaliste, de jugement et de plume. C'était courir le risque, aussi, d'un accueil glacial, témérairement aller à l'inévitable incident.

Ils y vont. Dans *Le Figaro* du lendemain, Christine Clerc en donne sa version : « Au fond, lui dis-je, tous ces hommes politiques, tous ces gens qui vous reçoivent, vous font la cour et vous applaudissent, vous les méprisez... Je n'ai pas le temps de terminer ma phrase, Coluche est débout, les yeux exhorbités : " Petite conne, crie-t-il en m'empoignant les épaules, tas de merde ! C'est toi qui pues le mépris ! C'est ton journal de merde qui est raciste ![8] "... »

En fait, la journaliste a posé des questions acides, et Coluche n'a pas su se contenir, face à la désapprobation contenue dans ces questions. Selon certains témoins de la scène, et Christine Clerc elle-même, il lui enfonce sur la tête le chapeau tyrolien à plumes qu'elle porte ce jour-là, la soulève, et la pousse hors du bureau.

Elle réapparaît pour récupérer son sac. Quelques minutes plus tard, alors qu'il longe le couloir, une bouteille de plastique pleine d'eau à la main, il croise l'intrépide journaliste. « Vous êtes sensible ! » lui lance-t-elle. Il verse l'eau de la bouteille sur le chapeau.

Coluche dans ses bévues. Une de plus, à ajouter à la liste de ses éclats à l'égard de la presse. Mais Christine Clerc est une journaliste en vue, et le moment fort mal choisi. L'arrosée annonce qu'elle porte plainte pour coups et blessures. Ses confrères comprennent que Coluche l'a giflée. Claude Sarraute, dans *Le Monde* écrit : « (...) il lui a cogné la tête contre le mur en hurlant [9]. » Hâtif. Que *Le Figaro* se déchaîne contre le comique aux mauvaises manières est normal, presque réconfortant : Coluche et le quotidien du matin entretiennent des relations suivies depuis tant d'années...

Mais toute la presse s'empare de l'incident, le répercute en le grossissant. A chaque nouvel entretien, les semaines suivantes, Coluche doit se justifier, s'excuser. « Je n'ai pas pensé qu'elle ferait quatre pages de cette histoire. Un vrai roman ! Moi, le chapeau de Clerc, je l'aime beaucoup, il a été mouillé, c'est pas juste. C'est en fait son éducation qui a été froissée, c'est sûr. Alors, le lendemain, j'ai failli lui envoyer des fleurs avec un petit mot : " Je vous ai envoyé de l'eau, voilà les fleurs qui vont avec (...) " Elle dit avoir porté plainte. C'est faux. Elle ne peut pas. Il y a pas eu coups et blessures. Son manteau et son chapeau peuvent, à cause de l'eau, mais pas elle [10]. »

Christine Clerc porte plainte. Europe 1 présente ses excuses. Cependant, l'indignation met du temps à s'atténuer. Yves Montand envisage même de décliner la proposition qui lui a été faite de participer à la chanson des *Restos*, composée par Jean-Jacques Goldman. Engagé dans une aventure humanitaire, vanté pour son cœur, Coluche ne peut plus se permettre les écarts de loubard. On vient, de manière insistante, de le lui faire savoir.

« C'est vrai, concède Coluche, je me laisse parfois prendre. Si je réfléchissais, je ne me fâcherais jamais avec un journaliste. Seulement, il y a des choses qui me touchent, et là j'éclate. J'attaque tout le monde, donc on peut dire ce qu'on veut sur moi, mais pas sur les *Restos du cœur*. Ça vient comme ça. Cinq minutes après, je regrette. Peut-être qu'un jour j'arriverai à me calmer. Mais au fond, j'espère que non. D'ailleurs, dans mon métier, si on n'avait que des qualités, on n'intéresserait personne (...). Franchement, je suis capable du meilleur comme du pire, mais, dans le pire, c'est moi le meilleur [11]. »

IV

Les saltimbanques sont aux commandes d'une impressionnante entreprise qui étend ses ramifications dans près de deux cents villes de France. Paul Lederman mène les *Restos* comme une immense opération promotionnelle, mais son savoir-faire de la multiplication, son art de producteur façonnent, cette fois, la gloire d'une idée. Pub, presse, télés, pub, presse, télés, et insomnies...

Le 26 janvier, l'impresario organise avec TF 1 et la plupart des grandes radios un *Spécial Restaurants du cœur*, un show de quatre heures, avec pour vedette les bons sentiments, tout un dimanche après-midi d'antenne consacré à la générosité. Le plateau de rêve, servi à l'« Enfoiré » et à son histoire de redistribution alimentaire. Comme la campagne électorale avance, et que les *Restos* manquent encore de dons, Coluche oblige les hommes politiques de la majorité et de l'opposition à rengainer leurs lames, le temps d'un plaidoyer œcuménique.

Au milieu des habitués du music-hall et de la chanson, aux côtés des amis, de Johnny et de Guy Bedos, les présentateurs célèbres, dont Yves Mourousi et Guy Lux, se font un devoir de lier par serment des personnalités qui n'ont guère l'habitude de sourire ensemble aux caméras. A deux mois de l'empoignade générale, les saltimbanques contraignent les partis rivaux à taire leurs querelles et à mettre leur reste d'influence au service des ventres creux. Dans le vaste studio de la Maison de la Radio, Coluche mène la danse, Monsieur Loyal de cet hallucinant spectacle prémonitoire de la future cohabitation. Il arrache, aux rires, aux gags, à la sincérité, le même soutien à Alain Juppé et à Michel Rocard, à Dominique Baudis et à Lionel Jospin, à Bernard Stasi et à Jean Auroux. Valéry Giscard d'Estaing et Gaston Defferre ont droit à un « duplex ». Ils parrainent les *Restos* depuis les premiers jours. Coluche fait de la retape pour ceux, quelle que soit la couleur de leur drapeau, qui favorisent la diminution du prix des repas servis sous les tentes. Henri Nallet est présenté comme un « pote » : depuis des semaines, il discute avec Coluche, libère des stocks, malgré les règlements. Le patron des *Restos* se sent même tellement en confiance avec le ministre de l'Agriculture qu'il a allumé un joint à sa table.

« Saint Coluche », comme l'écrit *Libération*, précipite ce jour-là le vieillissement des points de vue partisans, dans une France qui veut manger et faire manger au centre, en tout cas hors des chapelles, et qui s'appuie sur le show-biz pour en informer les premiers intéressés. L'émission de TF 1 rapporte vingt-trois millions de francs aux *Restos*. Les sauve, sans doute. Car les dons privés ne suffisent pas, les bénévoles épuisent trop vite leurs réserves devant les files d'attente. Le passage des hommes politiques à la télévision a rassuré les industriels. De gros chèques parviennent enfin sur le compte bancaire géré par les étudiants de Sup de Co.

A la fin de cette campagne d'hiver, par la volonté du clown, huit millions et demi de repas auront été servis, grâce à quarante millions de francs de dons. Dix mille tonnes de marchandises transportées et réparties dans deux cents villes. 150 000 plateaux distribués, chaque jour, pour un coût unitaire définitif de 4,35 francs.

Un peu dépassée au début, en butte aux réticences de sa rédaction, Europe 1 a renforcé sa réputation de radio humanitaire. Comme au temps de *Vous êtes formidables* de Pierre Bellemare. Coluche a arrêté sa prestation à Canal Plus, mais il suit la croissance des *Restos* depuis sa tour de contrôle de *Y'en aura pour tout le monde*. L'émission est prolongée jusqu'au 21 mars, jours du printemps. Elle brasse la confidence sociale, de plus en plus impliquée dans la campagne électorale, au fil des semaines. Coluche milite pour François Mitterrand, le seul homme politique à ne pas être menacé par les prochaines législatives. Il vante le talent d'un jeune iconoclaste : Jean Roucas. Il est partout. L'hiver de Michel Colucci, vedette de Montrouge, et roi des « enfoirés ». L'insulte est devenue emblématique. Monette est fière de son fils.

Coluche est la vedette préférée des 15-24 ans, selon un sondage publié par l'*Événement du jeudi*. 52 % d'opinions favorables [12]. Loin devant les autres. Loin devant n'importe quel politicien. Il a payé sa dette à la justice en baptisant, à Quimper, un trimaran mis à l'eau pour la réinsertion de jeunes délinquants. Il a accepté d'échanger sa vieille DS contre une Mercedes plus présentable : l'homme en salopette est reçu dans les salons.

Il reçoit aussi, rue Gazan. Le chef de l'État vient, le 5 mars, lui rendre une visite de politesse, accompagné de Jacques Attali et de l'épouse de celui-ci. Visite des lieux saints, de l'étage à la piscine. Grande bouffe, préparée par Anita, jeune cuisinière qui a traversé, sans s'émouvoir, l'histoire mouvementée de la tanière. Durant le déjeuner, pour l'essentiel consacré aux perspectives de la cohabitation, et à la personnalité de Michel Rocard, Paul Lederman, Jean-Michel écoutent, médusés, le président reprocher gentiment à Coluche une blague salace qu'il a entendue sur Europe 1. « (...) une blague vraiment... très crue, a ajouté François Mitterrand. J'ai même refusé de l'entendre jusqu'au bout. C'était une histoire de moquette. » « La blague en question, notent les amis du comique, relatait les déboires d'un type tellement amoureux que, perdu entre les cuisses de sa compagne, il finit par bouffer la moquette [13]. »

Pour remercier le chef de l'État de sa venue, rue Gazan, Coluche écrit une lettre à François Mitterrand. Une lettre gauche et enthousiaste d'admirateur. « Mes camarades et moi avons été très honorés de vous recevoir, nous regrettons juste que ça soit pas plus souvent! C'est l'aboutissement d'une carrière de " militant " que d'approcher son président. Vous m'avez épaté à la télévision et je pense que vous atteindrez 65 % de popularité avant la fin de l'année (plus fort que Reagan!). Vous avez battu la droite en 81, maintenant vous allez la commander jusqu'en 88, je ne vous dirai qu'un mot : Bravo, continuez! C'est super [14]! »

V

A la fin du printemps, avant de partir en vacances à La Réunion, avec son équipe d'Europe 1, et de rejoindre pour quelques jours Maryse et Philippe Gildas à l'île Maurice, Coluche a envie de remercier tout le monde. Giscard, à qui il écrit : « (...) Je voulais aussi vous féliciter pour l'excellente campagne que vous avez menée. J'ai été ravi de retrouver à la télévision le Président qui nous avait séduit en 1974 [15]. » Beaucoup d'autres, anonymes ou célèbres, qui, à travers *Les Restos*, l'ont aidé, sans le savoir, à se vider d'un poids. Renaud, qui offre son dernier concert du Zénith aux cantines de son ami. Coluche traverse la salle sous les ovations, pour rejoindre le chanteur sur scène. « Un triomphe, note *Le Monde*. Des milliers de poitrines jaillit le cri de ralliement de cette étrange, nocturne et post-électorale assemblée, un cri de guerre pour une subversion des valeurs, un substantif ironique, incorrect, célébrissime : « EN-FOI-RÉ ! EN-FOI-RÉ ! [16] »

Pendant cet hiver des superlatifs, Coluche avait redouté la comparaison journalistique avec l'Abbé Pierre. Pour la prévenir, il s'était un peu moqué, comme ça, tendrement. « Un brave vieux, l'abbé Pierre. Mais il se crève au boulot. Il n'a que Dieu pour l'aider. Moi, j'ai les médias avec moi et je suis pas près de leur lâcher la chemise ! » Bien sûr, la comparaison a été servie, en titre de presse. « L'abbé Pierre du show-biz. »

Mais ce que ce hâbleur n'a pas claironné, c'est qu'il a rencontré l'abbé. Il est venu le voir en douce, et personne n'en a rien su avant que le saint homme, le vrai, ne lâche, plus tard, la nouvelle. « Il est entré, racontera l'abbé Pierre. Nous étions debout au coin d'une table, et il est resté silencieux quelques instants. Il me faisait l'effet d'une espèce de grand collégien penaud qui était là, embarrassé. Puis il a mis la main à sa poche. Il a posé un chèque sur la table, et il a dit : “ et puis voilà ”. C'était un chèque de cent cinquante millions de centimes [17]. » Le reliquat des avoirs bancaires des *Restos*.

Jean-Michel assure que c'est le fils de Monette, l'enfant de banlieue, et non la star, qui a surpris l'abbé dans sa sieste, ce jour-là. Sans doute. En tout cas, comme une large partie du pays, le curé des Compagnons d'Emmaüs a changé d'impression, cet hiver-là, sur le comique imprévisible. A propos de sa brève rencontre avec son nouveau confrère en dévouement, l'abbé livrera ce sentiment : « C'était un moment, pendant que nous étions ensemble, où le masque de Coluche s'est levé, où une émotion lui est venue [18]. »

Jean-Michel assure que c'est le fils de Monique, l'enfant de banlieue, et non la star, qui a surpris l'abbé dans sa détresse, ce jour-là. Sans doute. En tout cas, comme une large partie du pays, le curé des Compagnons d'Emmaüs a changé d'impression, cet hiver-là, sur le comique imprévisible. A propos de sa brève rencontre avec son nouveau confident du dénouement, l'abbé livrera ce sentiment : « C'était un moment, pendant que nous étions ensemble, où le masque de Coluche s'est levé, où une émotion lui est venue[18]. »

DIX-HUITIÈME PARTIE

L'ÉTÉ S'ANNONCE BEAU

I

Mai 1986. Un an après, presque jour pour jour, Coluche est de retour dans Cannes. Il a même pris pension à l'hôtel Martinez, bien avant le Festival, histoire de montrer qu'il n'est pas venu pour le cinéma. Et, d'ailleurs, le lendemain de la soirée d'ouverture, il quitte la ville.

Il va quand même saluer la profession, mais avec une désinvolture rigolarde, une indifférence joyeuse, comme celui qui reviendrait vers un ancien employeur, après avoir trouvé mieux. Il apparaît en minijupe moulante, couvert de bijoux, fardé. Une blague très familiale : Miou-Miou, Gérard Depardieu et Michel Blanc doivent présenter *Tenue de Soirée*, un film de Bertrand Blier très marqué par le travestissement. Sans son contentieux larvé avec le septième art, sans *La Femme de mon pote*, sans ses cinq dernières années, Coluche aurait peut-être remplacé l'un de ses deux amis dans un rôle ambigu à perruque. Il se montre déguisé, certain de créer l'événement, pour rappeler, en passant, que lui sait même être femme à la vie.

Il a fait mieux la veille. Estimant péremptoirement que le Festival allait être morose cette année, il a choisi d'amuser le parterre en attraction pirate. Sorti en short, torse nu de son hôtel, il a remonté la rue d'Antibes, longue artère commerçante, en offrant sa métamorphose aux gosses qui l'entouraient et aux passants. Il a acheté une robe, l'a passée. Dix mètres plus loin, chez le chausseur, il a essayé des escarpins. Plus loin, une perruque, au carrefour suivant de la lingerie, au bout de la rue, des bijoux. Dans une parfumerie, il s'est fait un maquillage. Puis, il est revenu, assurant le spectacle dans le centre-ville, improvisant *Tenue de soirée* pour les Cannois et les clients du restaurant de l'hôtel Martinez.

En fait, s'il s'en va, c'est chassé par les festivaliers qui le privent de la suite qu'il occupe, depuis deux semaines, avec Ludo et Didier. Car Coluche s'est remis au travail. Il écrit des sketches, prépare son retour au music-hall prévu pour le début de l'automne au Zénith, et ça le perturbe un peu. Alors, il vagabonde dans les lieux qui lui paraissent bénéfiques, comme le palace de la Croisette. Le premier jour du Festival, la tribu remballe « le filet à provisions », les motos, les jouets et quitte la ville pour s'installer, vingt kilomètres plus haut, dans une propriété de Châteauneuf-de-Grasse, le domaine de Saint-Jaume. Un ancien monastère, « vite transformé en bordel », selon Ludo.

Il n'est plus de ce Festival. Il y fait un tour, nuance, comme un campagnard au bourg, surpris de la tension nerveuse et des insomnies des compétiteurs. Dans un coupé Jaguar, il vient prendre ses amis de Canal Plus ou d'Europe 1, des comédiens, pour leur permettre de respirer, le soir, l'air pur de ses montagnes fleuries. Coluche travaille, cela s'est su partout, et une certaine concentration lui est nécessaire. Tous les copains présents dans la région sont donc priés de venir faire du bruit dans la maison. Certaines nuits, au programme, des feux d'artifice dans le jardin. Des cris d'enfants dans la piscine. Il écrit le matin, dicte des phrases à son cher dictaphone retrouvé, mais s'arrête à l'heure du petit déjeuner. Et comme les petits déjeuners se succèdent au rythme des levers dans la propriété, les pauses se répètent. Des télévisions ont été louées pour pouvoir suivre la Coupe du monde de football à l'ombre ou au soleil.

L'après-midi, il se balade à moto, entre Grasse, Valbonne et Mougins. Ou pousse jusqu'à Cannes, à la plage de la Sportive, où, avec Ludo, Didier et Aldo, il a réussi à réparer un vieux baby-foot. Un jour, en deçà de la Croisette, il est tombé sur Thierry Le Luron. Comme Paul Lederman, il sait l'imitateur atteint d'un mal incurable. Il ne peut s'empêcher de lâcher cette boutade : « Comment tu veux que je m'habille, puisque je vais être ta veuve? » Et puis, bien sûr, il regrette immédiatement, s'excuse, entraîne Le Luron vers la mer. Les deux comiques marchent un peu, sans parler, les pieds dans l'eau.

Il revoit aussi Gérard Depardieu. « Il était en harmonie, explique le comédien, en possession pleine de ses moyens, les plus tranquilles, nobles, en état de grâce (...) Il était tellement serein, tout passait. Au Zénith, ça allait être quelque chose [1]. » Cet avis résume bien les impressions de ceux qui le croisent. Coluche sort renforcé, rasséréné, de ces douze mois de purgatoire mental. Il s'est épuré des derniers miasmes de son errance passée. Il a reçu de la vie, toutes ces dernières semaines, plus de preuves qu'il n'en réclamait. Le studio d'Europe 1, repeint, porte désormais son nom. L'émission reprend en septembre. Carte blanche, encore.

Il accompagne Claude Berri à Saint-Tropez pour un rendez-vous avec Claude Zidi. Le producteur et le cinéaste lui promettent un film formidable : *Promotion canapé.* Et si celui-là ne se fait pas, il lui reste tous ces projets, avec Christian Spillemaecker, pour Radis Rose. Avec Paul Lederman, qui a entrepris de persuader le Groupe Hachette d'écrire, et de produire, enfin, pour Coluche-auteur. Avec Pierre Lescure : le saltimbanque occupera sans doute la télé la nuit, selon son rêve. Au téléphone, Jean-Michel l'informe des progrès de son enquête sur « le biscuit de paix », pain cuit, bourré de calories, à l'image des biscuits de guerre, qu'il serait aisé de distribuer.

Le projet sur la bourse nationale des petits boulots prend forme. Coluche va s'intéresser de près au chômage. Les *Restos* vont redresser leurs tentes, l'hiver prochain. En septembre, il va s'attaquer au record du monde du kilomètre lancé, détenu par le Français Michel Colucci. Ses mécanos lui ont déjà trouvé la moto idéale, celle qui supportera son ventre. Ses ennuis fiscaux, sous le contrôle de Claude Martinez et de Paul, devraient enfin se régler. Le Zénith, une tournée en province à la fin de l'hiver, la radio, un film, peut-être... Dans deux ans, le milliard, en centimes, de dette et d'amendes, ne sera plus qu'un mauvais souvenir.

Il est en paix, enfin en paix pour lui, jovial et entraînant. Inquiet, aussi, à l'idée de remonter sur scène. Il est toujours à même de cracher des formules, incapable même de se retenir, mais un sketch construit ? Il se rassure en se disant qu'il va, comme par le passé, roder son spectacle au Café de la Gare, en juillet, et que s'il s'y prend bien, Bouteille devrait accepter de lui donner un coup de main.

II

Un jour, début juin, il appelle Paul. Le manager devrait descendre : il a quelque chose à lui faire écouter. Paul saute dans le premier avion, prend ensuite la route sinueuse de Châteauneuf. Sans lui laisser le temps de saluer la maisonnée, Coluche l'entraîne dans sa chambre, lui fixe des écouteurs sur la tête, et envoie le son du magnétophone. Puis, n'y tenant plus, il se ravise, interrompt l'audition. Il est l'heure de passer à table. On a préparé un gigot. A la fin de la soirée, Coluche insiste pour raccompagner son impresario à Cannes, où celui-ci a retenu une chambre. Coluche, en chemin, parle sans arrêt. Le magnétophone est dans sa poche. Devant l'hôtel Martinez, il fait mine de réaliser que Paul n'est pas si pressé. Demi-tour. En conduisant. Coluche, sans un mot, remet en marche le magnétophone. Il parle encore, pour gêner l'écoute de son compagnon. Il redoute le premier avis autorisé sur son petit matériau de base.

Devant l'embarras de Coluche, Paul ravale son avis. En regagnant Cannes, il sourit : « C'est génial ! » En fait, il n'a écouté qu'une sorte de carnet de notes enregistré, chapitre après chapitre, une collection d'aphorismes bien rangés et déroulés, à entendre les quelques rires de fond, devant une poignée d'amis, d'une voix sans effet d'intonation. La CGT, l'éducation, le chômage, l'administration, la première attaque contre Jean-Marie Le Pen, une ébauche de lettre à la sécurité sociale... Des maximes, des boutades cinglantes ou simplement drôles, collectées dans son propre fonds d'Europe 1, même dans ses romans-photos de *Charlie-Hebdo*, en 1979. Des nouveautés, aussi, dans ce qui doit devenir un sketch d'une rare violence sur la médecine et la mort : « *Pour quinze mille francs, le chirurgien m'a débarrassé de ce que j'avais : quinze mille francs.* » Dans la complainte à venir du chômage : « *Quand je vois un mec qui n'a pas de quoi bouffer aller voter, ça me fait penser à un crocodile qui se présente dans une maroquinerie.* » Et cette confidence, terrible : « *Oui, je sais, j'ai tendance à ouvrir ma gueule un peu trop fort, mais ça tient à ce que jusqu'à vingt ans, j'ai cru que je m'appelais silence...* »

L'impresario a compris que, le lendemain, la tribu devait émigrer vers une autre villa, pour l'anniversaire d'un copain. Paul Lederman appelle tout de même. Occupé. Après plusieurs essais infructueux, la réception du Martinez l'informe que Coluche tente en vain, et en s'impatientant, de le joindre. Quel anniversaire? Il a tout son temps. Que Paul ne bouge surtout pas! Il arrive! Coluche vient le prendre en bateau, aux manettes d'une magnifique vedette. Ils filent vers le large. Ils discutent toute la journée. Du fisc, des contrats, des films, des campagnes sociales possibles. Ils s'engueulent, marchandent, comme avant. Ils délirent, se répartissent l'Elysée et le ministère de la Culture...

Moteurs coupés, l'embarcation à la dérive, Coluche écoute aussi l'avis qu'il avait refusé la veille. Ils sont d'accord : les angles d'attaque sont bons. Reste à trouver le tempo du spectacle. Mais Paul ne cache pas son admiration, et Coluche confirme : « Ouais, c'est pas mal... » Quel malheur ils vont faire au Zénith! Ils s'enlacent, réécoutent la bande, contents de lui. Coluche a envie d'en découdre avec les socialistes. Si Le Luron a encore le temps de maltraiter la droite. Le one-man-show pourrait prendre pour générique, à défaut de titre : « Avant, ils avaient peur, maintenant ils vont avoir honte! »

« On a bouffé des langoustes dans une petite île, raconte Paul Lederman. Il y a des journées de lumière, dans la vie. C'était une journée comme ça. On était repartis pour vingt ans. »

III

Il se fâche encore une fois avec Balasko, au téléphone. Tout va bien. Il a demandé à Fred de s'éloigner. Paul va bientôt redescendre de Paris, vouloir écouter le second jet du spectacle. Paul ne tient plus en place. Il doit se remettre au travail. A l'improviste, débarque la Grande Fred. Virée, elle aussi. Ce n'est pas la saison des filles. Le 14 juin, Coluche s'offre, solitaire, un week-end à Paris. Participe au concert de SOS-Racisme. Assiste à une course de stock-cars, sur le circuit de Montlhéry. A Jean-Michel, il explique qu'il a vu Yves Mourousi. « Il veut se présenter à l'élection présidentielle, annonce Coluche. J'ai bien réfléchi. On va le soutenir ». Jean-Michel s'énerve : « Si l'un des deux doit se mettre au service de l'autre, c'est qui? »

« Mais non! Il est pas con. Il a des idées... »

« Coluche se sentait petit, à nouveau, raconte Jean-Michel. Impressionné. Mais ces sortes de crises de doute étaient devenues beaucoup moins fréquentes. » Ils se quittent. Jean-Michel le rejoindra, le 20 juin, en moto. Ils reparleront de l'élection.

Le 19, un jeudi, est une belle journée d'été, aux parfums forts et mélangés, comme seule Grasse peut en offrir, à la cueillette de la fleur d'oranger, de la rose et de la tubéreuse. Les monts s'évasent jusqu'à la mer, vers la baie de La Napoule. En début d'après-midi, Coluche, Ludo et Didier partent à moto, jusqu'à Cannes. Aldo, la comédienne Mathilda May et son compagnon restent à la maison. Baby-foot à La Sportive. Il est temps de rentrer. L'heure de la retransmission du match de la Coupe du monde approche. Baisers aux serveuses. « Salut ma poule. »

Les trois amis reprennent tranquillement la départementale n° 3 qui serpente au milieu des bois, des cultures de jasmin et de lavande, entre Valbonne et Châteauneuf. Coluche pilote sa Honda 1100 rouge, assis loin sur sa selle. Son casque est accroché à son guidon. Il fait trop beau pour se couvrir la tête. C'est un casque-bol, court, qui ne protège pas la nuque, presque un faux casque. Un casque de cinéma. Ils roulent à faible allure. Ils connaissent par cœur cette départementale de carte postale, étroite et très fréquentée, le plus court chemin de la montagne à la mer.

A l'approche d'Opio, un village haut perché que la route tient à distance, deux pompistes de la station d'essence AGIP les regardent passer. Ils voient Coluche pratiquement tous les jours. Ils attendent l'heure du match, à l'ombre. Coluche qui roule derrière, accélère pour doubler Ludo, puis Didier. Histoire de leur adresser un signe amical. Une grimace pour l'un, un sourire pour l'autre. Une courbe, puis une ligne droite, en contrebas d'une colline. Cette portion-là, tous trois l'ont dans l'œil : on approche de la maison.

A soixante-trois mètres du début de la ligne droite, un semi-remorque vient de s'arrêter en sens inverse. Il paraît vouloir couper la route, virer sec, en une manœuvre délicate. Le tracteur du camion s'engage déjà, à angle droit, pour viser un petit chemin de terre. Coluche roule à 75 km/h, au débouché de la courbe. Voit-il l'engin qui obstrue la vue, barre presque toute la largeur de la route, va bientôt empêcher toute issue? Pense-t-il avoir été vu du chauffeur? Avoir le temps de passer à droite, en rasant l'avant du tracteur?

Coluche ne freine pas. Il n'oscille pas. N'esquisse aucun mouvement. Va droit à l'obstacle. Au dernier moment, il « balance » sa Honda, comme tous les motards expérimentés en face d'un danger, mais celle-ci paraît réagir à contresens, et projette, sans violence, son pilote vers la roue du tracteur. Le choc paraît sans force. Derrière Coluche, à une seconde, Didier a eu le temps de freiner, Ludo de voir le corps, le caoutchouc et la tôle entrer en contact doucement, sans vitesse. Dans sa cabine, le chauffeur, aussi, a la sensation d'un frôlement.

Didier se précipite sur Coluche, étendu sur le dos, à côté du pneu. Il paraît inerte, il y a du sang sur l'asphalte, près de sa tête, mais Didier n'a pas enregistré mentalement une scène brutale. Le maquilleur, avec précaution, prend son ami dans ses bras. Ludo veut en découdre avec le chauffeur. Couper le moteur du camion : Coluche bouffe des gaz d'échappement. Des voitures sont garées derrière le camion. Leurs conducteurs s'approchent. D'abord, ils ne le reconnaissent pas. Ils notent simplement qu'il a les ongles peints, à la main gauche. « Mais, c'est Coluche! » hurle Ludo. Didier ordonne : « Un téléphone! » Ludo se met à courir vers les bureaux d'un pépiniériste, à une centaine de mètres. Un téléphone! Aux pompiers, il réclame un hélicoptère de la Protection civile. A l'autre bout du fil, on doit s'étonner. « Mais, c'est Coluche! » hurle Ludo.

A un mètre du visage de Coluche, il y a un pré. Un petit ruisseau, au ras de la route, et puis un pré, parsemé de fleurs. Cinquante mètres de longueur de pré avec, pour seuls obstacles, quelques arbustes. De l'autre côté, sur sa gauche, Coluche n'avait aucune chance de pouvoir s'échapper. Un mur de soutènement, de vieilles pierres, protège la départementale de la colline. Mais sur sa droite! Le petit chemin que visait le tracteur enjambe le ruisseau sans muret. Ras! Devant le tracteur du camion, c'est fou ce qu'il paraît y avoir comme place libre, nette, attirante.

Didier parle à Coluche. Il trouve bien que la tête et l'épaule de son ami font un angle anormal, mais il est dans un rêve. Sur le côté du crâne, une petite blessure, qui déjà ne saigne plus. Il lui explique que ça ne fait rien, qu'il fera le Zénith avec des béquilles, au pire en chaise roulante. Là-haut, à la maison, Aldo va s'inquiéter, ils doivent les attendre. La belle Mathilda. Ses seins, Michel! Didier berce Coluche doucement.

Ludo est revenu en courant. Il voudrait que « le gros » se relève, que tout soit comme juste avant, que le chauffeur réalise que c'est Coluche, là, par terre. Qu'il arrête de tenir ses papiers à la main, comme s'il n'attendait que le constat. Les pompiers arrivent sur ce coin de campagne éloigné. Et derrière eux, la télé. Ludo les tue, s'ils filment!

Le médecin tente de décrocher les bras de Didier du buste de Coluche. Il est mort! Les cervicales brisées. Il est mort depuis longtemps! Il est mort sur le coup! Ce n'était pas, là encore, la place qui manquait, et sur la surface du tracteur, et sur le corps de Coluche. Mais les deux, le camion et le corps ne se sont pas manqués. Le point du crâne qui commande aux vertèbres et le coude du pare-choc, sous le phare.

Coluche est mort, ce jeudi 19 juin 1986, vers 16 h 40. Mort comme il n'a pas vécu, presque au ralenti, sa masse s'abandonnant avec la souplesse, la confiance d'un enfant. D'ailleurs, la moto n'a rien, merci.

IV

A 17 h 15, Europe 1 est en deuil. Et ça s'exprime d'abord par l'excitation radio des grands événements. Une voix a appelé « le téléphone rouge ». Mais Paul a aussi prévenu Philippe Gildas. A sa tête, livide, Maryse et Martial Courtois, présents dans le bureau, ont tout de suite compris qu'il allait falloir espérer qu'il y ait un paradis pour les « enfoirés ». Maryse éclate en sanglots, les premiers de cette fin d'après-midi parisienne. Paul a demandé une demi-heure. Le temps de joindre Monette, qui vit dans un appartement sans téléphone, et Danièle, sa fille. Paul est un organisateur. Alors, il organise, comme si venait de survenir un fort contretemps. « Pendant deux heures, explique-t-il, nous avons travaillé sans nous rendre compte. Par réflexe, nous avions choisi l'action, pour ne pas nous effondrer. »

Avec sang-froid, Jean-Pierre Elkabbach fait basculer l'antenne dans l'émotion du direct. Son émission, *Découvertes*, qui devait être consacrée aux sages-femmes, est renvoyée à des jours meilleurs. Le premier hommage que la station peut rendre à son libertaire, c'est son talent de narration des drames de ce monde. Et c'en est un. Martial, en larmes, fouille dans les archives d'*On est pas là pour se faire engueuler* et de *Y'en aura pour tout le monde*. Il ne laissera à personne le soin de réaliser cette dernière tranche de rire.

« Tout le monde est frappé par cette nouvelle brutale », dit Jean-Pierre Elkabbach, au micro. Et comme ceux d'Europe 1, en régie ou dans le couloir, le regardent, à travers les vitres, comme s'il proférait d'épouvantables contre-vérités, le journaliste fixe un point du mur. Il sait qu'une radio, ça s'allume n'importe quand, que des auditeurs doivent se demander quelle est cette nouvelle brutale, il répète l'invraisemblable information. « A ceux qui sortent de leur travail, et qui ne connaissent pas la triste nouvelle, je rappelle que Coluche est mort tout à l'heure, victime d'un accident de moto, dans la région de Grasse. » Menteur !

Interviews en direct. De Miou-Miou, on n'entend que ses sanglots. Il y a ceux qui se révoltent. Guy Bedos était en voiture. Au ton de requiem du poste, il s'est dit qu'on était bon, encore, pour une soirée à douter de la vie. Il a guetté le nom. A entendu. A freiné. « Coluche est mort, répond-il à Elkabbach, y'a un mot qui va pas dans la phrase. » Dans la rue François-Ier, les passants croient que les jeunes journalistes qui tendent leurs micros, se moquent d'eux. « C'est pas drôle ! », lâche une dame. Incorrect. Au bistrot de l'Athénien, qui a livré tant de sandwichs à Coluche, ils ne servent plus d'alcool. Ils le boivent.

A l'antenne, Maryse, bouleversée, n'a pas sa voix habituelle. « Je l'aimais ! C'est quelqu'un de rare, de fantastique ! J'ai mal ! » Ceux qui sortent du travail, comme dit Jean-Pierre Elkabbach, se demandent encore ce que motive cette colère. C'est une soirée d'été, la Coupe du monde. Dans deux jours, la Fête de la musique. Les emmerdements, ça va ! Paul dévoile sa dernière engueulade avec l'artiste, à propos de la moto : « Il m'a répondu : c'est dangereux, la moto ? Vivre, aussi, c'est dangereux. » Et comme Bedos, à la télé, va cracher, plus tard, sa haine des deux-roues, c'est une rude soirée qui commence, pour tous les gosses en attente de l'autorisation de leurs parents. La pire des pubs.

Dick Rivers, Le Luron, Montand, Carlos qui pleure doucement dans les oreilles du pays, puis ceux des *Restos*, les politiques, les rappels historiques d'une carrière. Ça ressemble déjà à un hommage funèbre, et il va bien falloir les croire. Quand on en est à l'hommage funèbre, c'est qu'il n'y a plus d'espoir, que le médecin s'est relevé en hochant la tête, l'air grave. Que le cœur a laissé tomber.

V

Rue du Temple, ils sont sortis dans la cour. Ça va être l'heure de boire. Champagne ! Romain Bouteille en a marre d'avoir raison. Il a pensé qu'il aurait pu être sur le porte-bagage de la moto. Il voudrait garder pour lui « ce moment poétique », mais la presse débarque, et bien sûr à moto, au Café de la Gare. « La mort, c'est quand on est enfin seul », dit-il. Coluche, enfin seul, une première ! Ça mériterait réflexion, s'il n'y avait ces micros, ces questions sur l'origine de leur théâtre de l'absurde...

Et puis arrivent les copains. Jacques Delaporte, Patrice Minet, ceux du Splendid, Xavier Thibault, et à chaque nouveau visage, c'est un morceau du puzzle qui se remet en place. Putain de mémoire !

La Grande Fred prenait le soleil, sur la terrasse du toit d'un immeuble. C'est Peggy qui a appelé. La jeune femme s'est rhabillée en silence, a coiffé sa tête d'un walkman, a ouvert à fond *Le Vol du bourdon*. Elle pédale dans Paris, sur son vélo. A Cabourg, à la fin des projections du Festival de cinéma, Agnès Soral apprend la nouvelle « pendant un éclat de rire ». Tequila pour tout le monde ! Patrick Olivier, au restaurant du Potager des Halles se demande de qui Roland veut-il bien parler. Des Michel, parmi les habitués, il n'en manque pas. Michel ? Michel ! Josiane Balasko est en projection, avec Thierry Lhermitte. Retour, brutal, au noir. Martin Lamotte et Christian Clavier avaient décliné la proposition de Coluche de venir les voir, dans leur maison près de Mougins. Ils écrivaient un scénario. Il allait « comme d'habitude, foutre le bordel ». Eux iraient à Châteauneuf. Et, maintenant, bien sûr, ils regrettent le silence de leur retraite.

Claire Nadeau, Philippe Bruneau, Luis Rego, Gérard Jugnot ont été mis devant le fait accompli, dans un supermarché de Corse. Ils ont regardé, d'un drôle d'air, toute cette bouffe autour d'eux, ce magasin, qui venait de couper net sa musique d'ambiance. Christian Spillemaecker était allé chercher son fils à l'école. Jean-Michel s'énervait sur sa chaîne de moto. Dominique Séchan cherche où aller pleurer, chez Lanvin, chez les autres.

Renaud est à Montréal, et il ne comprend pas toujours les mots, avec l'accent québécois. Un journaliste, venu l'interviewer, dans le salon de son hôtel, à propos d'une émission de télévision, lui dit trop vite : « Coluche est mort. » Renaud comprend : « Coluche, à Montréal. » Alors, bien sûr, il est heureux, et le journaliste le regarde, mal à l'aise. « Vous le connaissiez bien ? » Pourquoi emploie-t-il le passé ? Ce n'est que de retour dans sa chambre.... La petite lumière rouge clignote, celle qui prévient qu'un message l'attend à la réception. Renaud ne sait pas pleurer en québécois. Dans son français à lui, il compose une chanson. *Putain de camion!*

En Guadeloupe, Robert Dandé, le gardien du mausolée de Patrick Dewaere, décide que ça vaut bien d'ouvrir une autre bouteille de rhum. Il va en avoir deux à surveiller. Même Blandin est ennuyé. On se demande où est Bouboule. Dans une heure, tous ensemble, quand il ne restera plus un ignorant, plus un ami, plus un ennemi tranquille par omission, ils pourront recomposer, à leur chagrin, leur incrédulité, l'histoire de toute une vie.

VI

Ce 19 juin va vers sa fin. A Paris, après une soirée spéciale, Europe 1 met son antenne en berne. Dans les foyers, devant les télés : ce salaud de Coluche leur a gâché le match de foot. A Paris, dans le pays, c'est la stupeur partagée. Comme à l'annonce du décès de Kennedy, disent les restaurateurs. Les clients picolent, mais n'ont pas d'appétit. Carlos avait prévenu : ils sentent bien, à leur impossibilité collective à vivre normalement ce soir-là, combien il leur manque déjà. « Une bombe est tombée, un trou est resté », dit un ami de Coluche. C'est à peu près ça. Mais, c'est Paris, ou le pays. Déjà, les signes du réconfort d'un deuil national.

En bas, sur la Côte, c'est irréel. Surréaliste. Paul, Claude Martinez, Jean-Michel, Christian Spillemaecker, ceux qui ont réussi à se jeter dans le dernier avion, Ludo, Didier, Aldo contemplent la surface de l'eau de la piscine, froissée par la brise d'une nuit étoilée. Les jouets, les motos survivantes. Les cigales, insistantes, dans les pins, les chênes de la propriété, semblent s'esclaffer d'aigreur.

Ils ont trouvé la dernière cassette, l'embryon de Zénith, devenu dérisoire. C'est une famille d'hommes, un conseil de famille. Paul prend la cassette. Ils acquiescent. Le corps de Coluche a d'abord été transporté à l'hôpital. Le juge a exigé des expertises. Puis la dépouille, comme ont dit ces messieurs des Pompes funèbres, a été déposée à l'Athénée de Grasse. Christian et Ludo ont dû choisir l'habit de scène. Son caleçon préféré, un jeans bleu, des bretelles rouges sur une chemise à petits cœurs.

DIX-NEUVIÈME PARTIE

« COLUCHIENNE DE VIE... »

I

Opio, le village, se défend en attaquant. Il sent bien que l'été commence mal, que son nom est bon pour la malédiction, comme Uruffe ou Bruay-en-Artois. Qu'on va lui mettre sur le dos la mort du clown. Ce n'est pas Coluche qui a mis fin à sa rixe avec l'existence sur le domaine communal, mais un motard. On tient à la nuance. A la radio, le maire, comme pour éloigner le soupçon, a tout de suite affirmé que Coluche roulait « à toute allure ». Le maire n'a rien vu, de son bureau, mais il ne risquait rien. On allait le croire. Forcément. Une star du show-biz! Un recordman du monde de vitesse! Le chauffeur, insistent-ils, n'y était pour rien, enfin pour pas grand-chose. Depuis des années, les camions effectuent la même manœuvre savante, à angle droit du petit chemin, pour décharger, au-delà du pré, les gravats de tous les chantiers de la région. C'est dangereux? Personne n'y a trouvé à redire. Même les engins de la Direction départementale de l'équipement déchargent là. Alors...

Opio a sa version d'auto-défense, Opio connaît bien ces motards parisiens, locataires chics des villas des collines qui foncent, tête baissée, dans ce paysage de rêve, qui est d'abord leur campagne, leur gagne-pain, à eux. Et puis, Coluche ne portait pas son casque. Il ne respectait pas le code de la route! Le casque est fendu, mais il s'est brisé sans avoir à protéger de tête. Aux gendarmes, Ludo et Didier ont faussement affirmé que leur ami était en règle. Plus tard, l'expertise les soulagera de ce poids. Avec un casque intégral, Coluche, assurera le médecin, « avait une petite chance ». Aucune, s'il avait porté ce demi-bol, objet de la querelle entre le village et les copains.

Dans la nuit, puis le lendemain, le village, comme Grasse, éprouvent vite un rejet de cette histoire. La presse traque le chauffeur, Albert A. Il y a même un hélicoptère, dans le ciel, pour les photos. Le patron du camion menace de sortir son fusil. Il reçoit, assure-t-il, des coups de fil anonymes, ou de motards en colère, et les gendarmes lui ont conseillé d'abriter le camion à la remorque bleue. Lui, le patron, il voit aussi le manque à gagner, la perte provisoire de son engin, et le congé du chauffeur.

Les amis de Coluche, à Saint-Jaume, réagissent à la douleur en forçant le trait. Le chauffeur avait l'air d'un « beauf », et c'est comme si tous les « beaufs » s'étaient vengés du comique, à travers lui. Des motards, sur les lieux de l'accident, freinent et refreinent dans la ligne droite. Ils freinent pour lui. Ils cherchent à comprendre pourquoi Coluche n'a pas réussi à éviter le piège. Et de ce piège naît le soupçon, absurde, d'un possible attentat. Même Romain Bouteille en envisagera l'éventualité. Coluche devenu trop dangereux pour l'agro-alimentaire...

Paul est un organisateur, et il organise toujours. Dopé, de tous celui qui refuse le plus violemment l'évidence, la remet à plus tard. Manager de ce macabre spectacle de commande. Il a fait chercher Monette et Danièle à l'aéroport. Jacques Attali s'est fait prêter une voiture par la Préfecture. Le conseiller est porteur de la tristesse du président. Monette ayant refusé qu'on voie son fils, dans le rôle du mort, à la « une » des journaux, Paul interdit les photos. Mais un employé des Pompes funèbres a touché sa commission, et la photo, la blessure à la tête masquée, s'étale à la première page de *Nice-Matin*. Alors Paul insulte les croque-morts, annonce qu'il ne paiera pas leur facture, qu'il s'occupera lui-même de la remontée du corps sur Paris. Pour éviter les photographes, Coluche dormira dans un palace. Dans le garage du Ritz.

II

Même *Le Figaro*, surtout lui, ne s'en remet pas. Le quotidien et Coluche auraient fini par se réconcilier. Par épuiser l'intérêt de la question : grossier ou vulgaire ? Il n'y a plus à trancher. Sans rancune, la presse et les hommes politiques saluent un homme normal et extraordinaire, un humoriste fin, un brave cœur. Les derniers détracteurs retournent leur veste dans la profusion des hommages. Et l'honorant dans l'unanimité, les uns et les autres musèlent encore sa rébellion, l'apprivoisent, ou privilégient, dans les guérillas protéiformes et généreuses de celui qui ne leur a pas « lâché la chemise », de quoi nourrir leur propre combat. « Mitterrand a perdu le seul bouffon dont l'outrance même épargnait sa maladive susceptibilité, écrit Jean-François Kahn, dans l'*Événement du jeudi*. La gauche voit disparaître celui qui, par pure bonté d'âme, lui avait vendu un peu de dérision en leasing. Après lui, gageons qu'elle redeviendra singulièrement papale [1]. »

Dans *Libération*, Serge July a cette jolie formule : « Coluchienne de vie... » Impressionnant lever des couleurs. Les politiques au garde-à-vous. Ils l'ont échappé belle, et se soulagent dans l'aphorisme ou la gravité de circonstance qu'on croit devoir au clown lorsqu'il tombe sans son nez rouge. « (...) le dernier signe de la main d'un comédien à la recherche de son rôle », note François Léotard, le ministre de la Culture. « L'inventeur d'une nouvelle dramaturgie dans la grande tradition rabelaisienne française », précise Jack Lang, l'ancien ministre de la Culture.

Il n'y a que François Mitterrand pour oser un clin d'œil. Une lapalissade : « C'était un amoureux de la vie, et il vient de la perdre. » Ça, Coluche aurait apprécié. Comme le gag de Balasko, à la « une » du *Monde*. Un texte tendre. « Juste pour pouvoir écrire le mot enculé dans ce journal. Ça aurait fait marrer Michel », explique la petite sœur, qui ne sait plus très bien avec qui se quereller.

Ailleurs, l'hommage ressemble beaucoup à une pétition nationale pour un droit d'entrée du « semeur de merde » au Panthéon. Le cher défunt commence, comme le note Bruno Frappat, dans *Le Monde*, son ascension vers la béatification, « dernière station avant la canonisation [2] ». Les *Restos* font ravaler des aigreurs qui auraient pu encore s'exprimer, un an plus tôt, gomment le portrait contrasté que Coluche aurait sans doute exigé, si les morts avaient droit à la parole. L'œuvre jette, ici ou là, l'amnésie sur les insultes, les excès, une balade maussade dans le cinéma. Saint Coluche, dont même les réactions parfois odieuses, souvent humiliantes, paraissent désormais nappées des meilleures intentions.

III

Saint Coluche, mais, aussi, un ami de la famille. Un frangin débordé. Franchement envahi, sur la fin. Paul a ouvert la rue Gazan à la foule. Trois jours durant, ils font la queue sur le trottoir, pour le droit de visiter la tanière en étages, voir par eux-mêmes la roulotte aux jouets. Au pied du catafalque, deux guitares, un casque de moto, une salopette, le petit violon, les gants de boxe... Il y a ceux qui s'inclinent, comme devant la dépouille d'un moraliste, ceux qui tracent leur petit mot, sur le gros Livre d'or des adieux. Les gens émus et les voyeurs, et comme toujours, les récupérateurs. Beaucoup d'enfants, qui chahutent devant le cordon de sécurité, organisé par SOS-Racisme. Beaucoup d'amis, en tout cas, les plus récents, car les anciens n'aiment pas tous la mise en scène.

« J'ai été écrasé par le poids du consensus, se souvient Romain Bouteille. Je me disais : il faudrait que je trouve quelque chose à dire. Ils étaient là, même Véronique. La famille. Comment leur dire que la mort est intéressante, et que c'est la vie qui est incompréhensible? » Paul, les potes, Véronique Kantor accueillent les intimes à part. La foule défile en circuit court, mais ça fait un monde fou, au nombre, la fête la plus réussie de Montsouris. Rue Gazan, Coluche n'avait pas calculé assez grand.

IV

Le 24 juin, un mardi, est un jour gris, même si c'est toujours l'été. Paul est un organisateur, et il organise toujours. Il s'effondrera après. Il accomplit, les yeux cernés, le dernier vœu du « gros ». Un jour, dans l'émission de Jean-Claude Brialy, *Tenue de soirée*, Coluche avait dit en plaisantant : « Pour mon enterrement, moi, de toute façon, je suis peinard. J'ai demandé à Lederman de s'occuper des invitations. Je sais qu'il y aura du monde. » Paul l'avait pris au mot. Ils allaient faire du monde, aux obsèques.

Au grand soulagement de l'évêché, qui a craint de voir entrer Coluche à l'église de la Madeleine, où l'on accueille les artistes respectables, Monette a souhaité que son fils revienne vite à Montrouge, dans leur décor à eux, de briques et de banalité, et c'était justice, pour un gosse échappé qui n'avait jamais réussi à couper le cordon. L'office est célébré en l'église Saint-Jacques-Le-Majeur, en face du commissariat, non loin de la rue de la République. Rattrapé, Coluche. « Gaulé » à la triche. Stoppé net, et renvoyé dans sa zone par les flics du Ciel.

Depuis la rue Gazan, deux cents motards servent d'escorte au cortège, sur le périphérique. La garde rapprochée des amis fait avancer le cercueil. Johnny Hallyday, Ludo, Didier, Jean-Mi. Ils sont habillés en rockers de légende. Cuir noir, bottes noires, lunettes noires. Ils en bavent, il est lourd, ce con. Il a toujours fallu le porter. Ils sont attendus par l'abbé Pierre, chaussé de ses fameux godillots. C'est drôle comme ils ressemblent à ceux du clown. Une même façon d'envisager le rapport au sol. « *La bonne longueur pour les jambes*, disait Coluche, *c'est quand les pieds touchent par terre.* »

« Ah ! mes amis, déclare l'abbé, si vous entendez des gens dire : il ne respectait rien, dites que ce n'est pas vrai. Je suis témoin. Quand il y avait des sujets qui méritaient gravement le respect, il était grave. » Dehors, Montrouge, qui n'a pas pu entrer dans l'église, apprend par les haut-parleurs, qu'elle abritait un brave type. Pour rien au monde, désormais, la ville n'échangerait son illustre fils.

Ils sont tous là, ou presque, sauf les râleurs de la famille. Sauf Balavoine, déjà mort. La presse, le show-biz du cœur, le show-biz sans cœur, les directeurs des télés, d'après censure. Europe 1, qui se retrouve avec un studio vide sur les bras, un studio à sa plaque. Des ministres. L'équipe de *Tchao Pantin*, celle de *Hara-Kiri*, Eddy Mitchell et, derrière lui, tous les fantômes du rock. Beaucoup de ceux qui avaient assisté, en 1984, à l'arrogante prédiction de Boby Bouillon, lors des Césars.

« *Je veux chevaucher une dernière fois*
Mon cheval d'acier vers la mort
Je veux monter là-haut, tout là-haut (...) »

Klaxon hurlant, les motards guident le cortège jusqu'au cimetière voisin. Une plaisanterie, ce cimetière. Posé à ras du périph, propriété de Montrouge, mais en territoire parisien. A cinquante mètres de la banlieue. Et, pourtant dans la capitale. Comme ça, Coluche n'aura pas à choisir de quel côté de sa vieille frontière il veut se reposer.

Ils sont des milliers. Loubards orphelins de la Solo, toute proche. Toutes les filles, célèbres ou anonymes, de celui qui se trouvait tellement moche. Ainsi rassemblées, on se dit qu'il devait avoir du charme. A regarder certaines d'entre elles, les yeux rouges, on est sûr qu'il a eu de la veine.

Paul a symboliquement découpé la vie et l'œuvre : l'abbé Pierre pour la générosité, Montand pour le music-hall, Attali pour la politique. Dans la bousculade générale, autour de la 18ᵉ tombe de la 1ʳᵉ ligne de la 66ᵉ division, le conseiller spécial de Président lâche cette introduction, surprenante : « Salut, ma poule. » Il en a le droit, Attali est un pote. Coluche était compliqué. L'exhibitionniste gardait pour lui quelques amitiés discrètes. Attali lit, Montand lit, mais on n'entend plus rien. C'est triste à en rire. Exubérant de chagrin. Ils piétinent les tombes environnantes. On croirait qu'ils dansent. Les futurs voisins de l'artiste vont le trouver envahissant.

Philippe Léotard s'effondre. Au nom de tous. Habilité, car il fallait bien que quelqu'un se dévoue pour la pantomime du malheur. Là, Coluche aurait applaudi. Plus tard, l'acteur écrira, dans son recueil de poèmes : « Michel, tu vois, tu n'y croyais plus, mais le livre est paru. Tu sais, je ne serai jamais ce " Coluche en plus fin " que tu voulais me transmettre, mais je m'essaie à ce qui reste [3]. »

V

Coluche manque, puisqu'ils le disent tous. Mais il a tiré sa révérence. Orphelins, les *Restos du cœur* vont continuer. Les copains se fuient, ou se regroupent. « *Moi, si j'avais l'occasion*, disait Coluche, *j'aimerais mieux mourir de mon vivant.* » Il doit être content. Opio s'est réconcilié avec les motards. Opio, lieu de pèlerinage. Le chauffeur du camion est condamné *a minima.* Non responsable, au fond. Aucune entorse au Code de la route ne lui est reprochée. Il a quitté la région, pour conduire ailleurs un autre camion. Coluche roulait à vitesse tout à fait raisonnable. 75 km/h. La justice, pour une fois, lui a donné raison.

Véronique Kantor reprend son nom de mariage. Paul Lederman attend la mort prochaine de Thierry Le Luron pour désespérer du music-hall. Romain Bouteille brouille toujours les cartes, sur l'origine du Café de la Gare. Objective, Josiane Balasko a cette formule : « Nous nous sommes tant marrés ! »

Autour de la tombe, à dix mètres du périphérique, Boby, Lenny, Lambert et Coluche jouent parfois au baby-foot. Ils sont juste le bon nombre.

NOTES

PREMIÈRE PARTIE
MONTROUGE

1. Entretien avec l'auteur.
2. *Tenue de Soirée.* Émission de Jean-Claude Brialy, Europe 1, 3 juin 1985.
3. *Le Jeu de la vérité.* Émission de Patrick Sabatier, 17 mai 1885.
4. *Tenue de Soirée*, 3 juin 1986.
5. *Le Roman de Coluche*, Frank Tenaille, Seghers, 1986.
6. *Le Point*, 22 décembre 1975.
7. Entretien avec l'auteur.
8. *Le Jeu de la vérité*, 17 mai 1985.
9. *Rock and Folk*, novembre 1980.
10. *Tenue de Soirée*, 3 juin 1985.
11. *Le Figaro*, 17 février 1975.
12. *L'Express*, 11 octobre 1980.
13. *Tenue de Soirée*, 3 juin 1985.
14. *Le Roman de Coluche*, Frank Tenaille.
15. *Tenue de Soirée*, 3 juin 1985.
16. *Ibid.*
17. *Lui*, janvier 1981.
18. *Ibid.*
19. *Ibid.*
20. *Ibid.*
21. *L'Express*, 11 octobre 1980.
22. *Le Point*, 22 décembre 1975.
23. *Actuel*, 19 mai 1981.
24. *L'Express*, 11 octobre 1980.
25. *Actuel*, 19 mai 1981.
26. *Vivons heureux en attendant la mort*, Pierre Desproges, Le Seuil, 1983.
27. *Le Roman de Coluche*, Frank Tenaille.
28. *Ibid.*
29. *L'Express*, 11 octobre 1981.
30. *Le Journal du Dimanche*, 7 novembre 1976.
31. *Tenue de Soirée*, 3 juin 1985.
32. *Rock and Folk*, novembre 1980.
33. *Le Point*, 22 décembre 1975.
34. *Tenue de Soirée*, 3 juin 1985.
35. *Le Figaro*, 17 février 1975.
36. Entretien avec l'auteur.
37. Entretien avec l'auteur.
38. Entretien avec l'auteur.
39. *Le Jeu de la vérité*, 17 mai 1985.

DEUXIÈME PARTIE
AU CAFÉ DE LA GARE

1. *L'Avant-Scène*, Paul-Louis Mignon, 1er février 1973.
2. *Ibid.*
3. *Ibid.*
4. *Le Monde*, 31 juillet 1969.
5. *L'Événement du Jeudi*, 9 février 1989.
6. *L'Avant-Scène*, 1er février 1973.
7. *Ibid.*
8. Entretien avec l'auteur.
9. *Le Monde*, 14 janvier 1966.
10. *Le Monde*, 16 janvier 1966.
11. *Le Café-Théâtre*, Pierre Merle, PUF, 1985.
12. *L'Avant-Scène*, 1er février 1973.
13. *Le Monde*, 7 septembre 1967.
14. *Le Café-Théâtre*, Pierre Merle.
15. *Le Monde*, 14 septembre 1967.
16. *L'Avant-Scène*, 1er février 1973.
17. *L'Express*, 11 octobre 1980.
18. *Rock and Folk*, juin 1974.
19. Entretien avec l'auteur.
20. *Ibid.*
21. *Le Point*, 22 décembre 1975.
22. *Matin-Magazine*, 16 mai 1980.
23. *L'Événement du Jeudi*, 9 février 1989.
24. Entretien avec l'auteur.
25. *L'Express*, 11 octobre 1980.
26. Ibid.
27. *Le Monde*, 27 mars 1980.
28. *L'Express*, 11 octobre 1980.
29. Ibid.
30. Entretien avec l'auteur.
31. *Rock and Folk*, juin 1974.
32. Entretien avec l'auteur.
33. *Ibid.*
34. *Tenue de Soirée*, 3 juin 1985.
35. *L'Express*, 29 septembre 1975.
36. Entretien avec l'auteur.
37. Entretien avec l'auteur.
38. *Rock and Folk*, juin 1974.
39. *L'Express*, 11 octobre 1980.
40. *Le Roman de Coluche*, Frank Tenaille.
41. Entretien avec l'auteur.
42. Entretien de l'auteur avec Gérard Lefèvre.
43. Entretien avec l'auteur.
44. *Télérama*, 31 mai 1989.
45. *Le Monde*, 31 juillet 1969.
46. *L'Express*, 11 octobre 1980.
47. *Les Cahiers du Cinéma*, juillet 1986.
48. Entretien avec l'auteur.
49. *Les Cahiers du Cinéma*, juillet 1986.
50. *Le Monde*, 10 juin 1970.

51. « (...) Je m'suis retrouvé dans la rue, abandonné. J'étais complètement perdu, désespéré. Un flic me voit (...) et j'lui ai dit : " Crève, salope ! " (...), » Renaud Séchan, 1974.
52. Entretien avec l'auteur.
53. *Ibid.*
54. *Les Cahiers du Cinéma*, juillet 1986.
55. *Bertrand Blier*, Gaston Haustrate, Eudilig, 1988.
56. Entretien avec l'auteur.
57. *Le Pont*, 22 décembre 1975.
58. *Tenue de Soirée*, 3 juin 1985.
59. *Rock and Folk*, juin 1974.

TROISIÈME PARTIE
AU VRAI CHIC PARISIEN

1. Entretien de l'auteur avec Patrice Minet.
2. Entretien avec l'auteur.
3. *Ibid.*
4. Entretien avec l'auteur.
5. Entretien de l'auteur avec Roland Giraud.
6. Entretien avec l'auteur.
7. Entretien avec l'auteur.
8. *L'Aurore*, 18 septembre 1971.
9. *Le Figaro*, 9 octobre 1971.
10. *Le Figaro*, 30 octobre 1971.
11. *Télé 7 Jours*, 30 octobre 1971.
12. *Télé-Magazine*, 30 octobre 1971.
13. *Télérama*, 6 avril 1974.
14. *Eh bien, raconte!* Mensuel de TF 1, juin 1978.
15. *Télé 7 Jours*, 20 novembre 1971.
16. *Rock and Folk*, juin 1974.
17. *L'Officiel des spectacles*, 27 décembre 1972.
18. *Extra*, décembre 1973.
19. *L'Unité*, 9 novembre 1973.
20. *Le Nouvel Observateur*, 2 décembre 1973.
21. Entretien avec l'auteur.
22. *Journal du Dimanche*, 10 mars 1974.
23. Entretien avec l'auteur.

QUATRIÈME PARTIE
ADIEUX AU MUSIC-HALL

1. Entretien avec l'auteur.
2. *Thierry Le Luron*, Jean-Pierre Moqui, éditions Saint-Germain-des-Prés, 1971.
3. Entretien avec l'auteur.
4. *Ibid.*
5. Entretien avec l'auteur.
6. Entretien avec l'auteur.
7. *Télérama*, 6 avril 1974.

CINQUIÈME PARTIE
LE SCHMILBLICK

1. *Le Monde*, 27 mars 1980.
2. *L'Express*, 7 octobre 1974.
3. *Paris-Match*, 17 octobre 1974.
4. *Femmes d'Aujourd'hui*, 17 avril 1974.
5. *Le Pèlerin*, 27 octobre 1974.
6. *Elle*, 14 octobre 1974.
7. *Le Journal du Dimanche*, 16 février 1975.
8. *L'Aurore*, 18 février 1975.
9. *Télé 7 Jours*, 20 juillet 1975.
10. *Le Journal du Dimanche*, 16 février 1975.
11. Entretien avec l'auteur.
12. *Le Point*, 22 décembre 1975.
13. *Ibid.*
14. *Le Monde*, 29 novembre 1975.
15. *Le Quotidien de Paris*, 1er décembre 1975.
16. *France-Soir*, 11 décembre 1975.

SIXIÈME PARTIE
« M'AIDE PAS, J'AI LE TEMPS ! »

1. Entretien avec l'auteur.
2. Entretien avec l'auteur.
3. Entretien avec l'auteur.
4. Entretien avec l'auteur.
5. Entretien avec l'auteur.
6. Entretien avec l'auteur.
7. Entretien avec l'auteur.

SEPTIÈME PARTIE
RUE GAZAN

1. *L'Express*, 11 octobre 1980.
2. *Ibid.*
3. Entretien avec l'auteur.
4. Entretien avec l'auteur.
5. *Les Cahiers du Cinéma*, juillet 1986.
6. *L'Express*, 11 octobre 1980.
7. *Ibid.*
8. *Ibid.*
9. Entretien avec l'auteur.
10. *L'Express*, 11 octobre 1980.
11. Entretien avec l'auteur.
12. Entretien avec l'auteur.
13. *Elle*, 13 mai 1974.
14. Entretien avec l'auteur.

15. Entretien avec l'auteur.
16. *L'Express*, 1er novembre 1976.
17. Entretien avec l'auteur.
18. Entretien avec l'auteur.

HUITIÈME PARTIE
PARASITE SUR L'ANTENNE

1. Entretien avec l'auteur.
2. Entretien avec l'auteur.
3. Entretien avec l'auteur.
4. Entretien avec l'auteur.
5. Entretien avec l'auteur.
6. *Le Monde*, 6 février 1980.

NEUVIÈME PARTIE
GROSSIER OU VULGAIRE?

1. *Le Quotidien de Paris*, 6 février 1980.
2. *Le Figaro*, 4 février 1979.
3. *Le Dauphiné libéré*, 17 avril 1980.
4. *Le Roman de Coluche*, Frank Tenaille.
5. AFP, 30 septembre 1980.
6. *Le Roman de Coluche*, Frank Tenaille.
7. *Le Journal de Mamers*, 13 mars 1980.
8. *Libération*, 12 février 1980.
9. *France-Soir*, 26 avril 1980.
10. *Le Monde*, 27 mars 1980. Dans une note, l'auteur de l'entretien, Claude Fléouter, précise, bien sûr, que le titre du livre de Louis Pauwels, écrit en collaboration avec Jacques Bergier, est *Le Matin des magiciens*.
11. *L'Aurore*, 11 avril 1979.
12. Entretien avec l'auteur.
13. *Le Monde*, 27 mars 1980.
14. *Ibid*.
15. *Le Matin-Magazine*, 27 septembre 1980.

DIXIÈME PARTIE
RETRAITE ANTICIPÉE

1. *Le Matin»Magazine*, 27 septembre 1980.
2. *France-Antilles*, 2 août 1978.
3. *Le Matin-Magazine*, 27 septembre 1980.
4. *Paris-Match*, 28 octobre 1977.
6. Entretien avec l'auteur.
7. *Le Point*, 6 octobre 1980.

ONZIÈME PARTIE
LE CANDIDAT NUL

1. *Les Nouvelles littéraires*, 6 novembre 1980.
2. *Charlie-Hebdo*, 29 octobre 1980.
3. *Le Monde*, 1er novembre 1980.
4. *Le Nouvel Observateur*, 17 novembre 1980.
5. *Le Figaro*, 18 novembre 1980.
6. *Le Quotidien de Paris*, 22 octobre 1980.
7. *Le Provençal*, 22 novembre 1980.
8. *Le Journal du Dimanche*, 23 novembre 1980.
9. *Le Matin*, 22 novembre 1980.
10. *L'Express*, 23 novembre 1980.
11. *France-Soir*, 7 novembre 1980.
12. *Le Monde*, 28 novembre 1980.
13. *L'Unité*, 21 novembre 1980.
14. *Le Monde*, 22 novembre 1980.
15. *Ibid.*
16. *Le Nouvel Observateur*, 17 novembre 1980.
17. *Libération*, 1er novembre 1980.
18. *France-Inter*, 18 novembre 1980.
19. *Le Quotidien de Paris*, 25 novembre 1980.

DOUZIÈME PARTIE
LES LARMES DU CLOWN

1. *Le Point*, 1er décembre 1980.
2. *L'Express*, 17 janvier 1981.
3. *Minute*, 31 décembre.
4. *Le Latin*, 6 janvier 1981.
5. *Le Quotidien de Paris*, 2 janvier 1981.
6. AFP, 30 décembre 1980.
7. *Tumulte*, janvier 1981.
8. *Libération*, 26 décembre 1980.
9. AFP, 22 janvier.
10. *Charlie-Matin*, 17 mars 1981.
11. Entretien avec l'auteur.
12. *Le Quotidien de Paris*, 16 mars 1981.
13. *Le Figaro*, 17 mars 1981.

TREIZIÈME PARTIE
« M'AIDE PAS, J'Y ARRIVE DÉJÀ PAS TOUT SEUL ! »

1. *Les Cahiers du cinéma*, juillet 1986.
2. Entretien avec l'auteur.
3. Entretien avec l'auteur.
4. Entretien avec l'auteur.

QUATORZIÈME PARTIE
LENNY

1. Entretien avec l'auteur.
2. Entretien avec l'auteur.
3. Entretien avec l'auteur.
4. *Globe*, novembre 1990.
5. *Bertrand Blier*, Gaston Haustrate.
6. *Le Monde*, 21 janvier 1983.

QUINZIÈME PARTIE
LAMBERT ET COMPAGNIE

1. Entretien avec l'auteur.
2. Entretien avec l'auteur.
3. *Paris-Match*, 4 juillet 1986.
4. *L'Express*, 16 décembre 1983.
5. *Libération*, 21 décembre 1983.
6. Sources : *Coluche à cœur et à cris*, Aldo Martinez, Ludovic Paris, Jean-Michel Vaguelsy, éditions N° 1, 1987.
7. *Portrait de l'artiste au nez rouge*, Philippe Léotard, Balland-Égée, 1988.
8. *Les Nouvelles*, 15 mars 1984.
9. *Le Nouvel Observateur*, 24 août 1984.

SEIZIÈME PARTIE
COME BACK

1. *Europe 1. La grande histoire dans une grande radio*, Luc Bernard, Le Centurion, 1990.
2. *Le Point*, 7 octobre 1985.
3. *Le Quotidien de Paris*, 26 septembre 1985.
4. *France-Soir Magazine*, 5 octobre 1985.
5. *Le Matin*, 7 octobre 1985.
6. *La Marseillaise*, 18 octobre 1985.

DIX-SEPTIÈME PARTIE
Y'EN AURA POUR TOUT LE MONDE

1. *Libération*, 14 octobre 1985.
2. Entretien avec l'auteur.
3. *Coluche à cœur et à cris*, éditons N° 1.
4. *Ibid.*
5. *Libération*, 14 octobre 1985.
6. *Le Monde*, 2 février 1986.
7. *Le Figaro-Magazine*, 21 septembre 1985.
8. *Le Figaro*, 14 novembre 1985.

9. *Le Monde*, 15 novembre 1985.
10. *L'Événement du Jeudi*, 2 janvier 1986.
11. Ibid.
12. *L'Événement du Jeudi*, 19 décembre 1985.
13. *Coluche à cœur et à cris*, éditions N° 1.
14. *Ibid.*
15. *Ibid.*
16. *Le Monde*, 30 mars 1986.
17. *Champs-Élysées*, émission de Michel Drücker, 4 novembre 1989.
18. *Ibid.*

DIX-HUITIÈME PARTIE
L'ÉTÉ S'ANNONCE BEAU

1. *Les Cahiers du Cinéma*, juillet 1986.

DIX-NEUVIÈME PARTIE
COLUCHIENNE DE VIE...

1. *L'Événement du Jeudi*, 26 juin 1986.
2. *Le Monde*, 29 juin 1986.
3. *Portrait de l'artiste au nez rouge*, Balland-Égée.

REMERCIEMENTS

Ce livre n'aurait pas pu exister sans les témoignages, l'aide, les conseils d'un grand nombre de personnes. Je tiens, ici, à les remercier.

Plus particulièrement :

– Monette COLUCCI, la mère de Coluche, pour son accueil, malgré le chagrin que cette enquête a ravivé; Véronique COLUCCI, pour sa bienveillance à l'égard de ce projet.

– Paul LEDERMAN, pour la ferveur de sa mémoire, sa disponibilité; pour sa fidélité sourcilleuse, malgré les années qui passent, à son ami.

– Claude BERRI, Claude MARTINEZ, Christian SPILLEMAECKER et Jean-Michel VAGUELSY, pour la précision de leurs souvenirs, les documents retrouvés, ou conservés, par leurs soins.

– La Direction d'Europe 1, pour m'avoir ouvert ses archives, et retracé la chronique de son compagnonnage radiophonique avec Coluche.

– Fabien ABITBOL, Josiane BALASKO, Jean BARNEY, Danny BENAMOR, Pierre BÉNICHOU, Patrice BLANC-FRANCQUART, Vincent BONNEFOU, Romain BOUTEILLE, Philippe BRUNEAU, CABU, Martial COURTOIS, Robert DANDE, Jacques DELAPORTE, Catherine DUPUIS, Jean-Pierre ELKABBACH, Monique et François FAUCHILLE, Solange FECHNER, Michel GAILLARD, Maryse GILDAS, Philippe GILDAS, Roland GIRAUD, Danièle HEYMANN, Jacques HINTZY, Dominique JALLIER, Bertrand de LABBÉ, Martin LAMOTTE, Didier LAVERGNE, Alexandre LEDERMAN, Thierry LHERMITTE, Gérard LEFÈVRE, FRÉDÉRIC LESCALE, Aldo MARTINEZ, Patrice MINET, François-Xavier MOLLIN, Jean-Pierre MOULIN, Bruno MOYNOT, Claire NADEAU, Patrick OLIVIER, Ludovic PARIS, Jean-Michel PICHARD, Françoise PONCHERESSE, Jean-Claude RENARD, RENAUD, Jacques RENAULT, Frédérique ROMANO, Serge ROUSSEAU, François-Marie SAMUELSON, Dominique SECHAN, Agès SORAL, SOTHA, Xavier THIBAULT, Yacha VAGUELSY, Roger VAN HOOL, Georges WOLINSKI...

Plusieurs personnes, notamment dans les milieux artistiques, m'ont apporté leur concours, en demandant, pour des raisons diverses, à ne pas être citées. Je leur exprime ma reconnaissance. Ainsi qu'à certains habitants de Berck, de Montrouge, de Deshaie et d'Opio.

Que mes complices trouvent aussi, ici, preuve de ma gratitude :

– François VERNY et Monique NEMER, pour leur affection, leur soutien, et leur patience,

– Maurice SZAFRAN, qui sait ce que je lui dois,

– Michèle CHAMPENOIS, Jean-Pierre QUELIN, l'équipe du *Monde sans visa* et mes amis du *Monde*,

– Roger HALFON, pour ses méthodes, si profitables, d'accompagnement,

– François LECLERC, pour sa longue amitié,

– ARTHUR, le chat, pour avoir accepté de veiller tard, sous la lampe...

TABLE

Cet ouvrage a été réalisé par la
SOCIÉTÉ NOUVELLE FIRMIN-DIDOT
Mesnil-sur-l'Estrée
pour le compte des Éditions Flammarion
en mars 1991

Imprimé en France
Dépôt légal : mars 1991
N° d'édition : 13087 – N° d'impression : 17355